Middelalderens kirkekunst

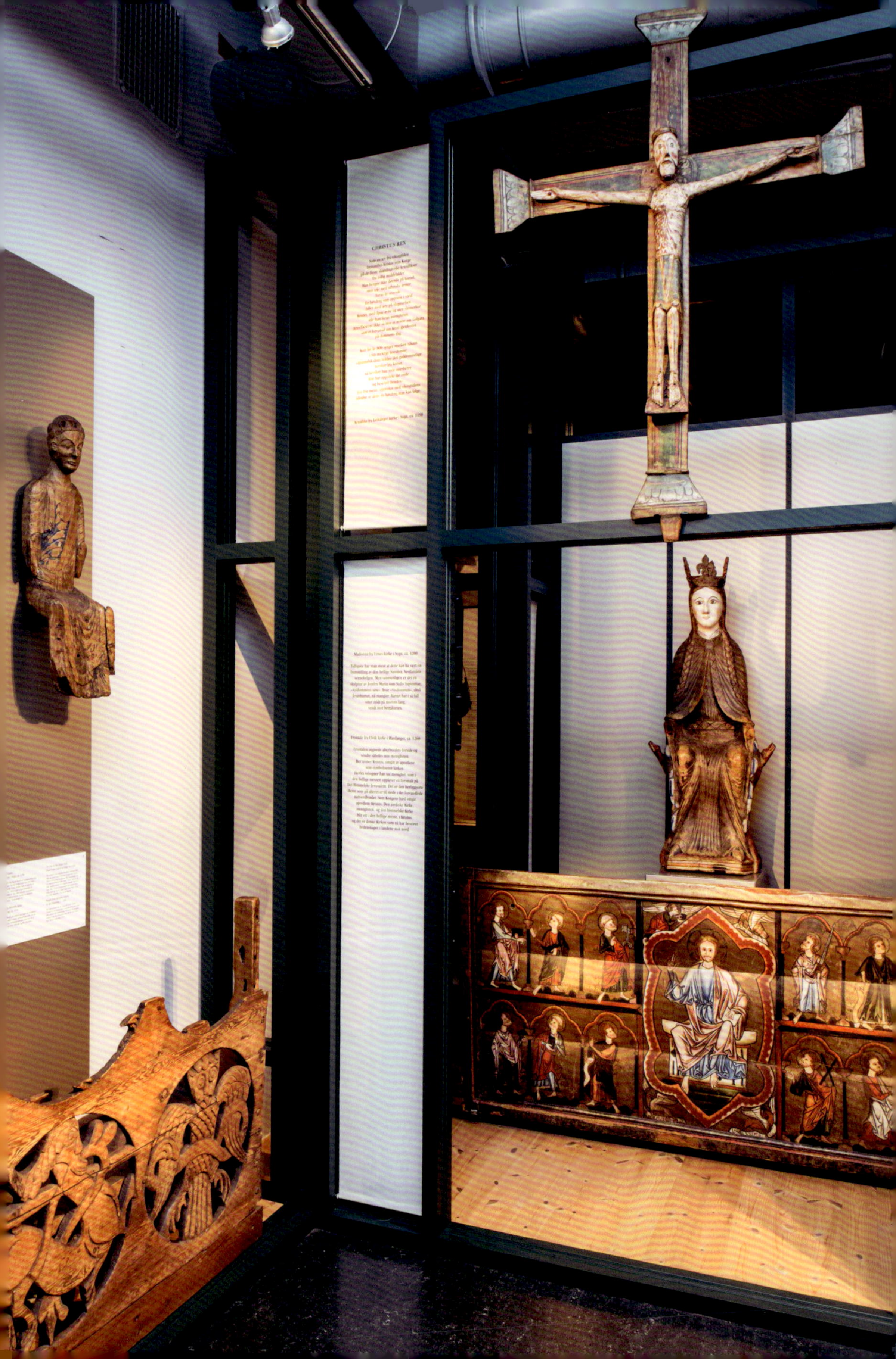
CHRISTUS REX

Justin Kroesen · Stephan Kuhn

MIDDELALDERENS KIRKEKUNST

Universitetsmuseet i Bergen

SCHNELL + STEINER

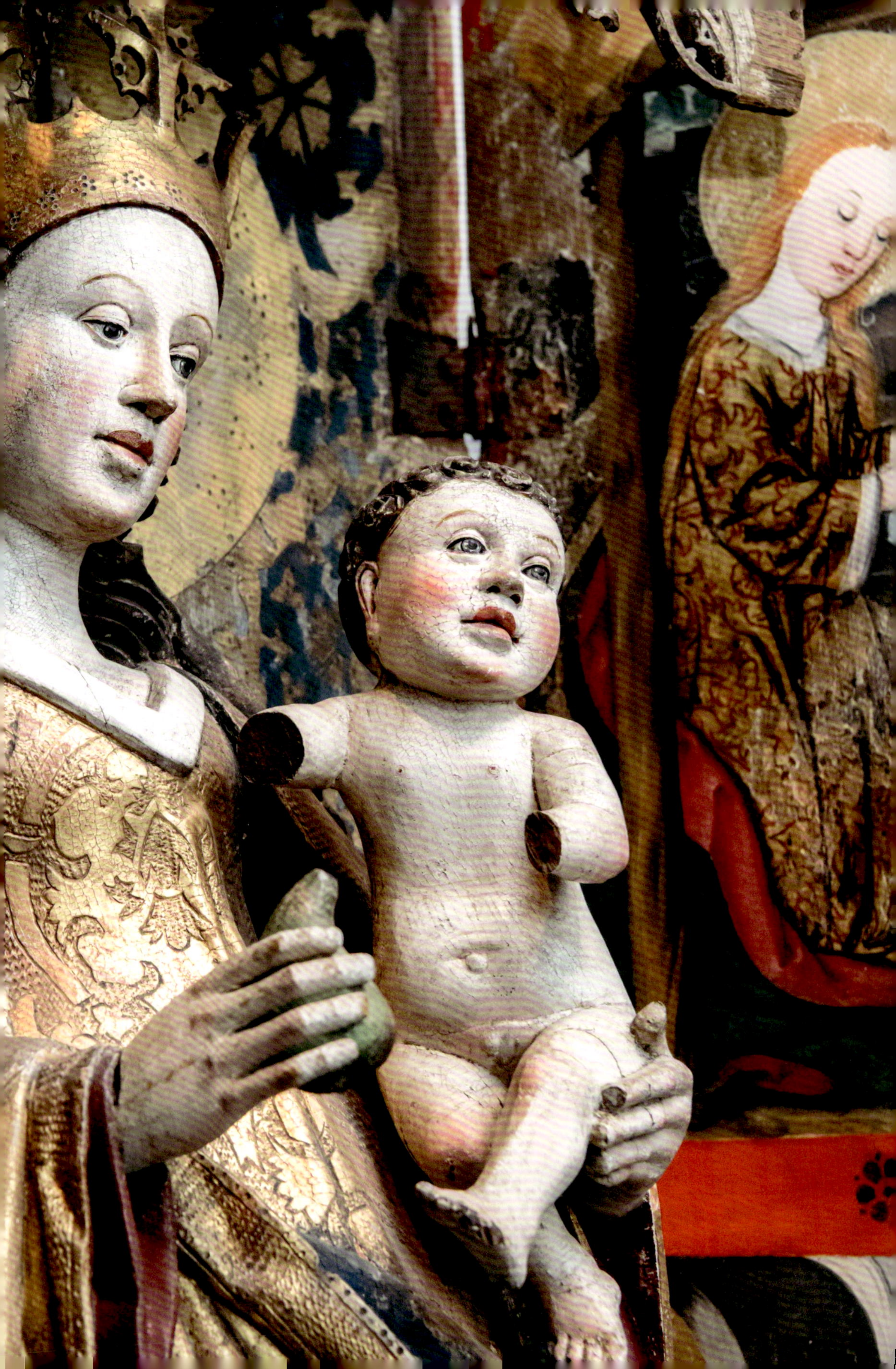

INNHOLD

7 Samlingen av middelalderens kirkekunst ved Universitetsmuseet i Bergen
Justin Kroesen og Stephan Kuhn

9 Fra Bergens Museum til Universitetsmuseet i Bergen
Henrik von Achen

15 Kyrkjelandskapet på Vestlandet i mellomalderen
Alf Tore Hommedal

25 KATALOG

213 Bibliografi

223 Takk/Fotokreditering

◂ Mariaskap fra Brekke (Sogn), detalj. Foto Adnan Icagić

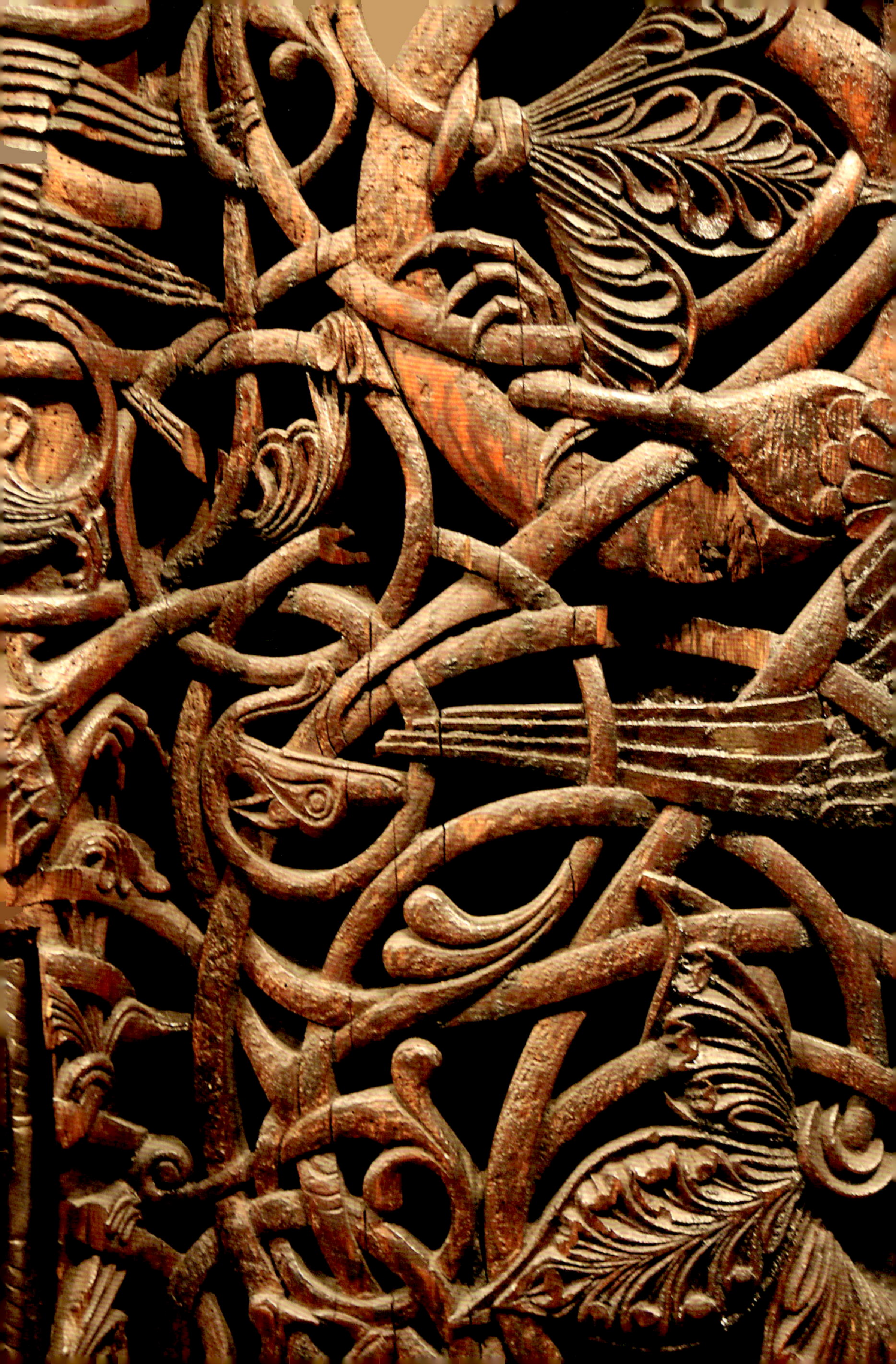

SAMLINGEN AV MIDDELALDERENS KIRKEKUNST VED UNIVERSITETSMUSEET I BERGEN

Justin Kroesen og Stephan Kuhn (Universitetsmuseet i Bergen)

I denne boken presenteres hundre gjenstander fra kirkekunstsamlingen på Universitetsmuseet i Bergen. Denne enestående samlingen er viktig i både regional og europeisk sammenheng: De fleste gjenstandene kom til museet fra bygdekirker på Vestlandet, men type, stil, teknikk og ikonografi gjenspeiler de mange båndene som knyttet den vestnorske regionen til andre områder rundt Nordsjøen (Storbritannia, Nederlandene, Tyskland) og enda fjernere: Frankrike, Middelhavsområdet og til og med Midtøsten. Samlingens mest «norske» aspekter fremstår ved de rikt utskårne portalene og dørvangene (kat. nr. 10, 11, 13–15) fra stavkirker, som synliggjør en blanding av kristne og førkristne motiver. De fleste gjenstandene i kirkekunstsamlingen fra middelalderen i Bergen er kirkeutstyr, som opprinnelig dannet en ramme for den katolske liturgien. Sammen gir de et unikt inntrykk av hvordan interiøret i bygdekirker i middelalderen så ut, både i Norge og i andre land. Inventaret vokste som oftest fram i to faser – en første mer eller mindre samtidig med kirkebygningen i romansk og tidlig gotisk stil, og en andre fase i sengotisk stil.

Kirkekunstsamlingen i Bergen er spesielt rik på høymiddelalderske alterdekorasjoner i tre. Her finnes 19 av de totalt rundt 125 malte alterfrontalene fra 1200- og tidlig 1300-tall som er bevart i hele Europa (bl. a. kat. nr. 60–73). I tillegg er det flere utmerkede skulpturer av Maria og Jesusbarnet, blant annet enkelte som har bevart nesten all sin opprinnelige polykromi. Noen av disse utskjæringene står i såkalte «helgenskap» med bevegelige fløydører. Et annet høydepunkt i samlingen er den enestående malte baldakinen fra Årdal stavkirke, Sogn, datert til ca. 1275–1300 (kat. nr. 43). Flere små ornamenterte relikvieskrin dekket med edle metaller (kat. nr. 24–26) fortjener også å nevnes, så vel som liturgiske gjenstander som akvamaniler (kat. nr. 55), røkelseskar (kat. nr. 51), kors (kat. nr. 21) og døpefonter (kat. nr. 19, 20, 48). Sammen vitner disse kunstverkene fra høymiddelalderen om Norges kulturelle blomstring fram til 1300-tallet og de nære forbindelsene som fantes med andre land, spesielt rundt Nordsjøen.

Norge ble sterkt rammet av Svartedauden i 1349–1350 med etterfølgende pestepidemier og kom ser ikke før andre halvdel av 1400-tallet. Den sengotiske delen av kirkekunstsamlingen i Bergen omfatter et stort spenn av kirkeinventar fra 1400- og tidlig 1500-tall. Det mest bemerkelsesverdige er flere alterskap (kat. nr. 85, 89, 97–100), men denne delen av samlingen omfatter også helgenskap (kat. nr. 80, 82), messehagler (kat. nr. 86, 87, 94) og en korkåpe (kat. nr. 88), liturgiske kar (kat. nr. 77, 78), et krusifiks (kat. nr. 92) og andre skulpturer (kat. nr. 79, 81),

◂ Utskåret dørvang fra Ulvik (Hardanger), detail. Photo Justin Kroesen

lysestaker (kat. nr. 75, 95), prosesjonsstaver (kat. nr. 90, 91) og en sjelden malt fane (kat. nr. 83). Stil og teknikk røper mange av disse gjenstandenes opphav i ulike deler av den «hanseatiske verden», som Bergen var en del av, og som hovedsakelig omfattet Nord-Tyskland og de nordlige Nederlandene.

Når man skal forklare at så mange kunstverk fra middelalderen er blitt bevart, må man ta den lutherske reformasjonen i 1536–1537 med i betraktning. I mange norske kirker, særlig i de isolerte fjell- og fjordstrøkene på Vestlandet, ble det meste av middelalderinteriøret beholdt, i alle fall i begynnelsen av luthersk tid. Inventaret ble enten fortsatt brukt (slik som alterdekorasjonene kat. nr. 60–73, 98, 99), fikk nye funksjoner (slik som en monstrans som ble omgjort til lysestake, kat. nr. 78) eller ble rett og slett «glemt» (slik som relikvieskrinene, kat. nr. 24, 25). Den lutherske toleransen overfor katolske gjenstander og avbildninger, sammen med fraværet av omfattende krigføring og til en viss grad vedvarende fattigdom, var blant hovedårsakene til at mange av kulturskattene som nå er i kirkekunstsamlingen i Bergen ikke forsvant. Dette i motsetning til i mange andre deler av Europa, hvor de enten ble fjernet, ødelagt eller byttet ut.

Det var takket være Bergens Museum, som ble etablert i 1825, at objektene ble bevart gjennom attenhundretallets farer. Museets grunnlegger, Wilhelm Frimann Koren Christie (1778–1849), som hadde vært president på det første Stortinget i 1814, ønsket å synliggjøre Vestlandets natur- og kulturhistorie. Kirkekunst fra middelalderen ble et viktig satsingsområde alt fra begynnelsen av, da denne kunsten var høyt verdsatt som et minne om det uavhengige norske kongedømmet før union og dansketid. På 1800-tallet ble dessuten mange gjenstander fra middelalderkirker hjemløse etter en fornyingsbølge i den norske lutherske kirken, da mange gamle kirker ble revet og erstattet med nye kirkebygg.

Bergens Museum utviklet seg til et viktig forskningssenter, som i 1946 dannet en kjerne for Universitetet i Bergen; fra da av ble museet et universitetsmuseum. Men kirkekunstsamlingens betydning overgår langt den relevansen et universitets studiesamling har for et akademiske undervisnings- og forskningssamfunn, eller den verdi et regionalmuseum har for innbyggerne på Vestlandet. De hundre middelaldergjenstandene som er valgt ut til denne katalogen, vitner om en kirkekunstsamling av europeisk betydning. Den kommer fra et land som geografisk sett lå i Europas utkant mot nord, men som likevel var en integrert del av, og tett sammenvevd med, det kontinentale Europas religiøse og kulturelle uttrykk i middelalderen.

FRA BERGENS MUSEUM TIL UNIVERSITETSMUSEET I BERGEN

Henrik von Achen (Universitetsmuseet i Bergen)

Bergens Museum, grunnlagt i 1825, var det første offentlige kunstmuseet i Norge. Kirkekunst fra middelalderen – definert i museets lover fra 1833 som «Levninger af den catholske Cultus, saasom gamle Altertavler, Crucifixer, Reliquier og Reliquieskriin, Helgenbilleder, Processionsstave, Processionsfaner, Røgelses- og Vievandskar, Døbefunter, Døbebækkener, gamle Liigstene m.m» – sto i sentrum fra begynnelsen av. I 1946 ble kirkekunstsamlingen overført til det nye Universitetet i Bergen.

Grunnleggeren av Bergens Museum var Wilhelm Frimann Koren Christie (1778–1849), som også var president ved det første Stortinget (Fig. 1). Målsettingene hans må sees i sammenheng med den kulturelle nasjonsbyggingen etter at Norge ble selvstendig fra Danmark i 1814 (den følgende unionen med Sverige varte til 1905). Museets formål var å anskaffe en samling som skulle fortelle historien om landets ærerike fortid, som man mente ble utmerket synliggjort av eldgamle gjenstander fra små sognekirker langs kysten, og fra fjordene og avsides fjelldaler på Vestlandet. Middelalderen – spesielt perioden før unionen med Danmark i 1380, da Norge hadde vært et selvstendig kongerike – ble ansett som nasjonens storhetstid. Kunstverk fra middelalderen ble oppfattet som autentiske og ekte norske. For eksempel ble treskjæring fra stavkirkene assosiert med vikingtradisjoner og ansett som levninger fra «sagariket». Christie ville at forskere skulle kunne studere og sammenligne verkene på ett sted uten å måtte reise landet rundt for å undersøke dem enkeltvis. På denne måten kunne norsk kirkekunsts utvikling studeres over tid, og enkeltdeler kunne innpasses i en større helhet i landets kulturhistorie. Tidlig i 1828 hadde museet anskaffet sine seks første malte alterfrontaler.

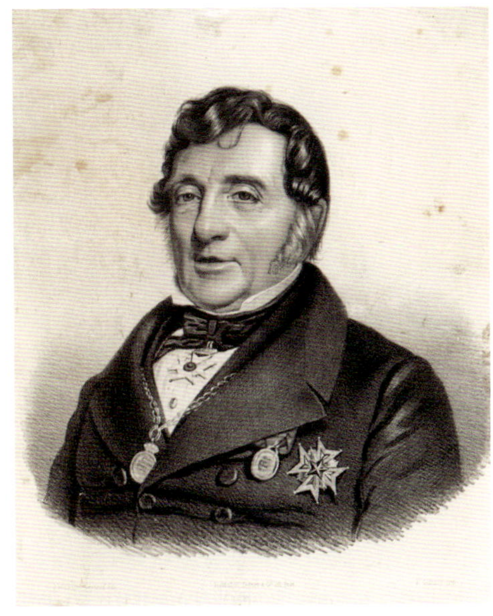

Fig. 1: Portret av Wilhelm Frimann Koren Christie (1778–1849), etter Johan Wilhelm Gertner (1818–1871). Foto Universitetsmuseet i Bergen, fotoarkiv

Christie fant en sjelefrende i Jacob Neumann (1772–1848), biskop i Bergen, som ble museets viseformann (Fig. 2). Som biskop hadde Neumann mange åpenbare fortrinn

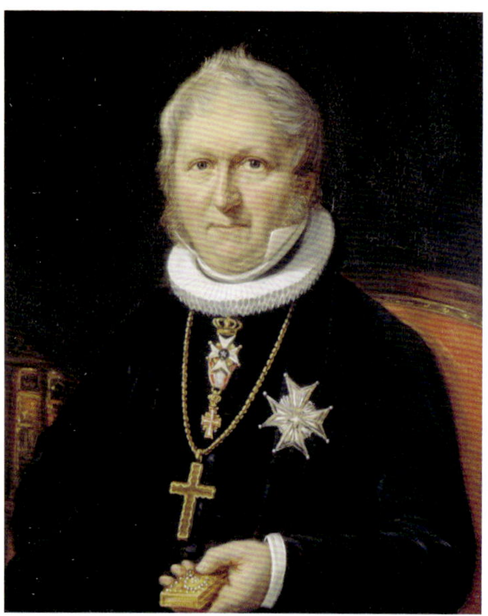

Fig. 2: Portret av Jacob Neumann (1772–1848), etter Franz Bøe, ca. 1848. Universitetsmuseet i Bergen, fotoarkiv

i kirkelige kretser. I nekrologen for vennen og kompanjongen sin skrev Christie at hans «Visitatstoure var Musæets Høstaand. Aldrig kom han tilbage fra disse uden at nedlægge antiqvariske Skatte i Musæets Samlinger». Men selv for biskopen var det av og til vanskelig å overtale kirkesogn til å overlate de middelalderske kunstverkene sine til museet. I 1826 skrev for eksempel Christie i forbindelse med frontalet fra Nedstryn (Nordfjord) (kat. nr. 65): «Det er stor Skade, at dette høist mærkelige Stykke ikke er at faae for Musæet hvis største Prydelse det for nærværende Tid vilde blive. Der er af Biskopen gjort et Forsøg derpaa, men dette mislykkedes aldeles. Almuen vil beholde Stykket i Kirken, og saa bliver det vel snart aldeles spoleret, istedetfor at man, ved at restaurere det en Smule, kunde overlevere det i mange Aar for Efterverdenen». Menigheten ga til slutt etter, og frontalet ble overført til Bergens Museum.

Det var flere grunner til at Norges gamle kirker hadde bevart relativt mange middelalderkunstverk. Etter at borgerkrigstiden tok slutt i 1240, forekom det stort sett ikke omfattende krigføring på Vestlandet på 700 år, og utbredt fattigdom medførte at endringer også skjedde langsomt. Dessuten var lutherdommen ganske tolerant overfor bilder i kirker, og det forekom aldri systematiske utrenskninger eller omfattende ikonoklasme i Norge. 1800-tallet brakte med seg både akutt fare og muligheter. Gamle kirker ble revet i stor skala fordi enkelte var blitt for små, og i 1851 ble det lovfestet at kirkene skulle ha plass til en tredel av sognebarna til enhver tid. Dette førte til at mye kirkekunst ble stående igjen uten eier, og det var her museet steppet inn. Gjenstander fra Vestlandet fant veien til Bergens Museum, slik de andre steder fant veien til museene i Oslo, Trondheim og Tromsø. Da Årdal stavkirke i Sogn (Fig. 3) ble revet i 1867, for eksempel, overtok museet flere av de middelalderske kunstverkene derfra (kat. nr. 15, 43, 52, 67, 68, 73). Proster, sogneprester og kapellaner fungerte som et effektivt nettverk for å anskaffe dem for museet. Det var dessuten en fordel at de fleste middelalderske kunstverkene ikke lenger ble benyttet i liturgien, så det var knapt noen som brydde seg om disse gjenstandene lenger.

Tilbakevendende problemer for museet var pengemangel og vansker med transporten av sårbare kunstverk. I 1828 bemerket Christie nedslått at: «Det gaaer saa saare langsomt med at faa disse voluminøse Sager innsendte fra Landet til Musæet, da Transporten maae skee til søes, og der kun sjeldent kommer saa store Fartøier, at de kan tage svære Casser under Dækket. I aaben Baad tør vi ikke lade Malerier hente; vi have allerede faaet et Tempera-Malerie ganske ødelagt fordi Giveren sendte os det paa den

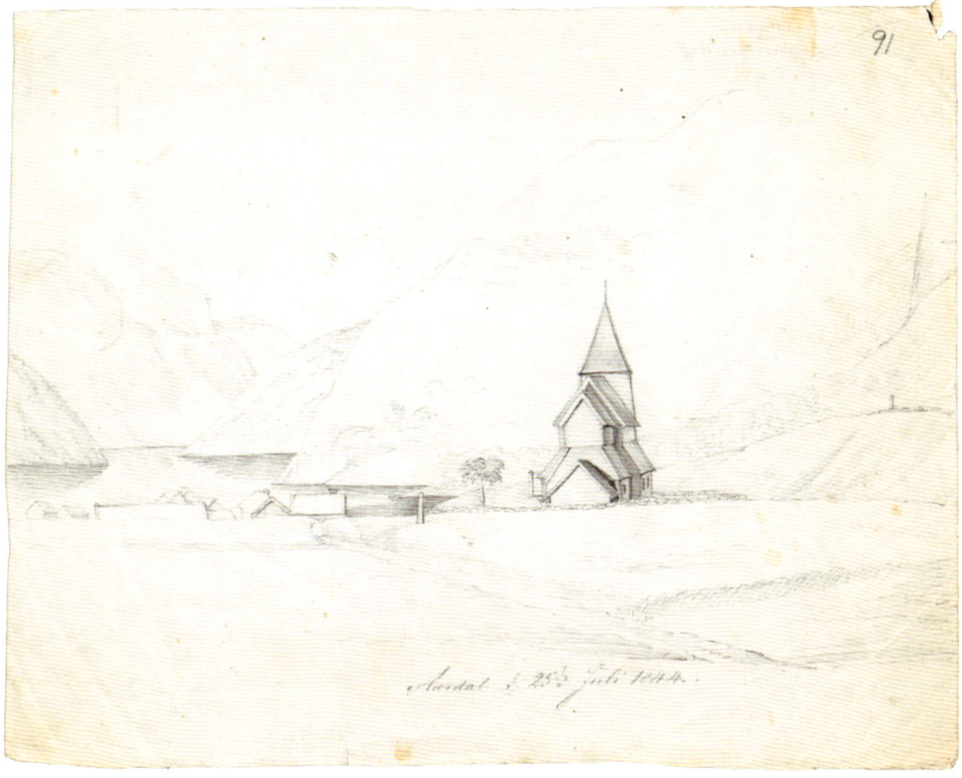

Fig. 3: Tegning av Årdal med stavkirken i 1844. Illustrasjon: Riksantikvaren

Maade» (frontale fra Arnafjord, kat. nr. 45). I 1833 skrev han om et maleri som skulle sendes fra Vang i Valdres over Filefjell ned til Lærdal ved Sognefjorden: «[Jeg er] bange for, at indtrængende Væde kunde ødelægge det førend det naaede Leirdalsøren, dersom Regnvejr skulde indtræffe naar det overføres, da Cassen, hvori det skulde nedpakkes, vanskeligen kunde gjøres saa tæt, at den holdt Væden ude. Det sikkreste vilde maaskee være, at oppebie stadigt Vinterføre, og da at paase gunstigt Veir, for i en Hast paa en Slæde at faa det bragt til Leirdalsøren, hvilket formentligen lod sig gjøre for en accorderet billig Betaling».

Pengeproblemene ble i stor grad løst ved grunnleggelsen av en museumsforening som raskt omfattet 163 givere. I 1840 kunne museet innvie Norges første museumsbygning som var bygget for formålet. Ett av rommene var reservert for «katolske gjenstander», ett for «temperamalerier» (=alterfrontalene), og ett galleri for andre kunstverk. Selv om museets fokus gradvis endret seg fra kulturhistorie til naturhistorie rundt midten av 1800-tallet, ble ikke kirkekunsten glemt. I 1853 ønsket direksjonen at kirkekunstsamlingen skulle «indvirke paa Mennesket under en stille Betragtning (...), opløfte dets Tanker over hverdagslivets larm» og dermed «forædle dets Sjæl». Men utstillingslokalet var trangt, og det ble klaget over at «alle disse Sager [er] placerede om og i hverandre, hvorved det er umuligt ret at kunne orien-

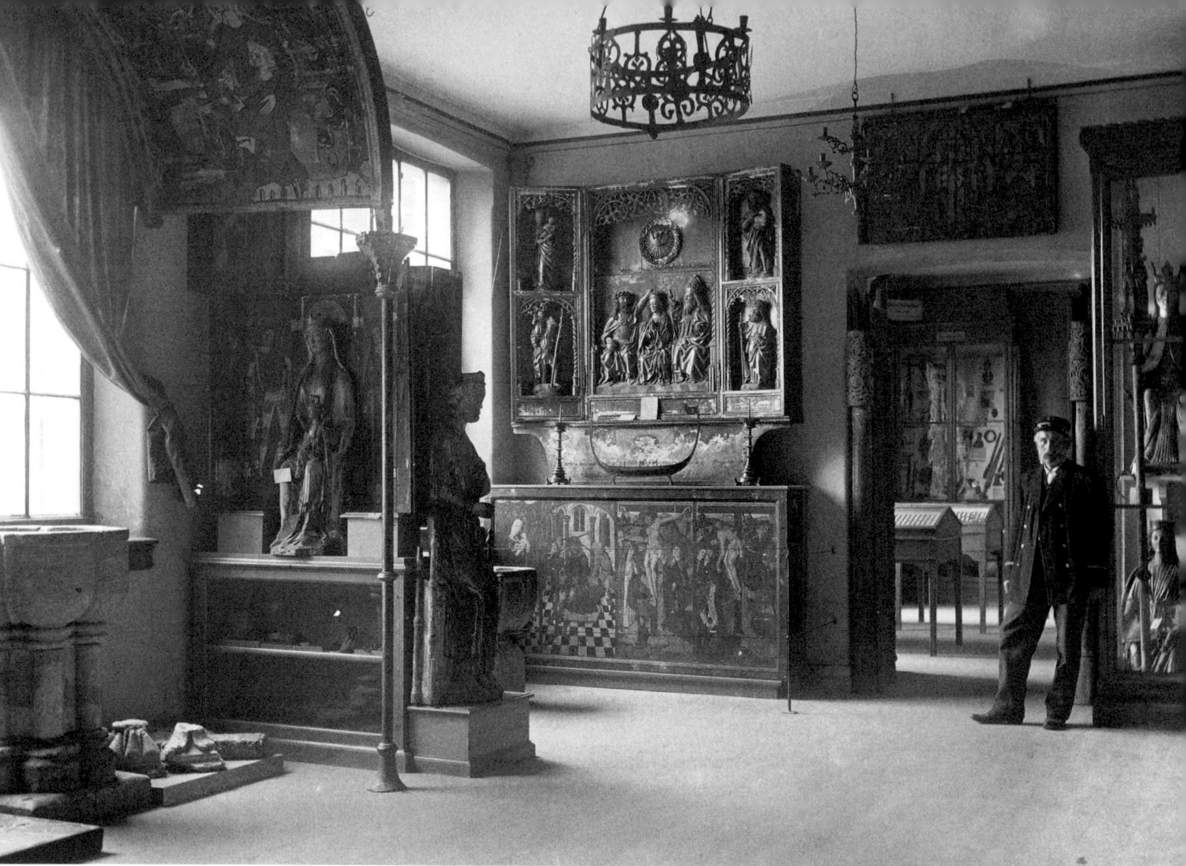

Fig. 4: Kirkekunstsamlingens utstilling i 1898. Foto Universitetsmuseet i Bergen, fotoarkiv

tere sig, selv for en Kjender end sige for den almindelige Betragter» (Fig. 4). Mange fant veien til museet, særlig på søndager, når bergensere av alle sosiale lag valfartet for å se samlingene. I 1871–1875 ble antall besøkende anslått til rundt 50 000 i året.

I 1878 ble mange av museets kunstverk overført til Bergen by for å danne grunnlaget for byens kunstgalleri (nå museet KODE), men kirkekunsten ble værende på Bergens Museum. I 1890-årene brakte Bendix Edvard Bendixen, styreformann for museets antikvariske avdeling, med seg en ny giv for kirkekunstsamlingen (Fig. 5). Han studerte det meste av samlingen i en serie artikler på tysk som ble publisert i museets årbok mellom 1889 og 1916. Bendixen fortsatte også innsamlingen: Etter å ha sett en rekke kunstverk fra 1200-tallet i Røldal stavkirke i Ullensvang – en Maria med barnet, St. Olav, erkeengelen Mikael, fløyer av et helgenskap, et kors, et røkelseskar, en messehagel og flere malte bordbiter – inngikk han straks i forhandlinger for å anskaffe dem til museet, og de fleste av gjenstandene ankom i 1895 (kat. nr. 28, 32, 33, 34, 46, 72). To år tidligere anslo man plassbehovet for de antikvariske samlingene til 1460 m², og nye fløyer ble ferdigstilt i 1898 på museumsbygningen fra 1865 på Nygårdshøyden. Først i 1927 ble det, etter tegninger av Egill Reimers, ferdigstilt en egen bygning for den kulturhistoriske samlingen, inkludert kirkekunsten.

Da Universitetet i Bergen ble grunnlagt i 1946, ble Bergens Museum et universitetsmuseum. Det bar med seg over 100 år med entusiasme og engasjement, utholdenhet, kunnskap og årtier med utrettelig innsats for å utvikle museet som en vitenskaps- og kulturinstitusjon. Formålsklausulen i stiftelsesdokumentet inneholder et punkt som sier at institusjonen skal bygge videre på aktivitetene til Bergens Museum og gjøre så mye som mulig for å formidle forskningsresultater. Slik ble museet eksplisitt anerkjent som universitetets vugge. Siden da har museet skjøttet sitt forskningskall, holdt seg med en stor forskerstab og gjort samlingene tilgjengelige for et stort publikum. Da den nåværende utstillingen ble utformet i 1995, ønsket man å stille ut så godt som hele den middelalderske kirkekunstsamlingen. Dermed lar Universitetsmuseet i Bergen gjestene tre inn i en bygdekirke fra middelalderen og oppleve dens spesielle atmosfære – fargerik, mystisk og trang, men alltid fascinerende.

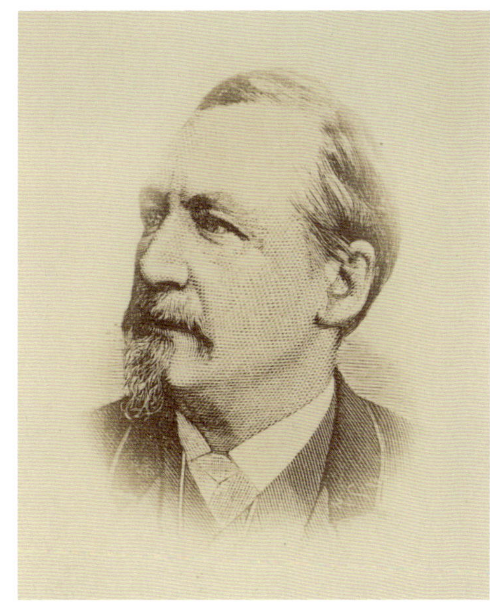

Fig. 5: Portret av Bendix Edvard Bendixen (1838–1918). Foto Universitetet i Bergen, billedsamlingen

---

von Achen 2018

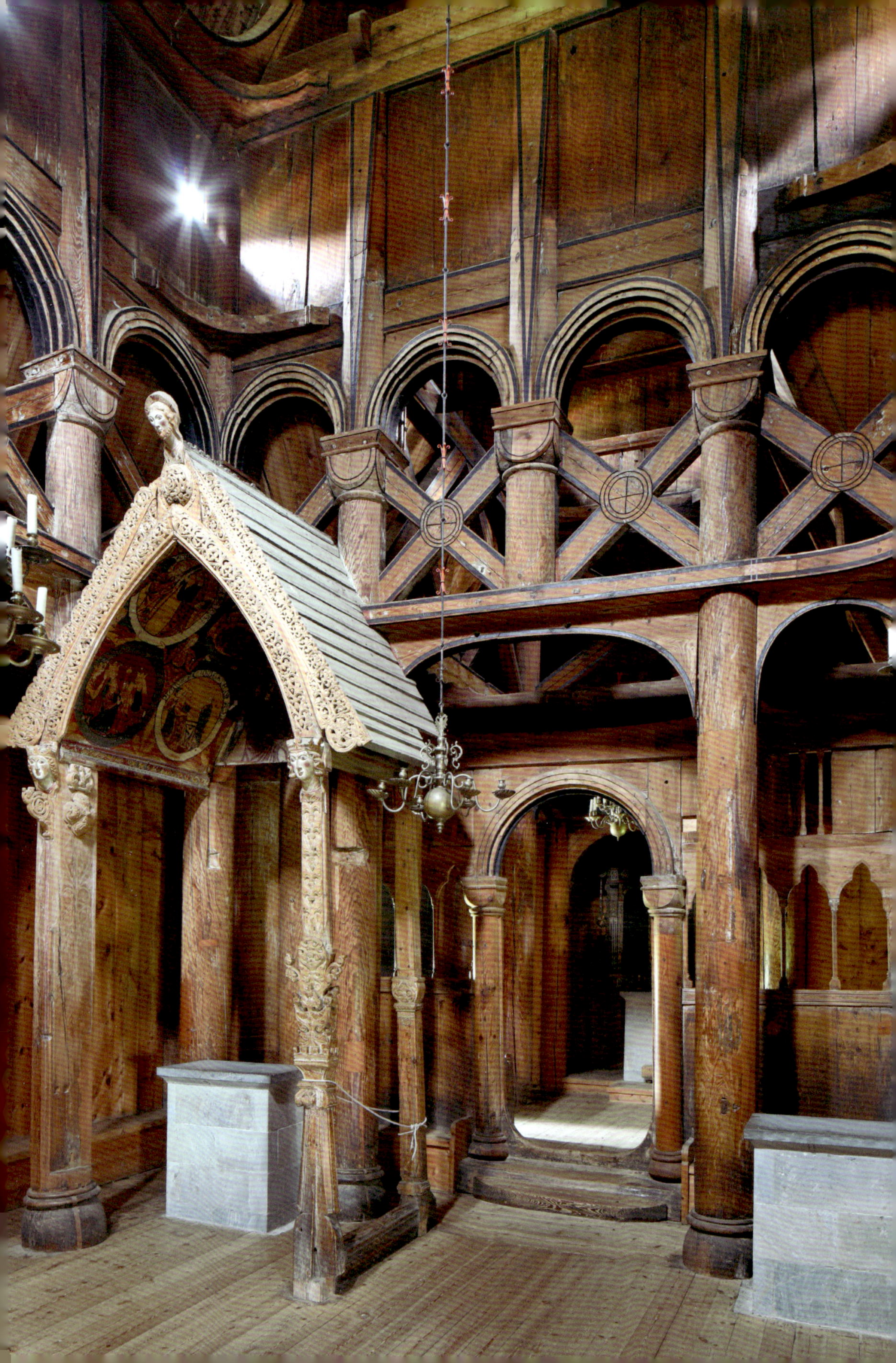

KYRKJELANDSKAPET PÅ VESTLANDET I MELLOMALDEREN

Alf Tore Hommedal (Universitetsmuseet i Bergen)

Tidleg på 1300-talet stod det bortimot 1300 kyrkjer innan dåverande Noreg, som hadde mellom 300.000 og 500.000 innbyggjarar. Bygginga og utsmykkinga av kyrkjene i byar og bygder, og den landskapsmessige plasseringa kyrkjene hadde, fortel ikkje berre om tru og liturgisk bruk av gudshusa. Dette fortel også til dømes om økonomi, om status, om samfunnsfunksjonar, om kulturelle kontaktar – i det heile om samfunn og levd liv.

Kyrkjesamlinga ved Universitetsmuseet i Bergen rommar bygningsfragment og inventarparti frå ein del av desse kyrkjene, særleg i Vest-Noreg. Tidleg på 1300-talet stod det om lag 230 kyrkjer innafor dagens Vestland fylke og Sunnmøre. Om lag 56 av dei var steinkyrkjer medrekna 18 kyrkjer i Bergen. Elles var kyrkjene bygde i tre. Vestland med Sunnmøre utgjorde på 1800-talet Bergen Stift (bispedøme), og stiftet vart det

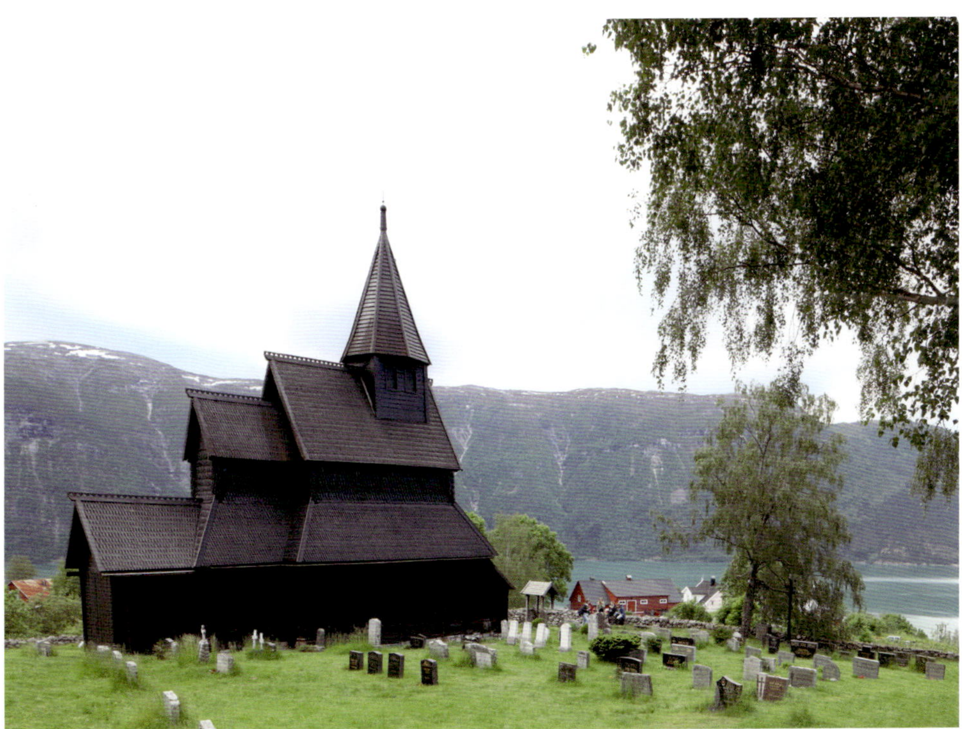

Fig. 1: Urnes stavkyrkje (Luster, Sogn). Foto Justin Kroesen

◂ Hopperstad Stavkyrkje (Vik, Sogn), interiør. Foto Justin Kroesen viktigaste interesseområdet for innsamlinga av den kyrkjekunsten, dei kyrkjefragmenta og det arkeologiske kyrkjefunnmaterialet som no er ved Universitetsmuseet (sjå kart på innsida av omslaget).

Ei typisk norsk kyrkje i mellomalderen var altså bygd i tre, som ei stavkyrkje. Av alle stavkyrkjer frå mellomalderen rundt om i landet er der i dag berre 27 igjen, seks av dei i Vestland fylke (sjå nedanfor) og ingen på Sunnmøre. Av dei ca. 275 steinkyrkjene som vart bygde i Noreg i mellomalderen står der i dag igjen ca. 160 kyrkjer i meir eller mindre ombygd form, berre 19 av dei i Vestland fylke og Sunnmøre. I tillegg kjem nokre kyrkjeruinar. Samlingane ved Universitetsmuseet i Bergen rommar eit kyrkjemateriale som gjev oss kunnskap om både dei ståande og dei tapte kyrkjene.

Den første generasjonen med kyrkjebygningar, oppførte i kristningstida slik vi har dei dokumenterte frå 1000-talet av, ser alle ut til å ha vore såkalla *stolpekyrkjer*: små stavkyrkjer fundamenterte ved at dei berande konstruksjonsstolpane stod forankra i jordgravne stolpehol. Ingen slike *stoplekyrkjer* er i dag bevarte med sin hovudkonstruksjon, men i Kinsarvik kyrkje i Hardanger, og i Kaupanger stavkyrkje og Urnes stavkyrkje i Sogn, er det arkeologisk påvist spor etter slike eldre kyrkjer. I Urnes noverande stavkyrkje frå 1130-åra inngår også eldre bygningsdelar som opphavleg må ha stått i ei kyrkje frå ca. 1070 på same staden. Mellom bygningsdelane er Urnes-portalen (Fig. 1 og s. 27) som har gjeve namn til urnes-stilen, den siste av vikingtidas/jarnalderens stilretningar (sjå også kat. nr. 1). Desse første kyrkjenes konstruksjonsmåte og utsmykking kan også synast å vera forankra i vikingtidas tradisjonar før kristendomen kom til landet.

Dei arkeologiske kyrkjefunna synleggjer ein stor byggjeaktivitet alt like etter at kristendommen var etablert i Noreg. Det eldste kyrkjeinventaret som no er ved Universitetsmuseet, må tenkjast inn i slike *stolpekyrkjer*. I denne tidlege fasa for kristendommen i Noreg skulle også organiseringa av Kyrkja byggjast opp, og det vestnorske bispedømet vart oppretta i andre helvta av 1000-tallet. Hovudsetet for biskopen var opphavleg på øya Selja ved Stad i Nordfjord (fig. 5), ved martyrstaden for Sankta Sunniva og dei heilage Seljumennene. Men setet vart alt på slutten av 1000-talet flytta til Bergen. I 1120-åra vart søre del av det store administrasjonsområdet skilt frå som Stavanger bispedøme. I Hardanger høyrde kyrkjene i Røldal og Eidfjord til Stavanger gjennom heile mellomalderen.

Med få unnatak vart trekyrkjene utover i mellomalderens Noreg oppførte som *stavkyrkjer*. I motsetnad til *stolpekyrkjene* er ei tradisjonell stavkyrkje oppført med dei konstruktive stolpane eller stavane fundamenterte på grunnstokkar som ligg på ein syllmur av stein oppå bakken. Dette sette krav til eit betre avstivingssystem av bygningskonstruksjonen. Konstruksjonsforma vann truleg fullt innpass frå tidleg 1100-tal av, framleis bevart i stavkyrkjene Urnes (1130-åra, Fig. 1–2), Hopperstad (1130-åra) og Kaupanger (ca. 1140).

Den mest utbreidde stavkyrkjetypen hadde generelt sett eit enkelt skip med eit smalare, gjerne rettavslutta kor, det heile ofte omslutta av ein svalgang (til dømes Røldal i Ullensvang). Av den konstruktivt meir avanserte stavkyrkjetypen med eit høgare midtparti i kyrkjerommet, er det i Sogn bevart heile fire kyrkjer: Hopperstad, Kaupanger, Urnes og Borgund (Fig. 3). Når så mange slike er bevarte, er dette mellom anna av di denne kyrkjetypen på 1800-talet vart sett på som særskild interessant og «typisk» for stavkyrkjene. Men Sogn hadde

Fig. 2: Urnes stavkyrkje (Luster, Sogn), interiøret. Foto Justin Kroesen

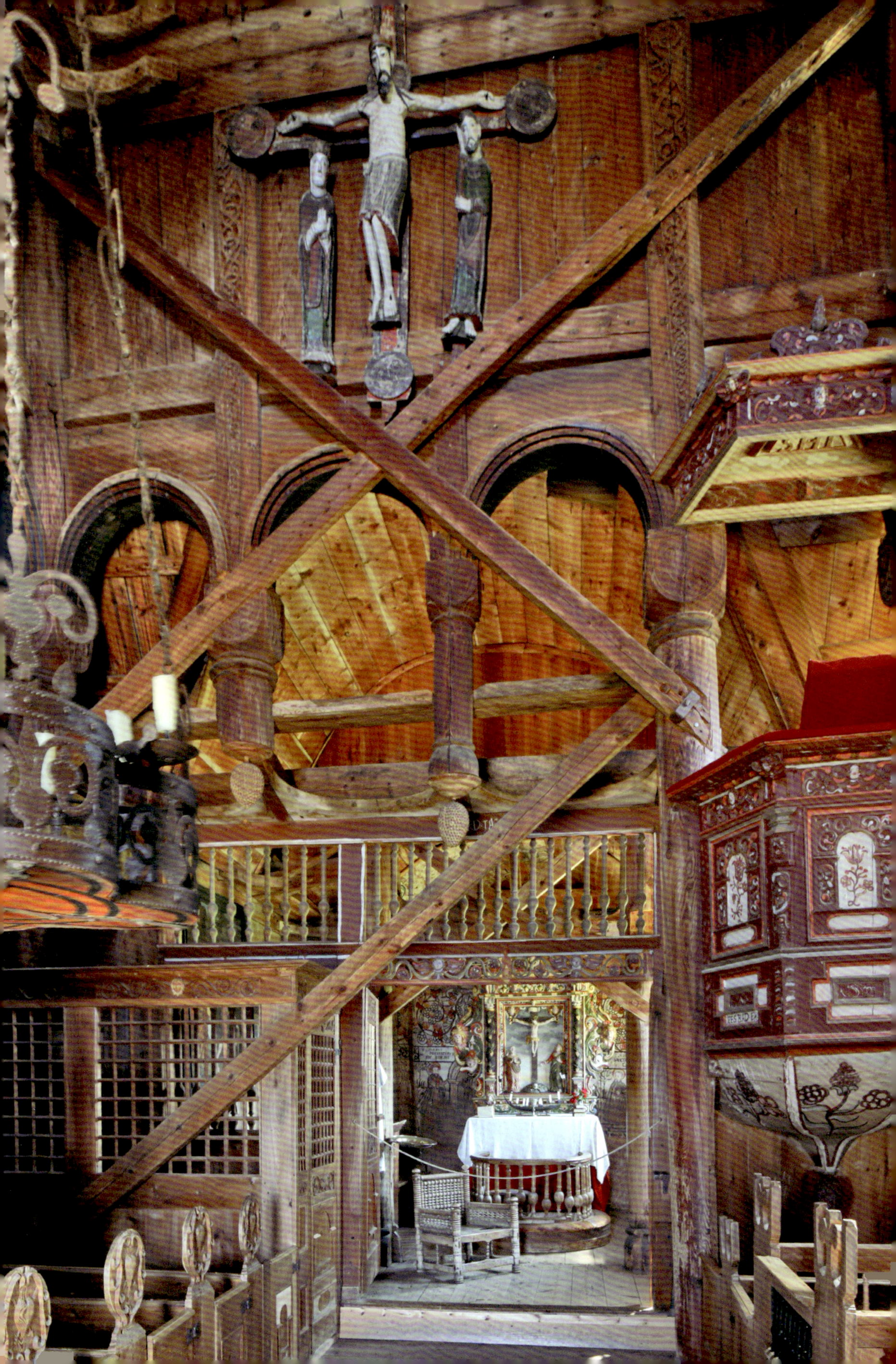

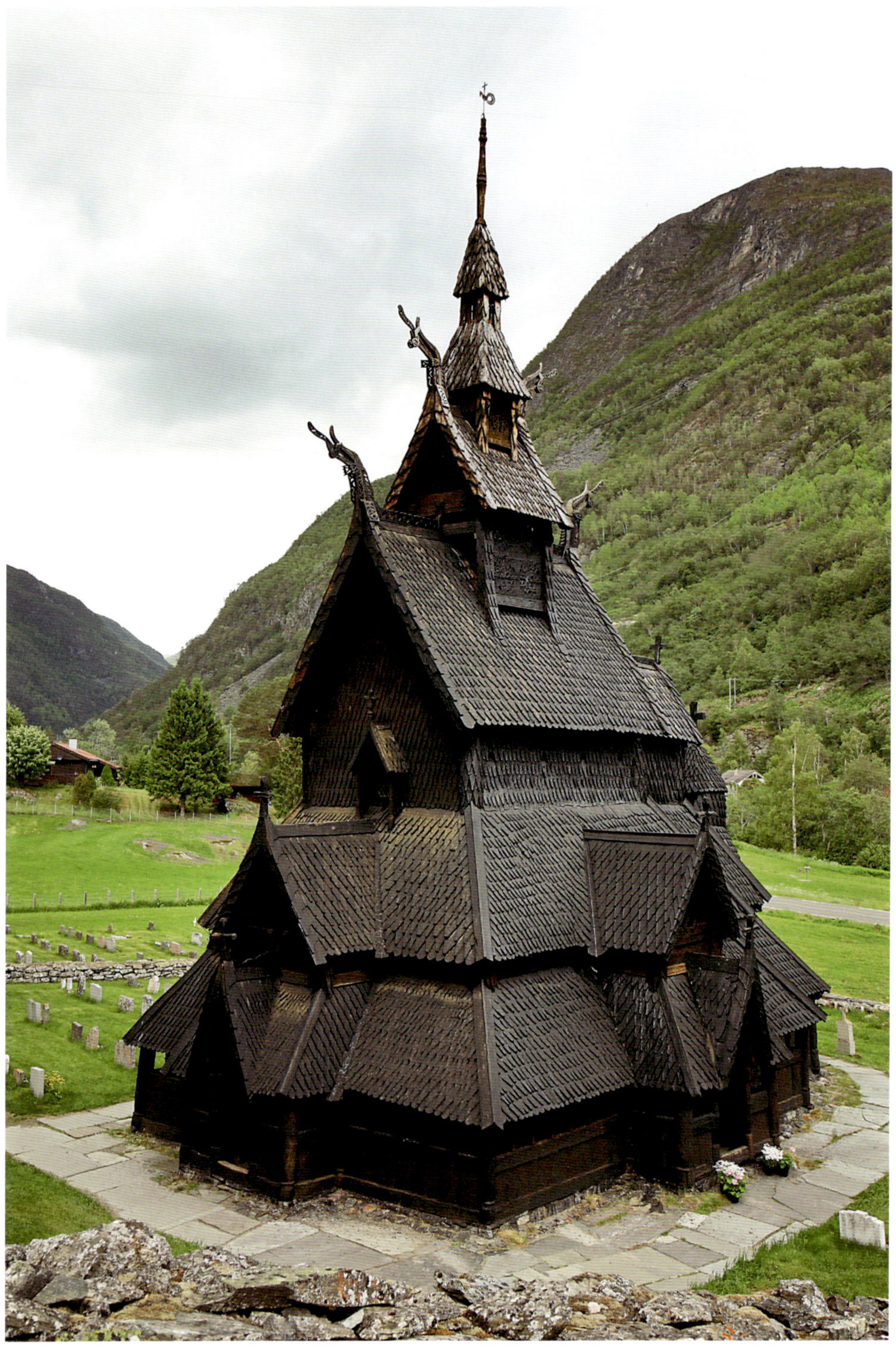

Fig. 3: Borgund stavkyrkje (Sogn). Foto Justin Kroesen

også mange andre og no tapte stavkyrkjer av same type, som både Stedje (kat. nr. 10–12) og Årdal (kat nr. 15 og fig på s. 11). Dei fleste stavkyrkjene fungerte som soknekyrkjer. Det galdt også kyrkja i Røldal sjølv om denne i tillegg fekk ein funksjon som valfartskyrkje, noko som kanskje kan forklara det rike inventaret som kyrkja hadde (kat. nr. 28, 32, 33, 34, 46, 51, 72).

I etterreformatorisk tid vart stavkyrkjene på 16- og 1700-talet ofte utvida med tilbygg i tømmer eller erstatta av heit nye tømmerkyrkjer. På 1800-talet var det ein siste rivingsperiode der stavkyrkjene gjerne vart erstatta med den type kvitmåla trekyrkjer som i så stor grad pregar dagens norske kyrkjelandskap. Nokre stader, som Borgund, Stedje (Sogndal) og Årdal bevarte arkitekten Christian Christie i 1860-åra stavkyrkjekarakteren også ved utforminga av dei nye kyrkjene (Fig. 4). Dei originale stavkyrkjefragmenta som i dag er i samlinga ved Universitetsmuseet, kom for det meste inn på 1800-talet (kat. nr. 10, 11, 13–15). På landsbasis er 126 portalar bevarte frå 80 stavkyrkjer. Medrekna arkitektoppmålingar av kyrkjer gjort før dei vart rivne på 1800-talet, har vi grunnmateriale for ein relativ god stavkyrkjekunnskap også ut over dei framleis ståande stavkyrkjene. Desse vart for ein del endra på 18- og 1900-talet, med restaureringar og tilpassingar til samtidas bruk (som Kaupanger og Røldal, begge no re-restaurerte) eller «gjenskapt» som mellomalderkyrkje (som eksteriøret i Hopperstad). Av dei ståande stavkyrkjene på Vestlandet er Borgund den mest originale. I 1897 vart dei norske mellomalderkyrkjene som då framleis stod freda.

Med kristendommen og den organiserte Kyrkja kom også den europeiske byggjetradisjonen med steinmur i kalkmørtel til Noreg seint på 1000-talet. Steinkyrkjer vart

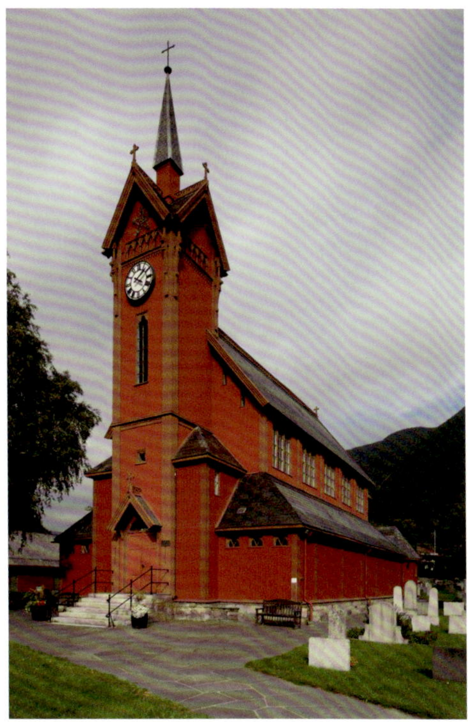
Fig. 4: Årdal (Sogn), trekyrkje frå 1867. Foto Justin Kroesen

oppførte helst i byane, eller ved kystleia og i rikare jordbruksbygder i Aust-Noreg og i Trøndelag. Ofte var steinkyrkjene knytte til stormenn eller til institusjonar som kongemakt og Kyrkje. Dei fleste fungerte som soknekyrkjer, men mellom andre funksjonar var også domkyrkjer, kongelege kapell, hospitalkyrkjer og godt 30 klosterkyrkjer. I Bergen fanst fem klosteranlegg, der fransiskanarkyrkja (no Bergen domkirke) og delar av benediktinarnonnene si kyrkje (Nonneseter) framleis står. Ved Universitetsmuseet er der i tillegg bevart bygningsfragment i stein både frå benediktinarklosteret Munkeliv (kat. nr. 2) og frå Jonsklosteret til augustinarane. Utanom Bergen låg der i bispedømet kloster på Selja, Lyse i Os og Halsnøy i Sunnhordland, alle bevarte som ruinar.

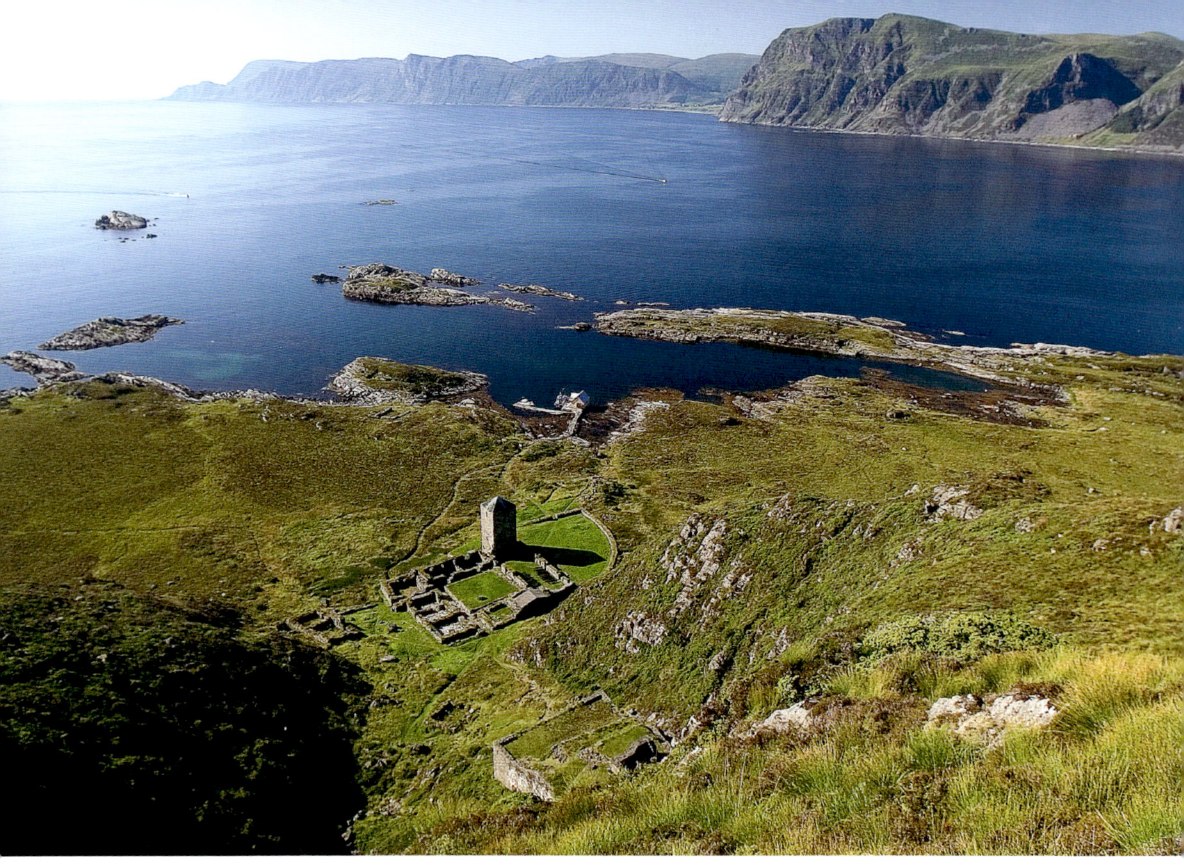

Fig. 5: Selja (Nordfjord), mellomalderruinane av klosteranlegget og helgenstad sett mot Stad. Foto Thomas Bickhardt

Den eldste steinkyrkja som det på Vestlandet i dag står heile bygningsparti bevart av, det er Kristkyrkja eller domkyrkja frå seint 1000-tal i ruinanlegget på Selja (Fig. 5).

Utsmykkingar og handverkstrekk tyder på at denne bispekyrkja vart oppført i engelsk handverkstradisjon. Tidleg på 1100-talet ser vi derimot at ein stilpåverkanad frå sør (den «rhinsk-lombardiske stilen») er komen inn, særleg i Bergen, der både Korskiken, Nonneseter tårnfot og dei eldste delane av Mariakirken ber dette klassiske stilpreget. Kanskje er det henta til Bergen direkte frå Speyer i Tyskland eller via Ribe og Lund i dåverande Danmark. I Munkeliv kloster i Bergen, oppretta ca. 1110, bar kyrkja slike stiltrekk. Frå 1160 ser ein igjen ei endring av arkitektonisk stilpreg i Bergen til engelsk (anglo-normannisk) påverknad som i vestre del av Mariakirken. Engelsk stilpåverknad ser ein i Bergen også utover på 1200-talet og inn på 1300-talet, særleg då ved dei gotiske stilfasane kalla «Early English» og «Decorated». Dette kan vi til dømes sjå i Mariakirkens korutviding etter ein brann i 1248 (Fig. 6) .

Ved oppføringa av steinkyrkjer elles på Vestlandet ser vi korleis bygningsmiljøet, særleg i Bergen, har gjort seg gjeldande. Handverkarar med bakgrunn derifrå synest i siste del av 1100-talet å ha vore med ved oppføringa av Hove kyrkje i Sogn (Fig. 7) som ber preg av anglo-normanniske stil. På 1100-talet er det, med nokre få unnatak som Kinsarvik (Fig. 8) i Hardanger og Hove i Sogn, særleg i kystnære strok det vart bygd steinkyrkjer. I siste del av 1200-talet med

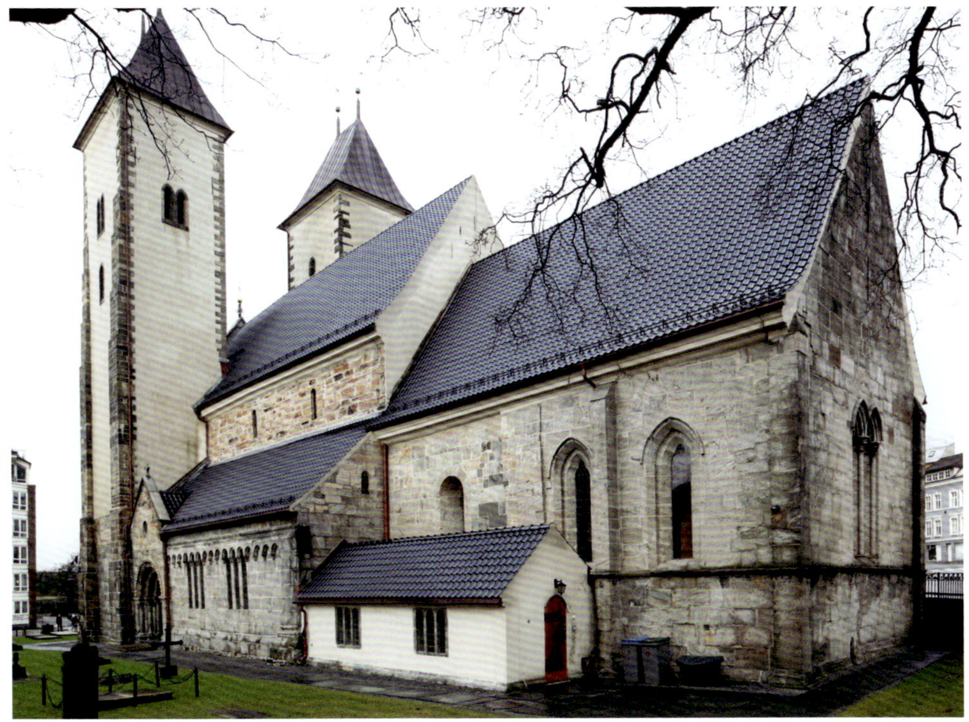

Fig. 6: Bergen, Mariakirken sett frå søraust. Foto Justin Kroesen

tidleg 1300-tal var det derimot fjordbygdene som saman med innlandsbygda Voss fekk oppført til dels store steinkyrkjer, også desse med band mot byggjemiljøa i Bergen. I seinmellomalderen ser det ut til at der på Vestlandet, som i heile Noreg, var relativt lite nybygging av kyrkjer. Dette var nok mellom anna ei følgje av det harde folketalsmessige og økonomiske slaget som landet fekk ved Svartedauden 1349–50 med etterfølgjande pestepidemiar.

Interiøret og inventaret i alle mellomalderkyrkjer, både i tre og stein, følgde grovt sett det same rommønsteret. Innreiinga vart bestemt gjennom den ramma liturgien sette, og der kjernen var feiringa av messa. Forma og funksjonen ei soknekyrkje hadde i mellomalderen, kan eksemplifiserast ved grunnplanen for Kinsarvik kyrkje i Hardanger, fullført ca. 1200 (Fig. 9).

Kyrkjebygningen har to rektangulære rom, eit breiare skip (A) i vest der dei truande samlast og eit smalare kor (B) i aust, der det liturgiske ritualet var hovudbasert. Ein kunne kome inn i skipet via den seremonielle vestportalen (1), men dei kyrkjesøkande kom ofte inn via nordportalen (kvinner) og sørportalen (menn) i skipet (2). Mange kyrkjer, ikkje minst på Vestlandet, hadde berre ein slik portal i skipets langvegger og då helst ein sørportal. Presten hadde ein eigen inngangsportal i sørveggen av koret (3).

Dåp vart utført ved døypefonten som stod i vestre del av skipet (4). Skipet vart gjerne nytta ved preiker, og det hadde benker langs veggene for dei i kyrkjelyden som trong å

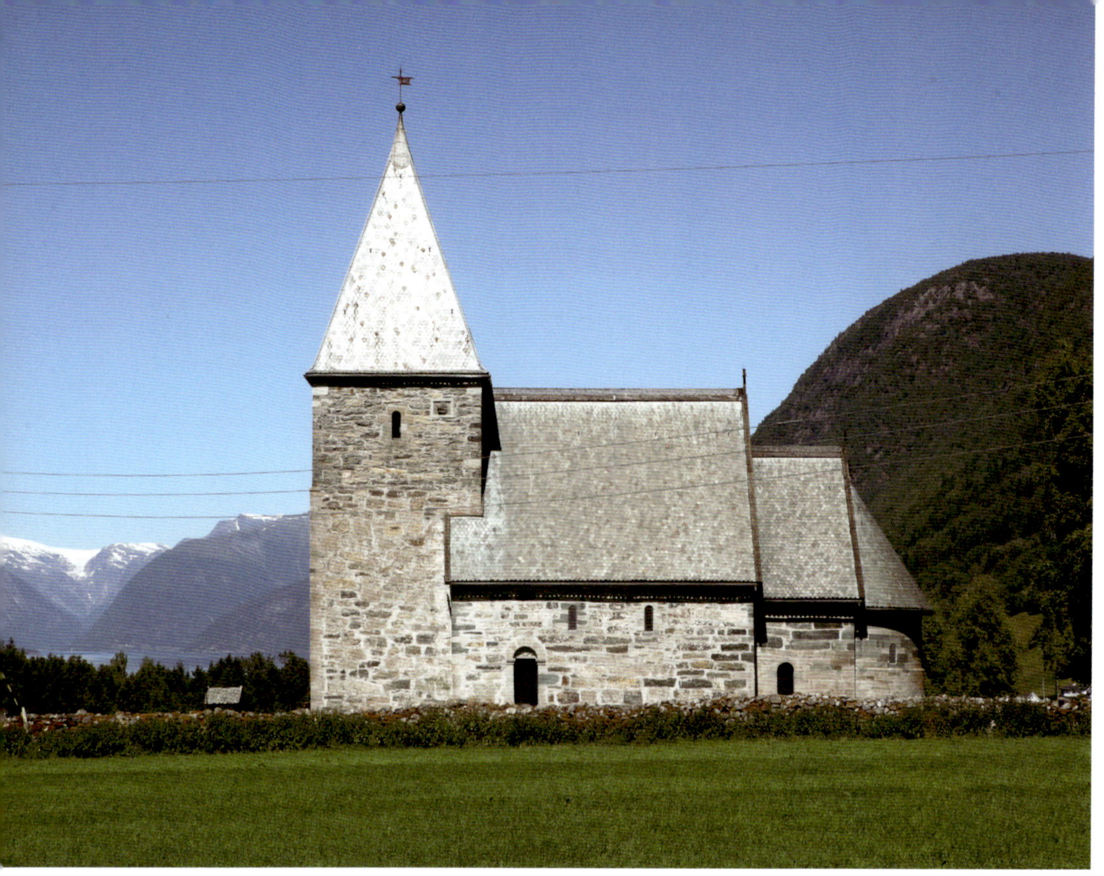

Fig. 7: Hove steinkyrkje (Sogn) med Sognefjorden i bakgrunn. Foto Justin Kroesen

sitje. Ved austveggen i skipet stod der sidealtar (5). Dette var vanlegvis eit Maria-altar i nord og i sør eit altar for ein sentral helgen, i norsk samanheng ofte Olav. Ved desse altara kunne den private andakta og bønelivet konsentrerast for dei kyrkjesøkande. Midt på austveggen var der ein koropning frå skipet til koret, og i eller over opninga hang eit triumfkrusifiks (6). Inne i koret stod høgaltaret der presten feira høgmessa på søndagar og viktige heilagdagar (7). Både hovudaltaret og sidealtara skulle vera i stein og dekka av ei massiv altarplate og ha eit nedsenka relikviegøyme midt i steinplata. På 12- og 1300-talet vart både hovudaltar og sidealtar ofte utsmykka med måla trefrontale på sida. Helgenfigurar og helgenskåp kunne vera plasserte på eller bak altara, nokre gonger avslutta i høgda med ein trebaldakin som tak (sjå fig. på s. 14). På 1400-talet, vart altartavler vanlege både på hovudaltar og sidealtar.

Presten bar liturgiske klede under seremonien. Han svinga *røykjelseskar* for å reinska og førebu altar og rom for den heilage handlinga. Presten vaska hendene seremonielt ved at vatn frå ein *akvamanile* (vassbehaldar) vart slått over fingrane. Når han ikkje var ved altaret sat han på ein *sedilia*, ein liturgisk benk. På altaret var der lysestakar, eit *missale* (messebok) og ein *altarkalk* og eit *patén* (fat), utstyr for feiringa av nattverden. Relikvieskrin og helgenbilete vart av og til borne i prosesjonar omkransa av lys i lysestakar og med faner.

Syn, lyd og lukt var ein formidlande del av liturgien. Saman med rituala skapte rommet med dei fargerike kunstverka og den liturgiske gregorianske songen høgtidlege

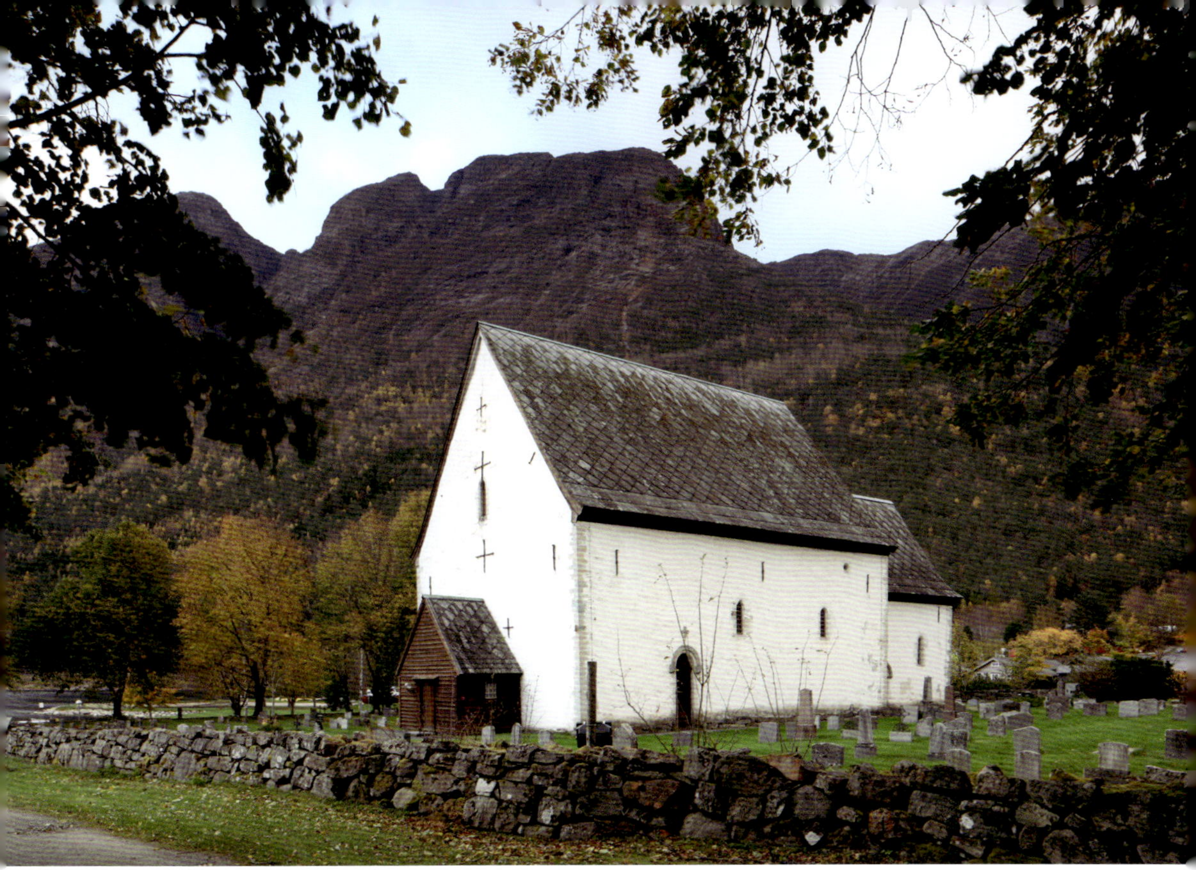

Fig. 8: Kinsarvik steinkyrkje (Hardanger). Foto Justin Kroesen

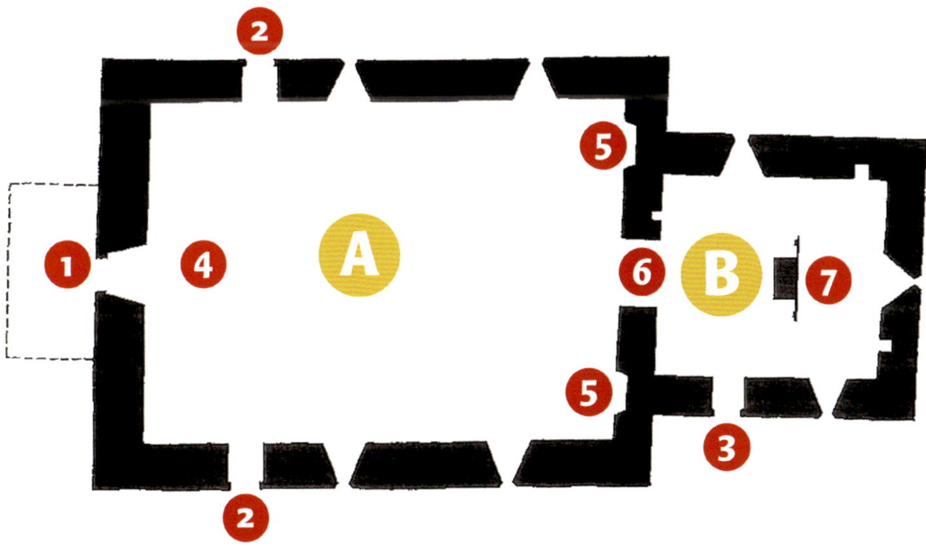

Fig. 9: Grunnplanen av ei mellomalderkyrkje (Kinsarvik). Teikning Meindert Spek

opplevingar, som gav livet meining og framtidshåp for mellomaldermenneska. Vi kan i dag beklage at så mange mellomalderkyrkjer i Noreg og på Vestlandet er gått tapte over tid. Men heldigvis kan noko av trua, tvilen og tilliten som ein gong fylte dei no tapte kyrkjeromma, framleis fangast gjennom dei bevarte fragmenta ved Universitetsmuseet i Bergen.

Christie 1981, s. 185; Ekroll/Eide 2012; Eldal 1993; Helle 1980; Hoff/Lidén 2000; Hoff/Lidén/Storsletten 2000; Hohler 1999; Hommedal 2014; 2018; 2019; Krøvel/Tafjord 2017; Lidén 1981; 1997; 2000; 2003; 2008; Lidén/Magerøy 1980; 1983; 1990; Lidén/Trædal 2003; Nybø 2000; Tryti 2006.

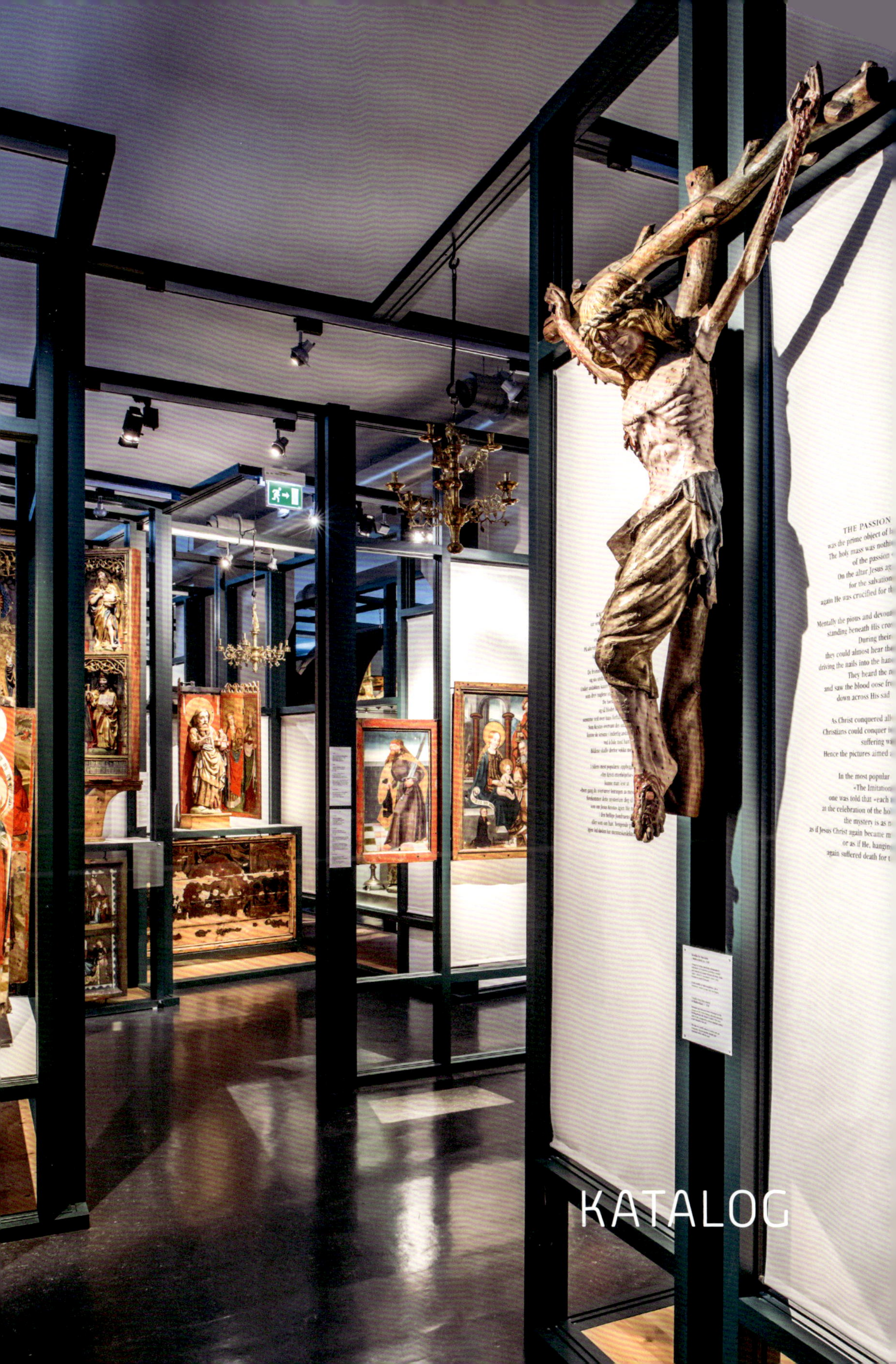

KATALOG

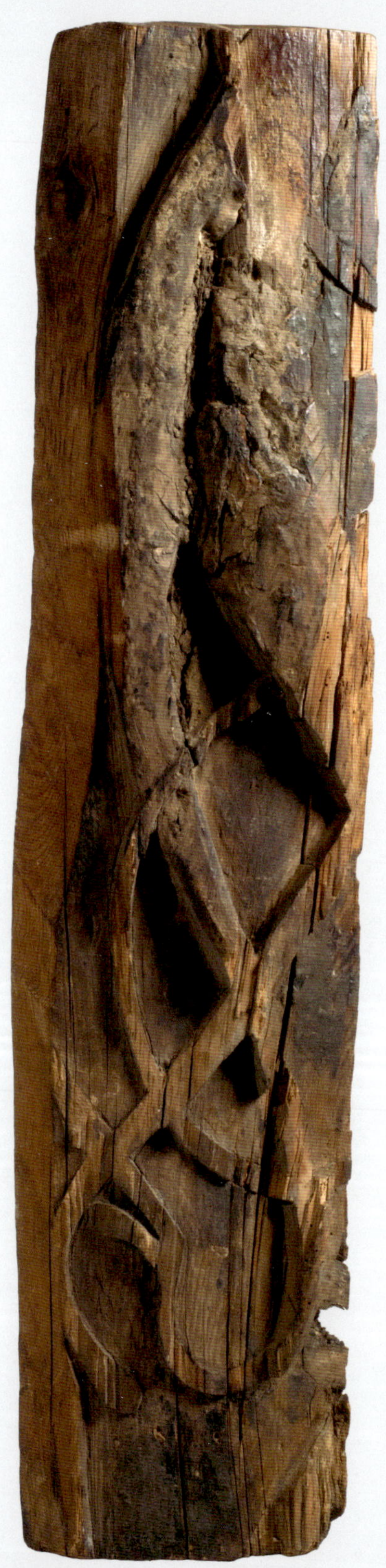
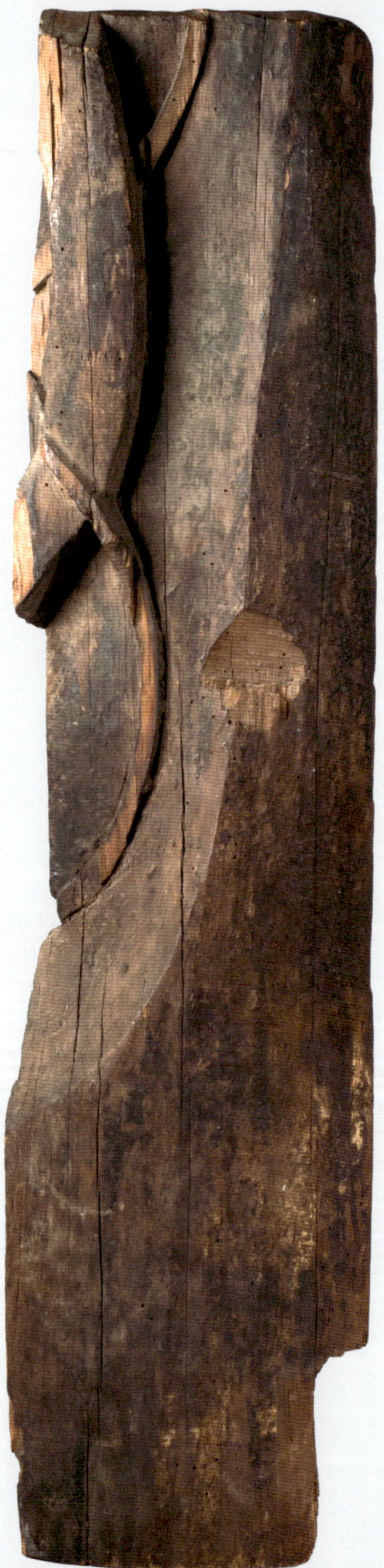

1

FRAGMENTER FRA HOPPERSTAD STAVKIRKE

Norge, ca. 1050
Fra Hopperstad i Sogn, på museet siden 1891
Furutre
H 86,5 x B 18,5 x D 17 cm
Inv. nr. MA 287ab

Stavkirker er byggverk av tre oppført med loddrette trestolper, «staver», som hovedelementer i konstruksjonen. Av de bortimot to tusen stavkirkene som kan ha eksistert i Norge i løpet av middelalderen, er bare 27 bevart. To stavfragmenter antatt å stamme fra en tidlig slik kirke ble oppdaget under restaureringsarbeid i Hopperstad i Sogn i 1885–1891. Utskjæringene viser ornamentering i såkalt «Urnes-stil», oppkalt etter den godt bevarte nordportalen i Urnes stavkirke i Luster (Sogn), og som kan dateres til rundt 1070. Denne eldste stavkirkestilen, som karakteriseres av en blanding av dyre- og planteornamenter, ble utbredt i Skandinavia i løpet av 1000-tallet.

Ett av de eldre fragmentene fra Hopperstad ble dendrokronologisk datert til perioden 1031–1070, mest sannsynlig til 1050-tallet. De stammer trolig fra en forgjenger av den nåværende stavkirken, som er datert til 1130-tallet. Fragmentene tilhører en av de første stolpekirkene – den eldste formen for stavkirke – som ble bygget i det nylig kristnede Norge. De representerer dermed noen av de eldste bevarte restene fra norsk kristendom. Erla Hohler tolket utskjæringen som beinet til et dyr, tilsvarende den bevarte dyrefiguren på nordportalen fra Urnes.

Dietrichson 1892, s. 226–227; Hauglid 1976, s. 231; Hohler 1999, s. 172; Krogh 2011, s. 206–207; Dommasnes/Hommedal 2016, s. 140–142

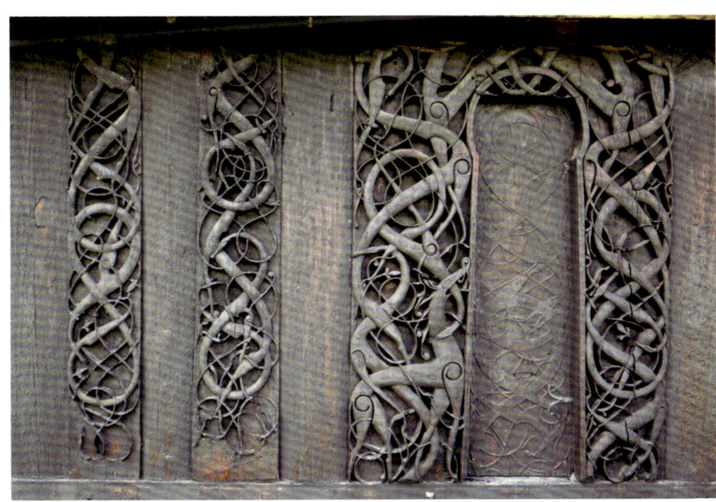

Urnes (Luster, Sogn), Portal i Urnestil fra tidligere stolpekirke, ca. 1070. Foto Stephan Kuhn

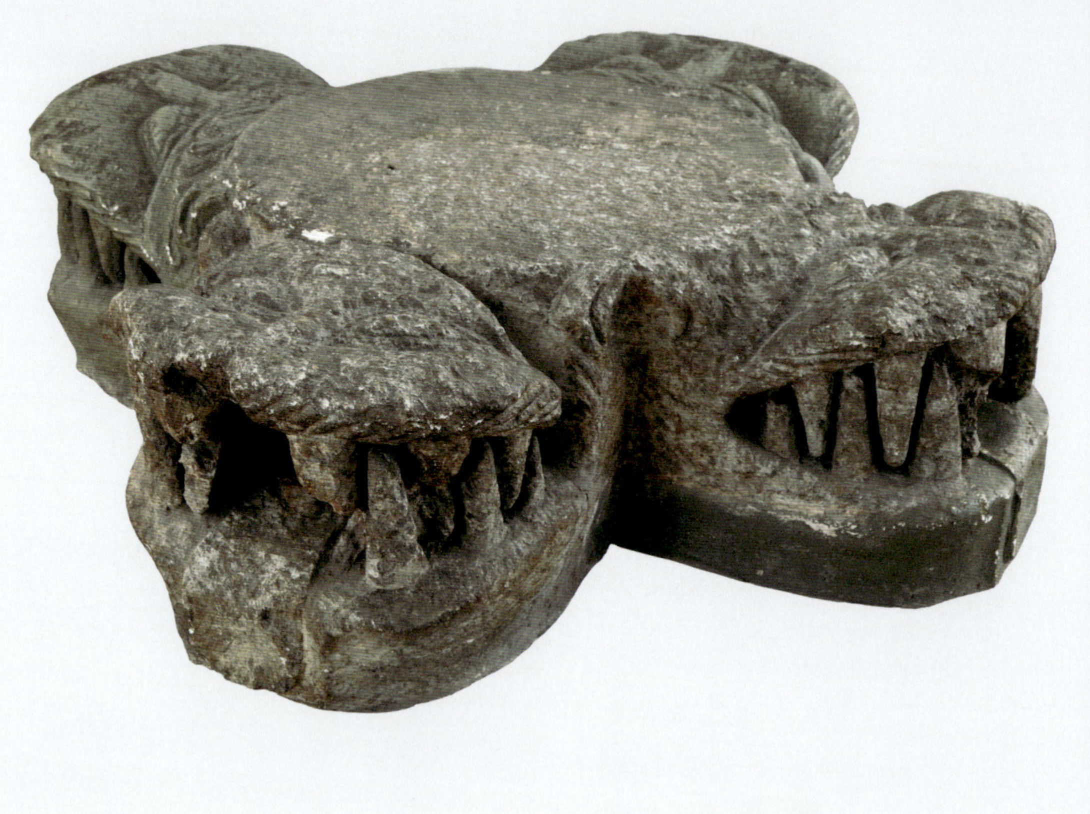

2

STEINFRAGMENTER FRA MUNKELIV KLOSTER

Norge, 1100–1150
Fra Munkeliv kloster i Bergen, på museet siden 1853 (hode) og 1860 (søylebase)
Marmor (hode, kapitél), kleberstein (søylebase)
H 31 x B 19 x D 11 cm (hode)
H 35 x B 50 x D 47 cm (kapitel)
H 30 x B 93 cm (søylebase)
Inv. nr. MA 76 (hode), MA 714 (kapitél), MA 355 (søylebase)

Benediktinerklosteret Munkeliv på Nordnes, vest for Vågen, var et av de eldste og rikeste klostrene i Norge i middelalderen. Det ble grunnlagt rundt 1110 av kong Øystein Magnusson (1103–1123) og anlegget ble en viktig brikke i Bergen by. Mot slutten av 1300-tallet synes klosteret å ha en nedgangstid, og på 1420-tallet ble det overtatt av brigittinerne. I 1455 ble det plyndret av hanseatiske kjøpmenn fra Bryggen, på motsatt side av Vågen. Like før reformasjonen, fra 1531 til 1536, fungerte klosterkirken som Bergens domkirke. Da brandt anlegget og falt i ruiner.

Arkeologiske utgravninger i 1860 avdekket grunnrisset til kirken, den eneste i Bergen som man vet har hatt en krypt. Flere bygningsdeler i stein ble funnet under utgravningen, mens andre ble funnet gjenbrukt i omkringliggende bygninger. Klebersteinsbasen til en søyle i krypten er omgitt av fire dyrehoder med skremmende åpne gap (to hoder er originale, de to andre er rekonstruert). Uthogde udyrhoder med lignende form er funnet i Lund (Sverige) og Speyer (Tyskland). Et korintisk marmorkapitél med en dobbel rekke akantusblad er slående fint utført og minner om kapitéler fra Nord-Italia, særlig Ravenna.

Blant funnene fra Munkeliv var et marmorhode med en ringformet krone av bysantinsk type, kronet med et kors. Inskripsjonen EYSTEINREX med stiliserte bokstaver på kronen identifiserer den som en framstilling av kong Øystein, klosterets grunnlegger. Det uttrykksfulle ansiktet skiller seg ut med sine utstående, mandelformede øyne, sin fine bart og sitt korte skjegg.

Bendixen 1911, s. 28; Lidén/Magerøy 1980, s. 150–157; Lidén/Magerøy 1990, s. 75–81, 162; Lidén 2003; Hommedal 2014

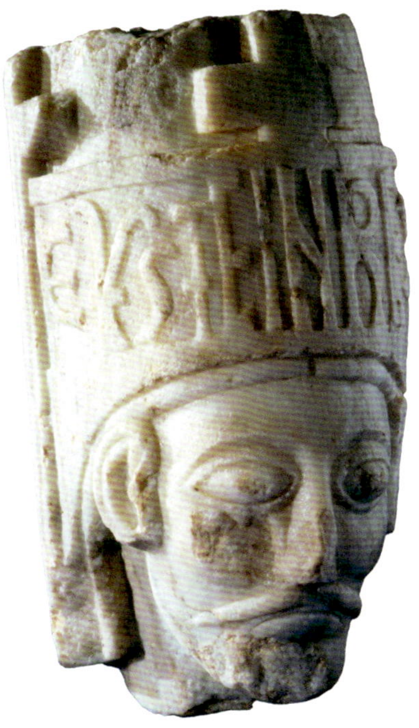

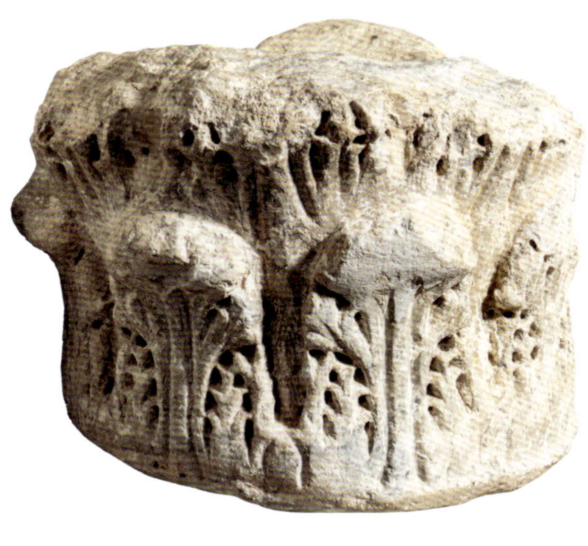

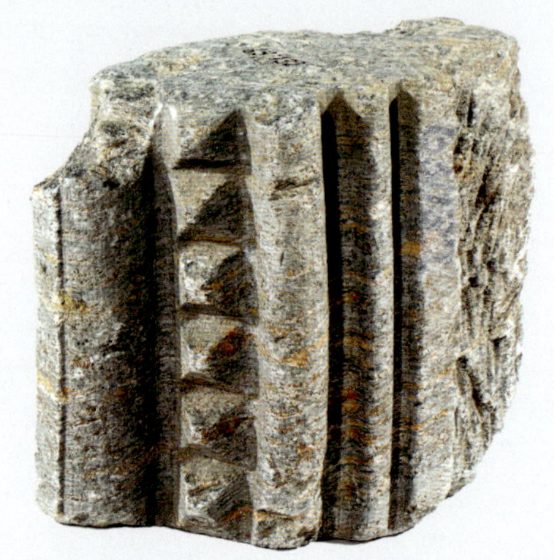
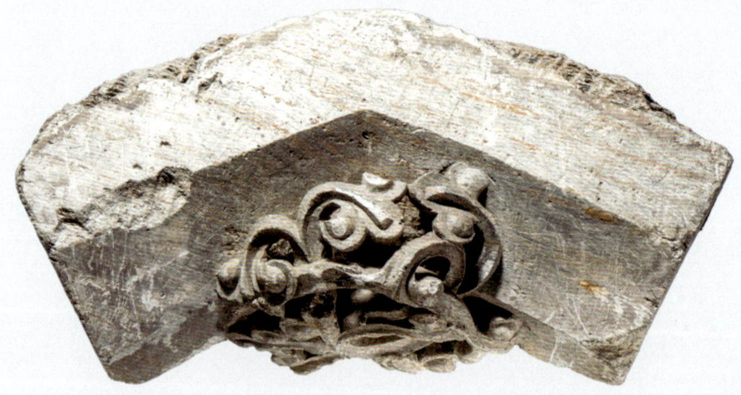
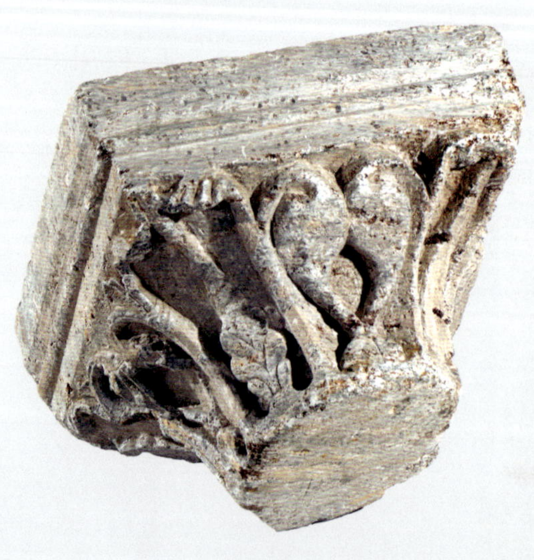

3

BYGNINGSFRAGMENTER FRA LYSEKLOSTER

Norge, 1150–1200
Fra cistercienserklosteret på Lyse nær Bergen, på museet siden 1888
Kleberstein
H 31 x B 25,5 x D 34 cm (buefragment)
H 49 x B 78 x D 41 cm (buefragment)
H 18 x B 30 x 30 D (kapitél)
Inv. nr. MA 273

Cistercienserklosteret på Lyse, cirka 25 kilometer sør for Bergen, ble grunnlagt i 1146 av biskop Sigurd av Bergen og med munker fra moderklosteret Fountains i Yorkshire, England. I tillegg til kirken omfattet klosterkomplekset bygninger langs en firefløyet klostergang med blant annet kapitelhus, refektorium og dormitorium. Munkene drev flere gårder i området, og klosteret ble et av de rikeste i Norge. Ved reformasjonen ble det oppløst og etter hvert revet. Steiner fra Lysekloster ble gjenbrukt i Rosenkrantztårnet i Bergen og i Kronborg slott i Helsingør i Danmark. Det ble foretatt omfattende utgravninger på stedet i 1888–1889, og enkelte bygningsfragmenter ble overført til kirkekunstsamlingen i Bergen. I dag kan man fortsatt se deler av den rekonstruerte klostergangen og klosterets grunnmurer på stedet, med et lapidarium.

Bygningsmaterialene ble utvunnet fra klosterets eget klebersteinsbrudd. Derfra leverte munkene også bygningsmaterialer til Bergen. Det er klare stilistiske paralleller med engelsk kirkearkitektur fra andre halvdel av 1100–tallet. Det profilerte hundetannsnittet, et motiv som er karakteristisk for engelske kirker, kommer trolig fra vestportalen i kapittelhuset, sammen med sluttsteinen med rundt, utskåret bladverk. Lignende ornamentering fins i Norge i sørportalen i Mariakirken i Bergen og i tverrskipet i Nidarosdomen i Trondheim.

Nicolaysen 1890; Johnsen 1977; Lidén 2014, s. 24; Nybø 2018

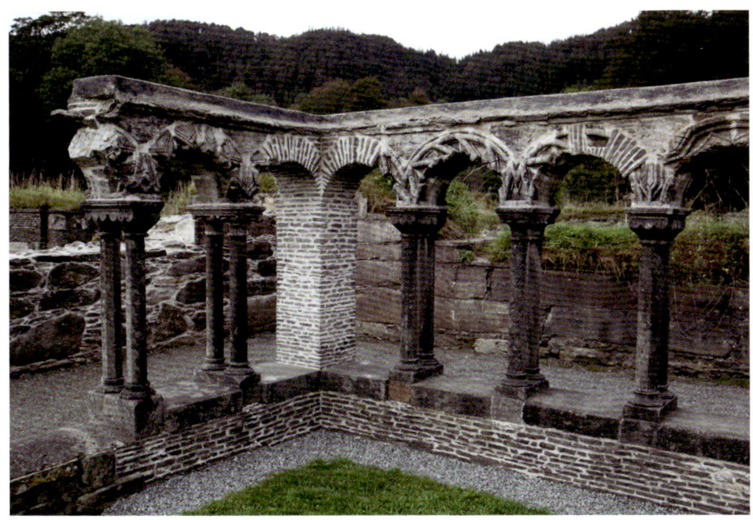

Ruinene av Lyse kloster med en rekonstruert del av klostergangens arkade. Foto Justin Kroesen

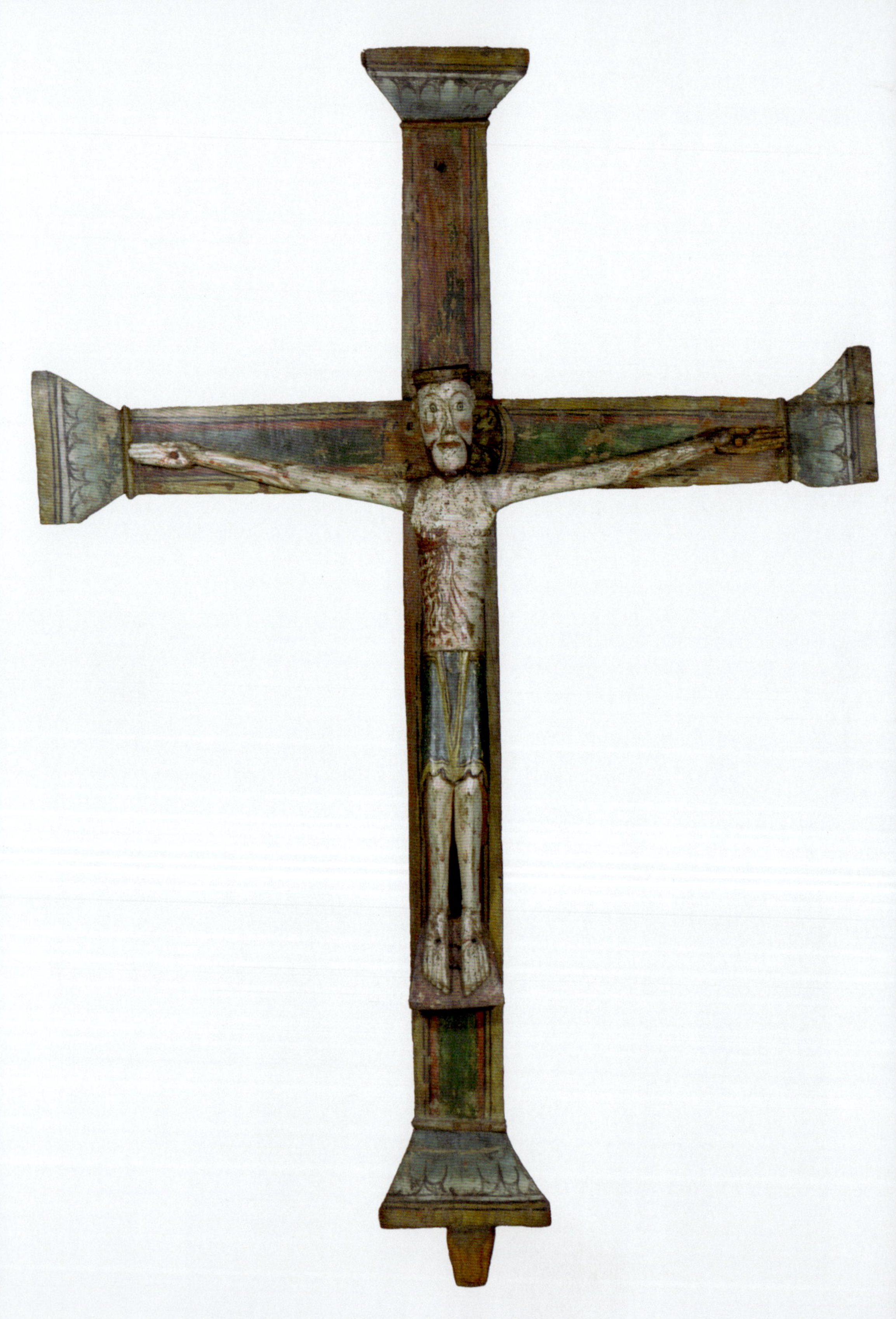

4

ROMANSK KRUSIFIKS FRA LEIKANGER

Norge, ca. 1150
Fra Leikanger i Sogn, opprinnelig Rinde (?),
på museet siden 1865
Furutre (kors) og myktre (corpus) med opprinnelig polykromi
H 143 x B 104 x D 13 cm
Inv. nr. MA 48

Dette krusifikset er et av de eldste i Norge og kommer trolig fra rundt midten av 1100-tallet. Den tynne Kristus-figuren har en stående posisjon på korset med knærne litt bøyd, slik det var vanlig i romansk stil. Utskårne furer i armer og bryst uttrykker stiliserte ribbein og muskler. Rundt livet har Kristus et grønt klede som henger ned i en dyp V-fold foran. Føttene står parallelt på en skråstilt støtte (*suppedaneum*), og de utstrakte armene peker svakt oppover. Kristi ansikt preges av et ubevegelig blikk, med tynn bart og tynt svartmalt skjegg rundt munnen. På hodet har han en smal krone eller tiara. Endene av korset er noe bredere med påmalte stiliserte blad. Korsarmene er malt i grønt, rødt og gult. Blodet på armene, føttene og brystet er tilført sekundært.

Andre eksempler på romanske Kristus-figurer med en lignende V-fold finnes i Vinje i Telemark og Hauge i Sogn, dessuten i Kulturhistorisk museum ved Universitetet i Oslo (fra Grinaker, Oppland, inv. nr. C7292, ca. 1130). Krusifikset kom inn til kirkekunstsamlingen i Bergen fra Leikanger i 1865. Da var flere inventargjenstander samlet der fra Rinde stavkirke i nærheten, som var tatt ut av bruk i 1858, og krusifikset kan dermed opprinnelig ha kommet fra Rinde. Selv om det ikke kan utelukkes at det var et alterkors, har det mest sannsynlig vært et triumfkors i korbuen. Tappen på bunnen av korset kan ha vært brukt til å feste det i en tverrbjelke.

Fett 1908, s. 8; Bendixen 1909, s. 20–21; Blindheim 1980; Blindheim 1998, s. 44–45; von Achen 2018, s. 75

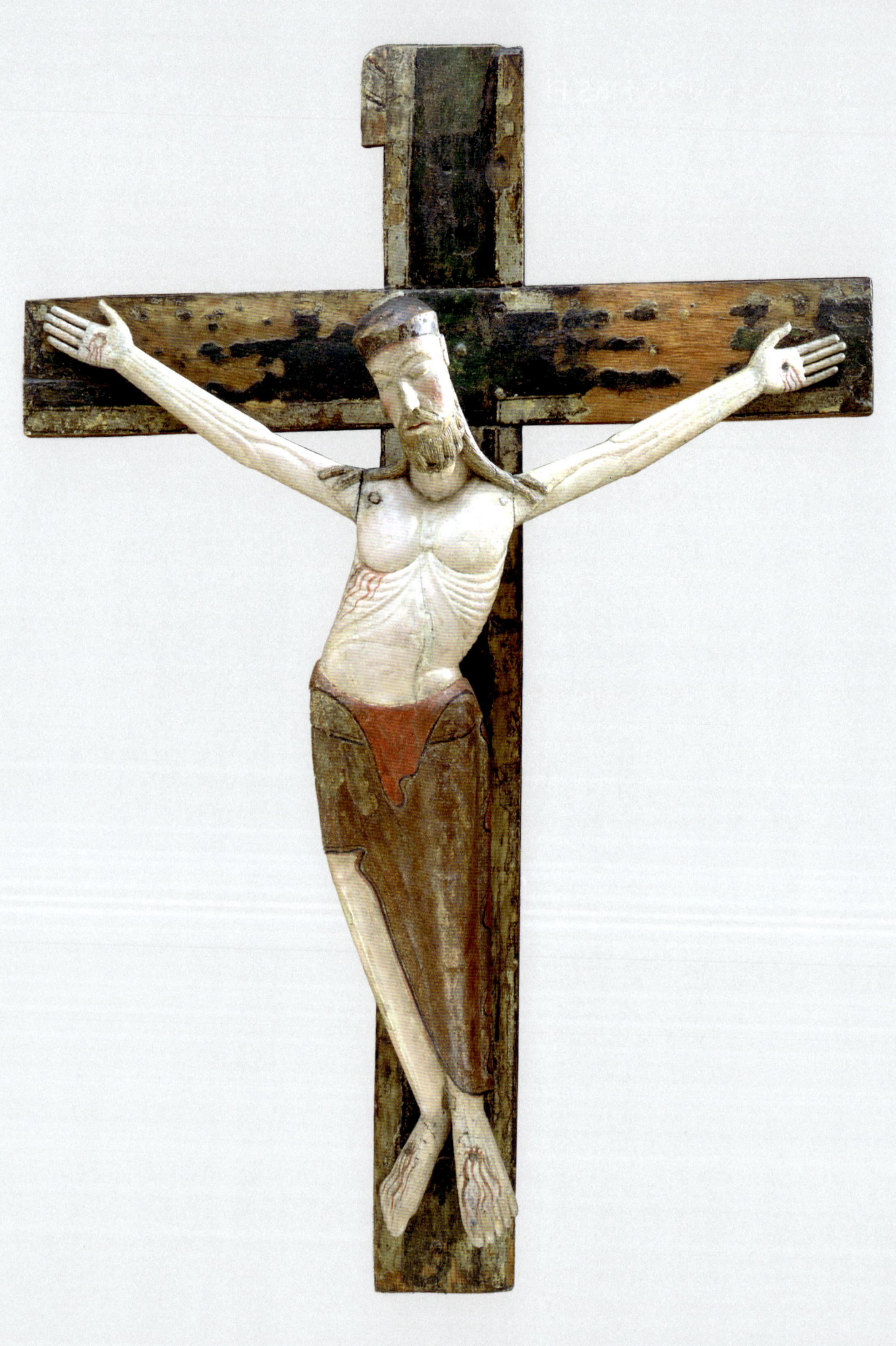

5

ROMANSK KRUSIFIKS FRA JONDAL

Norge (?), 1150–1200
Fra Jondal i Hardanger, på museet siden 1886
Furutre (kors), myktre (corpus), sekundær polykromi
H 161 x B 112 x D 25,5 cm
Inv. nr. MA 269

Martin Blindheim beskrev kvaliteten på dette krusifikset som «veldig høy, kanskje høyere enn noe annet bevart romansk krusifiks i Norge». Kristi legeme er bøyd mot høyre, i likhet med hodet. Han holder armene utstrakt oppover i en V-form. Føttene står side ved side, men litt fra hverandre. Rundt livet har han et stramt knyttet lendeklede med en kort V-fold i fronten. Kledet dekker bare øvre halvdel av det høyre beinet, mens venstre bein er dekket nesten ned til ankelen. Ribbbein og muskler som er synlige på armene, beina og brystet er utført i relieff. Håret, som faller over skuldrene i parallelle bånd på hver side, er også utskåret, i likhet med barten og skjegget. På hodet har Kristus en rund krone eller tiara. En tornekrone som var lagt til senere, ble fjernet i 1958. Den nåværende polykromien er sekundær, hovedsakelig senmiddelaldersk. Under såret på høyre side av brystet ser man flere malte blodstrimer.

Sammenlignet med krusifikset fra Leikanger (kat. nr. 4), er Kristus-figuren fra Jondal utført mer naturalistisk og menneskelig, med noe mer vekt på lidelsesaspektet. Det er uvisst om han opprinnelig ble framstilt med åpne eller (halvt) lukkede øyne. Korset består av brede bjelker, eller snarere tykke planker. Av korsendene er det bare bevart et fragment øverst. Når det gjelder formen på lendekledet pekte Blindheim på paralleller i engelsk maleri, mens han knyttet Kristi legemes bøyde positur til en mulig innflytelse fra bysantinsk kunst.

Bendixen 1904–1913,, s. 445; Fett 1908, s. 27; Anker 1981, s. 228; Blindheim 1998, s. 54; Blindheim 2003

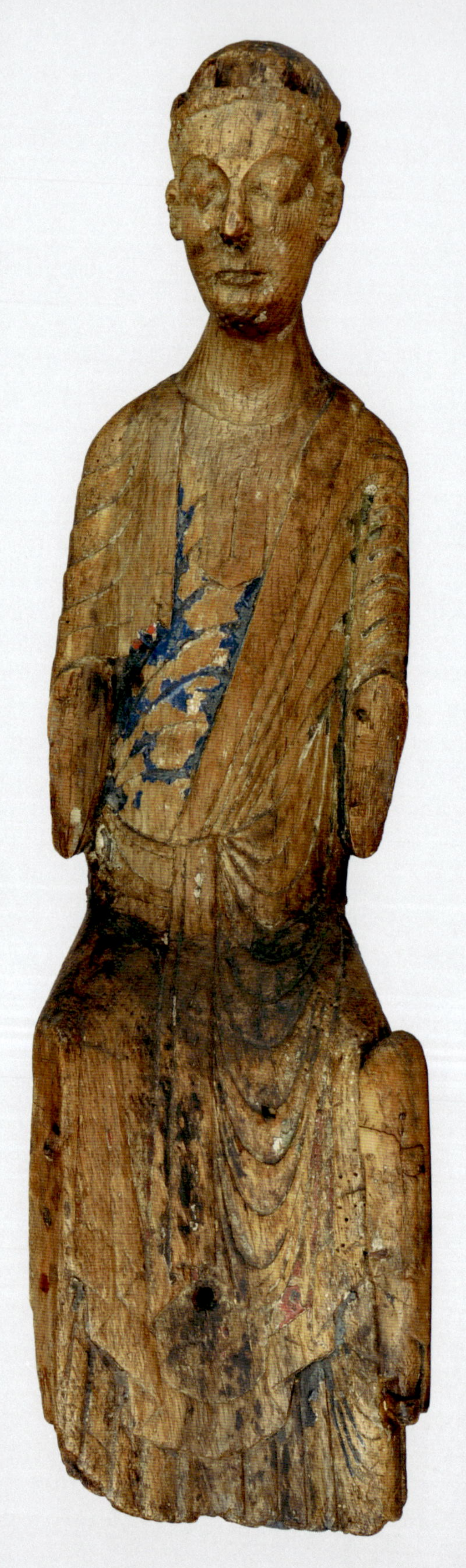

6
ST. OLAV FRA VÆRNES ELLER URNES

Norge, 1150–1175
Fra Værnes i Sør-Trøndelag eller Urnes i Luster (Sogn), på museet siden ca. 1905
Eik
H 74 x B 25 x D 17 cm
Inv. nr. MA 316

Denne mannsfiguren på en trone har lenge vært antatt å komme fra Værnes nær Trondheim, men den kan også være fra Urnes stavkirke i Luster (Sogn). Det finnes likeledes mer enn én tolkning av figurens identitet. Aron Andersson tolket den i 1968 som et Jesusbarn fra en tapt Maria-skulptur. I så fall ville jomfru Maria på tronen vært 150–170 cm høy, en usannsynlig høyde som ville gjort henne til den største jomfru Maria i tre i Skandinavia. Tretti år senere tolket Martin Blindheim figuren som kong Olav på tronen, noe som passer bedre til posituren og formen på klærne. Olavskulten var utbredt i Norge, med utgangspunkt i helligdommen ved graven hans i Nidarosdomen i Trondheim. Som den som hadde kristnet Norge, hadde han ærestittelen *Rex perpetuus Norvegiae* («Norges evige konge»). Dersom figuren faktisk fremstiller Olav den hellige, har han helt sikkert holdt en øks, symbolet på martyriet sitt, i den manglende høyre hånden (kat. nr. 40).

I 2016 slo Peter Tångeberg fast at figuren var sterkt endret ved senere utskjæringer. Dette ses best på halsen og hodet, som er karakterisert ved en skarp, kantete stil, i sterk motsetning til de mye mykere linjene i torsoen og lemmene. Skjegget ble trolig også skåret bort på samme tid, det ble laget hakk for å feste en (ny?) metallkrone (nå tapt), og tronen ble fjernet (treplugger på hver side av figuren minner fremdeles om denne). Sekundær endring av stil og til og med identitet på romanske figurer var vanlig i senmiddelalderen (Tångeberg 1989, s. 305–306). Slik ble de tilpasset til nye moteretninger og endrede behov hos de troende, og fikk 'forlenget holdbarhet'.

Bendixen 1911, s. 27; Johannessen 1964, s. 12–13; Andersson 1968, s. 322; Blindheim 1998, s. 52; Stang 2017, s. 171

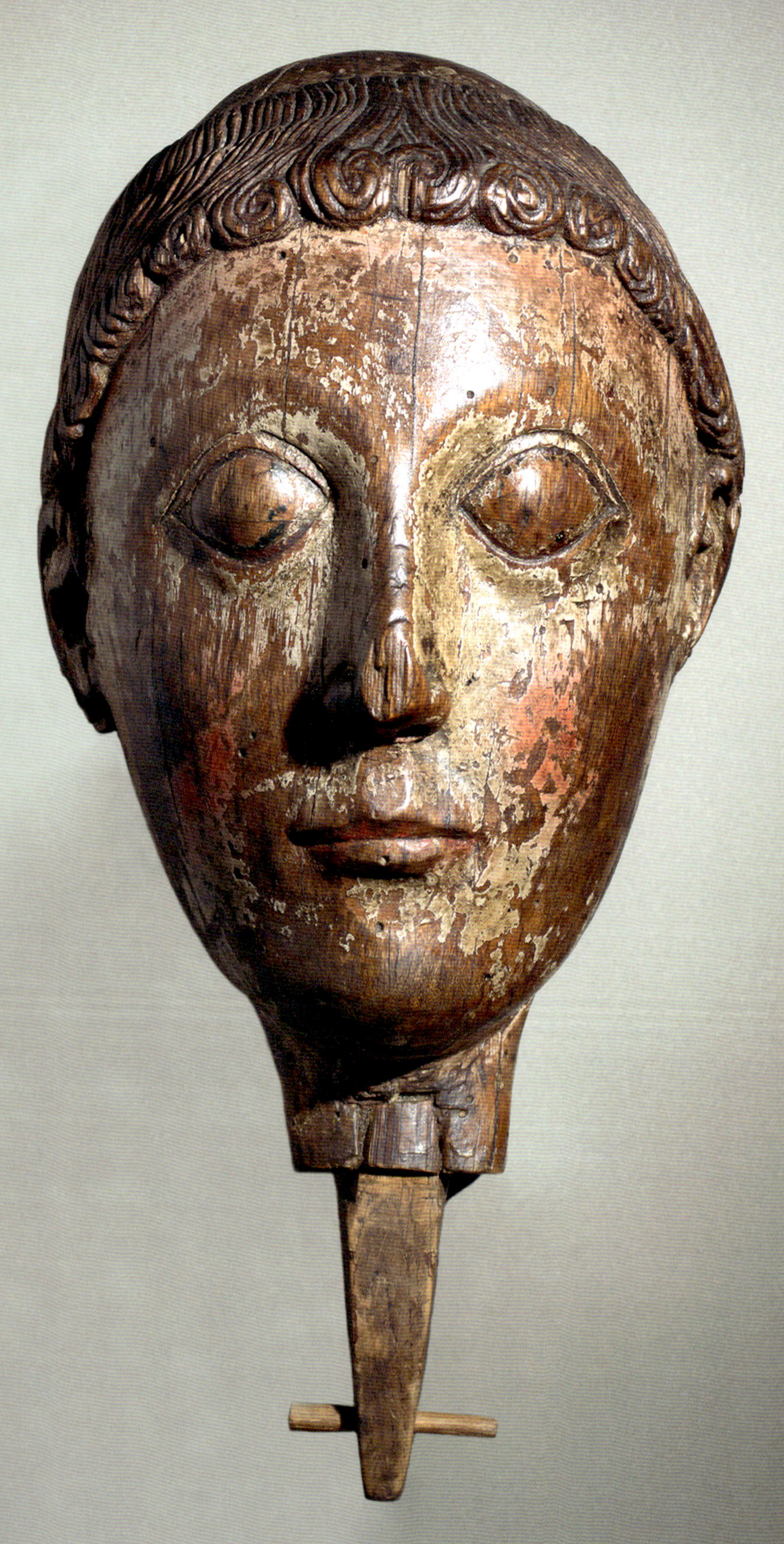

7

FIGURHODE FRA URNES

Rhinområdet/Meuse-regionen eller Norge, 1170–1200
Fra Urnes i Luster (Sogn), på museet siden 1868
Myktre, rester av polykromi
H 30 x B 13 x D 16,5 cm
Inv. nr. MA 77

Dette figurhodet med tonsur, også kalt «munkehodet», er en av få treskulpturer fra sent 1100-tall som er bevart i Norge. Stilmessig kan hodet sammenlignes med engelen fra en fremstilling av Kristi begravelse, nå i Bode-Museum i Berlin (inv. nr. 2969), en skulptur som trolig ble til i et verksted i Köln/Rhinområdet. De stilistiske parallellene med skulpturer fra Rhinområdet og Meuse-dalen innebærer likevel ikke nødvendigvis et vesttysk opphav, siden disse trekkene også finnes i Skandinavia rundt denne tiden. Vi finner dem for eksempel i en skulptur av erkeengelen Mikael i Haverö (Medelpad i Sverige) og jomfru Maria fra Viklau (Gotland, nå Stockholm, Statens historiska museum, inv. nr. 18951). Tobias Kunz foreslo at den sistnevnte kan ha blitt laget av et verksted fra Köln som hadde slått seg ned på Gotland.

Hodet fra Urnes ble sekundært brukt som topp på et døpefontlokk som fortsatt oppbevares i kirken, men det var trolig opprinnelig del av en skulptur, muligens en hellig diakon. Fra Urnes stavkirke er det også bevart annet viktig interiør fra sent 1100- og tidlig 1200-tall, blant annet en jomfru Maria med barnet (kat. nr. 8, 9), to emaljerte lystestaker med opphav fra Limoges og et tidlig triumfkrusifiks med flankerende figurer (de sistnevnte fortsatt in situ, fig. s. 17). Urnes stavkirke ble oppført som privat kirke for en lendmann fra området, en som ser ut til å ha hatt forbindelser med utlandet. Det bemerkelsesverdige kirkeinteriøret, med dekorerte kapitéler som ser ut til å imitere sentraleuropeisk steinarkitektur, gjenspeiler høye ambisjoner fra byggherrens side. Det er mulig at en eller flere skulpturer er importert fra ledende europeisk kunstsentre i perioden.

Hauglid 1939, s. 5; Johannessen 1964, s. 3–30; Blindheim 1975, s. 433; Blindheim 1998, s. 70; Kunz 2007, s. 247–249; Stang 2017, s. 167

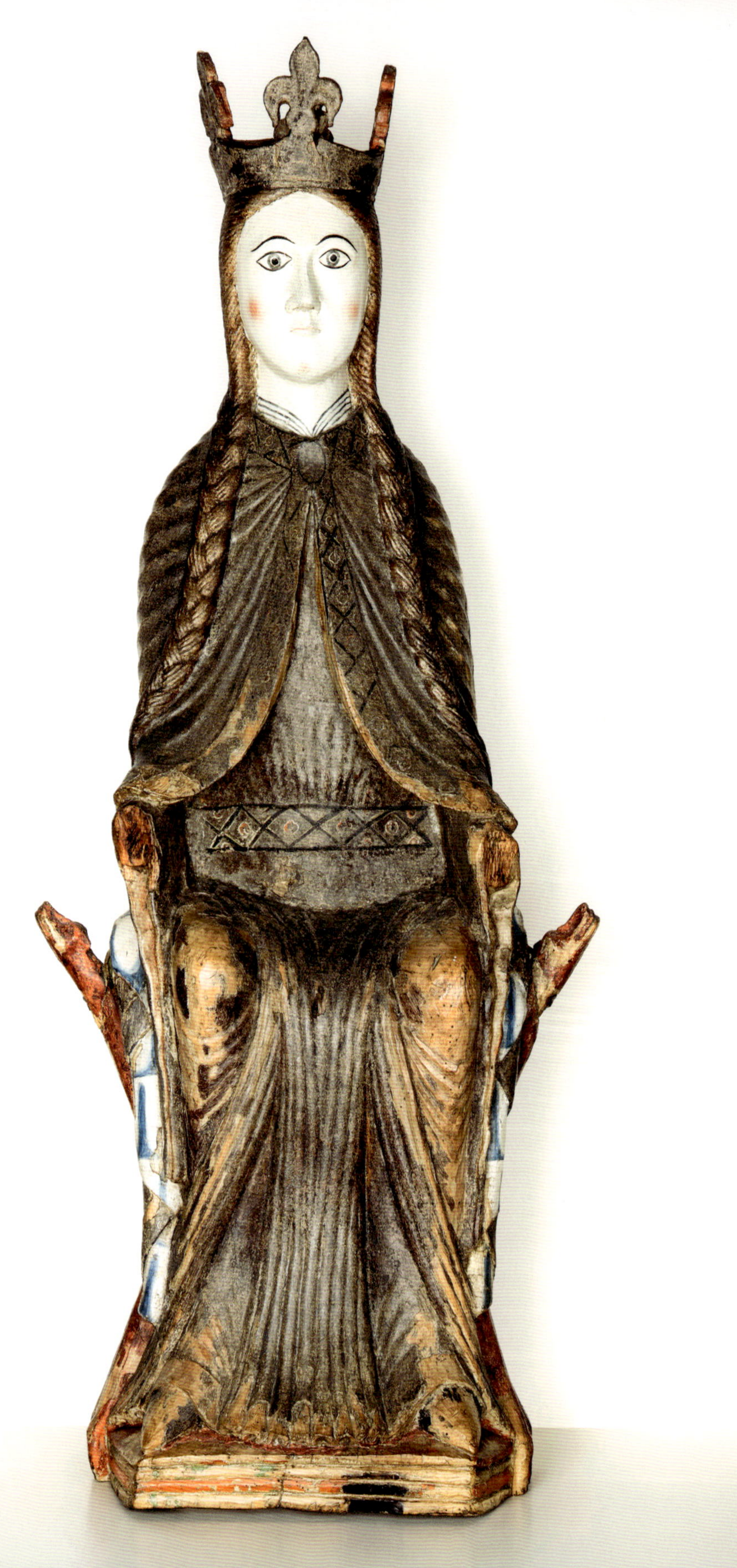

8

MADONNA FRA URNES

Norge (?), 1150–1200
Fra Urnes i Luster (Sogn), på museet siden 1859
Seljetre, polykromi
H 119 x B 50 x D 24 cm
Inv. nr. MA 46

Denne tronende Madonnaen er en av de eldste bevarte Maria-skulpturene i Norge og kan, i likhet med foregående gjenstand, dateres til andre halvpart av 1100–tallet. Maria sitter i frontal stilling på en klappstol med dyrehoder og engasjerer tilskueren med et inderlig blikk. Huden er nærmest hvit med rødme i kinnene, og øynene og øyenbrynene er mørke linjer. Hun har en liljekrone med fire liljer på hodet. Håret er samlet i to fletter som faller over skuldrene hennes. Samme vertikale retning markeres av kappen hennes, som er festet med en brosje og dekker hennes nå tapte armer i parallelle folder som synliggjør fôret på innsiden. Kjolen holdes på plass av et dekorert belte og faller over knærne i vertikale folder. Mørke, spisse sko stikker ut under kjolen. Håret, kjolen og kappen var opprinnelig dekket med imitasjonsgull (sølv med glasur) men den store mengden sølv har gjort fargetonen gråaktig. Et nå tapt Jesusbarn satt trolig i en sentral stilling på fanget hennes, slik at skulpturen ble en klassisk *Sedes Sapientiae* («visdomstrone»).

Motivet med parallelle folder som faller på golvet mellom skoene, var særlig vanlig i nordfranske skulpturer og skulpturer fra Rhin-/Meuse-området rundt midten av 1100–tallet. Et eksempel er en Madonna med barn fra kirken Saint-Martin-des-Champs i Paris, kjent som «Notre-Dame de la Carole». Likedan opptrer flettene, som symbol på Marias jomfrudom, først i de nevnte områdene rundt samme tid og dukker opp i engelske og skandinaviske skulpturer noe senere. Det kan ikke slåes sikkert fast om madonnaen fra Urnes ble laget i Skandinavia eller importert fra et av de førende kunstsentrene i Europa. Figurens avgrensede dybde antyder at hun satt i et helgenskap, som er delvis bevart (kat. nr. 9).

Fett 1908, s. 20; Bendixen 1911, s. 7–8; Lexow 1931, s. 286; Hauglid 1939, s. 14; Johannessen 1964; Andersson 1968, s. 188–189, 321; Blindheim 1998, s. 60; Kunz 2007, s. 250–251; Kunz 2011, s. 132; Stang 2017, s. 170–171

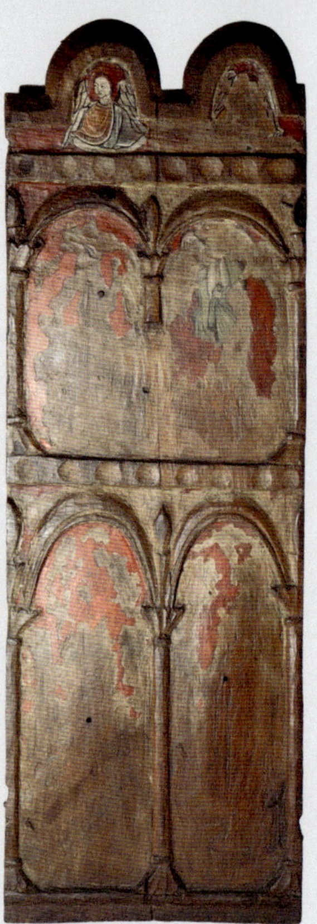

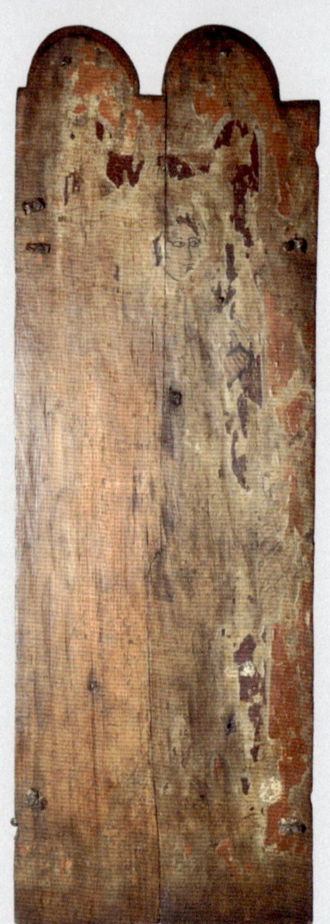

9
FLØY AV ET HELGENSKAP FRA URNES OG EN KONGE AV UKJENT OPPHAV

Norge (?), 1150–1200
Fra Urnes i Luster (Sogn), på museet før 1900 (fløy); overført til museet ca. 1900 fra en ukjent kirke (konge)
Myktre, rester av maling og polykromi
H 130 x B 45 x D 2,5 cm (fløy)
H 51 x B 13 x D 5,5 cm (konge)
Inv. nr. MA 297b (fløy), MA 331 (konge)

Madonnaen fra Urnes (kat. nr. 8) sto i et såkalt helgenskap. Denne gjenstandstypen består av et skap som inneholder en skulptur og kan lukkes ved hjelp av bevegelige fløyer som, når de står åpne, gir skulpturen en narrativ kontekst. Bevarte elementer fra Urnes-skapet, nå i kirkekunstsamlingen i Bergen, er innsiden av venstre fløy og fragmenter av skapets krone. Sammen med flere fragmentariske Maria-helgenskap fra Italia og Sverige (for eksempel fra Appuna, nå i Stockholm, Statens historiska museet, inv. nr. 7890:1) er fragmentene fra Urnes de eldste, bevarte restene etter en europeisk tradisjon med helgenskap.

Fløyen er delt vertikalt i to felt som begge er avgrenset med striper dekorert med medaljonger. Runde buer deler hvert felt i to seksjoner. Øvre feltets høyre seksjon har rester av en malt figur i grønn kappe mot en rød bakgrunn. De tre andre seksjonene har ikke bevart spor etter figurativ maling, men deler av den røde bakgrunnen er bevart. Runde hull i de to nedre seksjonene og i den øvre, venstre, antyder kanskje at relieff-figurer har vært festet der. Fløyen ender øverst i to runde lynetter. I den til venstre holder en malt engel en tom banderole. Rester av en lignende engel er bevart i høyre lynett. Fløyens ytterside viser det malte ansiktet til en skjeggløs mann i halvprofil og fragment av en hevet hånd. Det kan ikke slåes sikkert fast om dette er en engel eller en helgen.

Martin Blindheim har på overbevisende vis slått fast at fragmentet av helgenskapet, som ifølge museumsprotokollene kom fra Røldal, faktisk hørte til Urnes stavkirke. Under et besøk der i 1953 oppdaget han dessuten et identisk utformet, svært forvitret og nå tapt fragment av en ytre skapfløy. Blindheim antok også at relieffet av en stående konge som kom til kirkekunstsamlingen i Bergen fra en ukjent kirke sent på 1800– eller tidlig på 1900–tallet, opprinnelig tilhørte det samme helgenskapet. Nyere undersøkelser har vist at figuren trolig framstiller en av de hellige tre kongene, som ofte opptrer på innsiden av fløyene i helgenskap, nederst til venstre (kat. nr. 33). Kongen kan godt ha stått i nedre seksjon av den nå tapte ytre fløyen.

Nicolaysen 1862–1866, s. 455; Blix 1895; Hauglid 1939, s. 13; Blindheim 1993; Blindheim 1998, s. 19–26; Kunz 2007, s. 260; Kunz 2009, s. 344–345; Andersen 2015, s. 172; Andersen 2020, s. 67; Kroesen/Tångeberg 2020, s. 24; Kroesen/Tångeberg 2021, s. 32–34

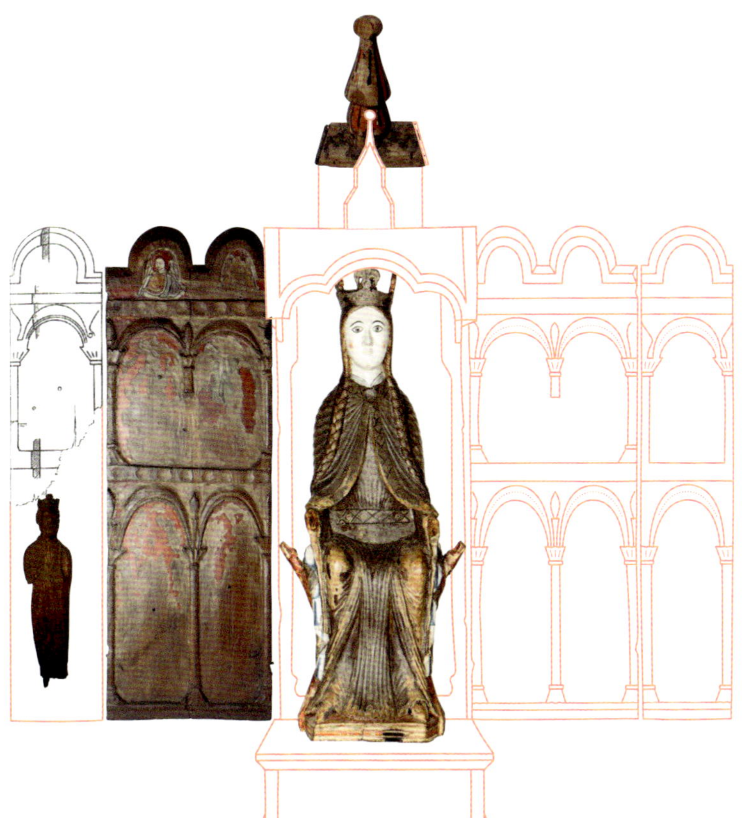

Hypotetisk rekonstruksjon av helgenskapet. Tegning Åsta Lindemann

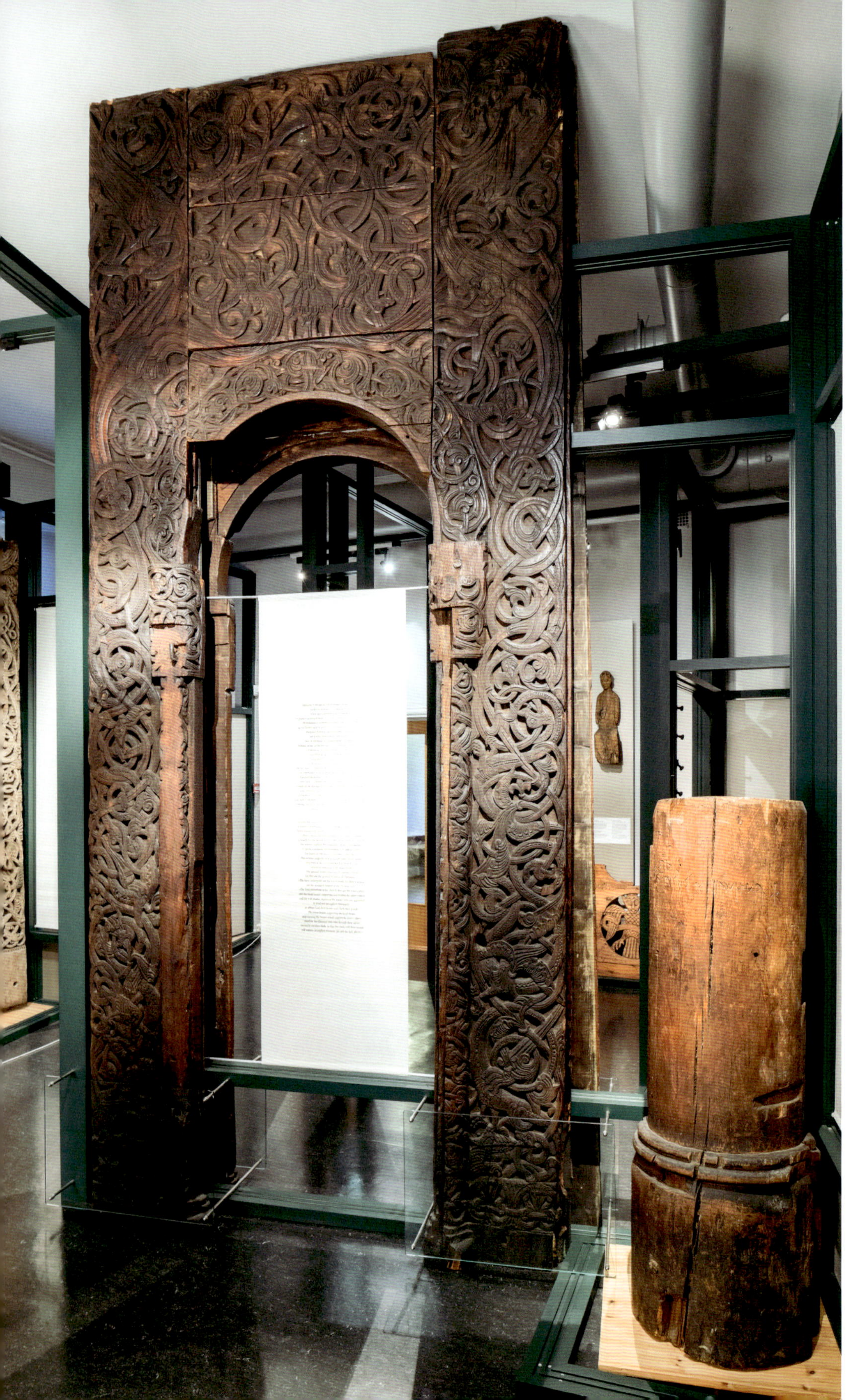

10

PORTAL FRA STEDJE STAVKIRKE (I)

Norge, ca. 1180

Fra Stedje i Sogn, på museet siden 1867

Furutre

H 424 x B 204 x D 17 cm

Inv. nr. MA 123a-c

Denne portalen, som kan dateres til ca. 1180, kommer fra Stedje stavkirke i Sogn, som ble revet i 1867. Utskjæringene plasser den i stiltypen som kalles Sogn-Valdres II, som var utbredt i dette området.

Den udekorerte basen har en palmett-frise øverst. Over den dukker dyrehoder i profil opp på hver side av døråpningen, like ved siden av halvsøylene. Fra dyrenes munn vokser hovedstammene, som slynger seg over hele portalens overflate. Fra dem vokser et komplisert mønster av sammenslyngede greiner i ranker som deler seg i innadgående og utadgående spiraler. Alle rankene ender i blader med tre fliker. Mellom spiralene er det drager som ser ut til å bite i greinene. På nivå med den rikt dekorerte buen, som støttes av sylindriske kapitéler, reiser to drager seg. Halene deres er integrert i dekorasjonene på dørvangene. De lange halsene deres hviler på buen, og med åpen munn biter de en krans som dekker et sentralt plassert dyr som har klørne sine i toppen av arkivolten. Dragevingene når opp til øverste kant av gesimsen. Planteornamentene dekorerer også overflatene til halvsøylene, kapitélene og buen.

Generelt har dekorasjonene i de utskårne portalene fra norske stavkirker flere fellestrekk med 1100–tallets steinarkitektur i Vest- og Sentral-Europa (for eksempel Ely i England, Mainz i Tyskland og Pavia i Italia). Men mens strukturen og ornamenteringen i de norske stavkirkeportalene i stor grad var basert på europeiske forbilder, ble de dekorative mønstrene kombinert med eldre nordiske tradisjoner (kat. nr. 1).

Dietrichson 1892, s. 65–68; Bugge 1953, s. 28; Blindheim 1965, s. 49; Anker 1970, s. 407; Hauglid 1973, s. 300; Hohler 1999, s. 91–92

11
PORTAL FRA STEDJE STAVKIRKE (II)

Norge, ca. 1180
Fra Stedje i Sogn, på museet siden 1867
Furutre
H 425 x B 186 x D 15,5 cm
Inv. nr. MA 122a-c

Fra Stedje stavkirke kommer, i tillegg til den forrige portalen (kat. nr. 10), en portal som kalles Stedje (II). I de dekorative motivene kan man se flere paralleller med Stedje (I). Over den udekorerte basen står en palmettfrise under dyrehoder gjengitt i profil. Dekorasjonene fortsetter i form av et spiralmønster opp til kapitélene. Over buen står to drager mot hverandre, i likhet med på Stedje (I). Blant alle de bevarte stavkirkeportalene i Norge skiller eksemplarene fra Stedje seg ut med sin store størrelse.

Portalenes opprinnelige plassering er ukjent. Stedje (II) har en bredere døråpning, og kan derfor kanskje identifiseres som kirkens hovedportal i vest. Stedje (I) har noe rikere dekorasjoner, noe som kan tyde på at det var presteinngangen i koret. Usikkerheten rundt de opprinnelige portalplasseringene har bakgrunn i at koret i den relativt store stavkirken var blitt erstattet av et nybygg før 1722 og et tårn ble bygd på vestsiden, som man ser på en tegning av Hermann Schirmer fra 1862. Fram til rivningen i 1867 var fortsatt det middelalderske skipet og rester av svalgangen bevart.

Dietrichson 1892, s. 65–68; Bugge 1953, s. 28; Blindheim 1965, s. 49; Anker 1970, s. 407; Hauglid 1973, s. 300; Hohler 1999, s. 91–92

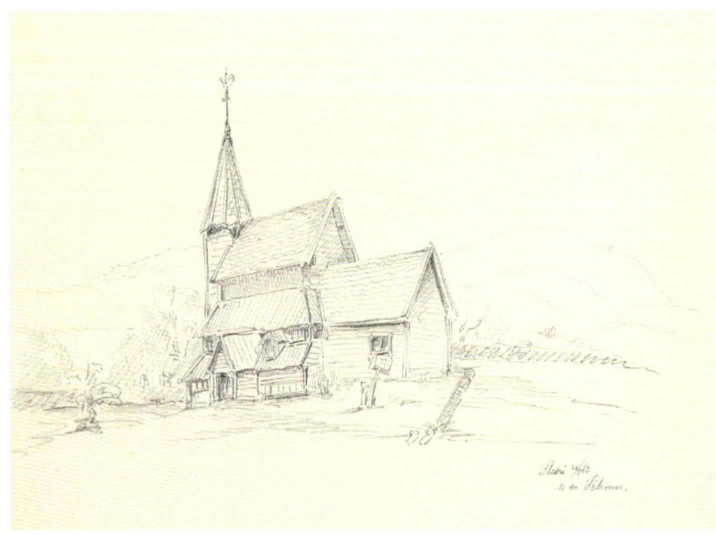

Stedje Kirke tegnet av Hermann Schirmer i året 1862.
Foto Nasjonalmuseet

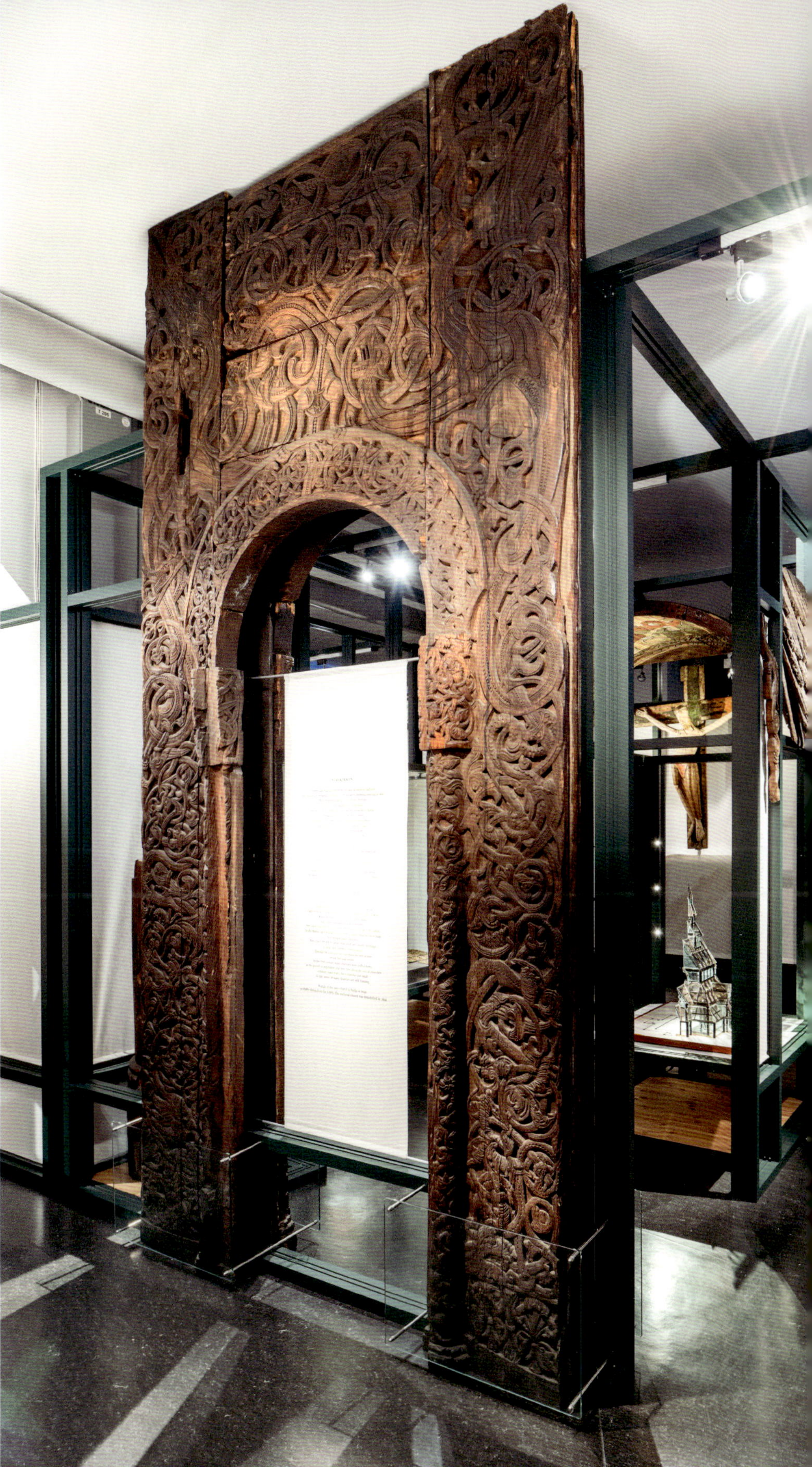

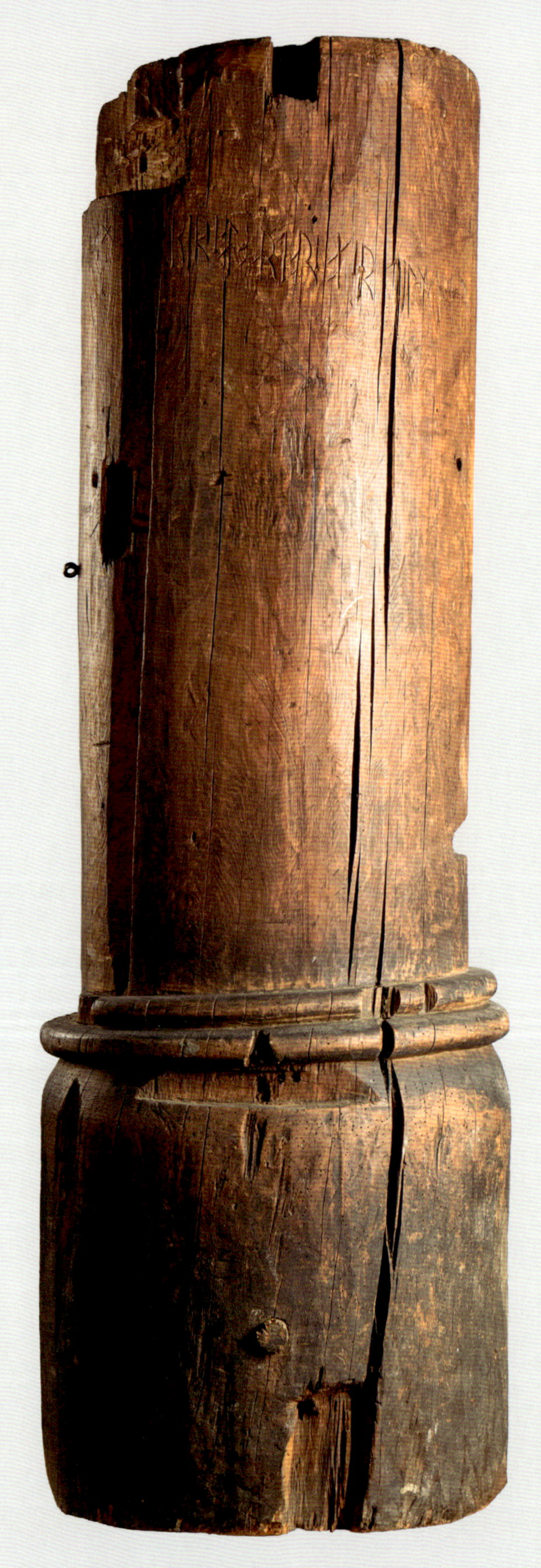

12
FRAGMENT AV EN STAV MED INNSKRIFT OM GIVER, FRA STEDJE

Norge, ca. 1180
Fra Stedje i Sogn, på museet siden 1867
Furutre
H 157 cm, diameter 54 cm
Inv. nr. MA 125

Denne nederste delen av en stav kommer fra Stedje stavkirke i Sogn, som ble revet i 1867. I 80 cm høyde er det risset inn en runeinnskrift: «Þenna staf gaf Sigríðr á Hv[áli f]yrir sálu Arndórs ok sér til miskunnar» («Denne staven ga Sigrid på Kvåle for Arndors sjel og seg til miskunn»).

Fra *Sverres saga* kjenner vi en Arnþórr som bodde på gården Kvåle, ikke langt fra kirken på Stedje. Ifølge sagaen ledet han under borgerkrigstiden sogningene i et opprør mot kong Sverre Sigurdssons sysselmann vinteren 1183–1184. Dette opprøret førte til slaget ved Fimreite i Sognefjorden i juni 1184, da alle gårdene i området ble brent og bare kirken ble skånet. Lorentz Dietrichson gikk ut fra at Arnþórr fra sagaen var den samme som den i innskriften. Arnþórr må ha dødd før slaget, siden sagaen ikke nevner ham i sammenheng med det. Av det kan man slutte seg til at kirken må ha stått ferdig før juni 1184.

Runologene Magnus Olsen og Oluf Rygh betviler denne teorien og foreslår et annet familiemedlem med det samme navnet. De går ut fra en tidligere datering av kirken og argumenterer for at sagatekstene ville ha nevnt fullføringen av kirken. Ut fra stilen på runene kan innskriften likevel ikke dateres før 1160–1175.

Uansett gir innskriften et sjeldent innblikk i middelalderens fromhetspraksis og oppføringen av en stavkirke som fellesprosjekt i menigheten. Lignende fremstillinger av fellesbyggeri finnes i Auvergne (Frankrike), hvor flere kirker fra 1100-tallet har kapitéler med fremstillinger av lekfolk som presenterer sine enkeltsøyler. I Volvic, for eksempel, fremstilles en prest som mottar en søyle fra en lekmanns hendene, og gjennom inskripsjonen identifiseres lekmannen som Guillelme de Bezac. Han gir gaven «til sin egen og sin kones sjelers [frelse]».

Dietrichson 1892, s. 287–288; Bugge 1953, s. 24; Olsen 1957, s. 189–192; Zilmer 2016, s. 215

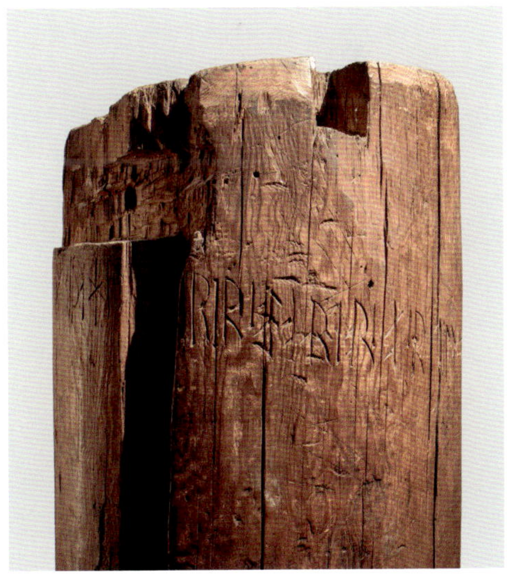

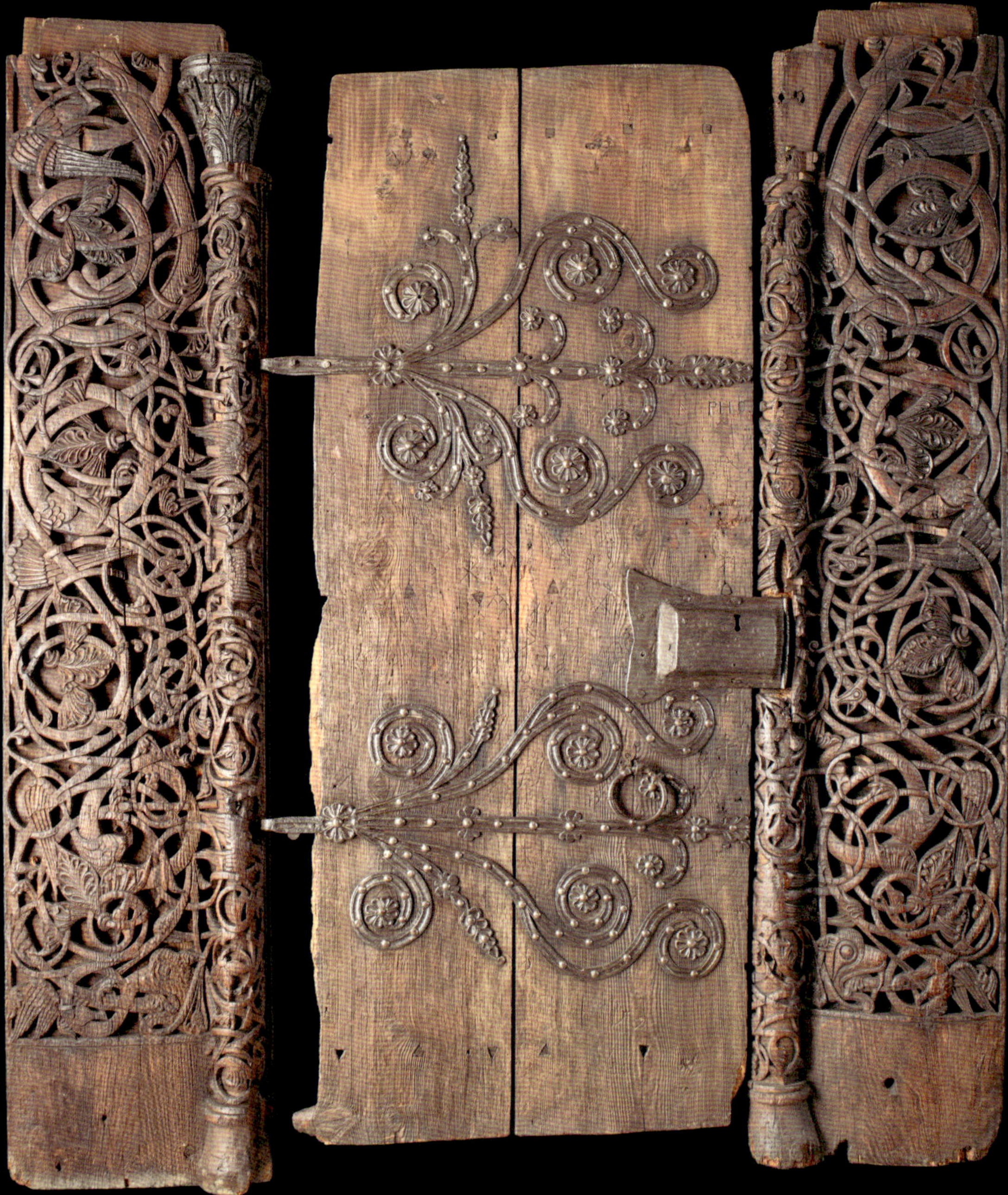

13

DØRVANGER OG DØR FRA ULVIK

Norge, ca. 1200
Fra Ulvik i Hardanger, på museet siden 1882
Furutre
H 250 x B 227 x D 22 cm
Inv. nr. MA 38a-c

Fra Ulvik stavkirke i Hardanger er bare døren og to dørvanger fra hovedportalen bevart. Dekorasjonene er av typen Sogn-Valdres I, med dyrehoder i profil nederst og ranker som vokser oppover fra dem i motstående spiralmønster. Ornamenteringen på dørvangene ser ut til å være sammenvevd med rankene på halvsøylene. Portalen har store likheter med hovedportalen på Hopperstad stavkirke i Sogn. Døren er forsterket med jernbeslag med stiliserte plantemotiver; låsen er satt inn sekundært. Lignende dekorativt jernarbeid finnes på døren til steinkirken i Dale i Luster fra 1200-tallet.

Det store flertallet av middelalderens stavkirker ble ombygd eller erstattet av nye tømmerkirker, for det meste fra 1600-tallet til 1800-tallet. I de nye kirkene ble portalene fra middelalderen noen ganger brukt på nytt, for eksempel i Vågåmo i Oppland og Gaupne i Sogn. Stavkirken i Ulvik ble erstattet av et nybygg i 1711, og også der ble den gamle portalen gjenbrukt i den nye kirken. Denne ble revet i 1859 i kjølvannet av den nye kirkeloven av 1851. Ifølge den da vedtatte loven skulle kirkene være lyse og velholdt, og det skulle være plass til minst en tredjedel av alle sognebarna samtidig. Som følge av denne loven ble hundrevis av norske kirker som var for små og forfalne, erstattet av nybygg. Antallet middelalderens stavkirker ble på få tiår redusert til de 27 som står i dag. I alt er 126 portaler fra 80 kirker bevart, in situ, i nybygg fra 1600- og 1700-tallet, eller i museumssamlinger.

Neumann 1826, s. 399; Bendixen 1890, s. 39; Dietrichson 1892, s. 367–368; Bendixen 1904–1913, s. 476; Bugge 1953, s. 38; Anker 1970, s. 402; Hauglid 1973, s. 94; Hohler 1999, s. 232–234; Anker 2005, s. 46; von Achen 2018, s. 48–49

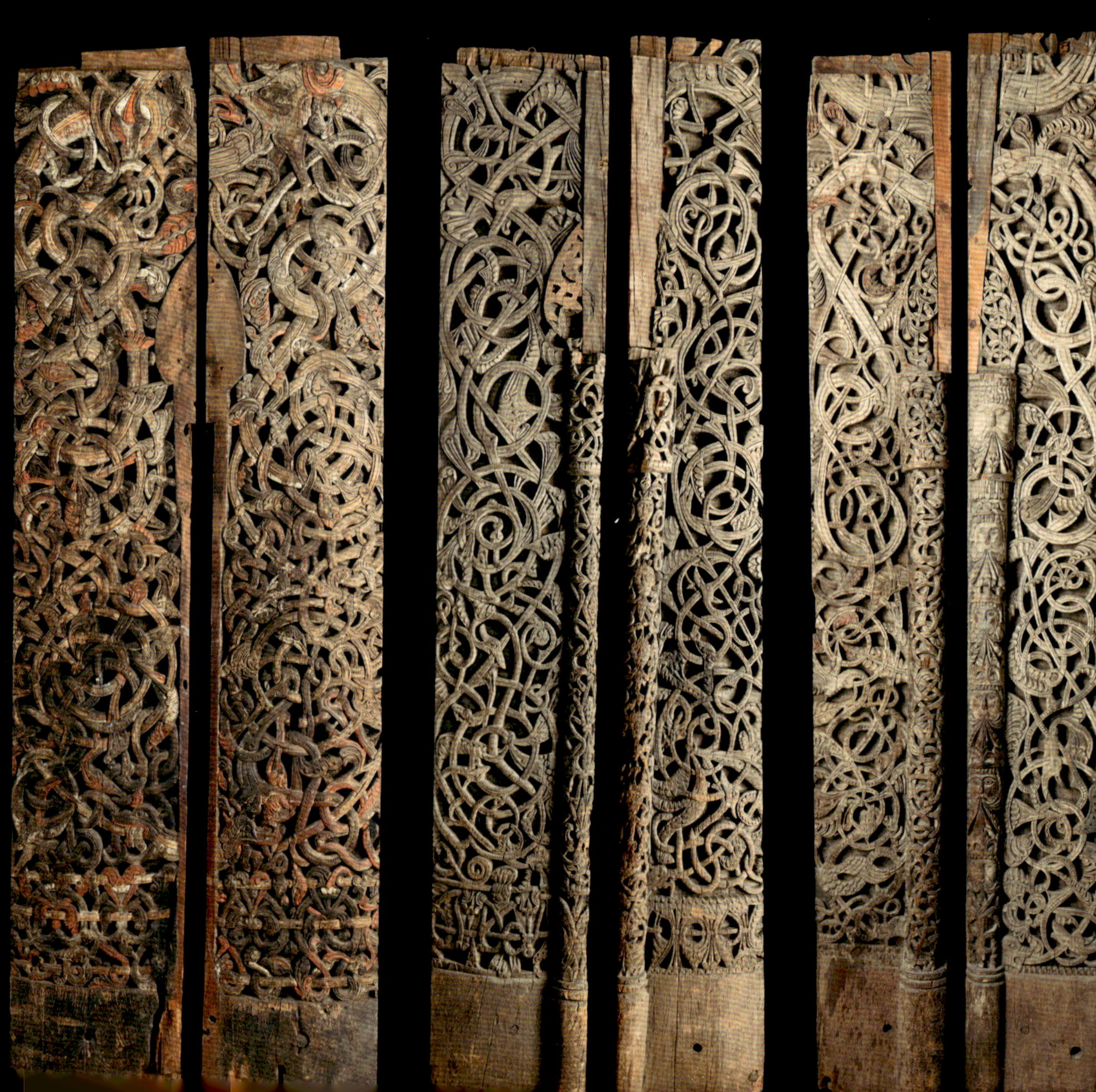

14

DØRVANGER FRA TØNJUM

Norge, ca. 1200
Fra Tønjum i Sogn, på museet fra 1885
Furutre, malingsrester (sekundære)
H 312 x B 57 x D 12 cm
H 310 x B 41 x D 12,5 cm
H 312 x B 49 x D 12 cm
H 312 x B 42 x D 12 cm
Inv. nr. MA 259a-c, MA 631ab, MA 632ab, MA 633ab

Til sammen åtte vanger fra fire portaler ble i 1885 overført fra sakristiet i Tønjum kirke til kirkekunstsamlingen i Bergen. De kommer trolig fra vestportalen (hovedportalen), inngangene på nord- og sørsiden av skipet og presteinngangen i koret i den middelalderske stavkirken i Tønjum i Lærdal, innerst i Sognefjorden. Kirken ble i 1832 erstattet av et nybygg etter at forgjengeren ble ødelagt i et uvær i 1824. Portalene er av typen Sogn-Valdres II og kan dateres til ca. 1200.

Hovedportalen viser rik blomsterornamentikk av motstående spiraler med ranker som kveiler seg i hverandre. Øverst på vangene ser man flere dragehoder. Halvsøylene med kapitéler som bar portalbuen, er tapt. Denne tilpasningen er trolig resultat av en lov fra 1824 som påbød at alle kirkedører skulle slå utover. Loven ble vedtatt etter en katastrofal kirkebrann i Grue i Hedmark pinsesøndag 1822 da mange kirkegjengere mistet livet. De andre portalvangene fra Tønjum framviser typisk ornamentikk av typen Sogn-Valdres II, med dyrehoder i profil nederst og rankeornamentikk som stiger opp fra dem. En halvsøyle i en av portalvangene har ingen blomsterornamentikk, men seks maskeaktige mannshoder over hverandre. På vangene kan man se rester av rødfarge, som trolig er sekundær.

Dietrichson 1892, s. 291–294; Blindheim 1965, s. 49; Hauglid 1973, s. 148; Hohler 1999, s. 227–230

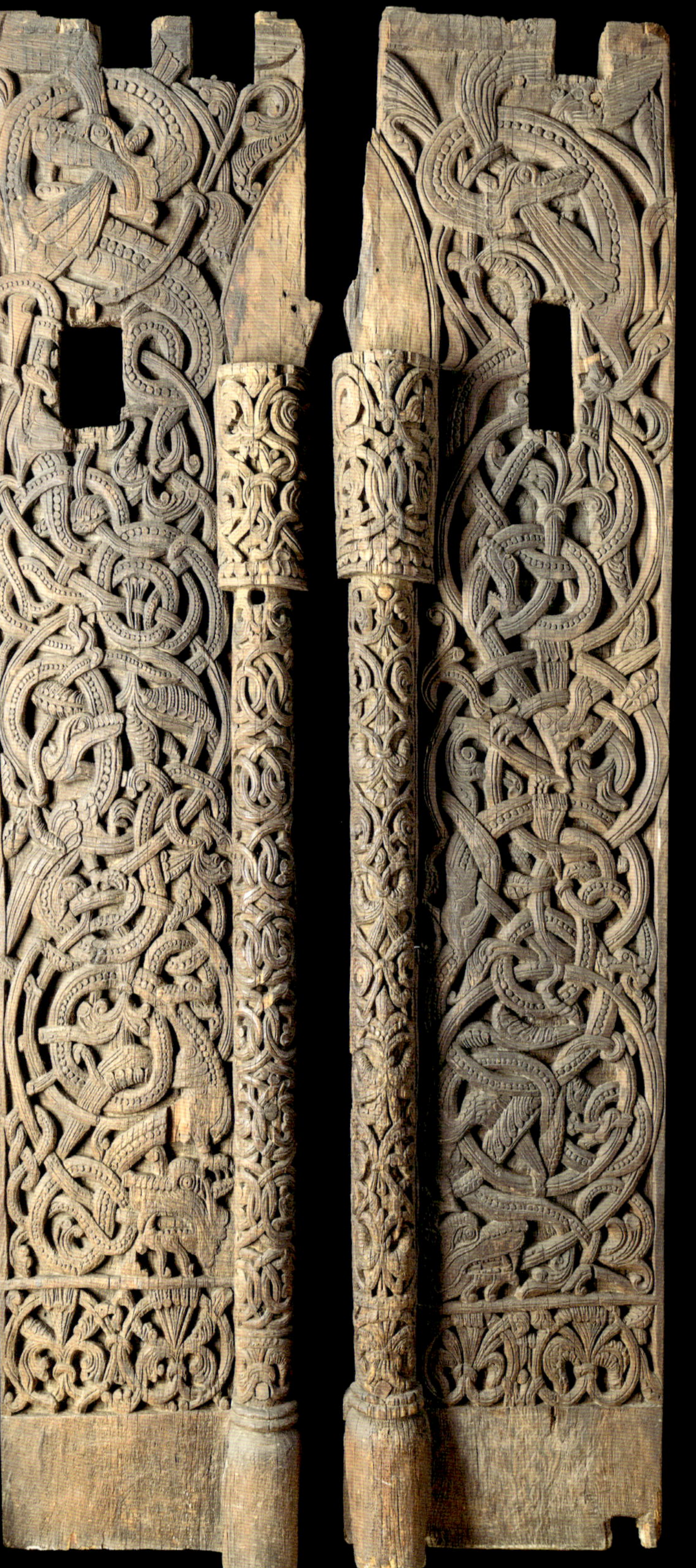

15
DØRVANGER FRA ÅRDAL

Norge, sent 1100–tall eller 1200–tall
Fra Årdal i Sogn, på museet siden 1867
Furutre
H 275 x B 53 x D 17,5 cm
Inv. nr. MA 124ab

Portalen fra Årdal er av typen Sogn-Valdres II og dermed i samme gruppe som Stedje- og Tønjum-portalene (kat. nr. 10, 11, 13). Stavkirken ble revet i 1867 og erstattet av et nybygg (fig. på s. 11, 19). Over palmettfrisen, som ligger over den udekorerte basen, kan man se to dyrehoder på hver side. Ut fra munnene deres vokser rankeornamentikken oppover i motsatte spiralbuer. I rankeornamentikken fins det slanger og drager. På høyde med kapitélene, som opprinnelig bar en bue, kan man se to drager. I motsetning til på portalene fra Stedje stavkirke vrir dragene seg her bort fra arkivoltene i en S-form.

Det er ikke klart om portalen hørte til det opprinnelige kirkebygget eller ble satt inn på et senere tidspunkt. Ornamentikken antyder et opphav på 1200–tallet, mens kirken trolig ble bygget allerede i andre halvdel av 1100–tallet. Allerede i middelalderen fikk kirken et tilbygget tårn i vest. Det er mulig at portalen da enten ble flyttet og plassert som vestinngang i tårnet, eller at den først da – trolig på 1200–tallet – ble nylaget som tårnportal. Fra Årdal stavkirke er det bevart et rikt inventar (kat. nr. 52, 67, 68, 73).

Dietrichson 1892, s. 250–253; Kielland 190, s. 176; Anker 1970, s. 176; Hauglid 1973, s. 77, 152; Lidén 1978; Hohler 1999, s. 105–108

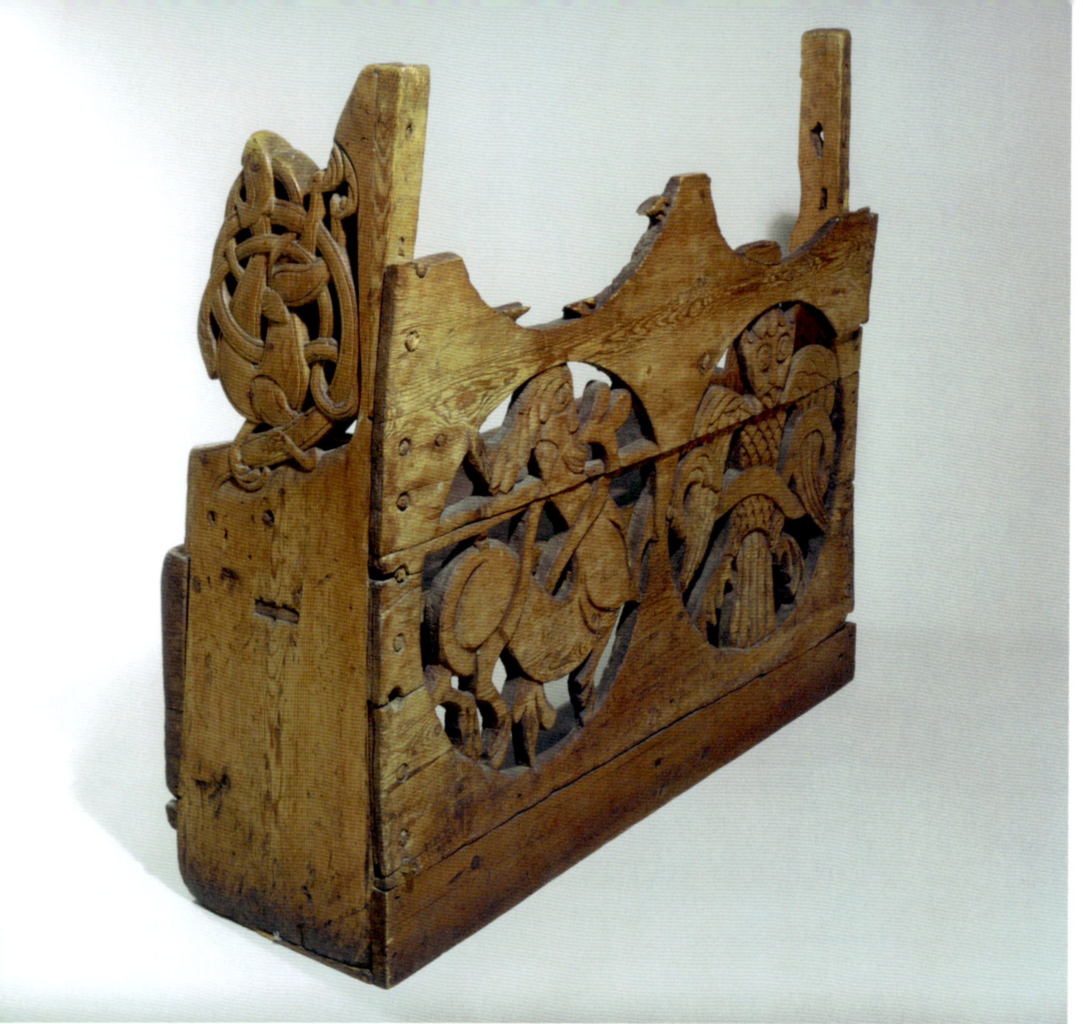

16
SEDILIA FRA RENNEBU

Norge, 1200–1250
Fra Rennebu i Sør-Trøndelag, på museet siden 1859
Furutre
H 117 x B 100 x D 37 cm
Inv. nr. MA 40

I norske kirker og museer er det bevart flere middelalderske benker og stoler, deriblant en benk fra Rennebu stavkirke, sør for Trondheim. Stavkirken ble erstattet av et nybygg i 1669. Av benken er bevart bakpanelet og en sidevange, som begge har gjennombrutte utskjæringer. Sidevangen viser en sittende drage, omslynget av planteornamentikk. Motivet minner om utskjæringer fra stavkirkeportaler. På yttersiden av bakpanelet er det to medaljonger med hybridvesener. Til høyre er det en ørn med menneskehode. Vingene er omslynget av en tom banderole. Til venstre er det en hybrid av et menneskehode og et firbeint dyr. Bendix Bendixen tolket disse figurene som symbolene for evangelistene Johannes (ørn) og Markus (løve). Lignende hybridvesener finnes også på kapitélene i Urnes stavkirke.

Benkens bakpanel ser opprinnelig ut til å ha vært høyere og forsynt med to medaljonger til. Rester av medaljonger på bakpanelet og av sidepanelene tyder på dette. Det høye bakpanelet med medaljonger tyder på at benken opprinnelig har stått i koret og fungert som sedilia eller selebrant- og diakonstol. Slike sittemøbler fra middelalderen er bare sjelden bevart (Kroesen/Steensma 2012, s. 149–153, 263–265). Andre omtrent samtidige benker er bevart fra kirkene i Heddal (nå i Oslo, Norsk Folkemuseum) og fra Vinje (Vossestrand) i samlingen i Bergen (inv. nr. MA 317). Utenfor Norge finner man kirkebenker fra høymiddelalderen blant annet i kirkene i Hejdeby, Tofta og Eskelhem på Gotland (Sverige).

Dietrichson 1892, s. 234; Bendixen 1915–1916, s. 5–6; Blindheim 1965, s. 38; Hauglid 1973, s. 418; Hohler 1999, s. 206

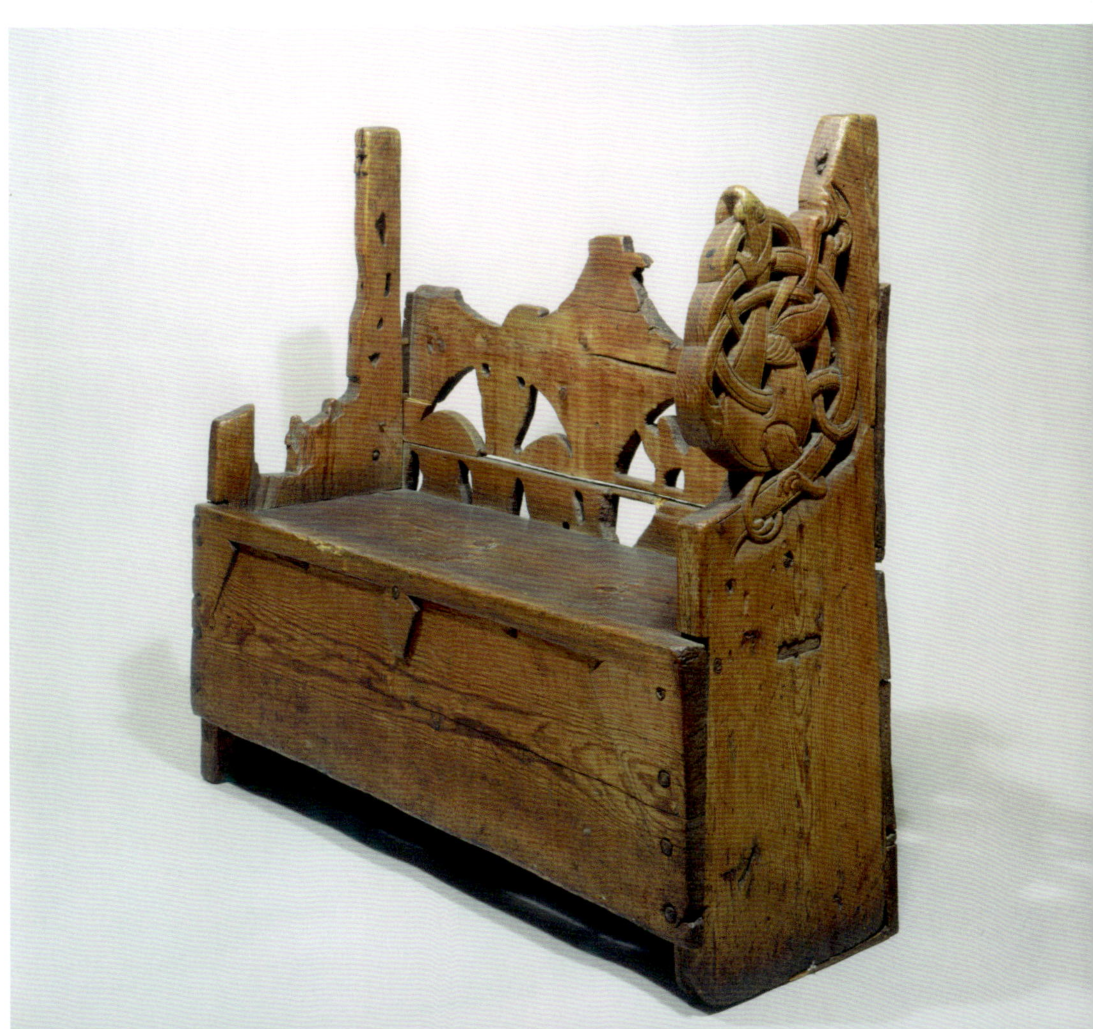

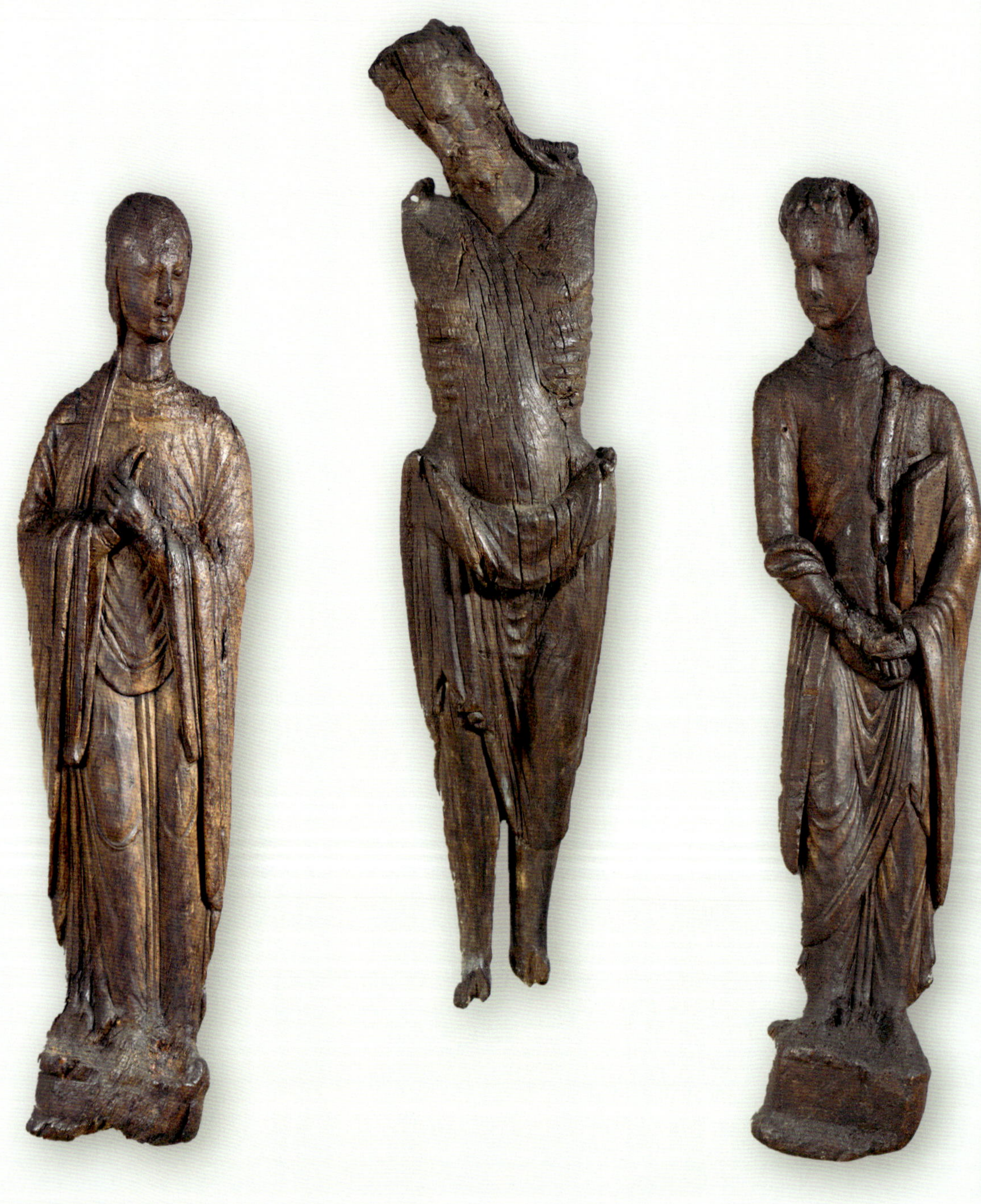

17
KALVARIEGRUPPE FRA GISKE

Nordvest-Frankrike eller England (?), 1200–1220
Fra Giske på Sunnmøre, på museet siden 1847
Løvtre
H 131 x B 30 x D 17,5 cm (Kristus)
H 125 x B 32,5 x D 14 cm (Maria)
H 128,5 x B 30 x D 14 cm (Johannes)
Inv. nr. MA 333a-c

På øya Giske nord for Ålesund står en forseggjort hvit marmorkirke som ble bygd av en framstående stormann. Fra denne kirken stammer en romansk kalvariegruppe med tre figurer som, selv om den er i medtatt tilstand, fortsatt har bemerkelsesverdig høy kunstnerisk kvalitet. Den opprinnelige polykromien, sammen med korset, Kristusfigurens armer og deler av føttene gikk sannsynligvis tapt på 1600-tallet, da kirken forfalt. De flankerende figurene som fremstiller Maria og Johannes står på kvadratiske sokler, som trolig var festet på en horisontal tverrbjelke. Da Wilhelm Frimann Koren Christie besøkte Giske i 1847, var figurene oppbevart i en kiste under prekestolen. Fra samme marmorkirke har kirkekunstsamlingen også fått en Madonna (ca. 1250, inv. nr. MA 334a).

Kristus bøyer hodet mot høyre og har øynene lukket. Håret hans faller over skulderen og han har et langt lendeklede, som når ned til under venstre kne, med en tykk tøybrett øverst. Maria holder hendene foran brystet i klassisk bønnepositur, mens Johannes retter hendene foldet nedover. De lange klesplaggene til begge figurene henger nedover i lange parallelle folder; Johannes' kappe henger over venstre skulder.

I de tre figurenes bemerkelsesverdig langstrakte ansikter så Harry Fett klassiske trekk, som han antok var formidlet via innflytelse fra bysantinsk kunst. Lignende kjennetegn forekommer samtidig i England, Nordvest-Frankrike og Flandern. Dette, sammen med figurenes høye kvalitet, gjør det sannsynlig at kalvariegruppen ble importert fra utlandet til den lille øya på Norges vestkyst.

Bendixen 1909, s. 23–30; Fett 1909, s. 25–27; Ekroll/Stige 2000, s. 194–195; von Achen 2018, s. 66–71

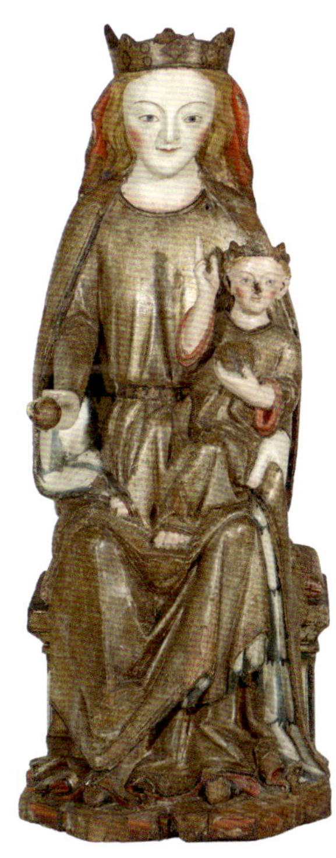

18

DEN KORSFESTEDE KRISTUS FRA KAUPANGER

Norge, 1200–1250
Fra Kaupanger i Sogn,
på museet siden 1862
Eik, rester av polykromi
H 133 x B 129 x D 17 cm
Inv. nr. MA 335

Denne Kristusfiguren fra Kaupanger stavkirke i Sogn har beholdt betydelige rester av den opprinnelige polykromien. Figuren, som har mistet korset, markerer på flere måter overgangen mellom romantikk og gotikk og kan dateres til første halvpart av 1200–tallet. Tradisjonelle kjennetegn er kronen, som presenterer Kristus som konge, og føttene som er plassert ved siden av hverandre, gjennomboret av hver sin nagle. Senere ble de vanligvis lagt over hverandre og festet med én nagle. Et tidlig eksempel på dette er krusifikset fra Fresvik (kat. nr. 24.) På krusifikset fra Kaupanger hvilte føttene sannsynligvis på en *suppedaneum*.

Noe mer «gotisk» er det at hodet er bøyd mot høgre, og likeledes de omfattende foldene i lendekledet, som er bemerkelsesverdig langt og når nesten ned til ankelen. Det er festet med en knute over høyre hofte og har spor av rød og grønn farge. De markerte ribbeina og de malte blodflekkene, som minner oss på Kristi lidelse, varsler allerede utviklingen mot uttrykket i senmiddelalderen. Kristus er fremdeles både den triumferende Herren og det lidende mennesket, en kombinasjon Henrik von Achen har betegnet som *Christus Rex patiens* («den tolmodige Kristus kongen»). Kristusfigurer med lange lendekleder er også bevart andre steder, for eksempel i Vellerup på Sjælland, Danmark, nå i Nationalmuseet i København (inv. nr. D 3771/1966). Typens uttrykk ble kanskje påvirket fra England.

Bendixen 1909, s. 22–23; Engelstad, 1936, s. 240

19

DØPEFONT FRA SÆBØ

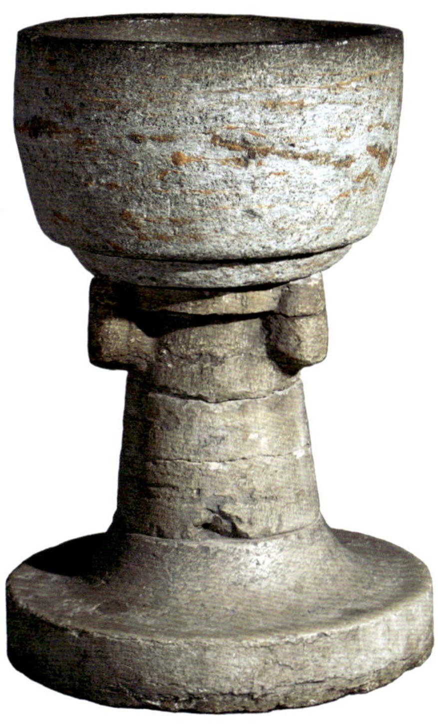

Norge og Gotland (Sverige), 1200–1250
Fra Sæbø i Nordhordland, på museet siden 1884
Kleberstein (kum) og kalkstein (fot og skaft)
H 97 x B 66 cm
Inv. nr. MA 33

Den nær sylindriske kummen på denne døpefonten fra Sæbø nord for Bergen er udekorert og med svakt konvekse sideflater inn mot munningsranden. Under kummen befinner det seg øverst på skaftet en ring med tre framspringende hoder, som ikke er fullførte. Skaftet er konisk, utvider seg nedover og går sømløst over i den runde foten. Kummen er av kleberstein, en relativt myk bergart som er lett å bearbeide og forekommer flere steder i Sør-Norge, for eksempel i kyst- og fjordstrøkene nord og sør for Bergen. Foten og skaftet er derimot av kalkstein som er importert fra den svenske øya Gotland i Østersjøen.

I sin studie av døpefonter fra middelalderen i Norge nevner Mona Bramer Solhaug tolv eksempler av fonter med gotlandsk opphav, konsentrert langs den norske vestkysten. Disse døpefontene viser at også de østlige kontaktrutene gjennom Øresund til Østersjøen var av betydning, i tilleg til de vestlige forbindelsene over Nordsjøen. Fra 1100– til 1300–tallet var Gotland et betydelig sentrum for døpefontproduksjon. Hundrevis av eksemplar er bevart – på selve øya, i resten av Sverige og på de danske øyene, men også i Pommern (nå i Tyskland og Polen) og Estland. De grove, framspringende hodene på døpefonten fra Sæbø tyder på at sokkelen ble eksportert som halvferdig produkt og aldri fullført. Kombinasjonen av skaft og fot fra Gotland med en kum av norsk stein er bemerkelsesverdig.

Bendixen 1915–1916, s. 12; Bramer Solhaug 2001, bd. 1, s. 231–236, bd. 2, s. 88–89; Drake 2002, s. 128, 182; Berggren 2002, s. 173–174

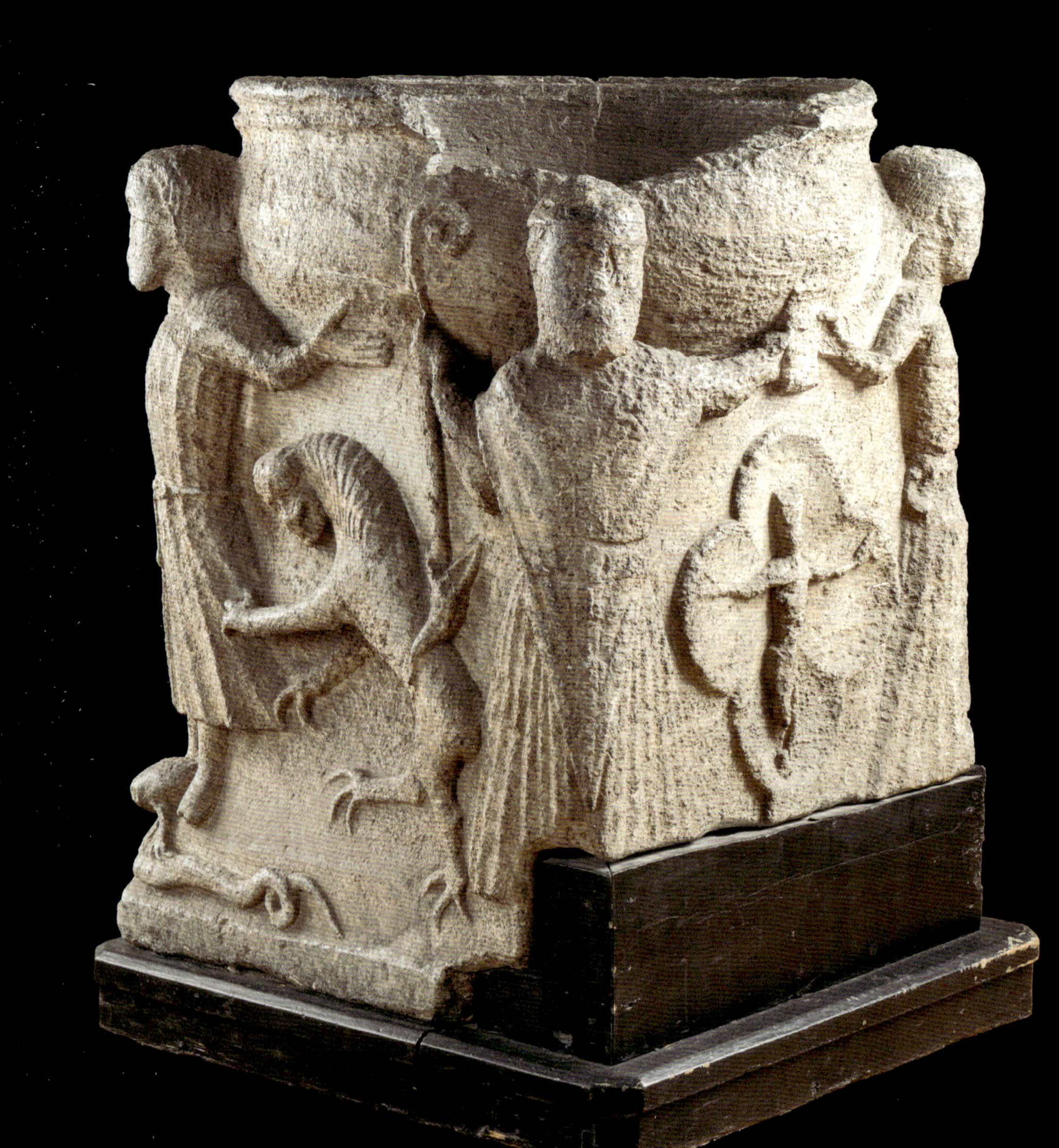

20
DØPEFONT FRA OS

Norge, 1225–1250
Fra Os, sør for Bergen, på museet siden 1825
Kleberstein
H 91 x B 67 cm
Inv. nr. MA 37

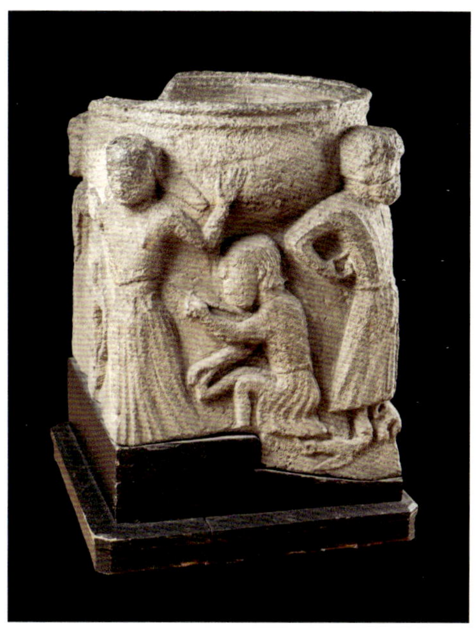

Denne døpefonten fra Os fra 1200-tallet har en bemerkelsesverdig form og en rik ikonografi. Den runde kummen med profilert munningsrand er omgitt av fire støttende hjørnefigurer, som danner en overgang til den kraftige, kvadratiske foten. De nokså grovt uthogde figurene framstiller to menn med skjegg, deretter en biskop med mitra og bispestav og en kvinne med bare bryster. De holder armene utstrakt og danner slik en ring rundt kummen. På kvinnens hår er det en runeinnskift, som kan leses som *ákalit* («påkallingen»). Sammen holder biskopen og kvinnen en bok som har flere bokstaver risset inn, muligens A B B A («far»).

Både mellom mennene og mellom den ene mannen og biskopen befinner det seg hoppende løver. Den tredje siden viser en sittende mann, som holder foten sin fast med en hånd og holder en torn i den andre. Det dreier seg trolig om en framstilling av en torneuttrekker (*spinario*), et symbol for seieren over det vonde. Den fjerde siden viser et firpass med en kronet Kristus i korsformet positur, men uten kors. Under føttene til begge de skjeggete mennene befinner det seg slanger og et paddeaktig vesen. Motsatt side av døpefontens fot er skadet.

Bendix Bendixens fortolkning av figurene som en personifikasjon av menigheten (mennene og kvinnen) og presteskapet (biskopen) som samler seg om døpefonten for å beseire det vonde i form av de nedtråkkede dyrene, virker overbevisende. Løvene kan symbolisere Kristus (som løven av Juda), som også framstilles som død på korset og dermed bringer frelse. Det at ett av dyrene har åpent gap, kan også uttrykke det motsatte, trusselen fra det vonde og døden. Mona Bramer Solhaug fortolker den halvnakne kvinnen som personifisering av ekteskapsbruddet (*Luxuria*). Hun nevner flere døpefonter med lignende motiver i landene rundt Nordsjøen og lenger sør, i Bretagne i Frankrike. Anvendelsen av kleberstein får henne likevel til å konkludere med at eksemplaret fra Os er framstilt i Norge, muligens av en utenlandsk steinhogger.

Bendixen 1904–1913, s. 63, 332–333; Bendixen 1915–1916, s. 10–11; Anker 1981, s. 156; Bramer Solhaug 2001, bd. 1, s. 170–174, 242–246; bd. 2, s. 70–71; Drake 2002, s. 11–12, 123, 129

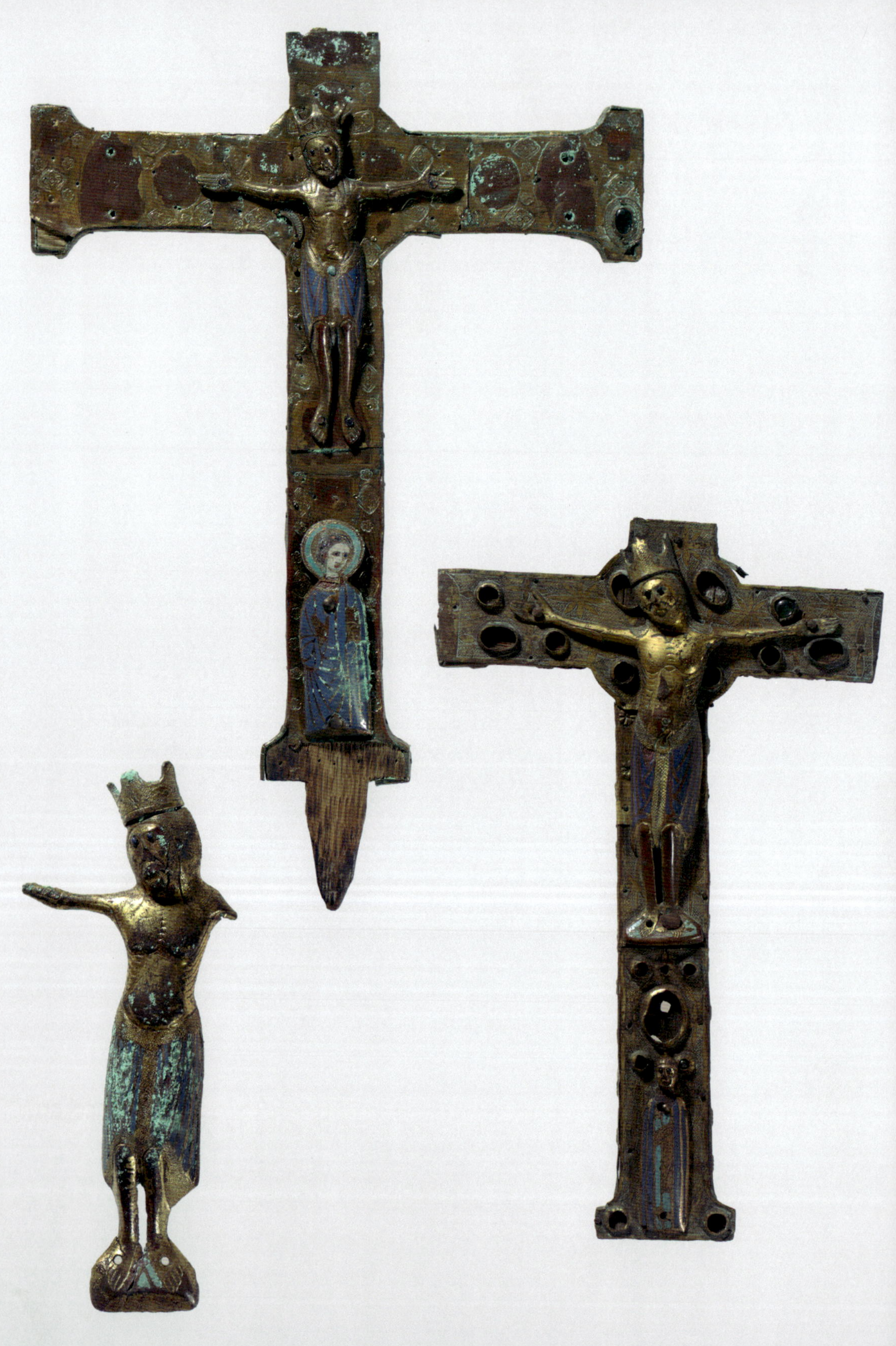

21

EMALJEKRUSIFIKSER

Limoges, 1225–1250

Fra Nes i Luster (Sogn), Skogven i Nordhordland og ukjente kirker på Vestlandet, på museet siden 1841, 1835 og 1853

Forgylt kobber, emalje

H 29 x B 18 x D 3 cm (MA 71)

H 36,5 x B 25,5 x D 3 cm (MA 72)

H 18 x B 10,5 x D 1,5 (MA 73)

H 16 x B 6,5 x D 1,5 (MA 74)

Inv. nr. MA 71, MA 72, MA 73, MA 74

Kirkekunstsamlingen i Bergen omfatter tre kors og én Kristusfigur fra verksteder i Limoges i Sørvest-Frankrike, der mange emaljegjenstander ble produsert på 1100– og 1200–tallet. Disse gjenstandene endte opp over hele Europa og finnes i dag på mange museer og kirkers skattkammere over hele kontinentet. Korset fra kirken på Nes i Luster (MA 71) består av en base av eik som er dekket av forgylte kobberplater med innskårne blad- og stjerneformede dekorasjoner og glassteiner. På korset henger en separat støpt emaljert figur av forgylt kobber, som viser Kristus som *Christus triumphans.* Under *suppedaneum* er der en fargerik helgenfigur, utført med gropemalje. Et lignende emaljert kors av ukjent opphav (MA 72) har nederst bevart pluggen, som kunne brukes til å feste korset i en sokkel. Fra Skogven kommer en Limoges-figur av den triumferende Kristus der korset har gått tapt (MA 74). På et typologisk annerledes kors av ukjent opphav, henger Kristus på et skivekors (MA 73). Rester av emalje på krusifikset tyder på en opprinnelig rik fargepalett.

Emalje fra Limousin ble særlig berømt under regjeringstiden til pave Innocens III (1198–1216). Disse produktene ble nevnt under det fjerde laterankonsilet i 1215, og Limoges var sentralt plassert ved en grein av pilegrimsveien til Santiago de Compostela. Krusifiksene ble mye brukt som alterkors eller som bærbare prosesjonskors. Ikke bare kors, men også små relikvieskrin og lysestaker fant veien fra verkstedene i Limoges til kirker over hele Europa. Et par kostbare lysestaker er bevart i Urnes stavkirke.

Bendixen 1909, s. 13–19; Haga 2014

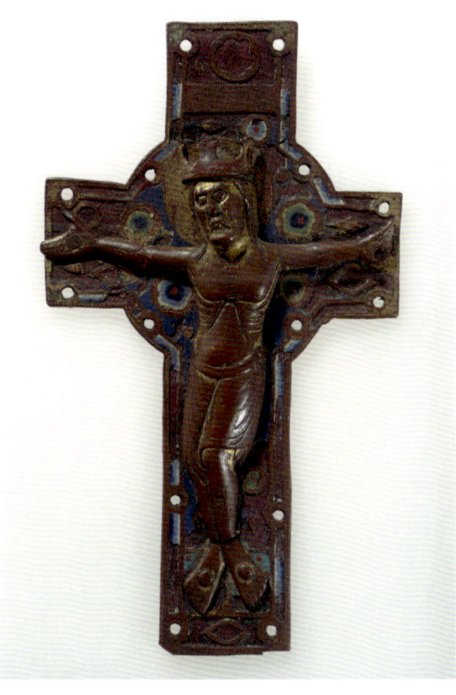

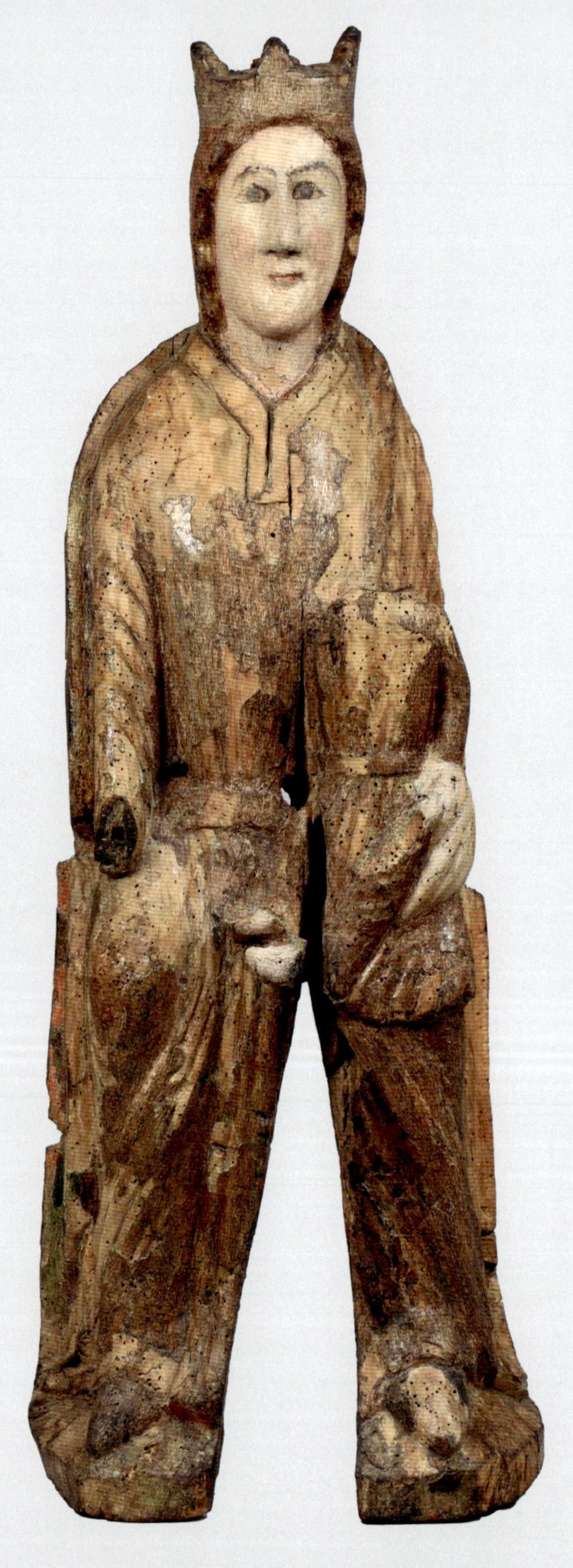

22
MARIA MED BARNET FRA GRANVIN

Norge, 1225–1250
Fra Granvin i Hardanger, på museet siden 1842
Løvtre
H 93 x B 33 x D 12 cm
Inv. nr. MA 440

Det noe primitive inntrykket denne Madonnaen med barnet fra Granvin i Hardanger gir, forsterkes av den dårlige tilstanden skulpturen er i. Kristus har mistet hodet, Marias høyre arm er brukket av og det mangler et trepart mellom beina hennes. Den kronede Maria sitter frontalt på en blokkformet benk og holder barnet med venstre hånd. Maria har kappe og kjole på, mens Kristus bare er svøpt i en kappe. Figuren er bare 12 cm dyp, noe som tyder på at den opprinnelig var plassert foran en dorsal eller i et helgenskap. Alle rester av polykromi er sekundære, kanskje fra etter middelalderen.

Martin Blindheim karaktiserte figuren som «forbløffende dårlig», og som verket til en lokal treskjærer. De parallelle foldene i den nedre delen følger tydelig romanske forelegg, slik som Urnesmadonnaen fra 1180–1200 (kat. nr. 8). Foldene på overkroppen er mer utviklet, men Jesusbarnets posisjon er langt fra naturlig: Det ser ut til å sveve i luften foran Marias hofte, snarere enn å sitte på kneet hennes. Fra samme kirke i Granvin har kirkekunstsamlingen i Bergen også deler av et helgenskap (kat. nr. 80) og skulpturer av evangelisten og døperen Johannes (kat. nr. 81).

Bendixen 1911, s. 8; Blindheim 1998, s. 64

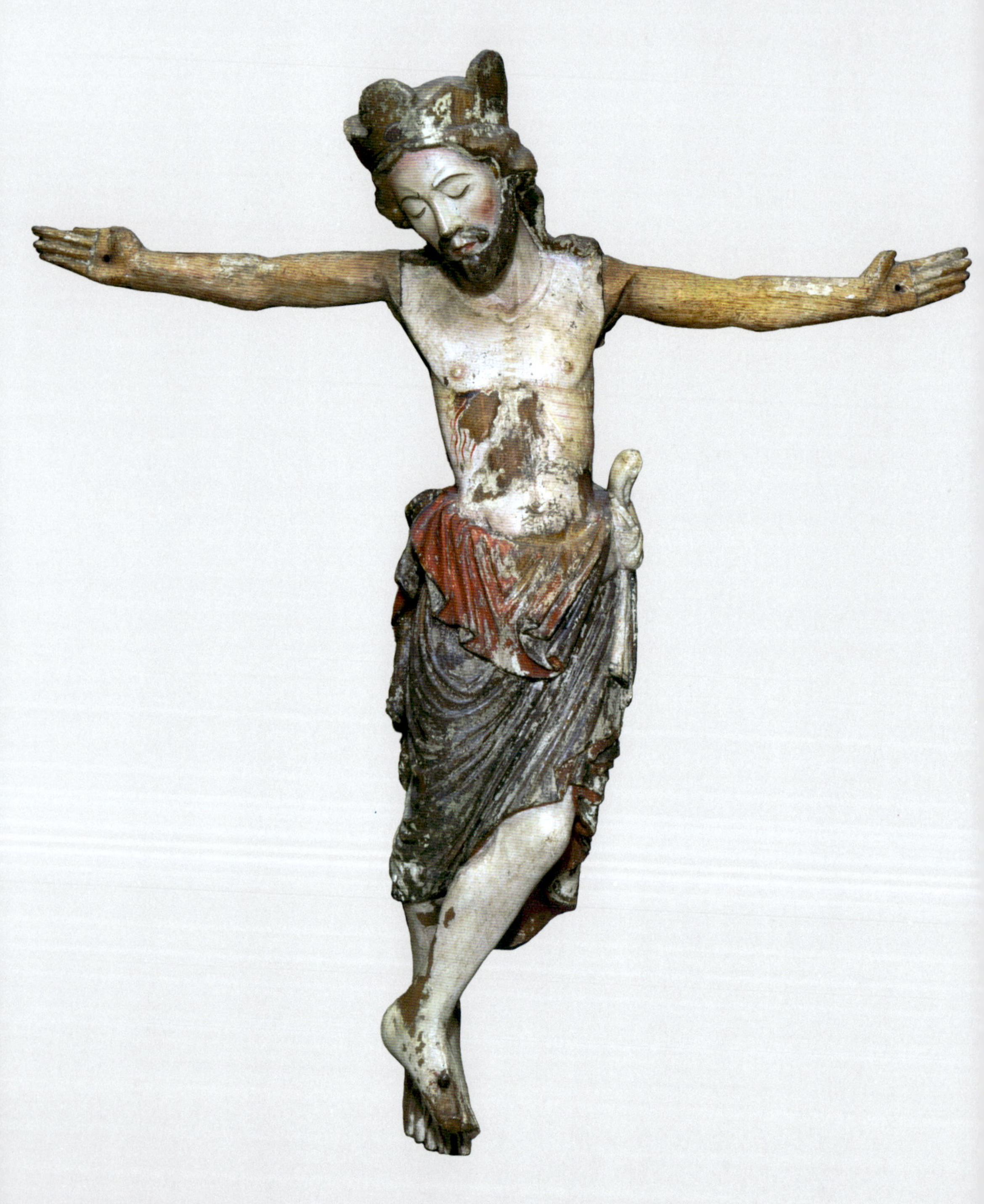

23
DEN KORSFESTEDE KRISTUS FRA FRESVIK

Norge, 1230–1240
Fra Fresvik i Sogn, på museet siden 1880
Eik, polykromi, imitasjonsgull
H 77 x B 70 x D 15,5 cm
Inv. nr. MA 244

Denne skulpturen av Kristus på korset er av svært høy kvalitet, men korset har gått tapt. Kroppen er svakt bøyd, det kronede hodet ligger litt mot høyre, og øynene er lukket. Kristus er ikledd et langt lendeklede, med en fold øverst, som gjør at kledets røde innside viser. Føttene er lagt oppå hverandre og gjennomboret av én enkelt nagle. Ribbeina og brystkassen på den tynne overkroppen er fint utført, fra såret i siden renner det blod. Håret, skjegget og lendekledet var opprinnelig i imitasjonsgull (sølv med brungul ferniss) som over tid har oksidert. I skulpturen møtes den romanske Kristus som konge med krone (*Christus Rex*) med den lidende Kristus (*Christus patiens*). Denne typen, *Christus Rex patiens* («den tolmodige Kristus kongen»), var utbredt i Skandinavia og kan for eksempel gjenfinnes i krusifiksene fra Jondal og Kaupanger (kat. nr. 18).

Figuren kan ha vært et alterkors eller et triumfkors oppstilt eller opphengt i overgangen mellom kor og skip. Aron Andersson gjenkjenner i verket stilimpulser fra engelsk skulptur og foreslår en opprinnelse i et norsk verksted under engelsk påvirkning. I England er ingen store krusifikser fra 1200-tallet bevart, på grunn av protestantisk ikonoklasme.

Bendixen 1909, s. 23; Andersson 1949, s. 130–134; Alexander/Binski 1987; von Achen 1994, s. 708; Williamson 1995, s. 117; Park 2002, s. 59; Blindheim 2004, s. 52–53

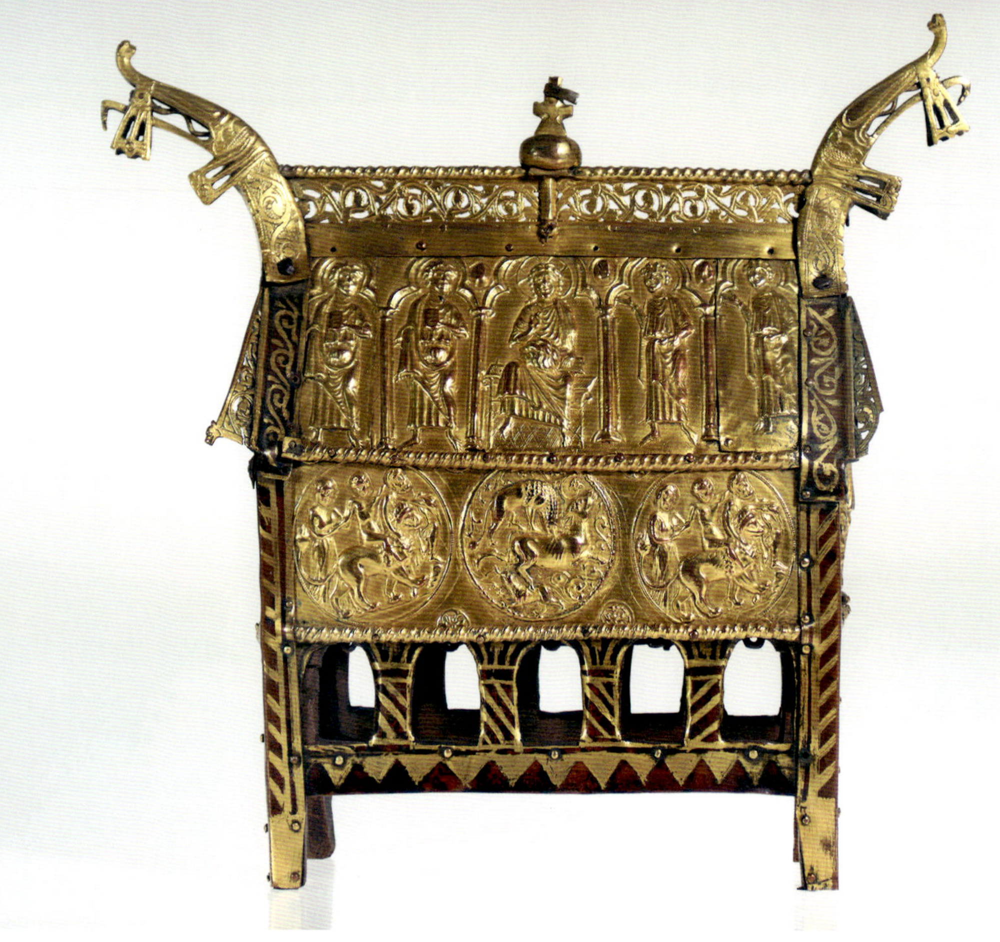

24
RELIKVIESKRIN FRA FILEFJELL

Norge, 1230–1250
Fra Filefjell i Valdres, på museet siden 1828
Eik, forgylte kobberplater
H 37,5 x B 40 x D 15 cm
Inv. nr. MA 52

Relikvieskrinet består av eiketre, kledd med forgylte kobberplater med relieff. Skrinet kommer fra stavkirken på Filefjell, som var viet til St. Thomas – formodentlig Thomas Becket. Den stod på høyfjellet langs en viktig ferdselsåre mellom Østlandet og Vestlandet og ble revet i 1808. Skrinet er formet som et hus med gavltak. I gavlene er det dragehoder, slik vi kjenner dem fra stavkirkene, for eksempel i Borgund (fig. s. 18). Basen danner en svalgang, og på taket framstilles Kristus og apostlene. På en av langsidene er motivet gjentatt som halvfigurer, mens den andre langsiden viser scener i tre medaljonger. Begge gavlsidene viser en stående apostel, den ene flankert av ranker med flere små sittende apostelfigurer.

De to flankerende medaljongbildene av en gutt som rir på en løve, er hentet fra antikk mytologi og går tilbake til dionysostoget, slik det vises på antikke mynter og gjemmer. Dette opprinnelig antikke motivet ble tolket om til kristen kontekst. For eksempel satte den franske munken Pierre Bersuire (ca. 1290–1362) likhetstegn mellom Kristus og Dionysos (=Bacchus) i sin fortolkning av Ovids *Metamorfoser.* Motivet med dyrekamper på midtmedaljongen stammer også fra antikken. Det gjenfinnes i kristen kunst, for eksempel på tronen til en nordfransk elfenbeinsmadonna i Museo Nazionale del Bargello in Firenze (inv. nr. 88C). Disse antikke motivene kan ha kommet til Norden på mynter eller som dekorasjon på kultgjenstander fra kristen kontekst.

Under utgravninger av ruinene av Allehelgenskirken i Bergen i 1865 ble det funnet et metallfragment med identisk apostelrelieff. Harry Fett mente dette tydet på at begge skrinene ble laget i Bergen. I Norge er det til sammen bevart tretten relikvieskrin og fragmenter, som har store likheter med hverandre. Oppbygningen av skrinene synes å følge et forelegg som Thor Kielland og senere Øystein Ekroll har antatt var et av de store relikvieskrinene i Trondheim (St. Olav), Oslo (St. Hallvard) eller Bergen (St. Sunniva), som alle ble ødelagt under reformasjonen. Det er overraskende at flere mindre skrin er bevart i Norge, da de mistet sin funksjon som oppbevaringssted for relikvier med overgangen til protestantismen. Under reformasjonen i Danmark-Norge ble kirkeskatter stort sett konfiskert av kronen og smeltet ned.

Christie 1842, s. 377–384; Fett 1911, s. 6–7; Bugge 1932, s. 61–62; Kielland 1927, s. 98–109; Ekroll 2003, s. 327; Kuhn 2019b; Kroesen/Kuhn 2020

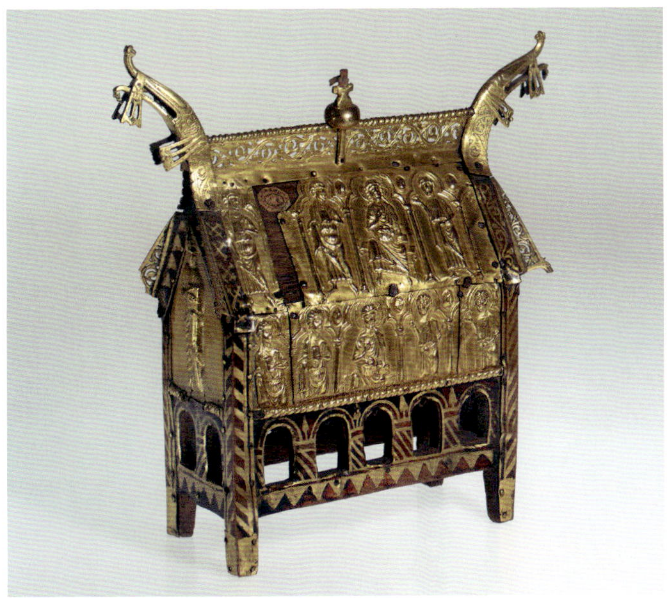

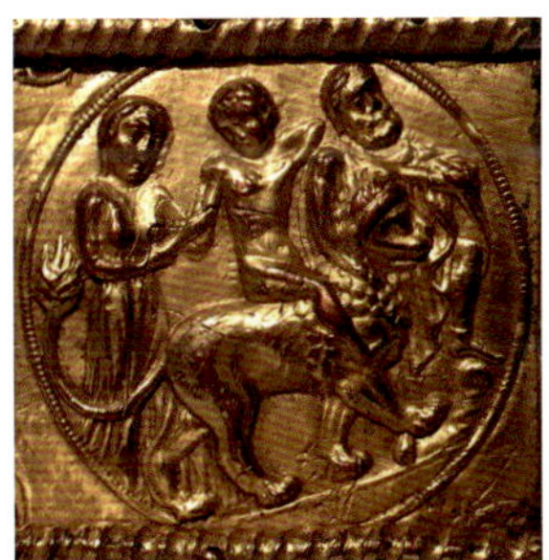

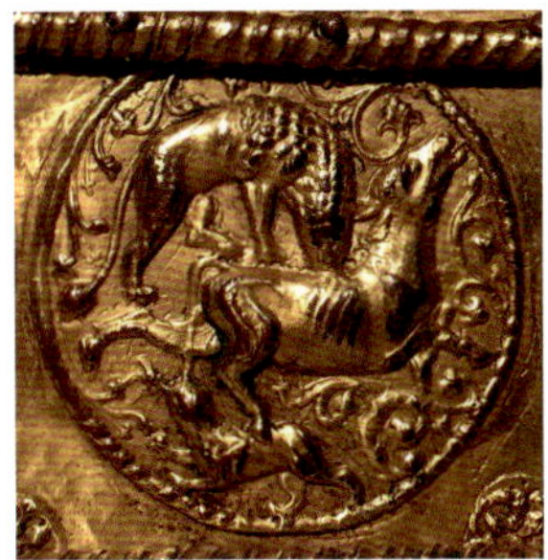

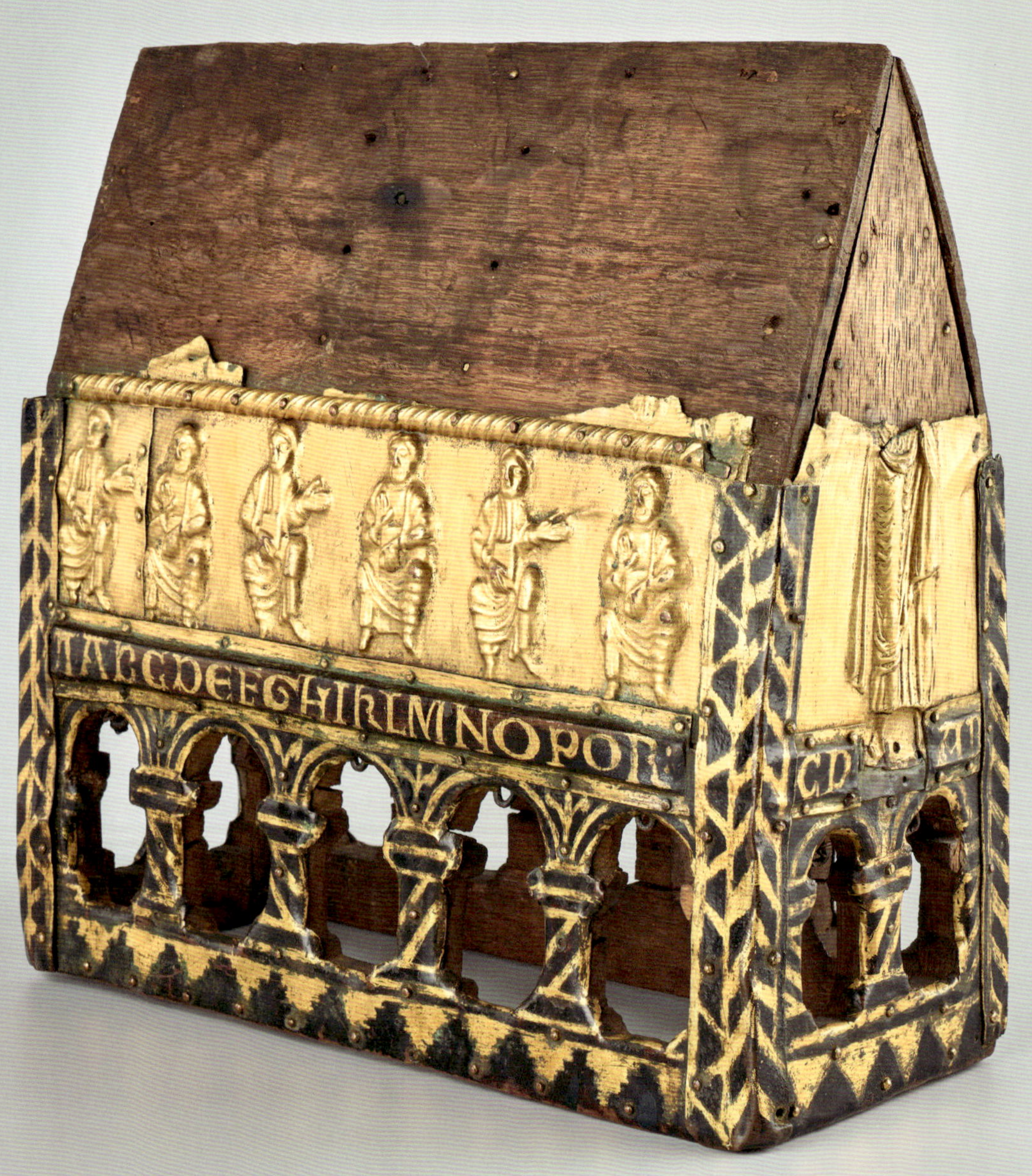

25
RELIKVIESKRIN FRA FORTUN

Norge, 1230–1250
Fra Fortun i Luster (Sogn), på museet siden 1828
Eik, forgylte kobberplater
H 30 x B 32 x D 13,5 cm
Inv. nr. MA 53

Dette relikvieskrinet fra Fortun stavkirke i Luster er formet som et hus med gavltak. På skrinets sider er det bevart forgylte kobberplater med apostelfigurer i relieff. På den ene siden er det plassert seks sittende figurer, mens det er sju på den andre siden, med Kristus i midten (?). Figurene er klassiske i utforming og sitter frontalt med en bok på fanget med hånden rettet oppover i en talende gest. Formene er brukt annenhver gang, slik at apostelframstillingene gjentar seg. På hver gavlside er det bevart rester av en stående figur. Hull i takdelene viser at noen kobberplater nå mangler.

Bildeflatene på langsidene avsluttes av et bånd malt i mørk farge, der alfabetet er gjengitt med gylne majuskler. Det dreier seg altså ikke om en innskrift som viser til innholdet i relikvieskrinet. Anvendelsen av alfabetet på et relikvieskrin er enestående og kan forklares med den dekorative og symbolske verdien til latinske bokstaver i et samfunn som på den tiden brukte norrøne runer. Relikvieskrinet står på en base utformet som svalgang, lik den man finner på utsiden av stavkirkene, og gjenspeiler samtidig den bærende konstruksjonen i store skrin. Det er ikke kjent hvilken helgens relikvier som har vært oppbevart i skrinet fra Fortun. Stavkirken ble erstattet av en ny kirkebygning i 1883, og middelalderkirken ble revet, flyttet og gjenoppbygd med det opprinnelige bygningsmaterialet i restaurert form på Fantoft i Bergen. Der brandt den ned 6. juni 1992 ved ildspåsettelse.

Bendixen 1904–1913, s. 380–381; Kielland 1927, s. 87–88

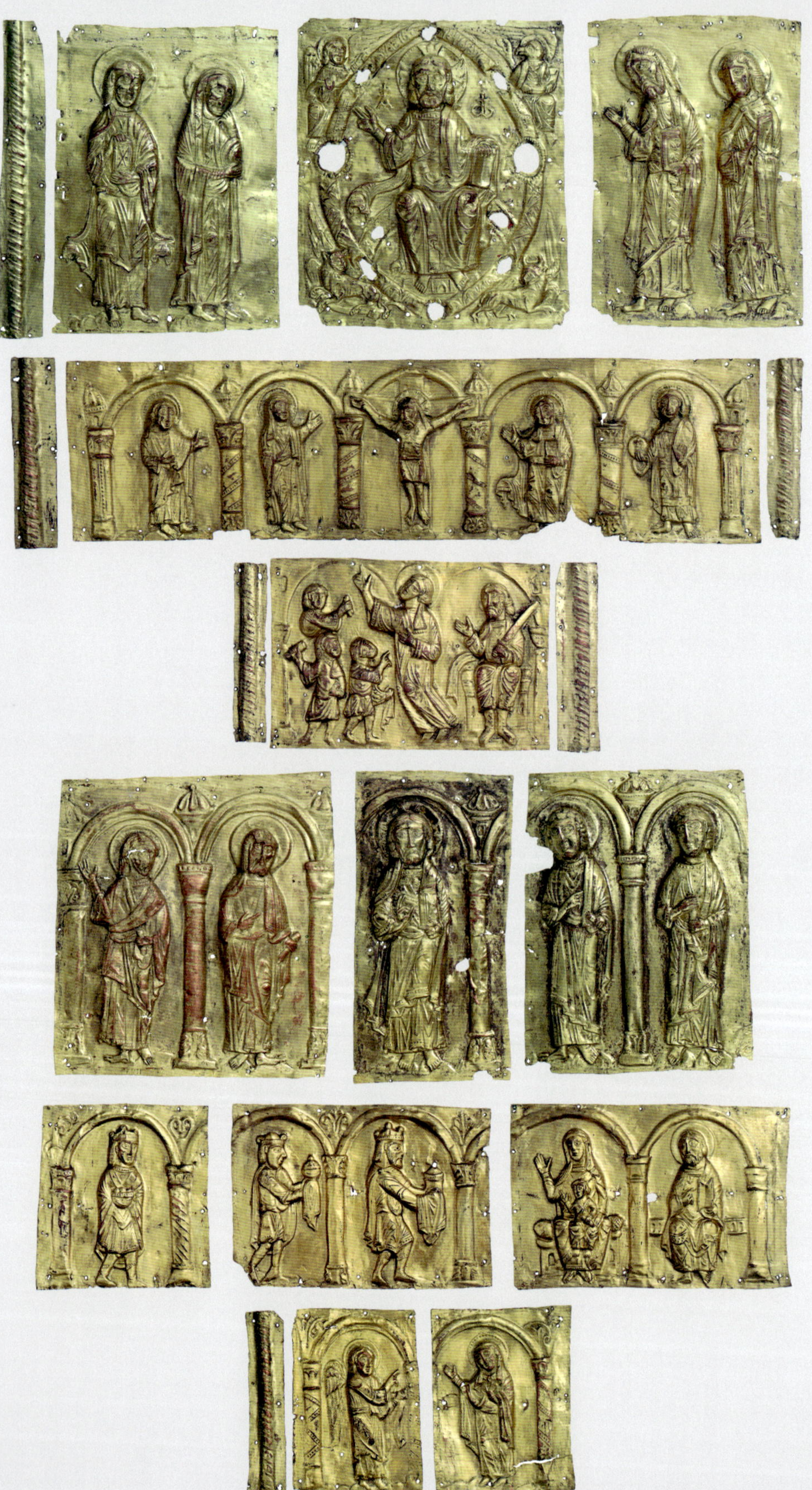

26
FRAGMENTER AV ET RELIKVIESKRIN FRA FLÅVÆR

Norge, 1230–1250
Fra Flåvær på Sunnmøre, på museet siden 1881
Forgylte kobberplater
H 11 x B 45 x D 1,5 cm (korsfestelse)
H 19,5 x B 17 x D 1,5 cm (*Majestas Domini*)
H 11,5 x B 8,5 x D 1 cm (engel)
Inv. nr. MA 253

Lenge gikk man ut fra at disse tretten forgylte kobberplatene med relieff og en bevart pyntelist var del av et antependium av metall, slik som man i Skandinavia har bevart med de berømte «gyldne altrene» i Danmark og Sverige (flere befinner seg nå i Nationalmuseet i København). I virkeligheten later det til at kobberplatene har vært festet på et husformet relikvieskrin i tre, lik de bevarte relikvieskrinene fra Filefjell og Fortun (kat. nr. 24, 25).

Kobberplatene viser relieffscener fra Kristi fødsel, plassert under buer: Maria bebudelse, de hellige tre kongers ankomst og barnemordene i Betlehem. Sammen med en korsfestelsesscene med fire sidefigurer dekket disse kobberplatene relikvieskrinets vegger. På skrinets tak har det vært en *deesis*-scene (Kristus, omgitt av Maria og Johannes døperen i forbønn) og ytterligere to helgener på den ene siden, og fem helgener under en søylegang på den andre.

Etter reformasjonen ble kobberplatene gjenbrukt som dekorasjoner på et skap. På 1800-tallet eide en kjøpmann i Flåvær på Sunnmøre dette skapet. Han solgte det gjennom en kunsthandler til den franske hertugen Albert de Broglie da han var på reise i Norge. På skipet til Bergen så et direksjonsmedlem fra Bergens Museum skapet, og med støtte fra forretningsmannen Christian Sundt fra Bergen ble det kjøpt til samlingen i 1881. Ifølge Bendix Bendixen skal muntlige overleveringer ha fortalt at kobberplatene kommer fra det tidligere benediktinerklosteret på Selja i Nordfjord.

Bendixen 1890, s. 8–21; Fett 1908, s. 18; Braun 1924a, bd. 2, s. 100; Kielland 1927, s. 96–98; Nørlund 1926, s. 5; Grieg 1973; von Achen 2018, s. 49–52

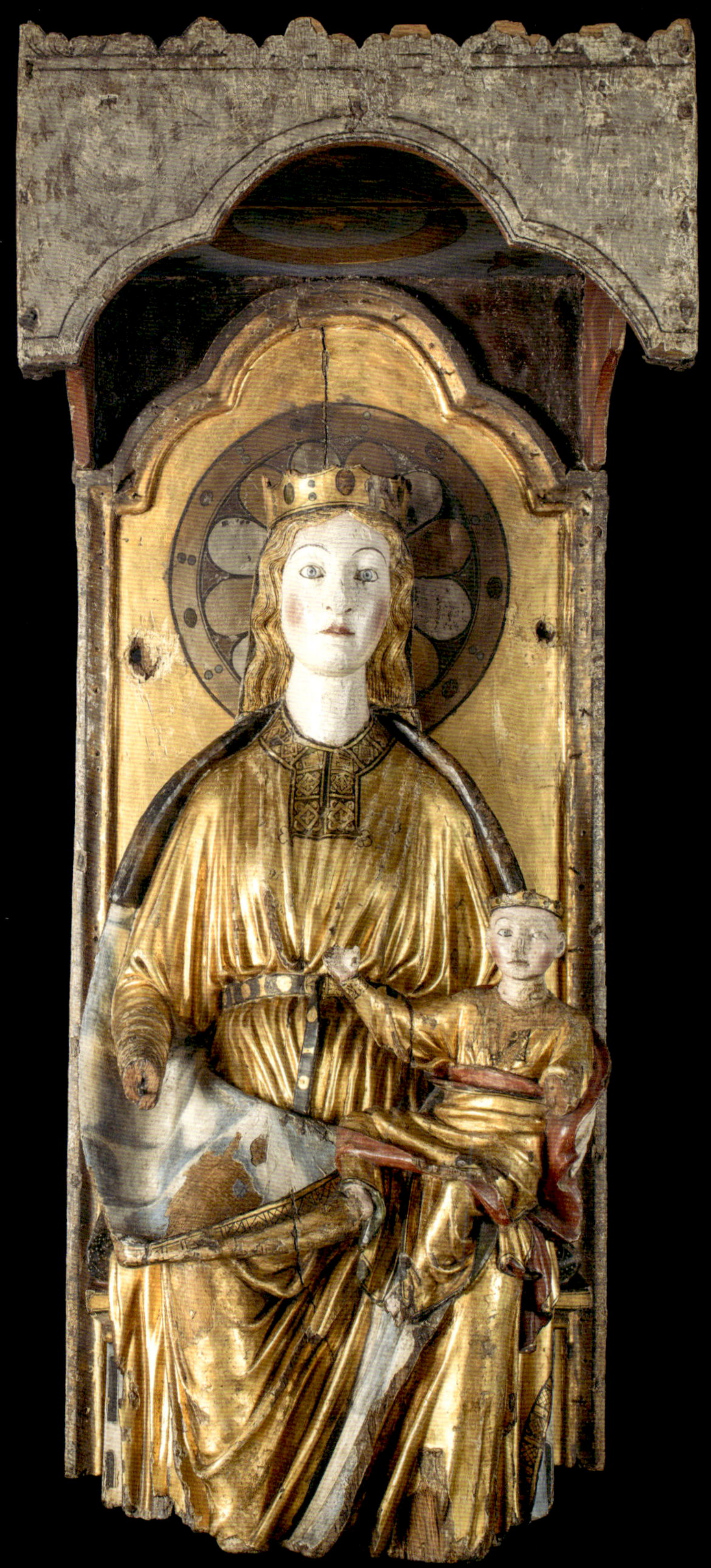

27

MARIASKAP FRA HOVE

Rundt Doverstredet (Nord-Frankrike, Flandern, eller Sør-England?), 1230–1240
Fra Hove i Sogn, på museet siden ca. 1840 (Madonna); fra Hopperstad i Sogn, på museet siden 1966 (baldakin)
Eik, polykromi
H 94 x B 45,5 x D 35,5 cm (Madonna)
H 124 x B 52 x D 48,5 cm (baldakin)
Inv. nr. MA 27

Den såkalte Hove-madonnaen er blant de ypperligste middelalderskulpturene i Norge. Både Maria og barnet er for det meste dekket med bladgull og innsiden av Marias kappe imiterer hermelin malt i blått og hvitt. Den kronede Maria sitter frontalt på en trone med svartmalte vindusmotiver på hvit bakgrunn med blå avskygninger øverst og nederst, en effekt som Unn Plahter har beskrevet som «dual shading». Hun holder Jesusbarnet, som også er kronet, på venstre kne. I hodet hennes er det et relikviegjemme med diameter på 3 centimeter. Baldakinen er helt dekket med glasert sølv som imiterer gull, dekorert med innskårne blader og ranker. I himlingen er det en gyllen sol, måne og ti stjerner. Glorien på dorsalen med tolv lapper er omgitt av malte edelsteinsimitasjoner. Skulpturen og baldakinen er grovt avsagd nederst. Gjenstander som Maria (et liljesepter?) og Kristus (en globus eller en bok?) har holdt, er nå tapt.

Figuren kom til museet rundt 1840 fra Hove kirke i Vik i Sogn, der den i siste fase hadde stått under prekestolen. Baldakinen kom ikke til museet før i 1966, og da fra stavkirken i Hopperstad, også i Vik, der den hadde vært gjenbrukt som baldakin over døpefonten. Det er ingen tvil om at de to delene opprinnelig har hørt sammen og dannet et helgenskap. Ifølge en kilde fra 1824 hadde skapet hatt forgylte fløyer med relieffer av apostlene på innsidene. Jernhaker på begge sider av dorsalen (ryggplaten) er det eneste som minner om dette.

Mariaskapet sto trolig på høyalteret i den lille, men velbygde romanske kirken på Hove (fig. på s. 22) før et barokkalterskap ble satt der i 1684. Selv om et norsk opphav ikke kan utelukkes, antyder den kostbare utførelsen

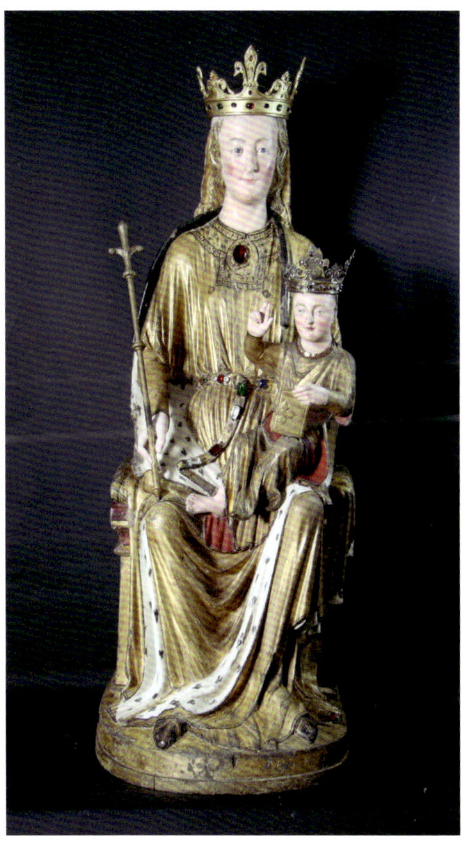

Notre-Dame des Miracles i katedralen i Saint-Omer, Frankrike, ca. 1230. Foto E. Windemann/ Musées de Saint-Omer

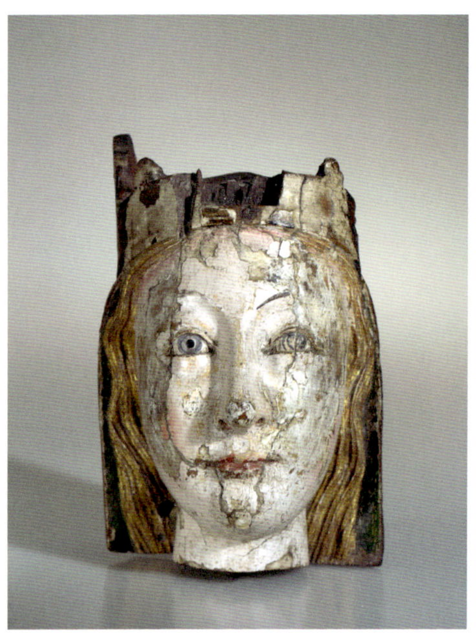

Maria-hode fra Øystese (Hardanger) (MA 139)

at helgenskapet er importert fra utlandet. Maria og barnet ligner svært på den såkalte *Notre-Dame des Miracles* i katedralen i Saint-Omer i Pas-de-Calais i Frankrike, og man kan gå ut fra at figuren ble produsert i den regionen. Madonnaer av samme type spredte seg også lenger sørover, som man for eksempel ser i Gaillac i Tarn i Frankrike og i Brindisi i Apulia i Italia. Kirkekunstsamlingen i Bergen har også et Maria-hode for en lignende figur fra Øystese i Hardanger (inv. nr. MA 139).

Fett 1908, s. 54, 56; Bendixen 1911, s. 9–10; Fett 1937, s. 210, 213; Andersson 1949, s. 127–130; Kloster 1951, s. 190–194; Kaland 1973; Anker 1981, s. 233–234; Williamson 1995, s. 117; Plahter/Park 2002; Blindheim 2004, s. 48–50; Plahter 2014; Kollandsrud 2014, s. 52–53; Kroesen 2019a; Kuhn 2020, s. 107; Kroesen/Tångeberg 2021, s. 59–60.

28

ST. MIKAEL FRA RØLDAL

Norge, 1230–1250
Fra Røldal i Ullensvang,
på museet siden 1895
Furutre, rester av polykromi
H 122 x B 52 x D 12 cm
Inv. nr. MA 296

Erkeengelen Mikael er kledd i imitasjonsgull under en rød kappe som er drapert over venstre skulder. Kappen er festet i en knute foran magen og faller ned i tallrike folder. I venstre hånd holder erkeengelen et rundt skjold, og med sin hevede høyre arm har han opprinnelig holdt en lanse. Under de bare føttene kan man se restene av dragen som Mikael kjemper mot.

Med sammenpressede lepper, fin nese og utskårne øyenbryn og det opprinnelig forgylte håret har figuren de klassiske ansiktstrekkene fra nordfranske katedralskulpturer fra perioden. Aron Andersson sammenlignet erkeengelen med skulpturene i vestportalen til katedralen i Reims. Kappens livlige parallelle og siksakk folder minner sterkt om de man finner i samtidige nordfranske skulpturer. Stilistiske impulser fra Frankrike kan enklest sees i Norge i de tre middelalderfigurene fra vestfronten på Nidarosdomen i Trondheim (nå i museet i Erkebispegården). Dette tyder på at franske steinhoggere, eller håndverkere som var utdannet i Frankrike, var med på byggingen av domkirken. Man kan også nevne likheten mellom St. Mikael og en diakon fra ukjent sted i kirkekunstsamlingen i Bergen (kat. nr. 29).

I Skandinavia er det bevart relativt mange skulpturer av erkeengelen Mikael. I Norge fins det tre andre eksemplarer fra 1200-tallet i tillegg til figuren fra Røldal. Blant dem utmerker skulpturen fra Mosvik i Sør-Trøndelag (nå i Vitenskapsmuseet i Trondheim, inv. nr. T2451) seg for sin høye kvalitet. Ebbe Nyborg antok at slike skandinaviske Mikael-skulpturer pleide å være plassert på alter nær kirkedøren (Nyborg 2019). I mange middelalderkirker sto alteret til erkeengelen Mikael på et galleri over vestdøren.

Bendixen 1911, s. 14–15; Andersson 1949, s. 239–240; Gjerløw 1971, s. 489–493; Blindheim 2004, s. 94–95

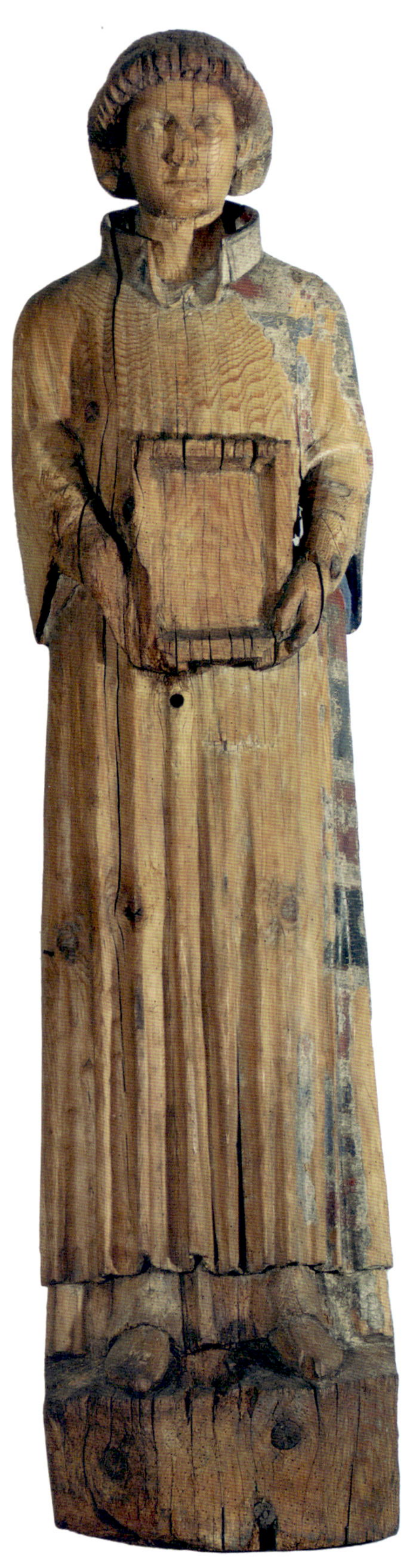

29

DIAKON FRA UKJENT KIRKE

Norge, 1230–1250
Fra en ukjent kirke på Vestlandet, på museet siden ca. 1865
Furutre, rester av polykromi
H 158 x B 40 x D 17 cm
Inv. nr. MA 20

Denne figuren av en hellig diakon i nesten naturlig størrelse er iført alba og dalmatika og holder en rektangulær tavle med begge hender. De liturgiske klærne faller i parallelle folder ned til de spisse skoene, og de vertikale linjene forsterker skulpturens søyleaktige, langstrakte aspekt. Rester av polykromi antyder at dalmatikaen har vært fargerikt dekorert, med et mønster av bånd i rødt med gylne liljer, blått med hvite medaljonger, og hvitt. På sokkelen er det bevart fragmenter av arkitektonisk dekorasjon på en bakgrunn med «dual shading», som ligner på setene til madonnaene på trone fra Hove, Kyrkjebø og Røldal (kat. nr. 27, 30, 32).

Denne figuren ble tidlig koblet til franske katedralskulpturer, slik som skulpturene i Chartres (Fett 1908) og portalskulpturene i katedralen i Reims (Andersson 1949). En særlig nær ikonografisk parallell er den tidlig-gotiske trumeau-skulpturen av St. Stefanus i hovedportalen i katedralen i Sens. Denne figuren fra ca. 1200 står også oppreist, kledd i alba og dalmatika, med en rektangulær tavle i hendene (en bok eller et bærbart alter, en *ara*).

Martin Blindheim foreslår at skulpturen opprinnelig kan ha kommet fra Rinde stavkirke i Sogn, som ble revet i 1866. Innen 1824 var seks figurer som hadde vært lagret i et skur ved siden av kirken, blitt overført til sakristiet i Leikanger kirke, da i samme prestegjeld. Tidligere hadde ytterligere seks figurer blitt brent som ved. Biskop Jacob Neumann og reisefølget hans Niels Dahl fant skulpturene der under et besøk i 1824, men etter det forsvinner sporene etter dem. Diakonen må ha kommet til museet i eller rundt 1865 og ble registrert som «St. Laurentius (ukjent opprinnelse)». Rundt samme tid kom det romanske krusifikset fra Leikanger (kat. nr. 4), som også opprinnelig kan ha kommet fra Rinde kirke, til museet.

Fett 1908, s. 42–43; Bendixen 1911, s. 24–26; Fett 1925, s. 207; Andersson 1949, s. 240–242; Blindheim 2004, s. 92–93

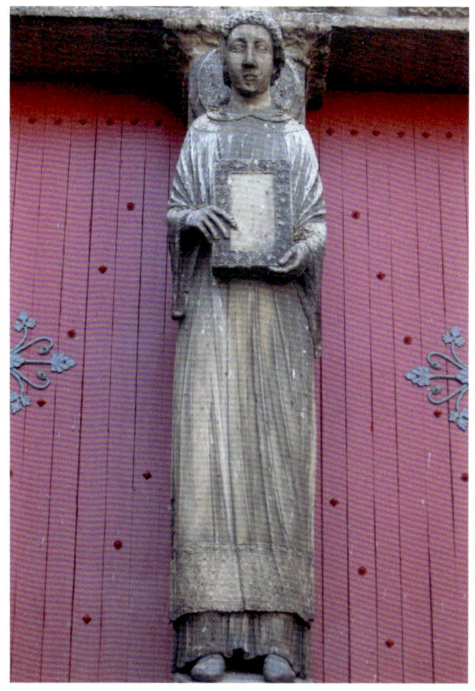

St Stefanus, trumeau-skulptur i katedralen i Sens, Frankrike, ca. 1200. Foto wikimedia commons

30

MARIA MED BARNET FRA KYRKJEBØ

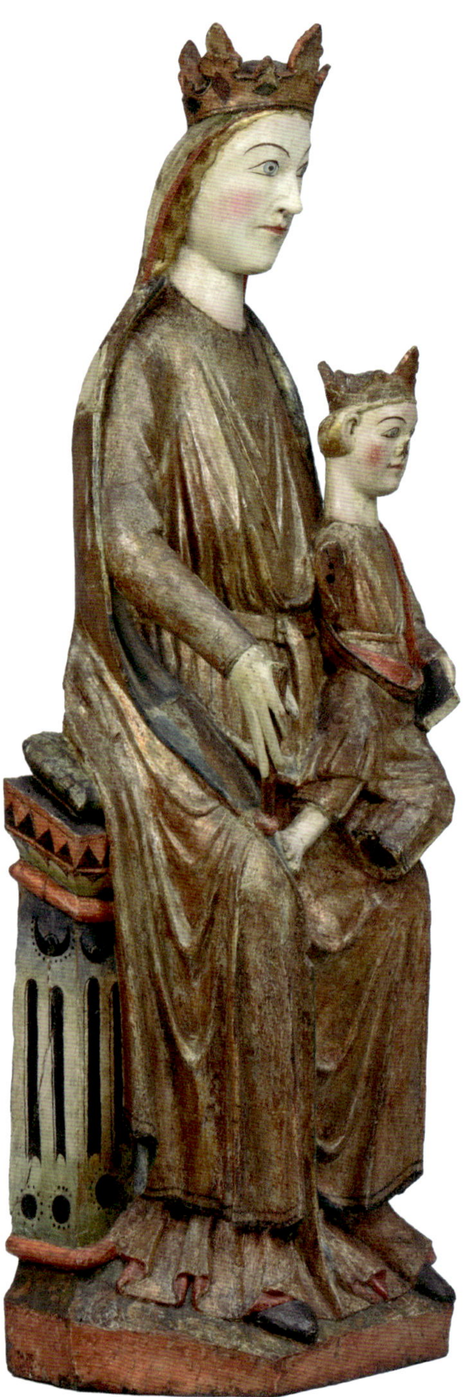

Nord-Frankrike (?), ca. 1250
Fra Kyrkjebø i Sogn, på museet før 1862
Eik, polykromi
H 101 x B 36 x D 21 cm
Inv. nr. MA 292

Denne Madonnaen av typen *Sedes Sapientiae* («visdommens trone») sitter frontalt på en trone med malt arkitektonisk dekorasjon på sidene. Maria er kledd i en gyllen kjole som faller i tykke v-formede folder og er festet med et gyllent belte. Innsiden av kappen som ligger over hennes høyre kne, er malt som hermelinpels. På hennes venstre kne sitter Jesusbarnet litt på skrå med gylne klær og kappe. Han holder en bok i venstre hånd, mens høyre hånd, som nå er tapt, trolig var hevet til velsignelse. Hans høyre fot berører Marias høyre kne.

Martin Blindheim identifiserte Madonnaen fra Kyrkjebø som en norsk etterligning av prototypen til Madonnaen fra Hove (kat. nr. 27), men nyere analyser tyder på et mulig opphav i Nord-Frankrike. Det ble funnet pergamentfragmenter med skrift i figurens uthulede bakside, og ifølge Åslaug Ommundsen og Michael Gullick ser skriften ut til å komme fra en nordfransk skrivestue ca. 1200. Fragmentene, trolig fra en kassert bok, var blitt gjenbrukt til å fylle hull som hadde oppstått i figuren under utskjæringen før polykromien ble anbrakt.

Stilistisk utviser figuren likheter med både nordfranske og norske madonnaer fra perioden, hvilket illustrerer den internasjonale utbredelsen til denne madonna-typen. Helgenskapet for figuren er også bevart (kat. nr. 31)

Nicolaysen 1862–1866, s. 481; Bendixen 1911, s. 6; Blindheim 2004, s. 78–79; Kuhn/Böhme 2019

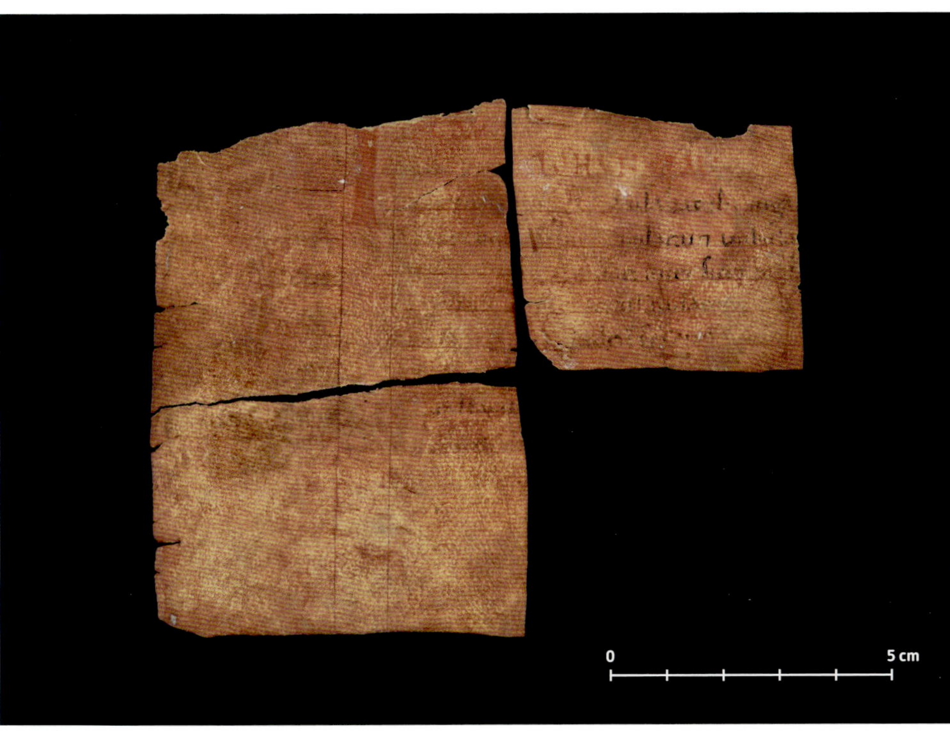
0
5 cm

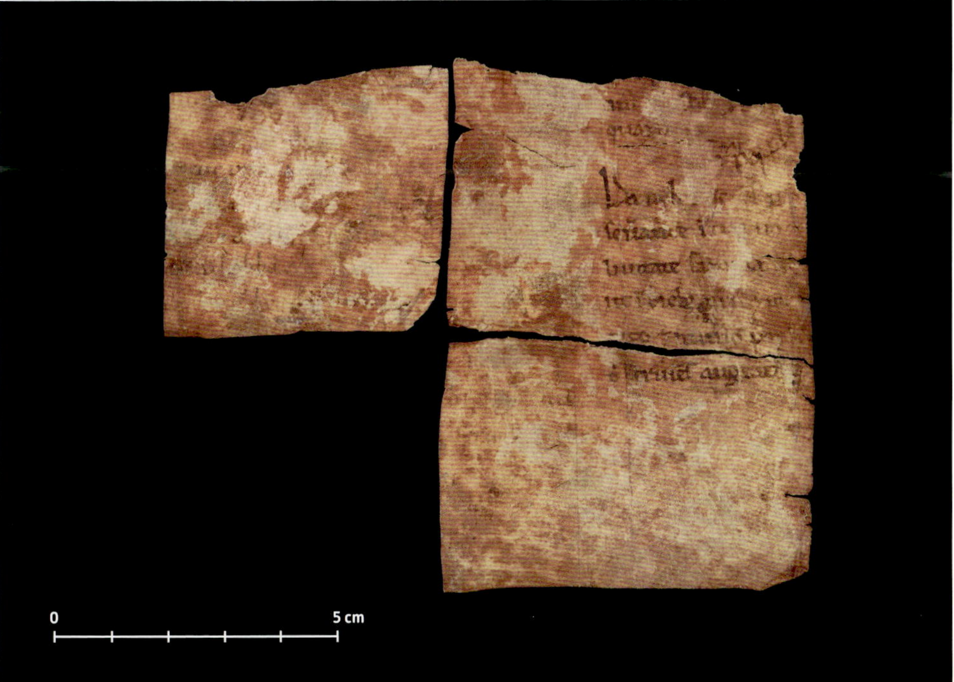
0
5 cm

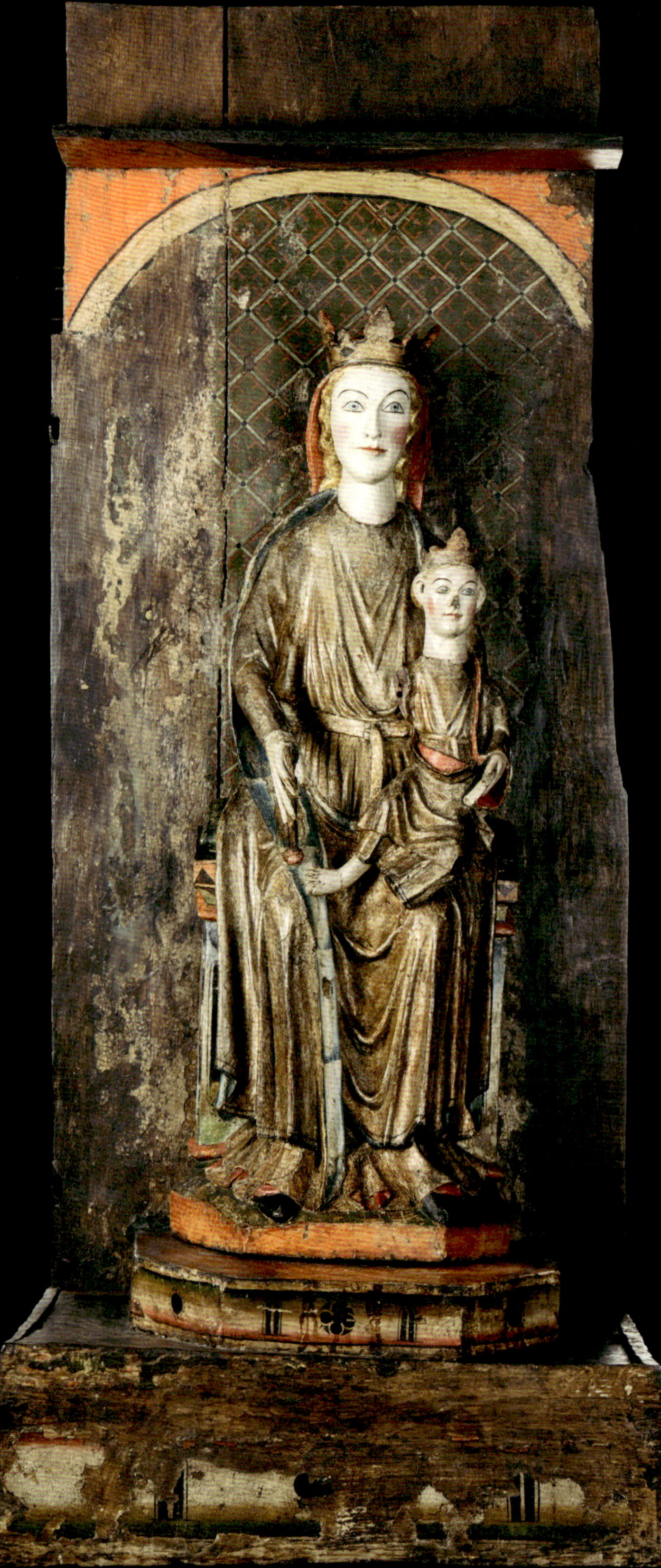

31
HELGENSKAP FRA KYRKJEBØ

Norge, ca. 1250
Fra Kyrkjebø i Sogn, på museet før 1864
Eik, polykromert
H 166 x B 68,5 x D 50 cm
Inv. nr. MA 334b

Jernhengsler på hver side av bakveggen tyder på at dette opprinnelig var et helgenskap som kunne lukkes med fløyer. Sidene på den høye kisteformede basen er dekorert med malte vindusmotiver og utstyrt med smale lister som støtte for fløyene i lukket stilling. Oppå basen er det et femkantet podium som fungerte som sokkel for en figur. Bakveggen er malt med et mønster av ruter dannet av hvite linjer på en grønn bakgrunn, som er fylt med røde firpass under en hvit bue. Den røde overflaten over buen fortsetter på baldakintaket, som det bare er bevart et fragment av.

Det ble sekundært registrert i året 1902 at helgenskapet kom fra Giske på Sunnmøre. Fra da av ble det utstilt sammen med en jomfru Maria med barn-figur fra den kirken (fig. s. 59). Men proporsjonene virker for små for denne sammenstilling. Mye tyder på at helgenskapet opprinnelig kommer fra Kyrkjebø i Sogn. I 1862 nevnte Nicolay Nicolaysen en baldakin som var overført til museet sammen med jomfru Maria med barn fra Kyrkjebø (kat. nr. 30).

Nylig utført kunstteknologisk granskning har avslørt sammenfallende malt dekorasjon og materiellutførelse mellom baldakinen og Kyrkjebø-madonnaen. Malte svarte sirkler omgitt av små prikker kan sees både på podiet og på Marias trone. Dessuten passer femkantformen oppå podiet helt med bunnen av figuren, hvilket bekrefter at de to opprinnelig har hørt sammen. Rester av baldakinen viser kanten av en sirkel med sol og måne mot grønn bakgrunn, som har dannet en himmel over jomfru Maria og barnet (se også kat. nr. 27). Bredden i åpen tilstand kan rekonstrueres til ca. 236 cm, noe som gjør helgenskapet fra Kyrkjebø til et av de største i sitt slag i Norge.

Nicolaysen 1862–1866, s. 481; Bendixen 1911, s. 6, 10–12; Blindheim 2004, s. 78–79; Kollandsrud 2018, s. 234; Kuhn/Böhme 2019; Kroesen/Tångeberg 2021, s. 60–61

32

MADONNA MED BARNET FRA RØLDAL

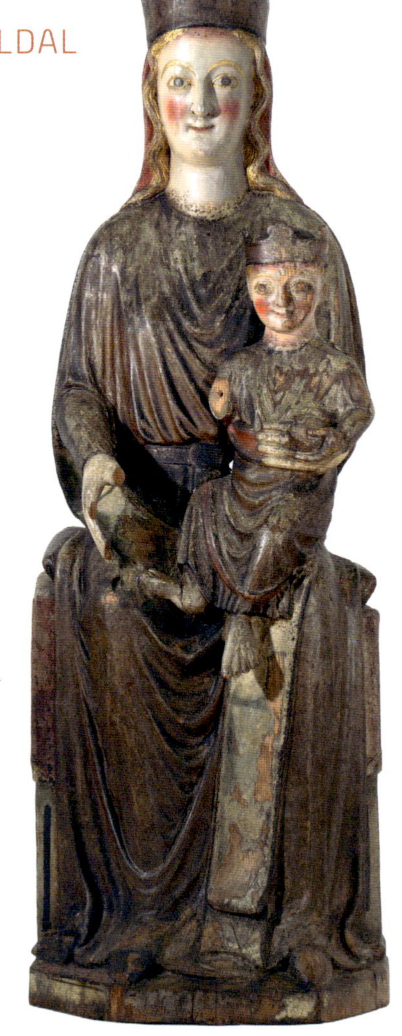

Norge, 1240–1260
Fra Røldal i Ullensvang, på museet siden 1895
Furutre, polykromi
H 128 x B 43 x D 15 cm
Inv. nr. MA 295

Maria sitter frontalt på en trone med pute, kledd i en kjole av imitasjonsgull, festet med belte. Kjolen har mørknet med tiden. På hodet med gyllent hår sitter en krone, også utført i imitasjonsgull. På hennes venstre kne sitter Jesusbarnet, som hun holder rundt med venstre hånd. Barnet har også krone på hodet og høyre fot berører Marias høyre kne. Jesusbarnet holder en globus i venstre hånd. Hans tapte høyre hånd har trolig vært hevet til velsignelse. Figuren har liten dybde, noe som viser at den har stått i et helgenskap. Én fløy av skapet, med relieff på innsiden, er bevart (kat. nr. 33).

Sammen med figuren av St. Olav (kat. nr. 34) utgjorde madonnaen og helgenskapet trolig alterdekorasjonen på sidealtrene i Røldal stavkirke. De stod trolig på hver sin side av triumfbuen og ble fjernet etter reformasjonen. I kirken er det bevart et krusifiks fra ca. 1250, som er nevnt som pilegrimsmål i etterreformatoriske skriftlige kilder. Valfartene foregikk helt til 1836. Det er uklart om denne tradisjonen strekker seg tilbake til middelalderen.

I kirkekunstsamlingen i Bergen befinner det seg flere gjenstander fra Røldal, deriblant en figur av erkeengelen Mikael i kamp med dragen (kat. nr. 28), et malt frontale (kat. nr. 72) og en kostbar messehagel (kat. nr. 46). Den rike utsmykningen av stavkirken, som står ved det som fortsatt er et viktig knutepunkt mellom Vestlandet og Østlandet ved foten av Hardangervidda, gjenspeiler lokalbefolkningens ambisjoner, ressurser og evner til å innrede kirken sin på prektig vis. Ved sin samlede overlevering gir disse gjenstandene oss et sjeldent innblikk i interiøret i en landsbygdskirke i Nord-Europa i høymiddelalderen.

Fett 1908, s. 41; Bendixen 1911, s. 8; Fett 1937, s. 64; Andersson 1949, s. 135; Blindheim 2004, s. 80–81

33
FLØY AV HELGENSKAP FRA RØLDAL

Norge, 1240–1260
Fra Røldal i Ullensvang, på museet siden 1895
Furutre, rester av polykromi
H 142 x B 39 x D 4 cm
Inv. nr. MA 297a

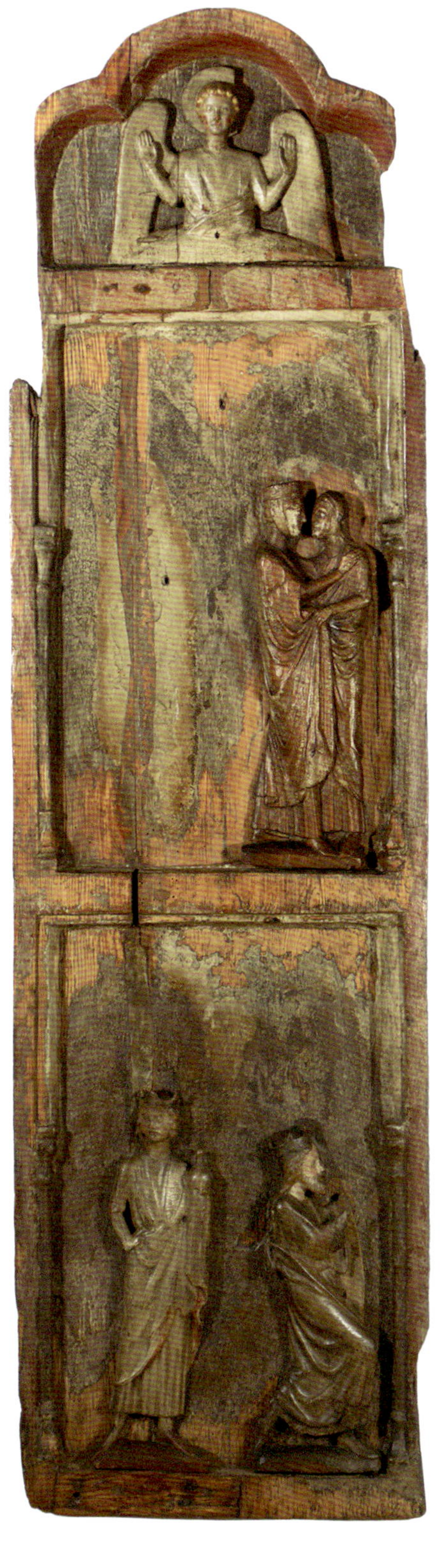

Fløyen var en del av et helgenskap som opprinnelig huset Røldal-Madonnaen (kat. nr. 32). Det høye panelet ender øverst i et trepass som inneholder relieffet av en engel i bønnepositur. Under står to felt over hverandre og inneholder relieffigurer fra fortellingen om Jesu fødsel: Det øverste viser jomfru Marias gjesting hos Elisabeth, til venstre har det vært en nå tapt Maria fra en bebudelsesscene. Det nederste viser to av de hellige tre konger, den fremste kneler. Bildefeltene er innrammet av små utskårne søyler med baser og kapiteler.

Av ikonografiske grunner må det dreie seg om venstre innerfløy av helgenskapet, siden den knelende kongen vil ha vendt seg mot Maria med barnet i midten av skapet. Den stående kongen vender seg, i tråd med konvensjonene, svakt bakover mot den nå tapte tredje kongen, som har stått i en ytre halvfløy som det også er bevart rester av i samlingen (MA 297b). På utsiden av fløyen befinner det seg et grovt utført sikksakkmønster. Bendix Bendixen fortalte i 1911 om enda et relieffragment i kirken, som inneholdt kunngjøringen for gjeterne. Dette fragmentet, som var blitt sekundært spikret til en stol, er senere gått tapt. Det hørte sannsynligvis til Mariaskapets høyre fløy. Når det sto åpent, må skapet ha vært minst 160 cm bredt. Det er uklart om skapet var kronet med en kirkemodell, slik det var vanlig i Norge på 1200–tallet (kat. nr. 38).

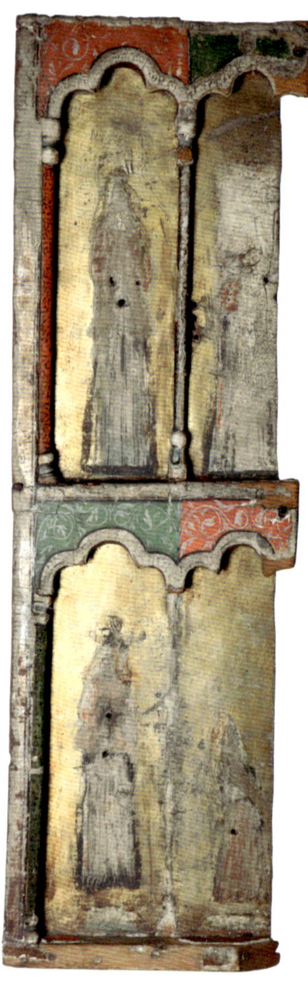

Fløydør fra Odda/Røldal i Ullensvang (MA 512). Foto Justin Kroesen

I kirkekunstsamlingen i Bergen er fløyer av helgenskap også bevart fra Urnes i Luster i Sogn (kat. nr. 9) og Odda/Røldal i Ullensvang (MA 512). Den sistnevnte har bevart mye av sin opprinnelige fargeprakt, og de små marmorerte, runde søylene er spesielt slående. Helgenskap fra 1200-tallet er sjelden bevart komplette, men tallrike fragmenter fra hele Europa viser at det dreier seg om en utbredt felleseuropeisk form for middelaldersk alterdekorasjon (Kroesen/Tångeberg 2021).

Bendixen 1904–1913, s. 557–558; Andersson 1949, s. 159–160; Blindheim 2004, s. 82–83; Andersen 2015, s. 171–172; Andersen 2020, s. 71; Kroesen/Tångeberg 2021, s. 63–64

34
ST. OLAV FRA RØLDAL

Norge, 1240–1260
Fra Røldal i Ullensvang, på museet siden 1895
Furutre, polykromi
H 147 x B 54 x D 37 cm
Inv. nr. MA 294

På en trone sitter kong Olav den hellige i klær av imitert gull, som nå har mørknet. Over skuldrene henger en åpen kappe som på innsiden er malt som hermelinpels og som faller over knærne hans. Beltet er pyntet med runde, gylne ornamenter og det unge ansiktet har skjegg og røde kinn. Venstre hånd holdes foran brystet i en velsignelsesgest, mens høyre arm mangler. Figuren står på en kasseformet sokkel med smale lister som har støttet fløydører, hvilket tyder på at den sto i et helgenskap. Ryggplaten har en arkitektonisk kroning som trolig har sekundær form. En sammenlignbar ryggplate finnes for en Olavsfigur fra en ukjent kirke i Vestfold (Oslo, Kulturhistorisk museum, inv. nr. C23639).

Skulpturen hører sammen med en Madonna fra samme kirke (kat. nr. 32). Figurene og helgenskapene deres var utsmykning på sidealtrene, som trolig var plassert på sidene av triumfbuen og ble fjernet etter reformasjonen. Den sammenfallende størrelsen, stilen og utførelsen gir grunn til å tro at begge skulpturene ble laget i samme verksted. Fra Røldal har kirkekunstsamlingen i Bergen også en Erkeengelen Mikael i kamp med dragen (kat. nr. 28), en kostbar messehagel av silke (kat. nr. 46), og et malt frontale (kat. nr. 72).

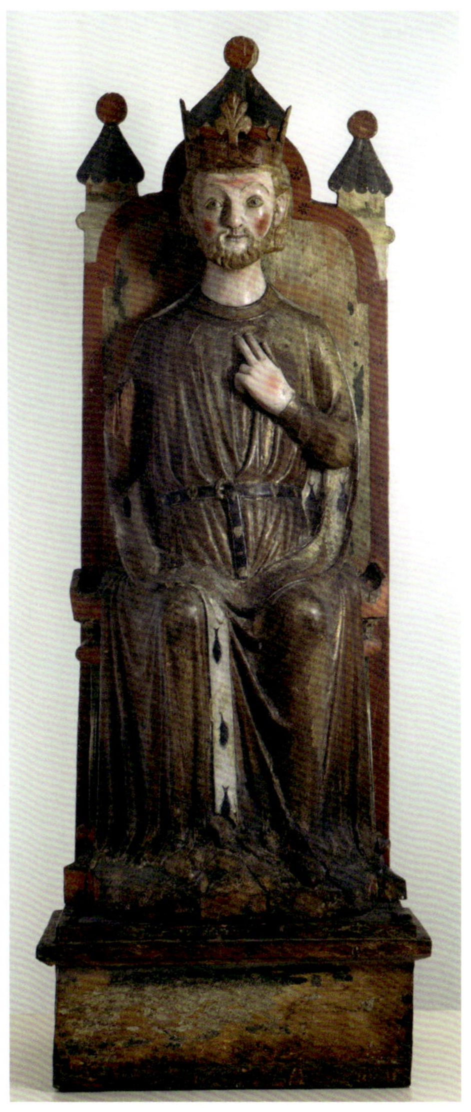

Bendixen 1911, s. 19–21; Fett 1938, s. 75; Andersson 1949, s. 135, 154; Stang 1997, s. 55–56, 120–121; Blindheim 2004, s. 68–69; Kroesen/Tångeberg 2021, s. 63–64

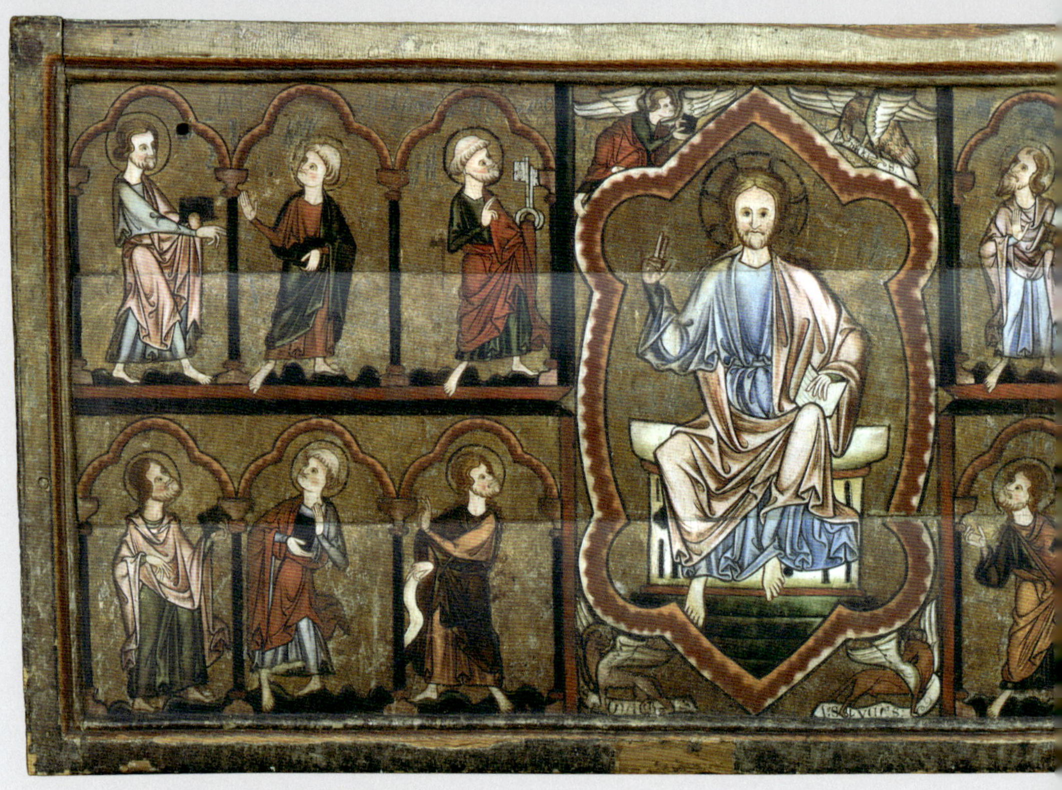

35

ALTERFRONTALE FRA ULVIK

Norge, 1250–1275
Fra Ulvik i Hardanger, på museet før 1859
Furutre, malt
H 94,5 x B 192 x D 4,5 cm
Inv. nr. MA 3

I middelalderkirker fungerte alterfrontaler som dekorasjon av selve alterets forside. Malte alterfrontaler av tre var utbredt i hele Europa i høymiddelalderen, men konsentrasjoner av denne gjenstandstypen er bare bevart i Norge og Catalonia. Dette malte eksemplaret fra den tapte stavkirken i Ulvik i Hardanger er et av de eldste eksemplarene av sitt slag i Norge. Det består av tre horisontale planker som er satt inn i en profilert ramme. I midtdelen, som fyller hele tavlen i høyden, sitter Kristus frontalt på en trone med en bok i venstre hånd mens høyre hånd er hevet i en velsignelsesgest. I hjørnefeltet rundt mandorlaen, som har flere lapper, ser man symbolene til de fire evangelistene: Matteus' engel (oppe til venstre), Johannes' ørn (oppe til høyre), Markus' løve (nede til venstre) og Lukas' okse (nede til høyre).

Sidefeltene er delt i to horisontale felt og viser de tolv apostlene i grupper på tre. Hver enkelt står under en trepassbue holdt oppe av søyler. Tre apostler kan gjenkjennes på attributtene sine: Peter og Paulus i de øverste feltene på hver side av midtdelen og Andreas nede til venstre i høyre sidefelt. Apostlene

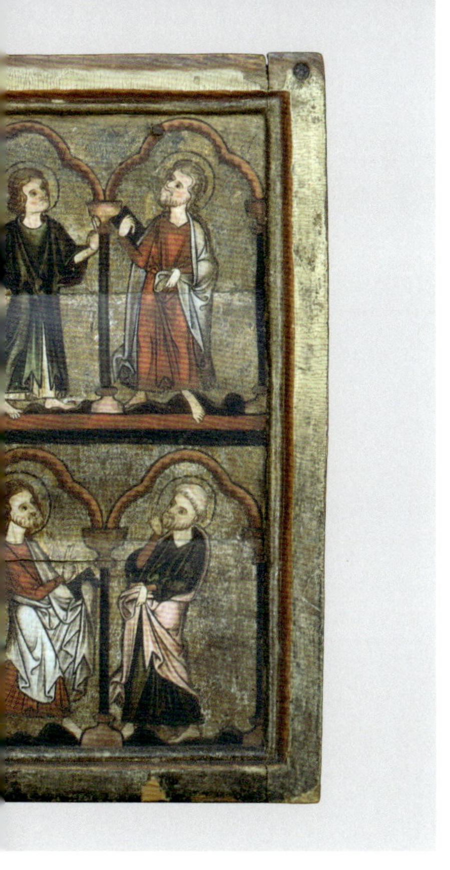

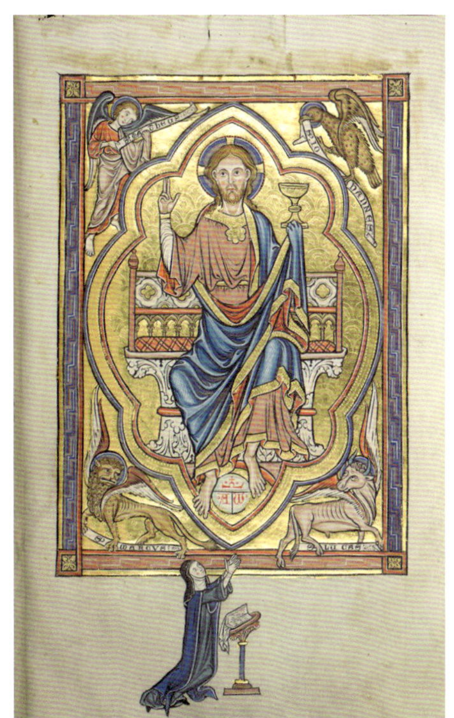

Majestas Christi i det Amesbury-psalteret, Salisbury (England), ca. 1250. Foto The Codrington Library at All Souls College, Oxford

står i dynamiske positurer og noen av dem ser ut til å være i samtale med hverandre. Her og der trer en fot over den malte rammen, noe som forsterker dybdefølelsen.

Frontalets ikonografi er i samsvar med de eldste frontalene i Catalonia fra 1100– og tidlig 1200–tall: Hix, Esquius, Farrera, alle i Museu Nacional d'Art de Catalunya i Barcelona (inv. nr. 15802, 65502, 15808). Kristus og de tolv apostlene er også gjengitt på frontalet fra Heddal i Norge, som nå er på Kulturhistorisk museum i Oslo (inv. nr. C34746). Formen og stilen til Ulvik-frontalet viser nært slektskap med engelsk bokilluminasjon fra 1200–tallet; mandorlaen med fire framspringende lapper ser nesten ut til å være kopiert fra det såkalte Amesbury-psalteret fra ca. 1250 (Oxford, All Souls College, The Codrington Library, MS Lat. 6). Bruken av furutre tyder likevel på at frontalet er utført i Norge.

Neumann 1826, s. 399–400; Bendixen 1893, s. 3–7; Bendixen 1904–1913, s. 478; Lindblom 1916, s. 121–123; Fett 1917, s. 25–31; Braun 1924a, bd. 2, s. 113; Hauglid/Grodecki 1955, s. 16, 26; Blindheim 1968, s. 32; Morgan 1995, s. 14, 23; Wichstrøm 1981, s. 302–304; Tudor-Craig 1987, s. 132; von Achen 1996a, s. 36–39; Hohler/Morgan/Wichstrøm/Plahter 2004, bd. 1, s. 135–136; von Achen 2018, s. 23–25; Leeflang 2019

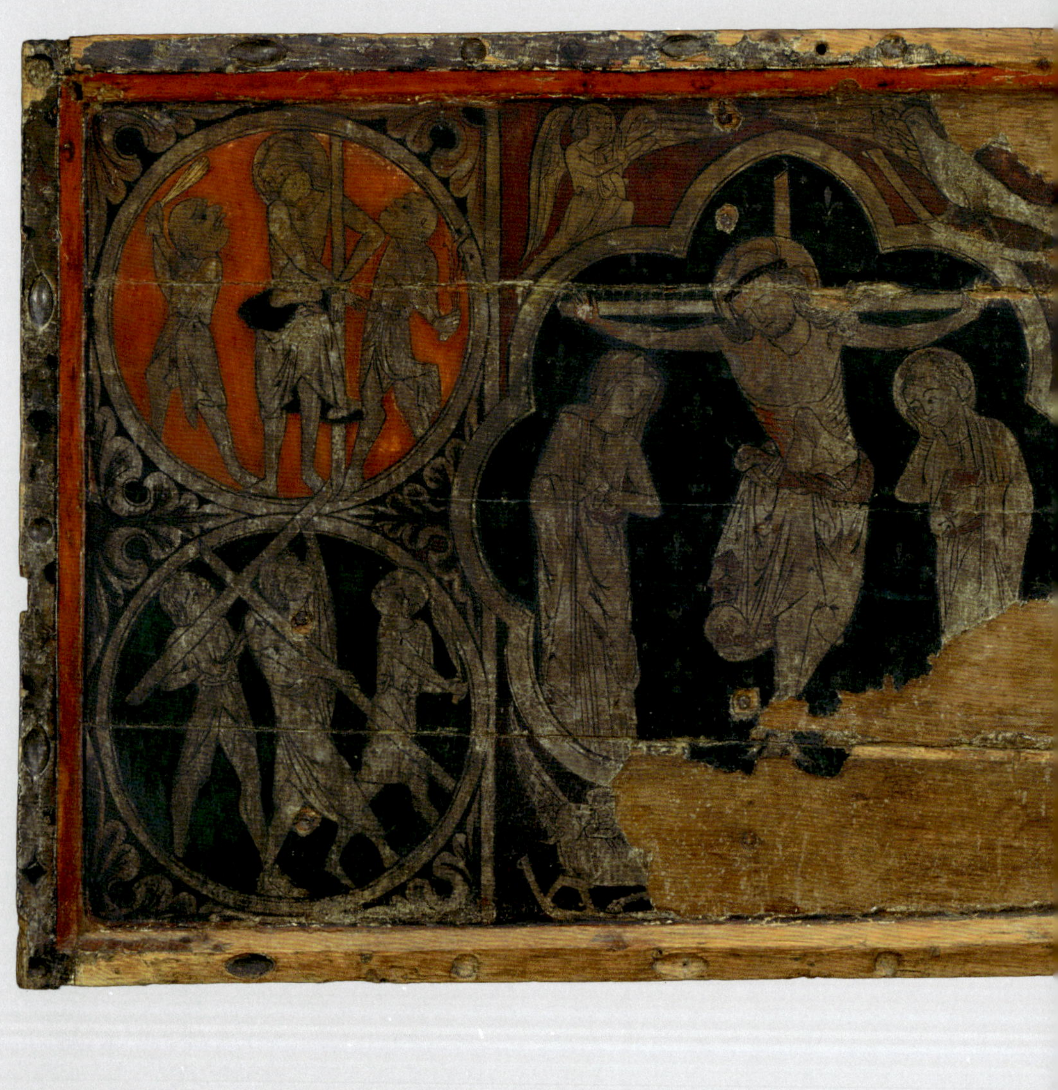

36
ALTERFRONTALE FRA HAUGE

Norge, ca. 1275

Fra Hauge i Sogn, på museet siden 1875

Eik, malt

H 92 x B 150 x D 4 cm

Inv. nr. MA 185

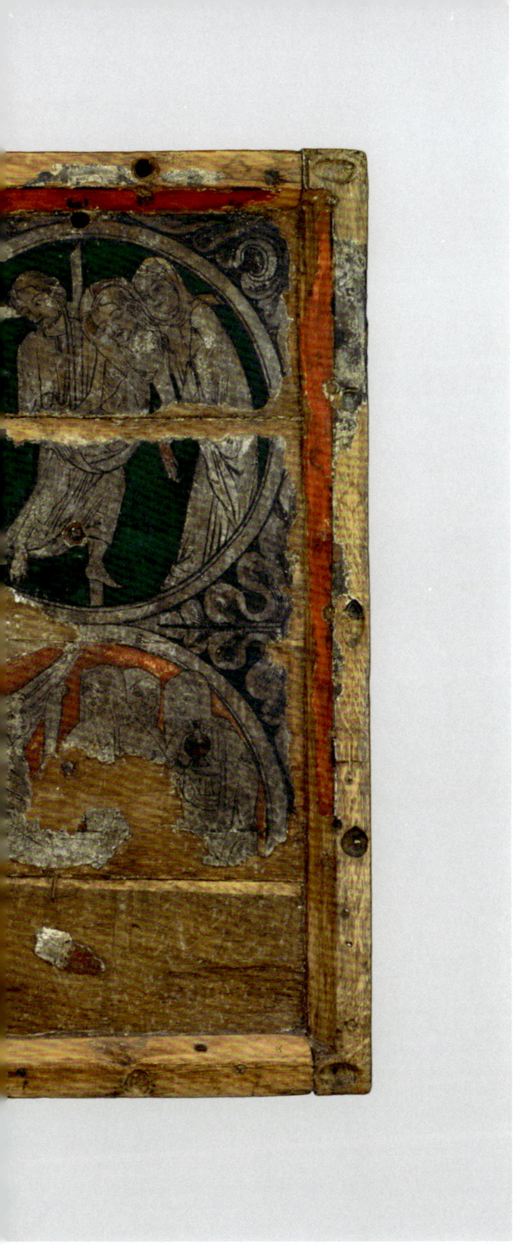

Dette alterfrontalet fra den tapte Hauge stavkirke i Lærdal i Sogn er et av de eldste bevarte panelmaleriene i Norge. Selv om maleriet nå er sterkt skadet og formørket, er motivene fortsatt fullt gjenkjennelige. På flere steder ser man spor etter imitasjonsgull (sølv med en ferniss). Bakgrunnen i scenene er vekselvis i rødt og grønt med et mønster av små måner og hvite liljer i midtdelen. Etter stilen å dømme er frontalet fra siste fjerdedel av 1200-tallet.

Midtdelen viser den korsfestede Kristus mellom jomfru Maria, og Johannes i en ramme med flere lapper med de fire evangelistsymbolene i hjørnefeltene (Markus' løve mangler). Dette motivet opptrer som oftest rundt Kristus på himmeltronen (*Majestas Domini*). Kristus, som henger på et kors av uvanlig tynne bjelker, har føttene oppå hverandre i en stilling som ble vanlig fra andre fjerdedel av 1200-tallet (kat. nr. 23).

På sidene gjengis fire scener inni fire medaljonger: Jesus som piskes (oppe til venstre), Jesus som bærer korset (nede til venstre), Jesus som tas ned fra korset (oppe til høyre) og de tre Mariaer og engelen ved den tomme graven (nede til høyre). Den unaturlige posituren til flere av figurene er påfallende. Spesielt scenen der Jesus tas ned fra korset skiller seg fra vanlige forelegg. Frontalet fra Hauge er et tidlig eksempel på en type frontale som viser fortellende scener i sideseksjonene. Et katalansk eksempel fra ca. 1200 er frontalet fra Vila-seca, som i dag befinner seg i Museu Epsicopal i Vic (inv. nr. MEV 5). Konsentrasjonen rundt lidelsessyklusen varsler en kommende utvikling på 1300-tallet ikke bare i Norge, men også i andre europeiske land.

Bendixen 1905, s. 3–5; Fett 1917, s. 36–37; von Achen 1996a, s. 28–31; Hohler/Morgan/Wichstrøm/Plather 2004, bd. 1, s. 101–103

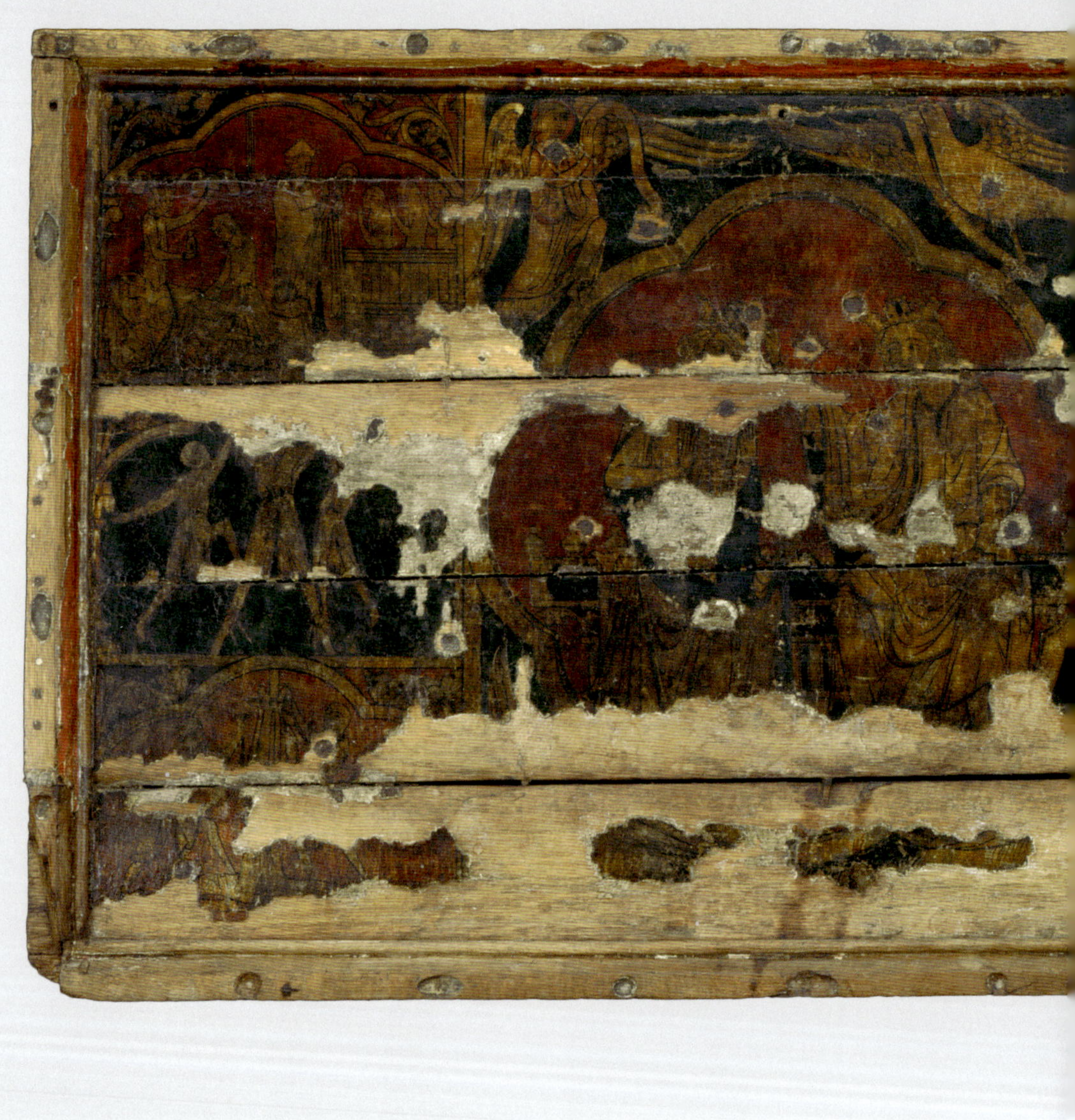

37
ALTERFRONTALE FRA KAUPANGER

Norge, 1250–1275

Fra Kaupanger i Sogn, på museet siden 1863

Eik, malt

H 92 x B 149,5 x D 5,5 cm

Inv. nr. MA 14

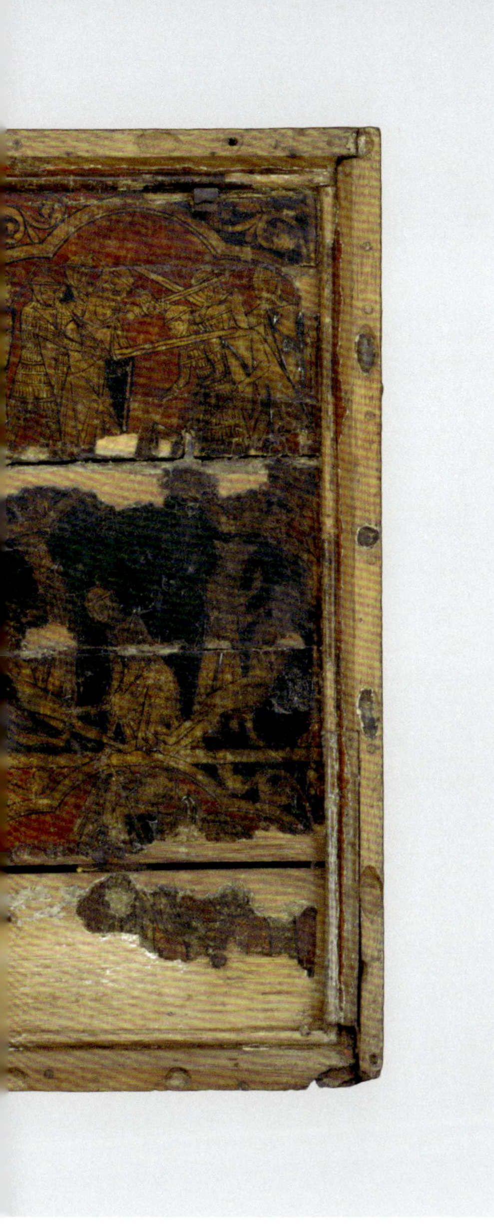

I en sentralt plassert mandorla gjengis kroningen av Maria, symbolet på Kristi mystiske ekteskap med Kirken [=Maria], omgitt av de fire evangelistsymbolene, et ikonografisk motiv som vanligvis er forbeholdt Kristus. I tre bildefelt på hver side, under arkadebuer med trepass, gjengis scener fra forskjellige helgenlegender. Til venstre fra øverst til nederst ser vi Nikolaus med de tre kjøpmennene, Andreas' martyrium og Peters martyrium. Øverst til høyre er Olav den helliges martyrium avbildet, under dette Olav som helbreder en forkrøplet prest og erkeengelen Mikael i kamp med dragen.

Figurene har opprinnelig vært i imitasjonsgull, men har i tidens løp blitt formørket. Bakgrunnene er i rødt og grønt, som på alterfrontalet fra Hauge [kat. nr. 36]. Fargeleggingen framkaller på begge frontalene effekten av emalje- eller gullsmedarbeid. Frontalet kom trolig fra et sidealter viet til Maria, et alter som ble fjernet etter reformasjonen. For da fundamentet til middelalderens høyalter ble avdekket ved arkeologiske utgravinger i 1964, viste det seg at dette hadde betraktelig større dimensjoner enn frontalet.

Kirken i Kaupanger [det norrøne navnet kan fritt oversettes med «kjøpstad»] er den eneste bevarte stavkirken fra en middelaldersk «urban» bosetning. Stedet, som var anlagt rundt en naturlig bukt langt inne i Sognefjorden, var et viktig handelsknutepunkt og kan påvises i kildene fra tidlig på 1100-tallet. Kirken var synlig på lang avstand. Helgenene som er framstilt på frontalet kan tolkes som beboernes og kjøpmennenes skytshelgener, som skulle verne dem mot farer på reise, mot sykdom og mot vonde makter.

Bendixen 1897, s. 16–20; Lindblom 1916, s. 48–49, 124; Fett 1917, s. 36; Braun 1924a, bd. 2, s. 113; Blindheim 1968, s. 34; Wichstrøm 1981, s. 303; Morgan 1995, s. 23; von Achen 1996a, s. 33–34; Hohler/Morgan/Wichstrøm/Plahter 2004, bd. 1, s. 105–106; Stang 2009, s. 105–109

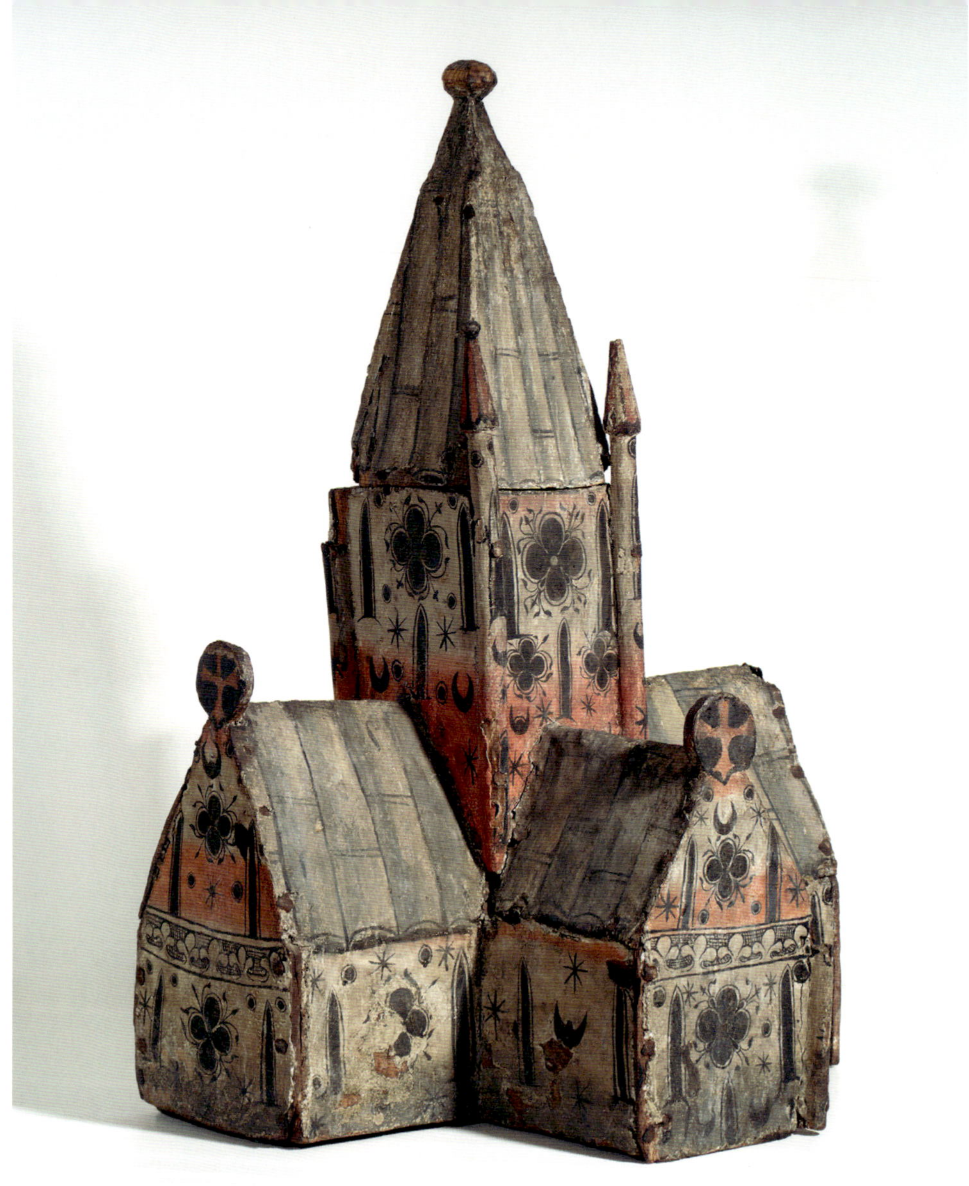

38

KIRKEMODELLER FRA KINSARVIK OG BORGUND

Norge, 1200–tallet

Fra Kinsarvik i Hardanger, på museet siden 1870, og Borgund i Sogn, på museet siden 1891

Eik, malt

H 96 cm x B 42 x D 42 cm (Kinsarvik)

H 86 x B 58,5 x D 40 cm (Borgund)

Inv. nr. MA 161 (Kinsarvik), MA 288 (Borgund)

Da disse kirkemodellene i tre kom til museet, ble de registrert (med spørsmålstegn) som relikvieskrin eller som tabernakel for oppbevaring av hostien. Men på 1970-tallet viste Bernt C. Lange på overbevisende måte at slike miniatyrkirker fungerte som kroninger av helgenskap. Kirkemodellen fra Kinsarvik har T-formet grunnriss med et høyt tårn i midten. Alle veggene er påmalt svarte lansettvinduer, og skråtakene er dekorert med vertikale striper i forskjellige grønntoner. Øverst på frontgavlen er det anbrakt en rund skive med et hvitt kors på svart bakgrunn. Alle gavlene er flankert av tynne spir, disse omgir også kirketårnet. Kirkemodellen fra Borgund har grovere utføring enn den fra Kinsarvik, med hastig påmalte vindusmotiver, men viser større variasjon (lansett- og firpassformer). Fremre og venstre sidegavl er kronet med runde skiver med korsmotiv. Som i Kinsarvik er tårnspissen på modellen fra Borgund omgitt av spir.

Ut fra målene til kirkemodellene kan man beregne bredden på de tapte helgenskapene de har tilhørt, i åpen tilstand. I Kinsarvik var dette minst 170 cm og i Borgund hele 200 cm. For så store helgenskap virker ingen annen plassering enn høyalteret i de respektive kirkene tenkelig. I Norge er det bevart deler av helgenskap av samme størrelse, for eksempel i Hedalen stavkirke (Madonna, rygg, fire fløyer og kirkemodell) og Reinli stavkirke (fire fløyer og kirkemodell, sistnevnte modell nå i Oslo, Kulturhistorisk museum, inv. nr. C7292). Kirkemodellene har blitt tolket som henvisninger til det himmelske Jerusalem eller som symbol på jomfru Maria i hennes rolle som *Ecclesia*. Man bør likevel være forsiktig med altfor spesifikke fortolkninger, da arkitektoniske former også kronet andre helgenfigurer og forekommer i andre sammenhenger.

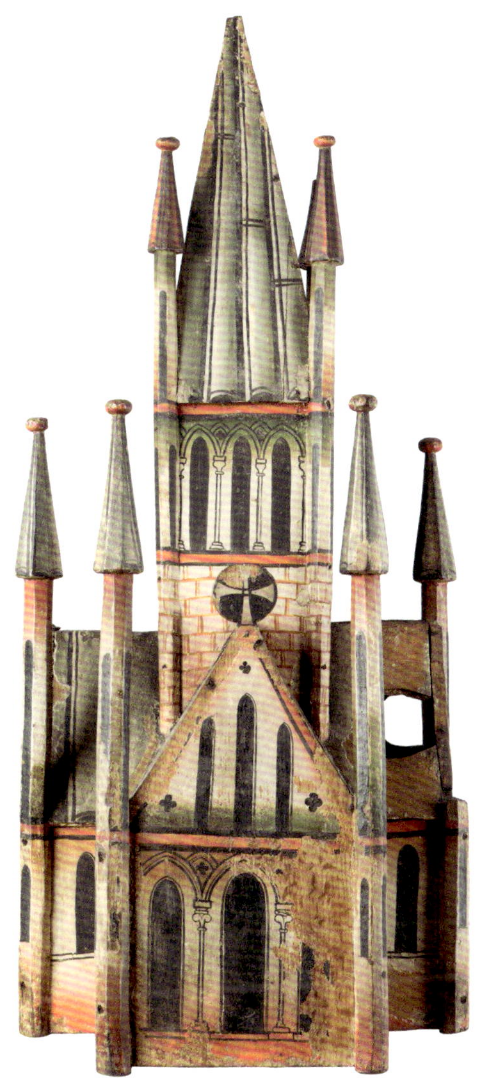

Bendixen 1904–1913, s. 103–104; Fett 1909, s. 106; Lange 1994; Kroesen/Tångeberg 2021, s. 58–59

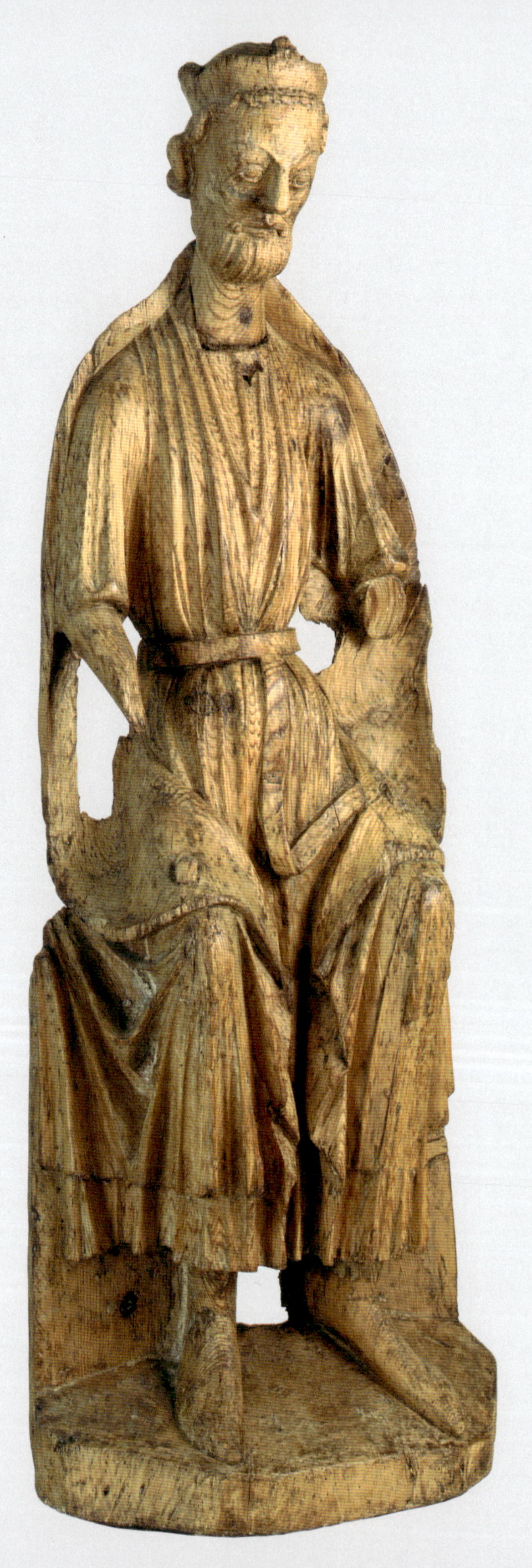

39
ST. OLAV FRA SEIM

Norge eller Danmark (?), ca. 1250
Fra Seim i Nordhordland, på museet før 1911
Furutre, rester av polykromi
H 121 x B 44 x D 23 cm
Inv. nr. MA 427

Denne tronende St. Olav fra Seim, nord for Bergen, er uvanlig tynn, og baksiden er uthulet og noen steder gjennomboret. Begge helgenens armer er brutt av, bare nedre del av tronen er bevart og nesten all polykromien er gått tapt (den øverste delen av kappen framviser spor av blåfarge). Figurens hode ble utskåret separat og festet til torsoen, et karakteristisk trekk ved dansk/skånsk skulptur fra 1200–tallet (Tångeberg 1989, s. 21–23). Klærne, som er festet med et belte rundt den svært tynne midjen, faller sammen med kappen ned langs beina i svært dypt utskårne folder. De skråstilte føttene med spisse sko hviler på en femkantet sokkel.

St. Olav fra Seim har et påfallende formspråk, som sammenfaller med den store figuren av St. Olav fra Tyldal i Hedmark, som i dag befinner seg på Nationalmuseet i København (inv. nr. 10364). De viktigste kjennetegnene er den utpregede nesen, en høy panne med små hårlokker som titter fram under kronen, vidåpne øyne med relieffaktig utførte øyelokk og øyenvipper og dype folder i klærne. Aron Andersson førte disse kjennetegnene tilbake til engelsk skulptur fra midten av 1200–tallet, slik man for eksempel kan se på vestfronten til katedralen i Wells. Siden St. Olav fra Seim er utskåret i furutre, virker import fra England likevel usannsynlig. Det synes heller å dreie seg om en skulptur utført i Skandinavia etter engelske forbilder.

Bendixen 1911, s. 19; Andersson 1949, s. 121–123; Blindheim 2004, s. 64–65

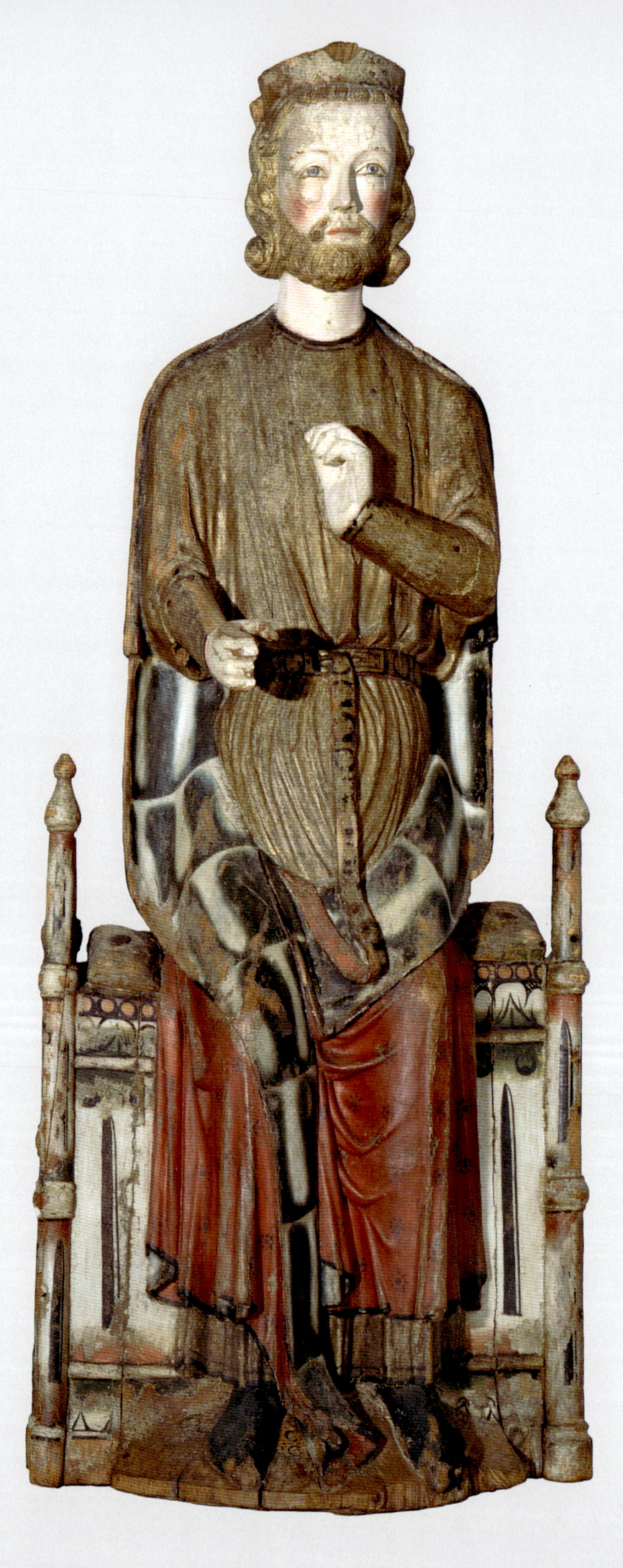

40
ST. OLAV FRA DALE

Norge, 1260–1270
Fra Dale i Luster (Sogn), på museet før 1837
Furutre, polykromi
H 151 x B 41 x D 39 cm
Inv. nr. MA 49

Kong Olav den hellige sitter i naturlig størrelse på en arkitektonisk utformet trone med pute og hjørnestolper, malt med «dual shading». Klærne hans i imitasjonsgull med belte rundt livet når ned til anklene, og den åpne røde kappen er foret med malt hermelinpels. Det unge ansiktet har skjegg og rammes inn av halvlangt, gyllent og bølgete hår; kronen er tapt. Høyre arm er utstrakt og har opprinnelig holdt attributten hans, en øks. Venstre hånd er hevet foran brystet til velsigning. Den eneste olavsskulpturen av lignende størrelse er St. Olav fra Tyldal i Hedmark, nå i Nationalmuseet i København (1230–1250, inv. nr. 10364).

Med den langstrakte torsoen kan skulpturen sammenlignes med St. Olav fra Seim (kat. nr. 39) og Fresvik (Oslo, Kulturhistorisk museum, permanent lån fra Nordiska Museet i Stockholm, inv. nr. 17797). For alle tre skulpturene gjenkjenner Aron Andersson engelske impulser og sammenligner St. Olav fra Dale med figurer på vestfronten til katedralene i Lincoln og Wells. Skulpturen fra Dale har trolig stått på et av de tre altrene som det ble funnet spor etter under arkeologiske utgravninger i den rikt utsmykkede kirken i Dale. Sidealterne var utstyrt med baldakiner av tre og i koret var det veggmalerier, som til dels var bevart under den etterreformatoriske overmalingen.

Dybden er bare 39 cm, lite i forhold til høyden, hvilket kan tyde på en opprinnelig oppstilling foran en ryggplate eller i et helgenskap. Fra kirken er det også oppbevart et malt alterfrontale (kat. nr. 69). Bendix Bendixen forteller rundt 1900 om ytterligere en fragmentert, kvinnelig helgenfigur i kirken – kanskje en Madonna – som nå er gått tapt og som stilistisk skal ha hatt likheter med olavsfiguren.

Fett 1908, s. 39; Bendixen 1911, s. 18; Andersson 1949, s. 236–238; Stang 1997, s. 54–55; Hoff 2000, s. 39–40; von Achen 2018, s. 51–54

41

MADONNA MED BARNET FRA EN UKJENT KIRKE

Norge, 1250–1300
Fra en ukjent kirke på Vestlandet, på museet før 1868
Eik, polykromi
H 121 x B 44 x D 33 cm
Inv. nr. MA 45

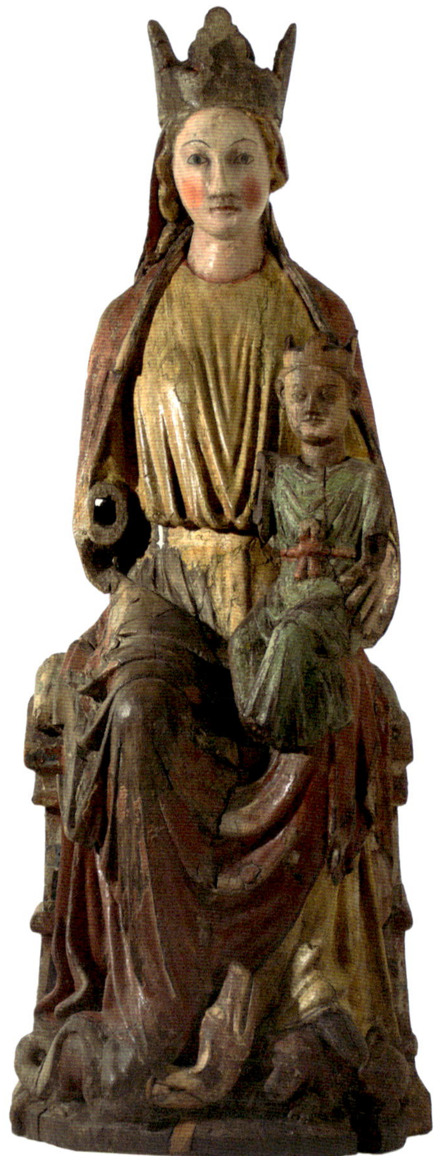

Denne store Madonnaen ble overført til museet fra en ukjent kirke på Vestlandet før 1868. Marias høyre arm er brukket av, i likhet med begge Jesusbarnets armer. Den kronede jomfru Maria sitter på en pute på en trone. Sidene er dekorert med tre svarte vinduer på hvit bakgrunn. Barnet, som også er kronet, sitter på hennes venstre kne. Sammenlignet med andre samtidige madonnaer (kat. nr. 27, 32, 58) ser ansiktene til begge strenge ut og er lite uttrykksfulle. Håret til både Maria og barnet er forgylt, resten av polykromien er sannsynligvis sekundær. Martin Blindheim observerte engelsk stilistisk innflytelse, men gikk ut fra et opphav i Norge, nærmere bestemt i Bergen. Figurens begrensede dybde kan tyde på at den har stått i et helgenskap (kat. nr. 8, 27, 32).

Under Marias spisse sko befinner det seg to udyr. Med høyre fot tråkker hun på en drage, mens man kan se en løve under venstre fot. Det dreier seg trolig om en komprimert framstilling av skriftstedet i Salmenes bok 91:13, som beskriver hvordan Gud beseirer det vonde («Du skal tråkke på løve og slange og trampe på ungløve og orm»). Her er det likevel ikke Gud eller Jesus, men Maria som tråkker på villdyrene. Dette kan ha å gjøre med den apokalyptiske kvinnen i Johannes' åpenbaring (12:1–18), som beseirer dragen som truer henne og barnet hennes. Det kan også henspille på 1. Mosebok 3:15, der den nye Eva (Maria) knuser slangens hode.

Bendixen 1911, s. 5–6; Blindheim 2004, s. 30, 74–75

42
JOHANNES DØPEREN FRA EN UKJENT KIRKE

Norge, 1260–1280
Fra en ukjent kirke på Vestlandet, på museet før 1911
Eik
H 91 x B 26 x D 14 cm
Inv. nr. MA 330

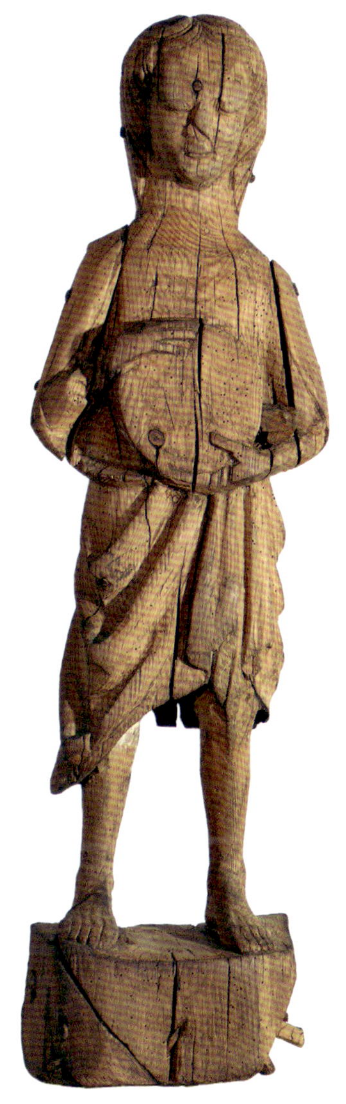

Da Bendix Bendixen beskrev denne figuren av ukjent opphav, gikk han ikke inn på hvem den forestiller. Den grove, brede kappen og skiltet i hendene gjør det likevel klart at det dreier seg om Johannes døperen. Kristi forløper blir framstilt som eremitt med langt hår som faller over skuldrene. Han er innhyllet i en tykk kappe, som faller i brede folder over knærne. Under kappen ser han ut til å være naken, men grunnet den manglende polykromien lar det seg ikke fastslå sikkert. Den malte utsmykningen på skiven er også tapt; den har trolig vist Kristus som Guds lam, slik det var vanlig i høymiddelalderen. Skiltet til en mye finere utført Johannes fra Follebu i Oppland som nå er på Kulturhistorisk museum i Oslo (inv. nr. C1616), viser Guds lam i relieff. Johannes i Bergen, som står på en ubearbeidet treblokk, er påfallende for sin grove utførelse; figuren er satt sammen av forskjellige trestykker, og den er enkelte steder lappet sammen med små deler.

Bendixen 1911, s. 26–27

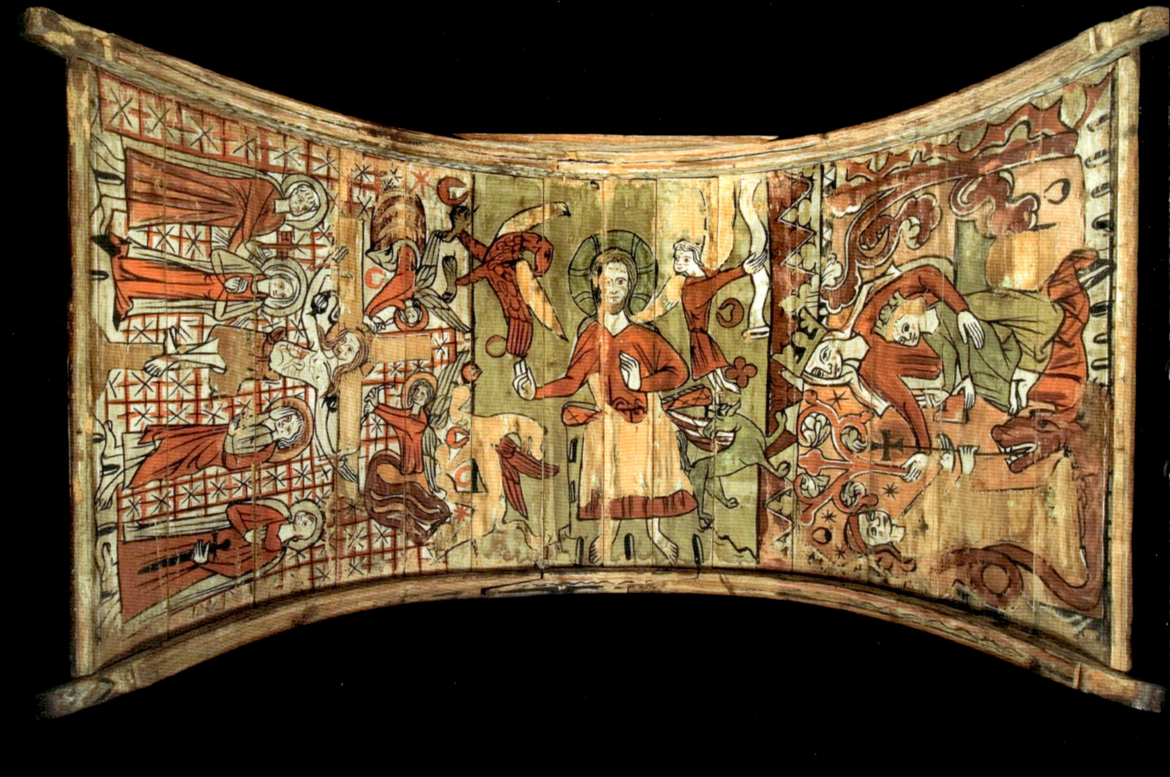

43

MALT ALTERBALDAKIN FRA ÅRDAL

Norge, 1275–1300
Fra Årdal i Sogn, på museet siden 1867
Furutre, malt
H 115 x B 250 x D 151,5 cm
Inv. nr. MA 131

Denne trebaldakinen i form av et tønnehvelv kommer fra Årdal stavkirke i Sogn. Da kirken ble revet i 1867, kom baldakinen sammen med kirkeportalen, tre alterfrontaler og et skap fra kirken til kirkekunstsamlingen i Bergen (kat. nr. 15, 52, 67, 68, 73). I hvelvingens midtparti gjengis Kristus på tronen, omgitt av de fire evangelistenes symboler. På Kristi venstre side avbildes korsfestelsen med Maria og Johannes, flankert av apostlene Peter og Paulus. Til høyre for Kristus ser man jomfru Maria med barnet på tronen, der hun gir en grein til St. Margareta av Antiokia, som overvinner dragen.

Fra et brev i museumsarkivet skrevet før kirken ble revet, vet vi at tønnehvelvingen befant seg som baldakin over høyalteret i koret der det var festet til stavene som sto rundt høyalteret. Baldakiner av tre og stein over høyalteret var utbredt i Europa i middelalderen, men utenfor Italia og Adriaterhavskysten er få eksemplarer bevart. De fleste har trolig vært av stein. Baldakinen fra Årdal, samt en i Torpo stavkirke i Hallingdal og en sidealterbaldakin i Hopperstad i Sogn (se fig. på s. 14) er de eneste bevarte trebaldakinene i Nord-Europa, men spor i flere stavkirker tyder på en større utbredelse.

I funksjon og ikonografi kan baldakinen fra Årdal sammenlignes med de flate takene på trebaldakiner som er bevart i Catalonia (Spania), i Museu Nacional d'Art de Catalunya (fra Tavèrnoles, ca. 1200, inv. nr. 24060 og Tost, inv. nr. 3905) og i Museu Episcopal i Vic (inv. nr. MEV 41120). Disse malte takene viser også *Majestas Domini* i midten.

Ikonografien i de nevnte baldakinene innrammet og kommenterte på visuelt vis messene som presten feiret ved høyalteret. Ifølge katolsk teologi blir Kristi offer som forløsningsgjerning fornyet ved hver nattverdsfeiring, der Kristus er til stede i brød og vin (*Realis Praesentia*). Når presten hevet hostien og nattverdskalken førte dette på optisk vis til en slags sammensmeltning av den jordiske og den himmelske liturgi.

Kielland 1904, s. 176–177; Braun 1924, bd. 2, s. 263; Hauglid 1973, s. 376; Anker 1978; von Achen 2018, s. 68–74; Kuhn 2019a

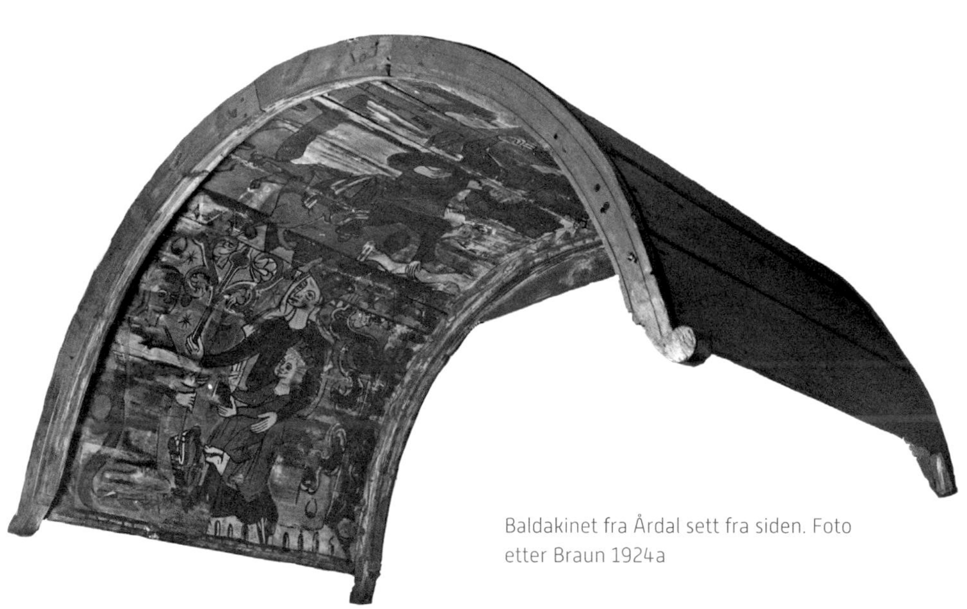

Baldakinet fra Årdal sett fra siden. Foto etter Braun 1924a

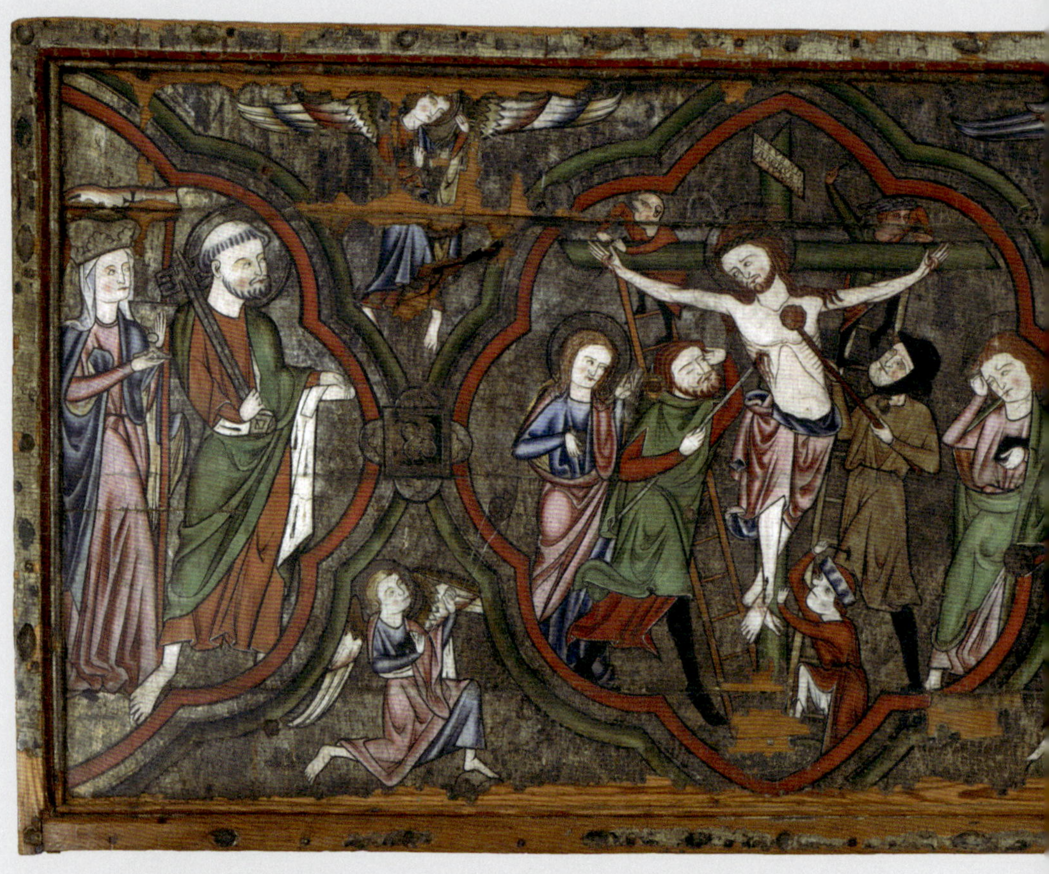

44
ALTERFRONTALE FRA KINSARVIK

Norge, ca. 1275
Fra Kinsarvik i Hardanger, på museet før 1837
Furutre, malt
H 103,5 x B 197,5 x D 5 cm
Inv. nr. MA 10

Alterfrontalet fra den middelalderske steinkirken i Kinsarvik i Hardanger viser i midtpartiet en flerpassig omkransning som inneholder korsfestelsen med flere figurer i et samtidige narrativ. Kristus henger på korset i en litt bøyd positur. Han lener hodet mot høyre og ser mot sin mor, Maria. Johannes står til høyre for korset med hånden hevet i en sørgegest. Tre bødler nagler Kristus til korset, to av dem står på stiger. Stefaton rekker ham eddiksvampen mens Longinus stikker ham i siden med spydet. Midtscenen er omgitt av fire engler som svinger røykelseskar i hjørnefeltene.

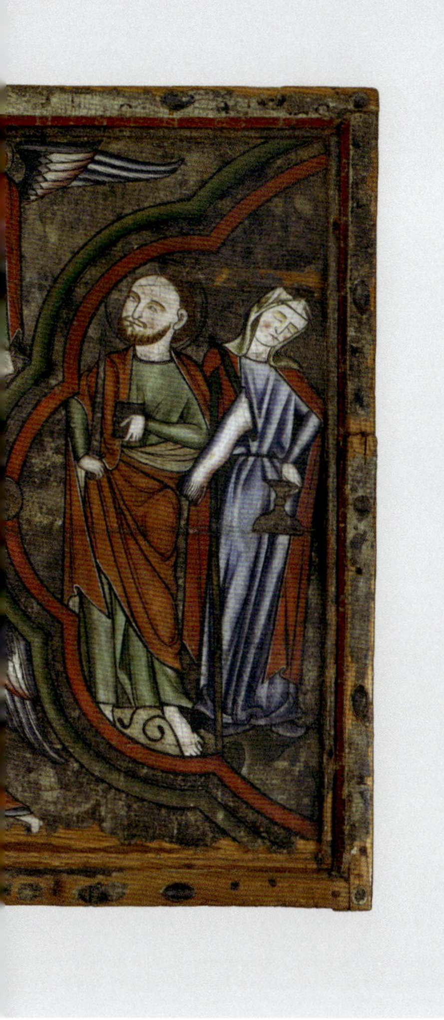

Frontalet formidler en komplisert teologisk ikonografi som viser til Kristi offerdød og dermed hendelsene på alteret – nattverdsfeiringen. Apostlene Peter og Paulus legemliggjør den institusjonelle Kirke og lære, mens de to personifikasjonene viser den kristne kirkens seier over jødedommen. Framstillingens nattverdstema forsterkes av englene som svinger røkelseskar. Langs rammen står en innskrift på latin, som tydeliggjør den fortolkningen som er ment for bildet på frontalet: *Nec deus est nec homo presens quam cernis imago sed deus est et homo presens quam signat imago* («Bildet er verken Gud eller menneske, men Gud og menneske er det som bildet viser»). Denne velkjente formuleringen stammer fra skriftene til benediktinermunken Baldric av Bourgueil (1046–1130).

Frontalet befant seg trolig fra midten av 1200-tallet av på hovedalteret i det tilbygde koret i kirken i Kinsarvik (fig. på s. 23). Fundamentet til det middelalderske alteret, som er avdekket ved arkeologiske utgravninger, passer med frontalets bredde. Den samtidige fortellerstilen i korsfestelsesscenen gjenfinnes også på frontalene fra Eid og Nes (I) (kat. nr. 61, 63).

I sidefeltet til venstre er Peter og den personifiserte kirken (*Ecclesia*) gjengitt. Den kronede Kirken vender blikket mot Kristus og holder en kalk – symbolet på nattverden – og en seiersfane. På høyre side står Paulus ved siden av den personifiserte jødedommen (*Synagoga*), som har øynene lukket og vender seg bort fra korset. Fanen hennes er brukket, kalken hennes er vendt opp ned og kronen sklir av hodet hennes.

Neumann 1826–1829, s. 393–394; Christie 1842, s. 71; Bendixen 1889, s. 24–26; Bendixen 1904–1913, s. 521–524; Lindblom 1916, s. 49, 123; Fett 1917, s. 32, 36; Braun, 1924a, bd. 2, s. 113; Blindheim 1968, s. 34; Wichstrøm 1981, s. 256; Danbolt 1986, s. 34; Fuglesang 1995, s. 27–35; Morgan 1995, s. 14–16; von Achen 1996a, s. 41–42; Hohler/Morgan/Wichstrøm/Plahter 2004, bd. 1, s. 107–108; Kessler 2007, S. 65–67; Stang 2009, s. 174–177; von Achen 2018, s. 26–28

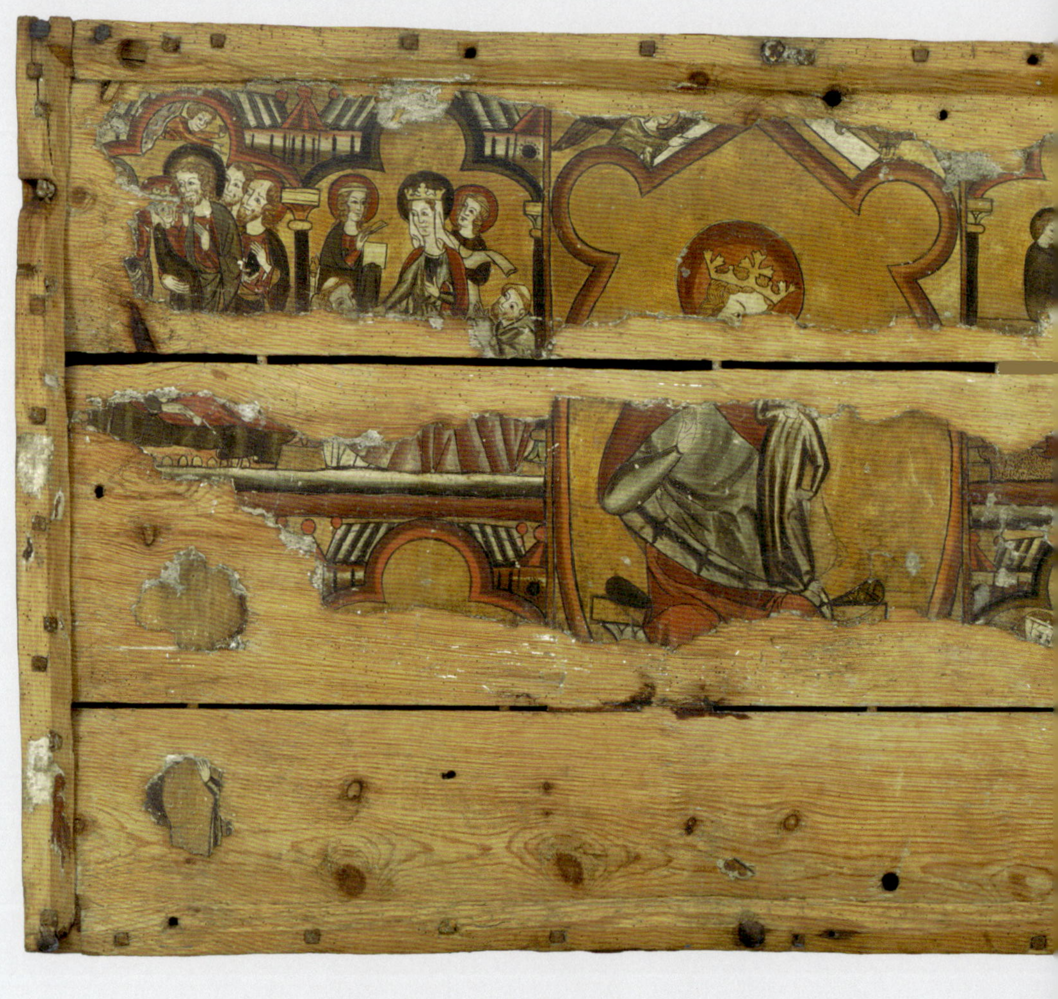

45
ALTERFRONTALE FRA FLÆTE I ARNAFJORD

Norge, ca. 1300
Fra Flæte i Arnafjord i Sogn, på museet siden 1826, feilaktig registrert som 'Vanylven'
Furutre, malt
H 89 x B 145 x D 4 cm
Inv. nr. MA 13

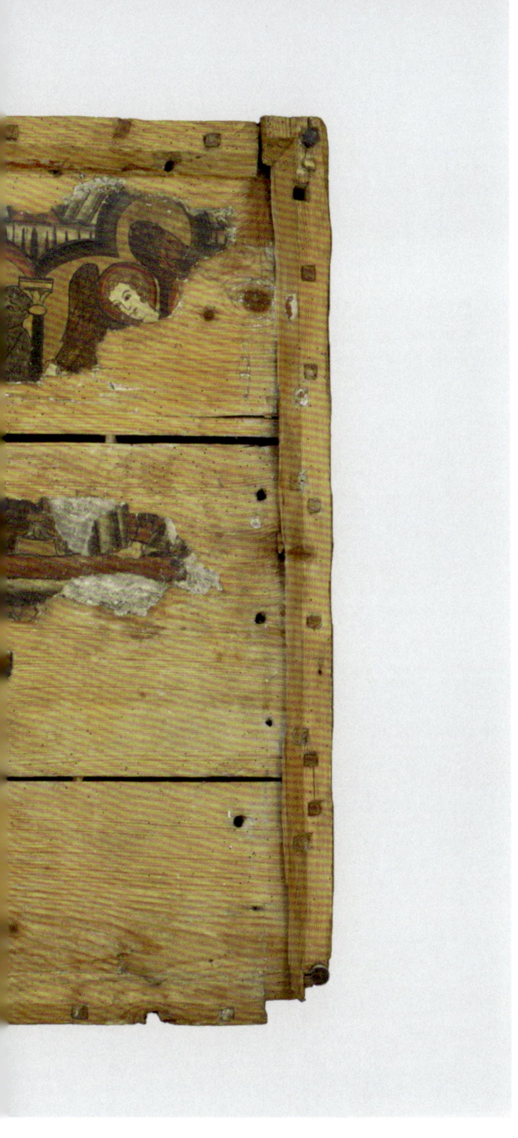

Mindre enn halvparten av den malte overflaten til dette alterfrontalet fra Flæte kirke i Arnafjord i Vik er bevart. Det viser jomfru Maria omgitt av scener fra livet hennes. Midtdelen, som fyller hele frontalets høyde, viser Maria på tronen med Jesusbarnet som står på hennes venstre kne. Undertegningen tyder på at det opprinnelig var planlagt en framstilling av *Maria lactans* – Maria som ammer. Hun er omgitt av en oval ramme med fire halvsirkler, samme form som på alterfrontalet fra Ulvik (kat. nr. 35). Verdt å merke seg er de fire skapningene i hjørnefeltene, symboler på evangelistene, som også stammer fra *Majestas Christi*-ikonografien. På denne måten sidestiller Arnafjord-frontalet Maria med Kristus. Samme motiv, *Majestas Mariae,* befinner seg på de malte katalanske frontalene fra El Coll og Lluçà, begge ca. 1200, som i dag er oppbevart på Museu Episcopal i Vic (inv. nr. MEV 3, MEV 4).

Maria-budskapet blir framhevet av sidescenene, som er delt i to vertikale felt i arkitektoniske rammer. De viser episoder fra jomfru Marias liv og mirakler som hun gjorde, også enkelte som bare sjelden opptrer i middelaldersk kunst. De øverste feltene til venstre har to framstillinger, den første Marias død. Den andre viser presten Reginalds mirakuløse helbredelse ved hjelp av St. Dominikus' forbønn til jomfru Maria. De to feltene til høyre fremstiller Maria og Jesusbarnet som viser seg for kluniasensermunken Gerardus, og en uidentifisert scene med en mann og en engel. I det nedre feltet til høyre kan man bare gjenkjenne en scene der en jødisk gutt blir reddet fra en brennende ovn (se også kat. nr. 67).

Frontalet ble vannskadet under transport i 1826. Etter at det kom til Bergen, ble det restaurert av den berømte landskapsmaleren J.C. Dahl. Han var professor ved kunstakademiet i Dresden og besøkte hjembyen Bergen hver sommer. Dahl var helt sentral i vekkelsen av interessen for Norges kulturarv.

Bendixen 1911, s. 41–44; Lindblom 1916 s. 65, 201–204; Fett 1917, s. 143–145; Kloster 1951, s. 206–207; von Achen 1996a, s. 44–47; Hohler/Morgan/Wichstrøm/Plahter 2004, bd. 1, s. 136–138; Stang 2009, s. 88–89

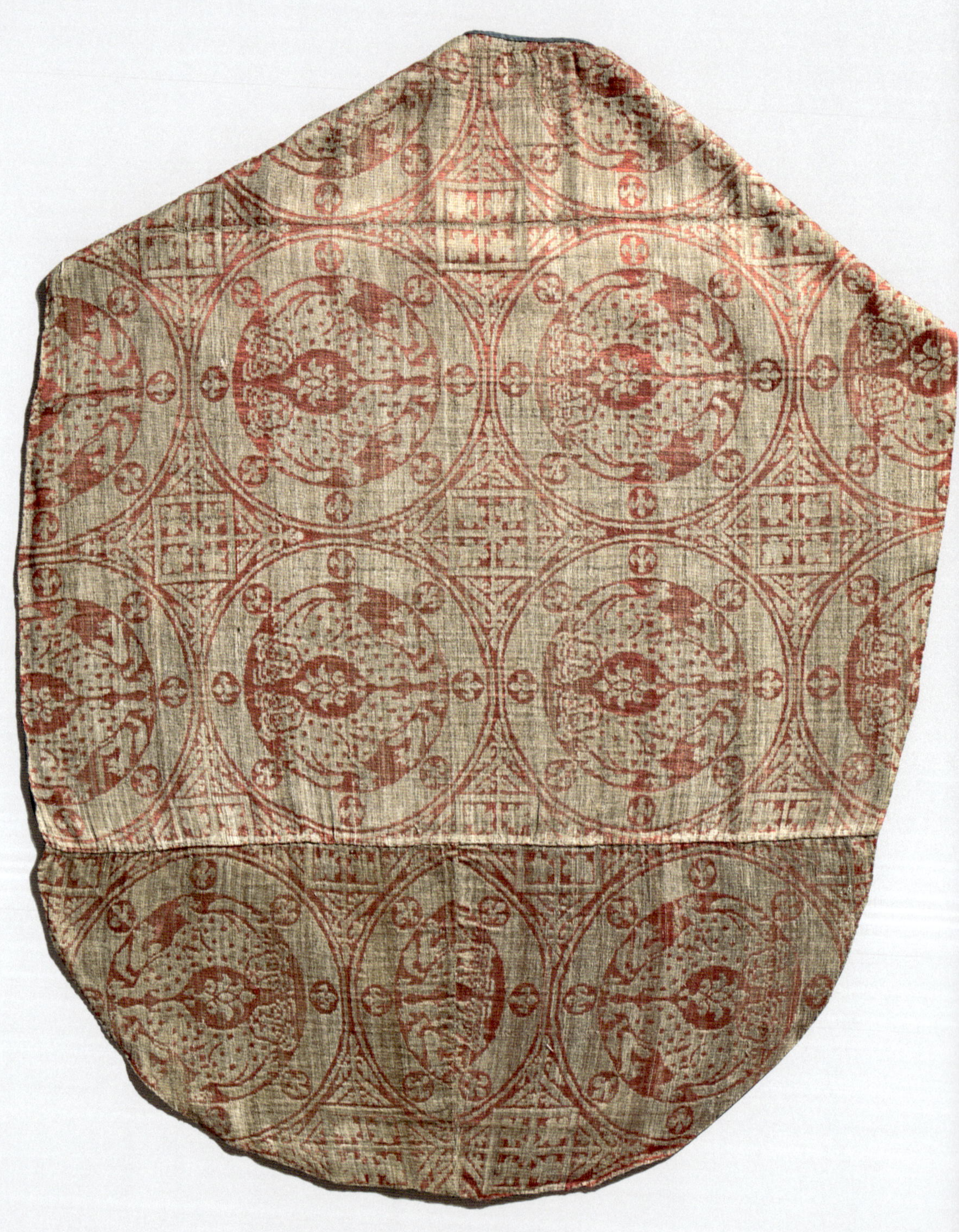

46
MESSEHAGEL FRA RØLDAL

Sør-Europa (Spania?), 1250–1300
Fra Røldal i Ullensvang (Hardanger),
på museet siden 1895
Rød silkevev med forgylt membran,
mørkeblått fôr (sekundært)
H 128 x B 93 cm (rygg)
H 93 x B 66 cm (front)
Inv. nr. MA 301

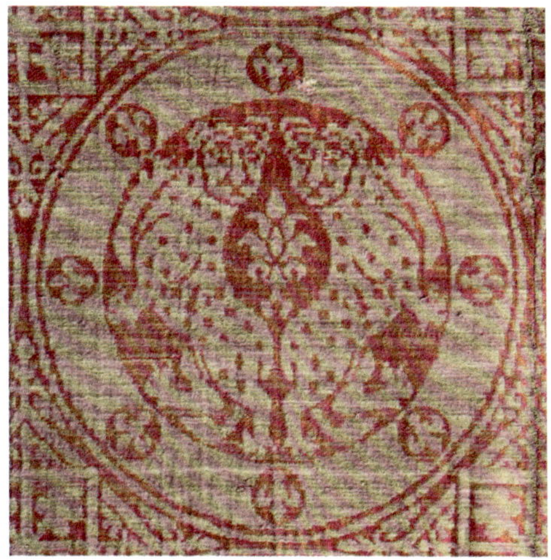

Det kostbare stoffet i messehagelen fra Røldal stavkirke kan dateres til andre halvdel av 1200–tallet. Mønsterrapporten på 30 x 30 cm består av symmetrisk motstående leoparder eller tigre som vender seg mot hverandre med en sentralt plassert palmett mellom seg, i medaljongfelt med åtte liljer i sirkler rundt kanten. Feltene mellom medaljongene er hver fylt ut med to overlappende kvadrater med bladornamentikk. Stoffets bredde var opprinnelig minst 90 cm (tre mønsterrapporter). Da kantene fra vevingen mangler, kan stoffet opprinnelig ha vært enda bredere. Stoffet er vevd i samitum med en halv kyperbinding og har to rennings- og to islettssystemer. Begge renningssystemene er av silke. Det ene islettet består av forgylte membranstrimler surret rundt en kjerne av plantefiber i s-retning, mens det andre består av burgunderrøde silketråder som danner en bakgrunn i mønsteret. Høyt sølvinnhold og lavt gullinnhold i gullmembranen peker på vesteuropeisk opphav.

Mønsteret kan sammenlignes med spanske stoffer fra 1200–tallet (f.eks. i Kunstgewerbemuseum Berlin, inv. nr. 78.659). Kostbare silkestoffer ble ofte sydd om, og selv små stykker ble nøysommelig anvendt. Det at store deler av stoffet fra Røldal mangler, betyr at messehagelens nåværende form ikke er den opprinnelige. Messehagelen framviser dessuten et «barokt» snitt. Den kan opprinnelig ha hatt form som en såkalt klokkehagel, eller den kan opprinnelig ha vært en korkåpe *(pluviale)*. Til den rike utsmykningen av Røldal stavkirke i middelalderen hører også et alterfrontale, tre skulpturer og en dør fra et helgenskap (kat. nr. 28, 32, 33, 34, 72), to fløyer av en senmiddelaldersk altertavle (nå i Oslo, Kulturhistorisk museum, inv. nr. C5067) og et triumfkors (in situ).

Bendixen 1896, s. 14–18; Bendixen 1904–1913, s. 137; von Falke 1913, s. 29; Bugge/Kielland 1919, s. 20; Kielland 1921, s. 28–29; H. Engelstad 1941, s. 7, 37, 121–122; Nockert 1985, s. 195–200; Dalen 2017, s. 145–146; Kuhn/Lukešová 2019

47

KIRKEKLOKKE I BRONSE FRA SANDEID

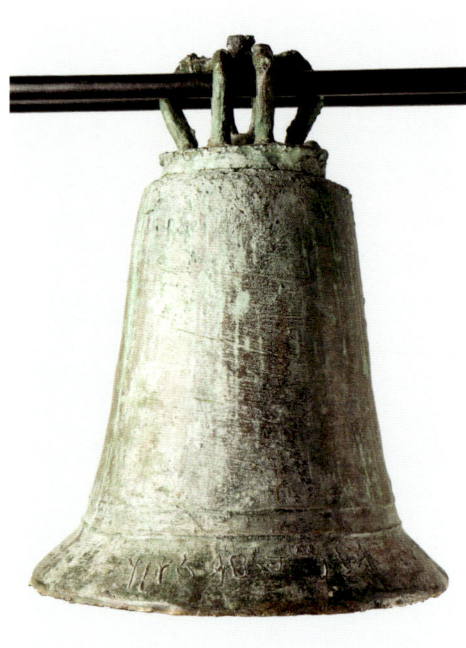

Norge, 1250–1300
Fra Sandeid i Ryfylke (Rogaland), på museet siden 1907
Bronse
H 56 x B 44 cm
Inv. no. MA 513

Denne støpte kirkeklokken av bronse er en av de eldste bevarte kirkeklokkene i Norge. Den hørte til i middelalderens Sandeid stavkirke i Ryfylke og ble flyttet over i den nye trekirken som ble bygget i 1814 og revet i 1906. En annen middelalderklokke, som fortsatt befinner seg i Sandeid, er enda eldre, kanskje fra sent 1100–tall. Klokken er av den koniske, såkalte «sukkertopp-typen», med skrånende sider. Opphenget for klokken er en krone som består av seks sammenfiltrede halvringer. Nederst på klokken er det to smale, dekorative profilbånd over en kant som skråner svakt utover. Klokken har en runeinnskrift i relieff som sannsynligvis kan leses: «Svein prestr let gjera mik», oversatt «Svein prest lot gjøre meg». En alternativ lesning lyder: «[...] let bæria mik», oversatt «[...] lot slå meg».

Det var vanlig at innskrifter på klokker i middelalderen ble holdt i første person, for å personifisere klokkens klang eller «stemme». Grunnen til at Svein, som trolig var bygdekirkens prest, donerte klokken, blir ikke eksplisitt nevnt, men det må antas at han fikk laget den til minne om seg selv og for sin egen sjelefrelse. Ingen datering er nevnt, men typen som klokken fra Sandeid tilhører opptrer fra slutten av 1100–tallet og gjennom hele 1200–tallet. Utsvingningen ved randen tyder på slutten av perioden, etter 1250.

Fett 1909, s. 105, 109; Olsen 1954, s. 297–298

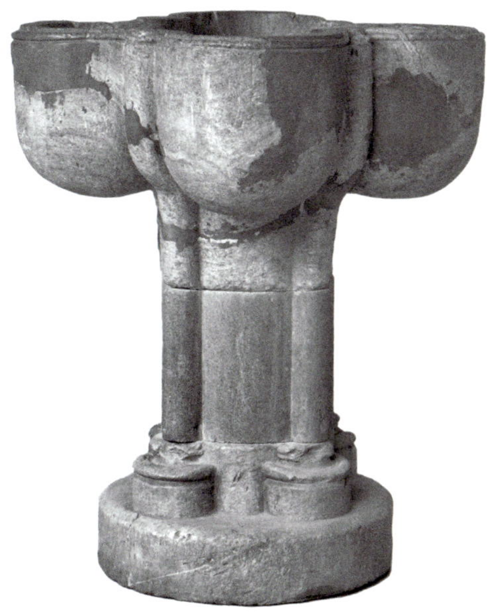

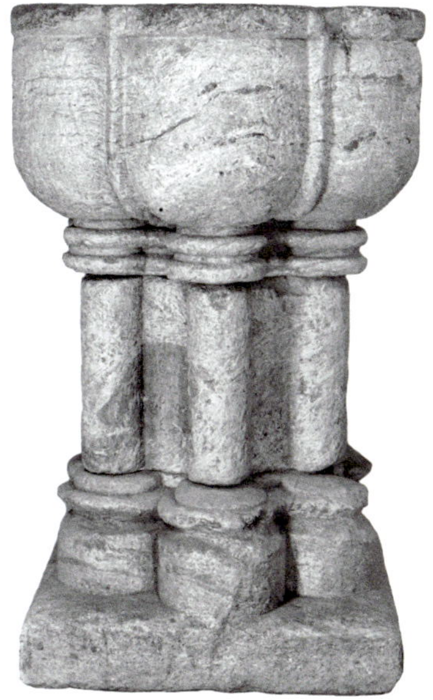

48
DØPEFONTER I FLERPASSFORM FRA JONDAL OG AURLAND

Norge, 1250–1350
Fra Jondal i Hardanger, på museet siden 1887, og Aurland i Sogn, på museet siden 1847
Kleberstein
H 94 x B 81 cm (Jondal)
H 110 x B 76 cm (Aurland)
Inv. nr. MA 267 (Jondal), MA 36 (Aurland)

I Norge fins det 17 døpefonter fra middelalderen med flerpassformet kum, og to av dem befinner seg i kirkekunstsamlingen i Bergen. Døpefonten fra Jondal, som ble sterkt restaurert etter at den kom til samlingen, har en lav kum med firpassform. De fire kumbladene er sterkt framspringende, og mellom dem står avrundede vulster. Disse fortsetter nedover som trekvartsøyler langs skaftet og ender i ringer som står på en rund base. Skålen på døpefonten fra Aurland er sekspasset med spisse profiler imellom. Skålen står på et søyleskaft omgitt av seks trekvartsøyler under hvert blad. Overgangen mellom skål og skaft er ornamentert med dobbelringer, et motiv som gjentar seg på sokkelen med sekspass som står på en kvadratisk base. Den hjemlige steinsorten og den arkitektoniske formen på skaftet og foten på begge døpefontene fikk Mona Bramer Solhaug til å anta at de ble laget i et steinhoggerverkstad i Bergen.

Bendixen 1915–1916, s. 12–15; Bramer Solhaug 2001, bd. 1, s. 161–164, bd. 2, s. 29, 59–60; Drake 2002, s. 128, 182

49

KOSTBARE VEVFRAGMENTER FRA SELJA

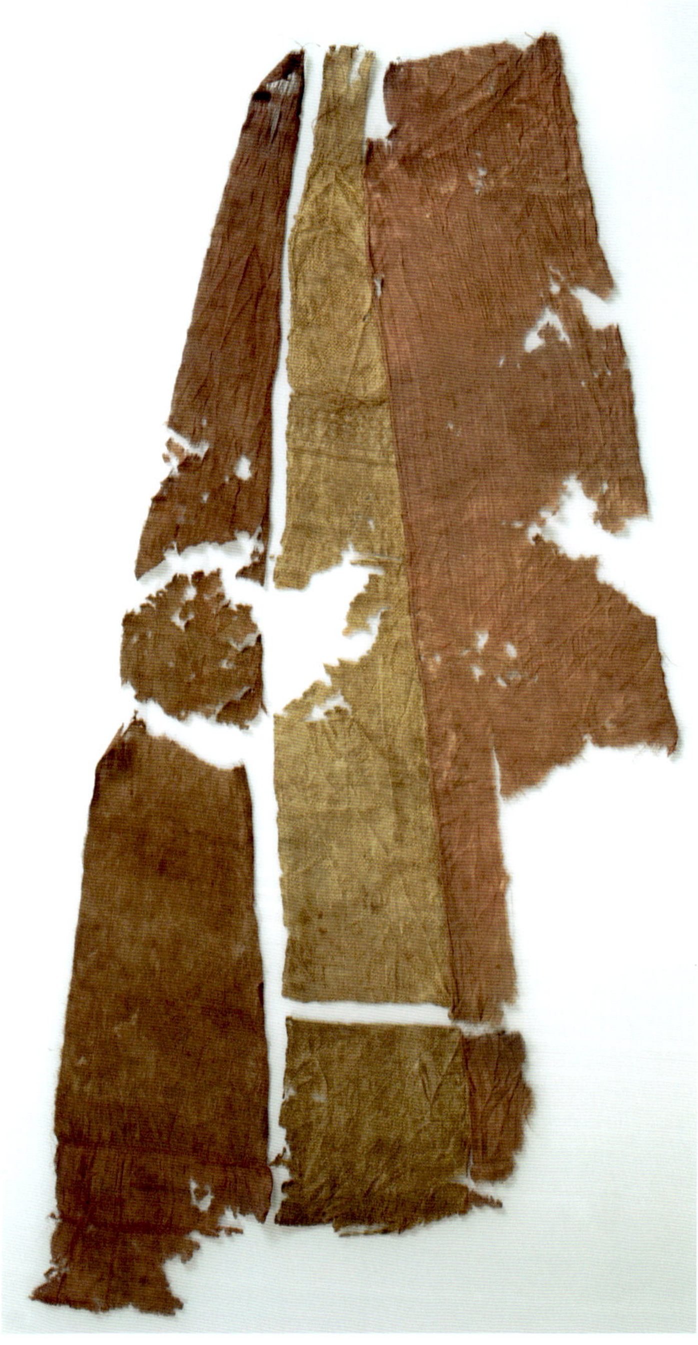

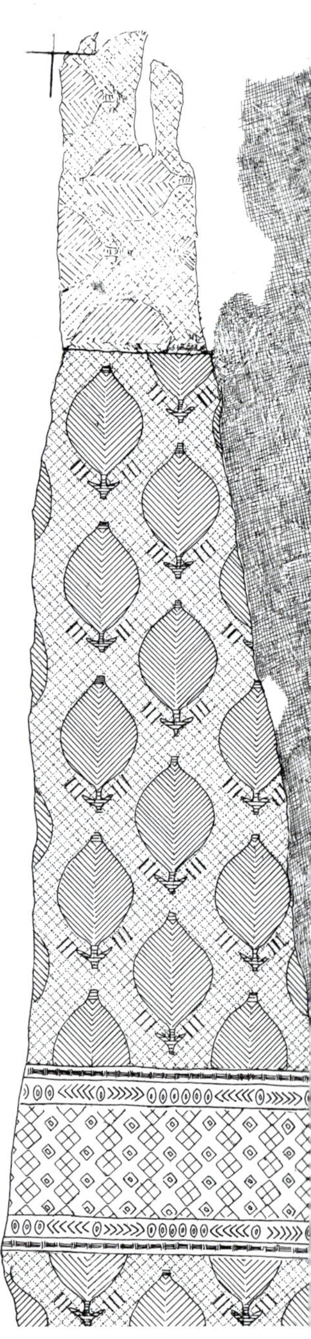

Sør-Spania eller det østlige Middelhavsområdet, 1200-tallet
Fra Selja kloster i Nordfjord, på museet siden 1866
Silkevev
73 x 14 cm, 14 x 16 cm, 7 x 8 cm
Inv. nr. BRM 406/24-32

Disse tre fragmentene av silkevev ble funnet i hulekapellet i klosterkomplekset på øya Selja i Nordfjord. Ifølge legenden kom den irske dronningen Sunniva i land der med følget sitt på 900-tallet etter at hun hadde flyktet fra hjemlandet for å unngå ekteskap med en hedensk beiler. Irene skal ha mistet livet under et angrep av Håkon jarls menn og ble regnet som Norges første kristne helgener. Rundt 1070 ble Selja gjort til bispesete, som senere på 1000-tallet ble flyttet til Bergen. Sunnivas relikvier ble overført fra Selja og mottatt i Bergen den 7. september 1170.

Det minste tekstilfragmentet var opprinnelig rødt og framviser et komplisert mønster av kryssende linjer, som danner ruter og stjerneformede mellomrom. Stjernene er fylt med blomstermotiver, mens hver rute viser to fugler, som vender kroppene fra hverandre og snur hodene mot hverandre. De to andre fragmentene var opprinnelig gulaktige og dekorert med et geometrisk mønster av ruter, blader og små kors. Sammenlignbar silkevev ble eksportert fra Middelhavsområdet til hele Europa. Ifølge Helen Engelstad viser fuglemotivet et opphav i det østlige Middelhavsområdet, men Sør-Spania (Andalucía) virker sannsynligere. Den opprinnelige funksjonen til tekstilene fra Selja er ikke kjent.

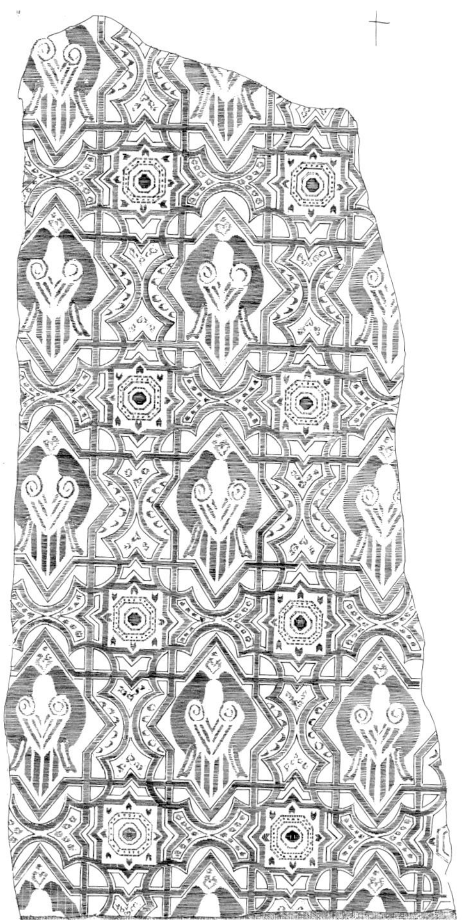

Tegninger Ellinor Moldeklev Hoff

De kan ha blitt brukt som klær, til å pakke inn relikvier i, eller har vært del av en prests liturgiske klær.

H. Engelstad 1941, s. 38-40, 122; Hommedal 2018, s. 72

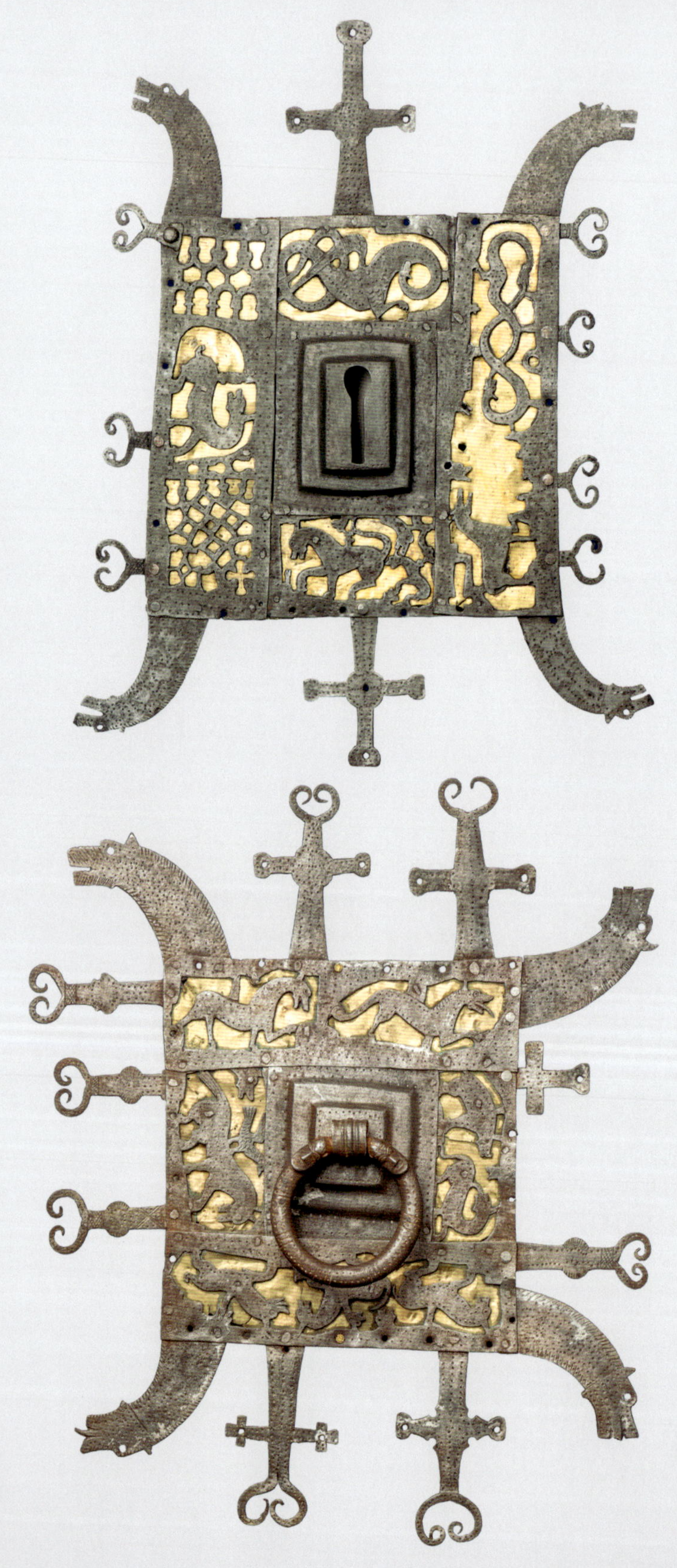

50
DØRBESLAG MED LÅS FRA FLÆTE I ARNAFJORD

Norge, 1200–tallet (?)
Fra Flæte i Arnafjord (Sogn), på museet siden 1890
Jern, kobber
H 49 x B 39 x D 2,5 cm
H 47 x B 38,5 x D 5,5 cm
Inv. nr. MA 281ab

Disse rikt ornamenterte dørbeslagene med lås hørte opprinnelig til Flæte stavkirke i Arnafjord på sørsiden av Sognefjorden. Da kirken ble revet i 1645, ble beslagene brukt på nytt i den nye trekirken på Nese like ved. Derfra kom de til museet i 1890.

Det første beslaget er en stor låsplate med små kors øverst og nederst og et nøkkelhull i midten. Nøkkelhullet er omgitt av gjennombrutte dekorative mønster, inndelt i flere felt. Oppe til venstre er det speilede rundbuerekker og nede til venstre et slags nettmotiv. De andre feltene viser dyrefigurer, fra heste- og kuaktige vesen i midten til venstre og nede til høyre, til dyr som biter seg selv i halen i midten og oppe til høyre. Nederst ser en hest ut til å bli jaget av flere ville dyr.

Det andre jernbeslaget er en ringplate med stiliserte dragehoder i alle fire hjørner. Det nederste feltet inneholder tre enhjørninger, en gris og en løve på høyre side og en hest med en fugl på ryggen i midten til venstre. Løver og hester dukker igjen opp i feltet over ringen. Avbildning av ville dyr på og rundt kirkeportaler har ofte en tvetydig betydning, både som representasjon av de vonde maktene utenfor kirken og som beskyttelse mot dem. Sammenlignbare dørbeslag finnes i Lomen, Hedalen, Høre og Reinli stavkirker.

Kloster 1951, s. 205–207; Gjærder 1952, s. 216, 218; Karlsson 1988, bd. 1, s. 136–137

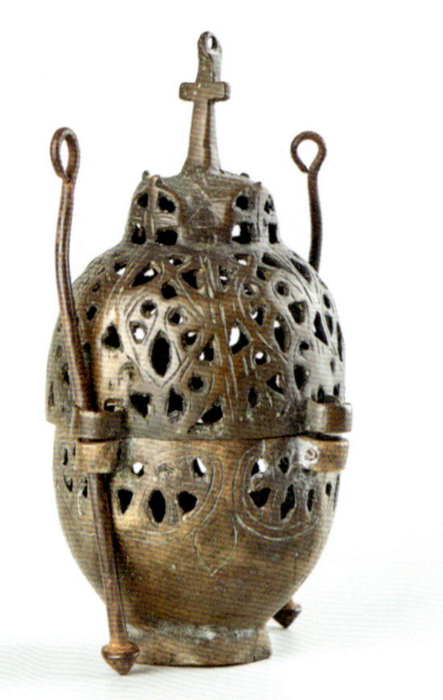

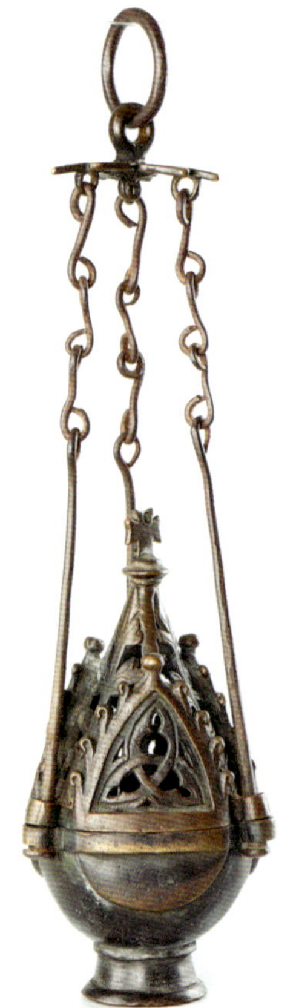

51
DIVERSE RØYKELSESKAR

Skandinavia eller Nord-Tyskland, fra tidlig 1200–tall til første halvdel av 1300–tallet
Fra Aurland i Sogn, Bygstad i Sunnfjord, Hauge i Sogn, Eidfjord i Hardanger, Røldal i Ullensvang, Veøy i Romsdal, Volda på Sunnmøre, Voss og ukjent opphav, på museet siden 1800–tallet
Bronse, emalje
H opp til 25 cm, B til 13 cm
Inv. nr. MA 61–65, MA 70, MA 186, MA 263, MA 300

Røykelseskar ble brukt til rituell incensering av alteret, alterkarene og offergavene under messen og ved innvielsen av kirker og ble også brukt ved prosesjoner og begravelser. Røykelsen symboliserte de troendes bønner som stiger opp til himmelen. Røykelseskarene i kirkekunstsamlingen i Bergen kommer fra forskjellige kirker på Vestlandet og kan alle dateres til 1200–tallet og første halvdel av 1300–tallet. Røykelseskarene er som oftest kuleformede eller kubiske og kan lukkes med arkitektonisk utformede, perforerte lokk. Karenes metallenker, som er til å bære og svinge dem med og til å heve lokket med, er ikke alltid bevart.

Hiltrud Westermann-Angerhausen har delt røykelseskarene i kirkekunstsamlingen i Bergen inn i flere kategorier. Eksemplaret fra Veøy (MA 61) (oppe til venstre) ble produsert i et spesialisert verksted i et framstående eksportsenter, trolig i Niedersachsen. Eksemplarer fra ulike verksteder i dette senteret finnes spesielt i det vestlige Østersjøområdet, i Sør-Sverige og i Norge. Røykelseskarene fra Aurland (MA 64), Bygstad (MA 70, lokket ble brukt sekundært som lysestake) og Volda (MA 62) kommer også fra verksteder i Nord-Tyskland, trolig Niedersachsen. Verkstedet som produserte røykelseskaret fra Volda, fulgte et design som var basert på vestlige forelegg, kanskje fra Meuse-området i nåværende Belgia. Røykelseskaret fra Vangskyrkja på Voss (MA 63) (nede til venstre) kan dateres til første halvdel av 1300-tallet. Det har gotiske trekk og ble trolig laget i et verksted i Lübeck. Sammenlignbare, men mindre forseggjorte eksempler finnes i Schleswig-Holsteinisches Landesmuseum (inv. nr. 1935/747) og i Statens historiska museum i Stockholm (inv. nr. 220679:6).

Karet med ukjent opphav (MA 65) (til høyre) er en skandinavisk imitasjon av et forelegg fra Nord-Tyskland/Niedersachsen. Det er bevart tretten lignende røykelseskar i Trondheim, Bergen og området imellom, noe som tyder på et verksted på Vestlandet. Eksemplaret fra Røldal (MA 300) kan også anses som en vestnorsk modifikasjon av importerte forelegg.

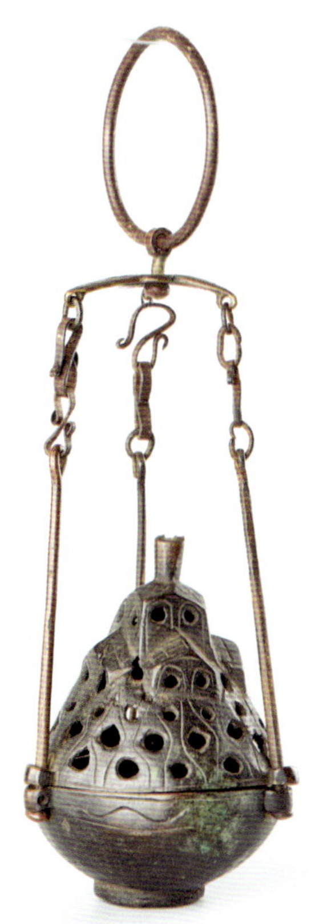

Fett 1909, s. 60; Bendixen 1911, s. 42–47; Kielland 1927, s. 73; Westermann-Angerhausen 2014, s. 174, 312–313, 355, 261, 392, 395

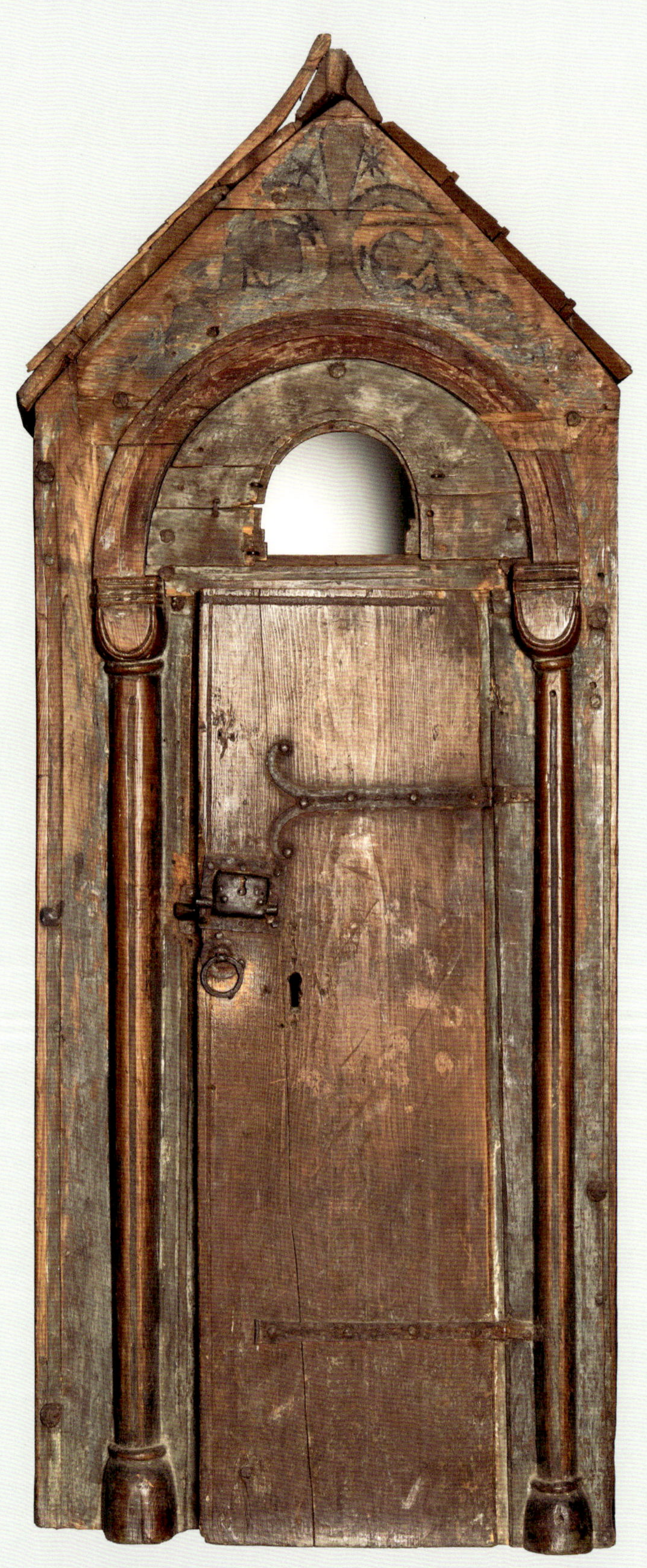

52
KIRKESKAP FRA ÅRDAL

Norge, 1200–tallet
Fra Årdal i Sogn, på museet siden 1867
Furutre, rester av maling
H 176 x B 74 x D 40,5 cm
Inv. nr. MA 126

Dette kirkeskapet med gavltak fra Årdal stavkirke i Sogn har på hver side av døren profilerte halvsøyler med baser og terningkapitél som støtter en rundbue over døren. Mellom buen og døren er det en halvsirkelformet åpning som gir innsyn i skapet. I tillegg til liljeornamentikk i gavlfeltet ser man også flere spor etter opprinnelig farge. Skapet har vært gråblått, mens dørene og rundbuen var fargelagt i mørkerødt. Den røde liljedekorasjonen i gavlfeltet er i lysere nyanser og omgitt av fem mørke stjerner. Søyleprofileringen er framhevet med en rødlig fargetone og buefeltet malt i «offwhite». Små hull i kanten av den trolig sekundære halvsirkelformede åpningen i buefeltet, ser ut til å tyde på at der har vært montert et gitter. Sidene på skapet er grovt bearbeidet og påført en tynn, mørkerød ferniss.

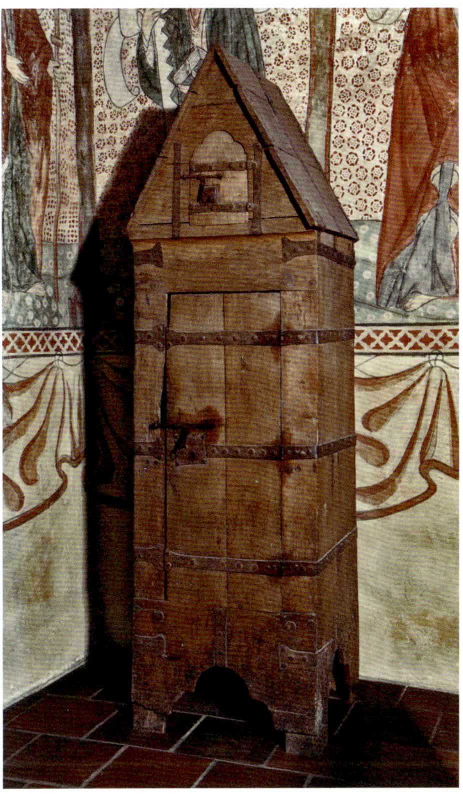

Rimbo (Uppland, Schweden), kirkeskap, 1300–tallet? Foto Justin Kroesen

I Tyskland og Sverige fins det flere lignende kirkeskap fra samme periode og med samme oppbygning, for eksempel i Rimbo i Uppland (Sverige). Som i Årdal er disse skapenes funksjon ikke alltid kjent. De kan ha vært brukt som oppbevaringssted for sakramentet – altså vært såkalte sakramentskap eller -hus – eller til oppbevaring av kostbare parament og andre løse gjenstander som bøker og alterkar (Kroesen/Tångeberg 2014, s. 53–55). Man kan anta at skapet fra Årdal har hatt flere funksjoner, da stavkirkene ikke hadde egne sakristi. Inventarlister fra Ylmheim (nå Ølmheim i Sogn) fra 1321–1323 og Hålandsdalen (nå Holdhus i Bjørnafjorden) fra 1306 viser tydelig at også små sognekirker kunne ha et betraktelig antall bøker. I Holdhus nevnes åtte, og i Ylmheim hele 19 bøker, deriblant messebøker, psalterium, bønnebøker og helgenkalendere (*Diplomatarium Norvegicum* XV, 8). Fra Årdal stavkirke er der i kirkekunstsamlingen i Bergen også en stavkirkeportal, en baldakin og tre alterfrontaler (kat. nr. 15, 43, 67, 68, 73).

Bendixen 1890, s. 3–8; Hohler 1999, s. 107–108

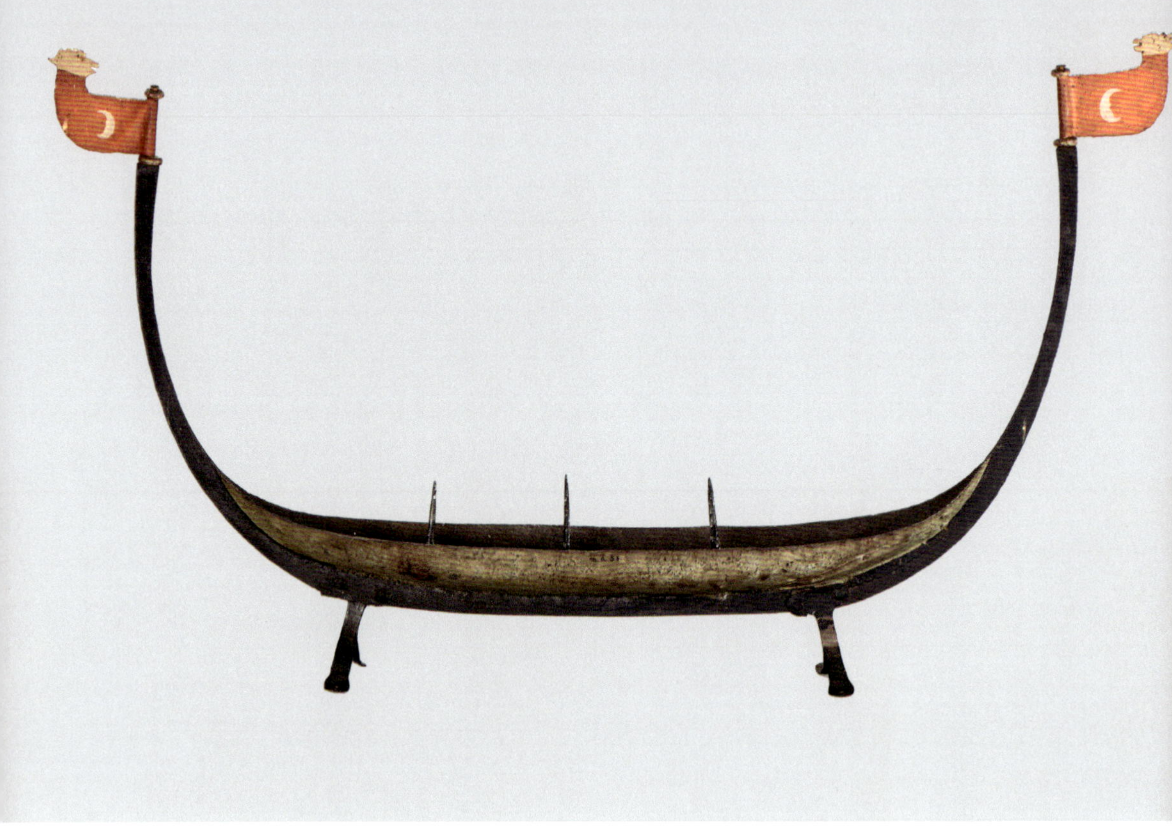

53
SKIPSFORMET LYSESTAKE FRA DALE

Norge, 1200–tallet
Fra Dale i Luster (Sogn), på museet før 1837
Jern, delvis malt
H 52 x B 93 x D 12,5 cm
Inv. nr. MA 58

Denne lysestaken i form av et langskip med smalt skrog og høye stavner kommer fra steinkirken i Dale i Luster i Sogn. Langs midten av skroget er det tre holdere for vokslys. Lysestaken står på fire føtter. I stavnene er det rødmalte vimpler med påmalte halvmåner. Med smalt skrog og oppoverbøyde stavner minner denne lysestaken om samtidens båter og om vikingskipene, som Oseberg- og Gokstadskipet fra 800–tallet (nå i Oslo, Vikingskipsmuseet). En nesten identisk lysestake står bevart i Urnes stavkirke, ikke langt fra Dale. Man kan anta at slike lysestaker var vanlige, i et dokument fra Talgje i Ryfylke (Rogaland) fra 1366 blir det også nevnt en lysestake i form av et skip (*Diplomatarium Norvegicum* IV, 457).

Lysestakene i Dale og Urnes sto sannsynligvis på alteret. Generelt kan skipet tolkes som symbol på Kirken og frelsen. Uansett har disse lysestakeskipene gjenspeilet virkeligheten til mange kirkegjengere fra gårdene langs fjorden, der vannet var den viktigste samferdselsåren. Miniatyrskip var gjerne til stede også i det etter-reformatoriske kirkerommet. Fra 1600– og 1700–tallet er det bevart et betraktelig antall hengende votivskip i kirkene, blant annet i Dale.

Bendixen 1909, s. 37–38; Frimannslund 1944; Hoff 2000, s. 40

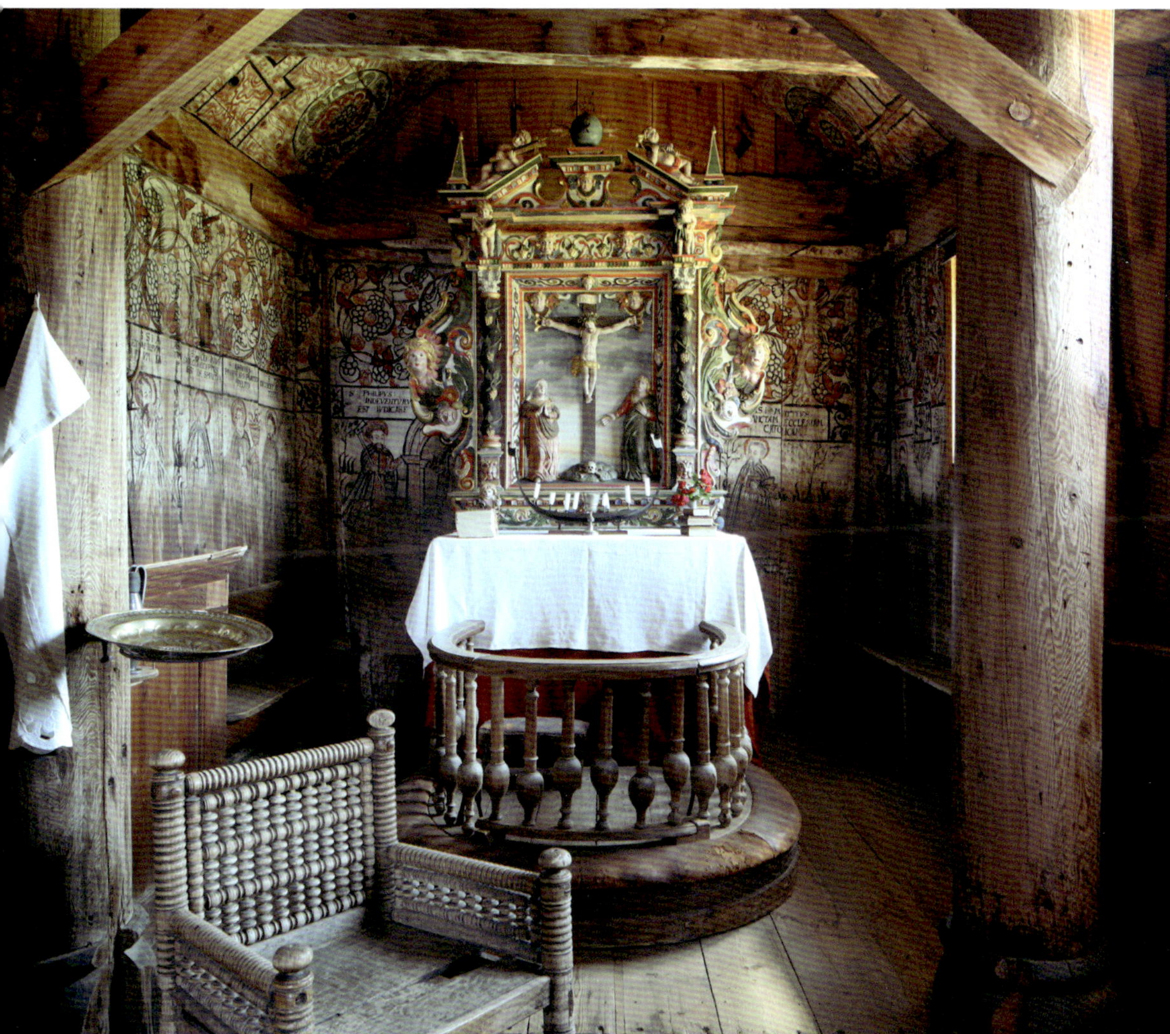

Urnes, interiøret i stavkirken med skipsformet lysestake på alteret. Foto Justin Kroesen

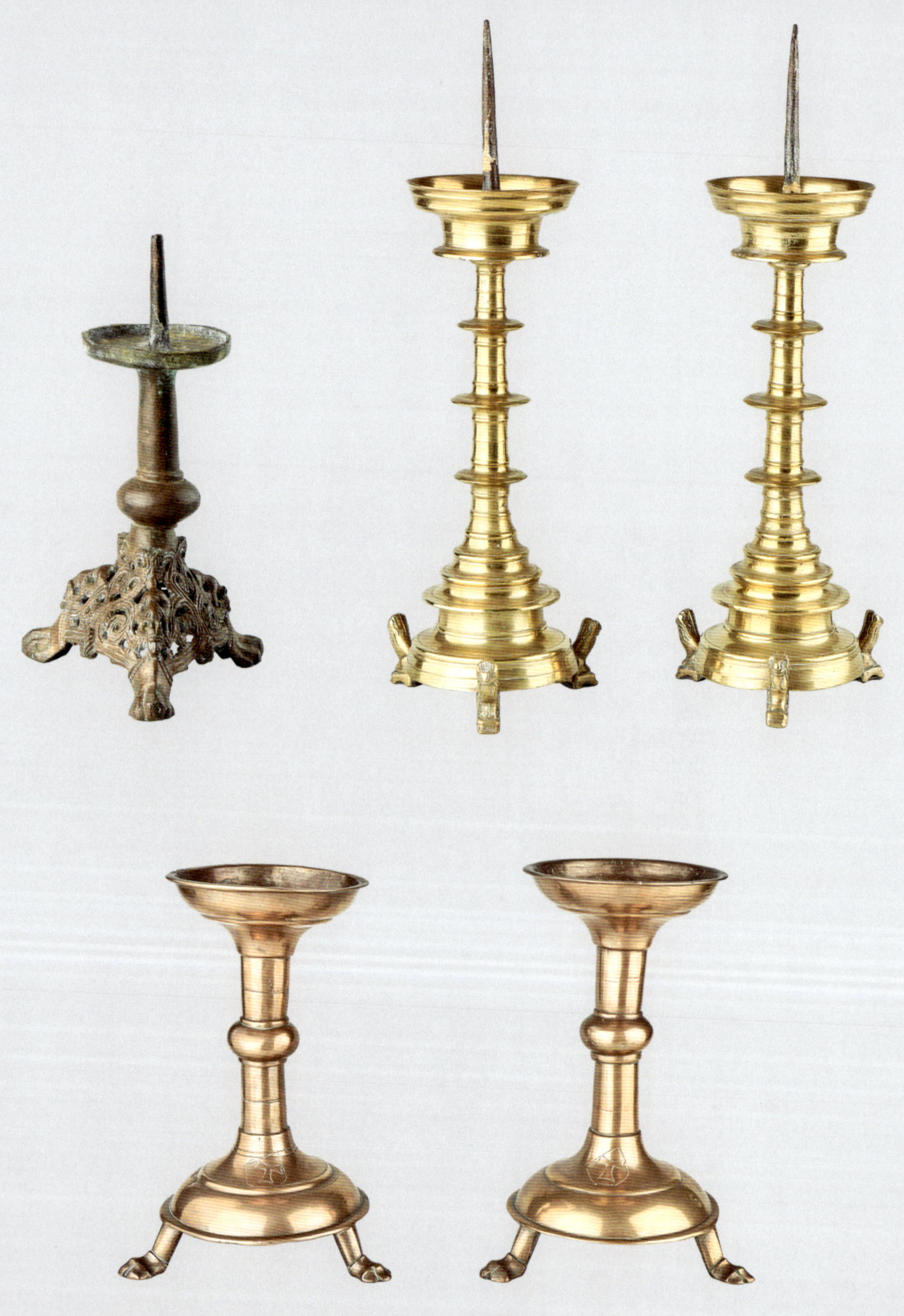

54
DIVERSE LYSESTAKER

Norge (Joranger, Bergen), Nord-Tyskland eller Nederlandene (Austevoll), 1200– til 1400–tallet
Fra Joranger i Luster (Sogn), Austevoll i Sunnhordland, Bergen (St. Jørgens hospital), på museet siden sent 1800–tall
Bronse (Joranger), messing (Austevoll, Bergen)
H 18 x B 11 cm (Joranger)
H 54 x B 18,5 cm (Austevoll)
H 33 x B 23 cm (Bergen)
Inv. nr. MA 275 (Joranger), MA 185ab (Austevoll), MA 315 ab (Bergen)

I Joranger kirke i Luster ble det funnet en bronselysestake under plankegolvet. Den står på tre dyreklør som drage- eller øgleaktige vesener ser ut til å krype seg nedover, mens overflatene er dekorert med gjennombrutte ranker. Basen ender i en rund knapp, og ut av den stikker et skaft som holder en skål med en stift som kunne holde vokslyset i midten. Sammenfiltringen av dyre- og plantemotiver er karakteristisk for nordisk romansk kunst (kat. nr. 10–15). Lysestaken kan grovdateres til 1200–tallet.

Fra 1400–tallet kommer to runde lysestaker av messing fra den revne kirken i Austevoll sør for Bergen. Fra denne kirken er det også bevart en figur av St. Olav og et middelaldersk alterskap (kat. nr. 79, 98). Lysestakene står på tre sittende løver og er utsmykket med framspringende ringer rundt bunnen, skaftet og skålen. Disse lysestakene er trolig importert fra Nord-Tyskland eller Nederlandene. To støpte messinglysestaker i enklere utførelse kommer fra kapellet i St. Jørgens hospital i Bergen. De står på dyrehover og skaftet er avbrutt av en konveks ring. Øverst på sokkelen er et lite våpenskjold, trolig et gildemerke.

Bendixen 1904–1913, s. 109; Bendixen 1909, s. 31–32, 34–36

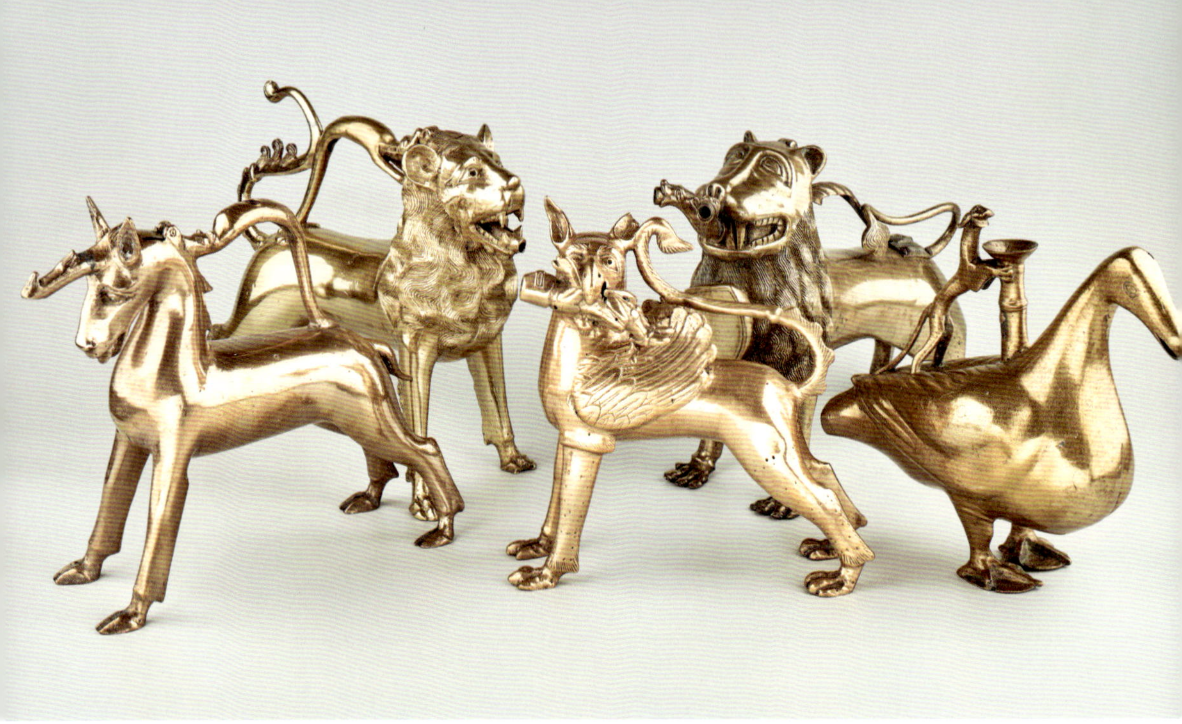

55
FEM AKVAMANILER

Nord-Tyskland, 1300– til tidlig 1500–tall, og Persia, 900–tallet (?) (MA 69)
Fra Melhus i Trøndelag (MA 66); Molde i Romsdal (MA 67), på museet siden 1825; Strinda i Trøndelag (MA 68), på museet siden 1837; Øvre Eiker i Buskerud (MA 69), på museet siden 1837; Leikanger i Sogn (MA 148), på museet siden 1869
Kobberlegering
H varierer fra 27–29 cm
Inv. nr. MA 66, MA 67, MA 68, MA 69, MA 148

Reglene foreskrev at prestene skulle vaske hendene før og etter nattverden, som et tegn på renhet og for å forhindre at smuler av den viede hostien skulle vanhelliges. Til dette formålet brukte man et spesielt kar som ble kalt «akvamanile» (*aqua*=vann, *manus*=hånd). Disse akvamanilene er som oftest formet som et dyr som enten var assosiert med fare eller moral (Olchawa 2019). De ble utbredt i hele Europa i ulike former og figurer. Eksempelet fra Øvre Eiker (MA 69) har en bemerkelsesverdig form – en tykkfallen and med et loddrett rør på ryggen som et firbeint dyr lener seg på. Som de andre akvamanilene i samlingen ble det lenge regnet som tysk arbeid, men andeformen har i nyere tid ført til en antakelse om at det er mye eldre (fra 800– eller 900–tallet) og fra den islamske verden (Persia?).

Akvamanilene i form av en griff og en enhjørning ble sannsynligvis laget i Lübeck i første halvdel av 1300–tallet. Fremstillingen med griffen, et fabeldyr med løvekropp, ørnehode og ørnevinger, kommer fra Strinda (MA 68). Den har hodet vendt mot venstre og holder en liten ridder i rustning i nebbet. Griffen symboliserer djevelen, som tar bort menneskets sjel, noe som symboliseres av ridderens tryglende positur. Enhjørningen, formet som en hest med et horn i pannen, kommer fra Molde (MA 67). Dette fabeldyret sto for kamplyst og mot og kunne ifølge legenden bare temmes av en jomfru. En bue i form av en slange mellom hode og hale fungerer som håndtak, og hornet på hodet er tut.

Den eldre løven med spaltet tunge som tut (MA 148) ble funnet i Leikanger og ble sannsynligvis også laget i Lübeck i første halvdel av 1300–tallet. Den blir forbundet med Johannes Apengeters verksted. Den yngre akvamanilen fra Melhus har et våpenskjold som representerer giveren, på brystet og et s-formet nebb som tut. Et tynt, drageaktig vesen på ryggen fungerer som håndtak. Dette eksemplaret er betraktelig yngre – fra sent 1400– eller tidlig 1500–tall – og kan ha blitt laget i Braunschweig.

Bendixen 1891, s. 3–11; Kroesen 2019b; Olchawa 2019, s. 228–229

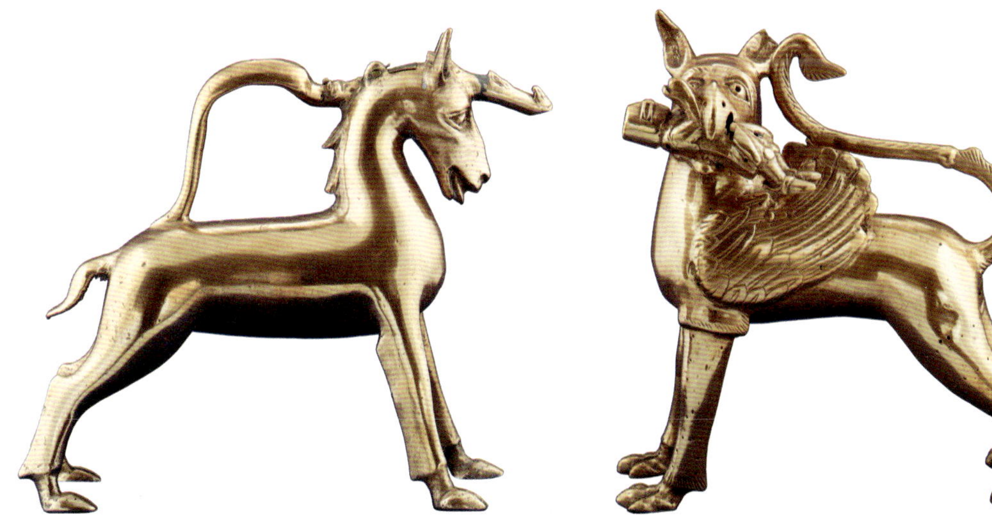

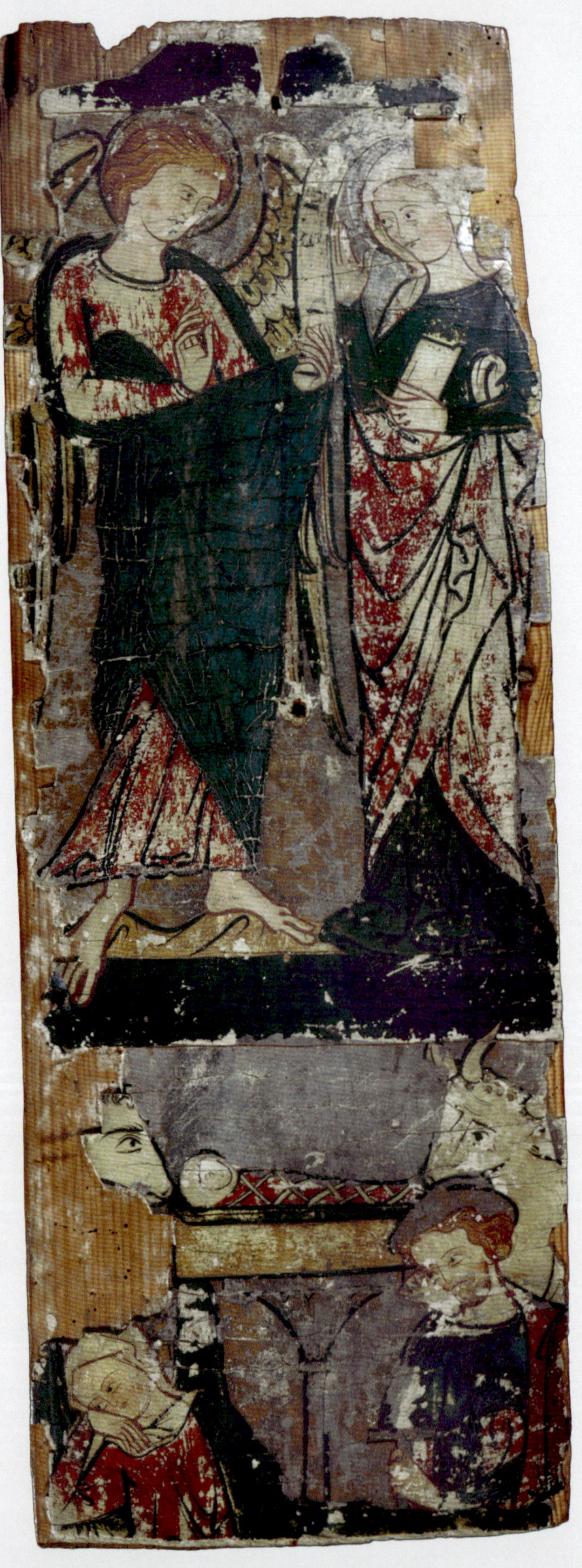

56

ET TOSIDIG MALT PANEL FRA FET

Norge, 1275–1300
Fra Fet i Luster (Sogn), på museet siden 1870
Furutre, malt
H 61,5 x B 22 x D 2 cm
Inv. nr. MA 219

Dette malte panelet viser Maria bebudelse på en bakgrunn av imitasjonsgull. Erkeengelen Gabriel i en rød tunika og blå kappe nærmer seg Maria fra venstre og har høyre hånd hevet i taletegn. I venstre hånd holder han en banderole der velsignelsen *Ave gratia plena* («Vær hilset, full av nåde») kan rekonstrueres på grunnlag av de bevarte bokstavene. Høyre fot strekker seg ut av rammen, hvilket gir en viss dybdeeffekt. Til høyre står Maria, som svarer på engelens hilsen. I sin venstre hånd holder hun en bok, og hun er kledd i grønn kjole med rød kappe. Under bebudelsen kan man se rester av en scene fra Kristi fødsel. I tråd med den ikonografiske konvensjonen ligger Maria på en seng og støtter hodet i høyre hånd. Josef kan sees til høyre, og en okse og et esel står ved krybben.

I stil og utførelse er panelet fra Fet enestående blant bevarte norske panelmaleri og av spesiell kunstnerisk kvalitet. Nigel Morgan sammenlignet bruken av svarte konturlinjer i foldene med frontalene fra Hamre (kat. nr. 62), Eid (kat. nr. 61) og Nes I (kat. nr. 63). Harry Fett sammenlignet panelet stilistisk med fransk bokilluminasjon, mens Andreas Lindblom viste til engelske forbilder (f.eks. *De Lisles Psalter*, 1310–1340, nå i London, British Library, Arundel MS 83). Disse sammenligningene går likevel ikke lenger enn generelle likheter. Det som er sikkert, er at panelet fra Fet på stilistisk grunnlag kan dateres til siste fjerdedel av 1200-tallet. Det er dermed et av de eldste panelmaleriene i Europa som er malt med oljeholdig bindemiddel.

De malte scenene dekorerte trolig innsiden av en av de bevegelige fløyene i et Mariaskap. Panelets bakside er holdt i en rødbrun tone og platens vertikale snittretning ser ut til å utelukke bruk som frontale. Men de fleste helgenskap fra 1200-tallet har relieffigurer på innsiden, som for eksempel Mariaskapet fra Røldal (kat. nr. 33). Det tosidig malte fragmentet fra Fet ville være unikt blant bevarte skandinaviske helgenskap, men det fins paralleller på Den iberiske halvøy.

Bendixen 1897, s. 8–9; Lindblom 1916, s. 41–42; 127–128; Fett 1917, s. 42–43; Hohler/Morgan/Wichstrøm/Plahter 2004, bd. 1, s. 31; Andersen 2015, s. 181; von Achen 2018, s. 43; Andersen 2020, s. 78; Kroesen/Tångeberg 2021, p. 66

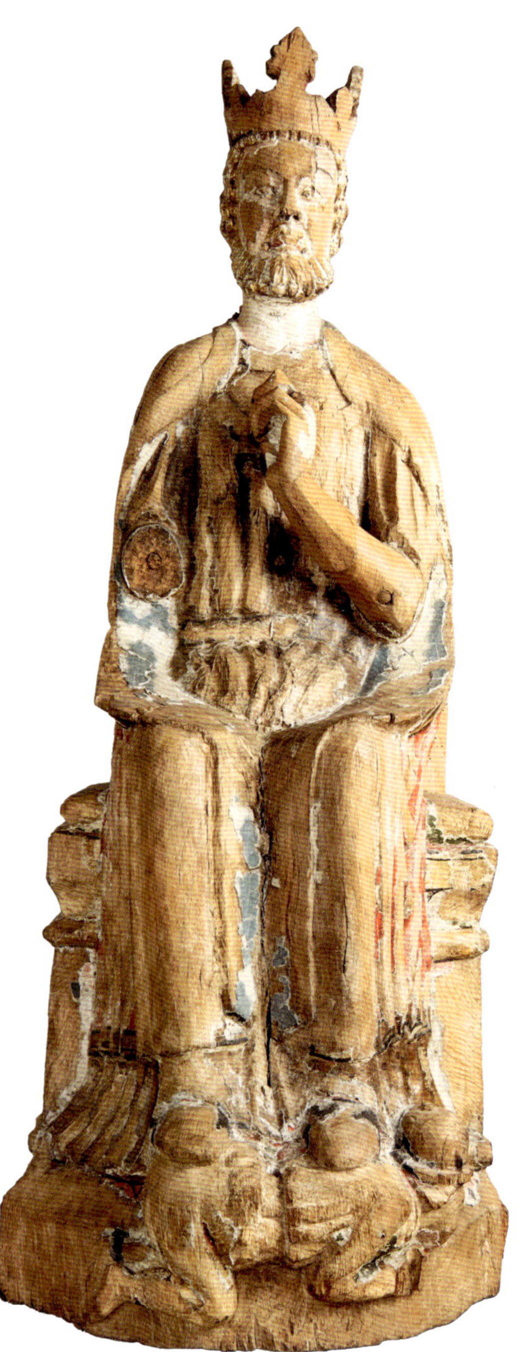

57

ST. OLAV FRA KYRKJEBØ

Norge, ca. 1300
Fra Kyrkjebø i Sogn, på museet før 1862
Furutre, polykromert
H 137 x B 55 x D 43,5 cm
Inv. nr. MA 172

Helgenkongen Olav gjengis sittende på en trone. Rester av polykromi antyder at fargepaletten opprinnelig har vært rik. Klærne er i imitasjonsgull, faller ned til skoene og er festet med belte. Han har på seg en rød kappe som er åpen og lagt over knærne fra begge sider. I håret og skjegget er det rester av forgylling, og på hodet har han en krone i imitasjonsgull. Den tilgjorte posituren til venstre hånd, som har hanske på, gjør at figuren følger stilen til den eldre Olavsskulpturen fra Dale i Luster (kat. nr. 40); høyre underarm er tapt. Kongens føtter hviler på en sammenkrøpet mannlig figur med hjelm. Både den mannlige figuren og en drage (av og til med menneskehode) hører fra andre halvdel av 1200–tallet til blant Olavs attributter og symboliserer hedendommen. På baksiden ser man rester av en dorsale eller tronerygg. Basert på stilistiske trekk kan figuren dateres til ca. 1300.

Bendixen 1911, s. 17–18; Stang 1997, s. 56–57

58

MADONNA MED BARNET FRA KORS

Norge, ca. 1300
Fra Kors i Romsdal, på museet siden 1847
Eik, polykromi
H 112 x B 34 x D 31 cm
Inv. nr. MA 44

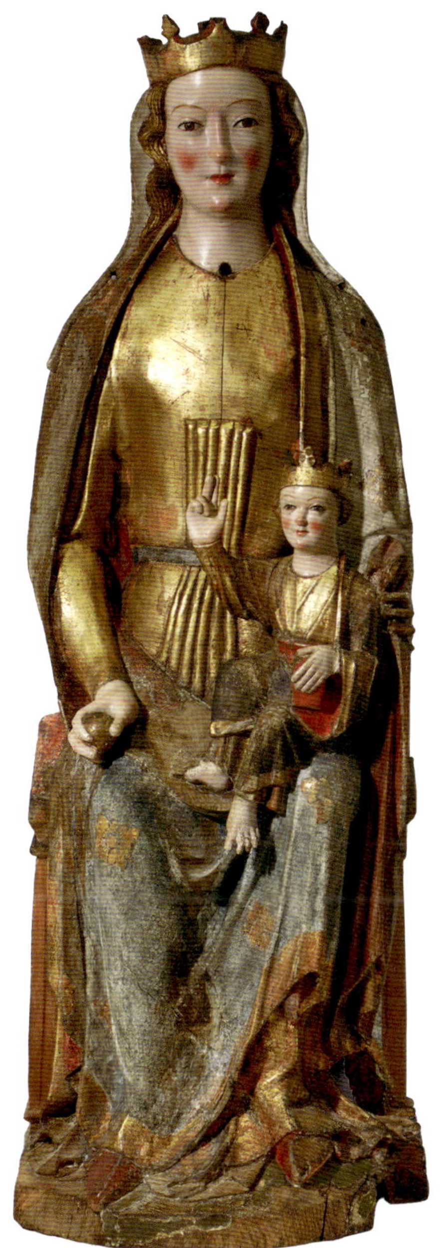

Denne godt bevarte Madonnaen kommer sannsynligvis fra Romsdalen og kom til museet i 1847 fra Kors kirke. Dette sognet ble ikke opprettet før etter middelalderen, så det kan ikke ha vært Madonnafigurens opprinnelige hjemsted. Maria sitter på en rød pute på en tronbenk som har vindusmotiver på sidene, på en bakgrunn med 'dual shading'. Både mor og barn er kronet og har påfallende blide ansiktsuttrykk. Kristus sitter på Marias venstre kne og har hevet høyre hånd, mens han holder en bok i venstre hånd. Jesusbarnets fotstilling er påfallende; høyre fot strekker seg mot Marias andre kne, slik det var vanlig i norske Madonnafremstillinger fra denne tiden, men uten å berøre det.

Maria støtter barnet med venstre arm og holder en kule i høyre. Begge figurene har forgylt hår og er kledd i gylne klær. Kristus har en mørk kappe, Marias kappe er mørkeblå med gullmotiver. Relieffdekoren på Marias mage er påfallende i sin form av seks parallelle rørfolder. Dette motivet er ikke kjent fra 1200– eller 1300–tallet og kan ha blitt tilføyd senere. Omarbeiding av eldre skulpturer for å tilpasse dem til nye estetiske eller åndelige preferanser var svært vanlig i senmiddelalderen (cat. nr. 6). Figuren er sterkt uthulet på baksiden, noe som kan tyde på at den opprinnelig har stått i et helgenskap.

Bendixen 1911, s. 5; Blindheim 2004, s. 84–85

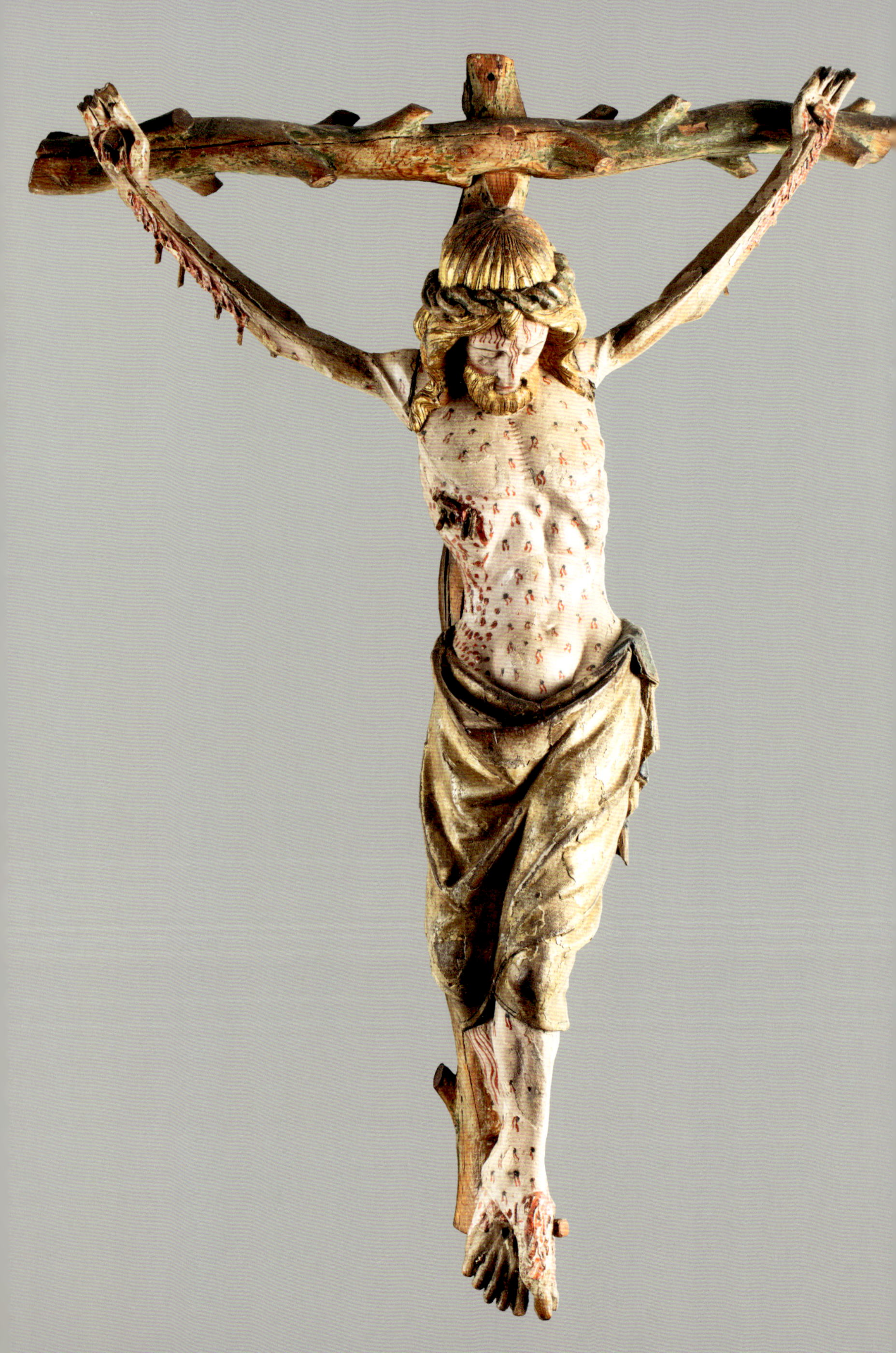

59
ET *CRUCIFIXUS DOLOROSUS* FRA FANA

Norge/Skandinavia, 1325–1350
Fra Fana i Bergen, på museet siden 1878
Eik (corpus) og furutre (kors), polykromert
H 136 x B 109 x D 36 cm
Inv. nr. MA 236

På korset, som er satt sammen av to ubearbeidde trestammer med avhogde greiner, henger den avmagrede Kristus, dekket av sår. Brystkassen er framskjøvet og i det åpne såret i siden ser man fliser av spydet. Blodet renner i tykke dråper nedover armene fra sårene i hendene. Det skulderlange gylne håret er kronet av en tornekrone. Hodet er sunket ned på brystet, øynene er lukket. I den sterke framhevelsen av lidelsen følger krusifikset *Crucifixus dolorosus*-typen, som var utbredt i hele Europa tidlig på 1300-tallet.

En konsentrasjon av bevarte, lignende eksemplarer fins i Rhin-området, med krusifikset i St. Maria im Kapitol (Köln, ca. 1300) som et av de eldste. Spesielt i Rhin-området hadde lidelsesmystikken en stor oppblomstring på 1200- og 1300-tallet med mester Eckhart, Heinrich Seuse og Johannes Tauler. Typen opptrer samtidig også i Italia, Spania, Frankrike, Polen og Skandinavia. Til sammen er det bevart rundt 50 *Crucifixi dolorosi* i Skandinavia, i Norge blant annet i Hov (nå i Trondheim, Vitenskapsmuseet, inv. nr. 00907), Odda, Olstad, Sør-Fron og Tretten (alle i Oslo, Kulturhistorisk museum, inv. nr. C33286, C33289, C33256, C3013).

Kirken i Fana like sør for Bergen var et pilegrimsmål på grunn av et undergjørende sølvkors som, ifølge legenden, ble fisket opp av fjorden i nærheten av kirken av to brødre, den ene blind. Den blinde ble helbredet, og pilegrimer begynte å komme til Fana kirke. Etter reformasjonen ble sølvkorset fjernet og smeltet ned, men kulten synes da å ha blitt overført til dette trekrusifikset. Til kirken hørte et hospital som fra 1303 lå under korsbrødrene ved Apostelkirken i Bergen og ofte ble tilgodesett i testamentene til hanseatiske kjøpmenn fra Kontoret på Bryggen i Bergen. Fra Fana kirke er det også bevart en dørring av bronse (kat. nr. 74).

Bendixen 1909, s. 29–30; Fett 1925, s. 225–227; Blindheim 1970, s. 163–164; Anker 1981, s. 286; Wichstrøm 1981, s. 289–295; Heslop 1987, s. 26; Morgan 1988, s. 140; Blindheim 1997, s. 139–151; Blindheim 2004, s. 196–197; Morgan 2006, s. 270; Laugerud 2018, s. 269–273; von Achen 2018, s. 76–77

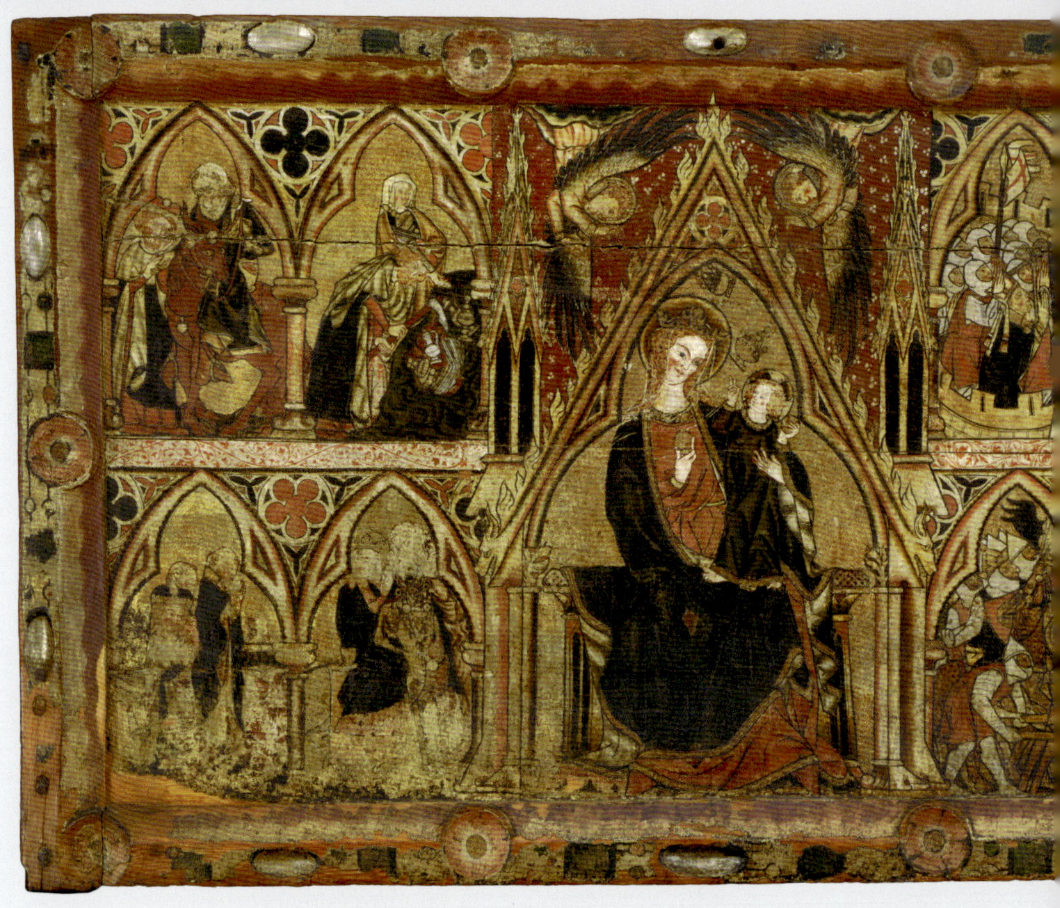

60
ALTERFRONTALE FRA VANYLVEN

Norge, ca. 1300
Fra Vanylven på Sunnmøre, feilaktig attribuert til Dale, på museet siden senest 1863
Furutre, malt
H 102 x B 165 x D 5 cm
Inv. nr. MA 9

Alterfrontalet viser Maria med barnet på tronen under en trepassbue med en gavl på toppen. Det stående Jesusbarnet vender seg mot Maria med en velsignelsesgest. Maria bøyer hodet lett mot barnet, og de holder hver sin gylne globus. Over gavlen, som er ornamentert med bladkrabber og flankert av to tårn, ser man to engler som svinger røykelseskar foran en rød bakgrunn med gylne prikker. På sidene gjengis i åtte bildefelt med trepassbuer scener fra to Maria-legender. Disser er blant annet overlevert i den norrøne *Maríu saga*, som i sin tur var basert på

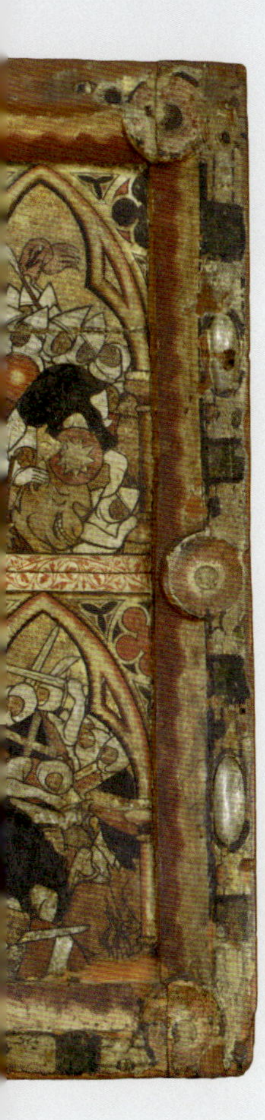

sentraleuropeiske tradisjoner. På venstre side forteller fire scener legenden om den fattige ridderen som selger konen sin til djevelen for å bli rik. På veien til overleveringen går den intetanende kvinnen inn i et kapell for å be. Da hun faller i søvn, overtar jomfru Maria legemet hennes og da de kommer fram, jager hun djevelen og slik avverger hun handelen.

På høyre side forteller fire scener legenden om et monsterhode som sarasenerne under ledelse av Khosroes har satt inn i kampen mot de kristne, som har søkt tilflukt i Konstantinopel. Bildet av jomfru Maria som ble stilt opp foran den bysantinske bymuren og dette gir de kristne seieren da bildet uskadeliggjør monsterets blikk. Et interessant motiv på høyre side i feltet øverst til venstre er jomfru Maria stilt opp i et samtidig helgenskap. Flere fragmenter fra helgenskap av denne typen fra 1200-tallet er bevart i samlingen i Bergen (kat. nr. 9, 33, 38). Legenden fra 500-tallet blir dermed lagt til tiden da frontalet ble laget. Det samme gjelder for legenden om tyveriet og gjenoppdagelsen av Kristi kors på frontalet fra Nedstryn (kat. nr. 65).

Neumann 1824, s. 424; Lindblom 1916, s. 67, 155–161; Fett 1917, s. 172; Blindheim 1968, s. 48; Wichstrøm 1981, s. 261, 307; Morgan 1995, s. 23; von Achen 1996a, s. 89–90; Hoff 2000, s. 36–37; Hohler/Morgan/Wichstrøm/Plahter 2004, bd. 1, s. 94–97; Stang 2009, s. 89–93

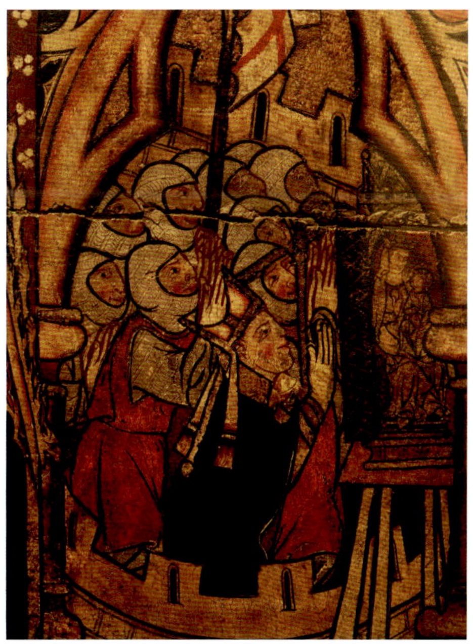

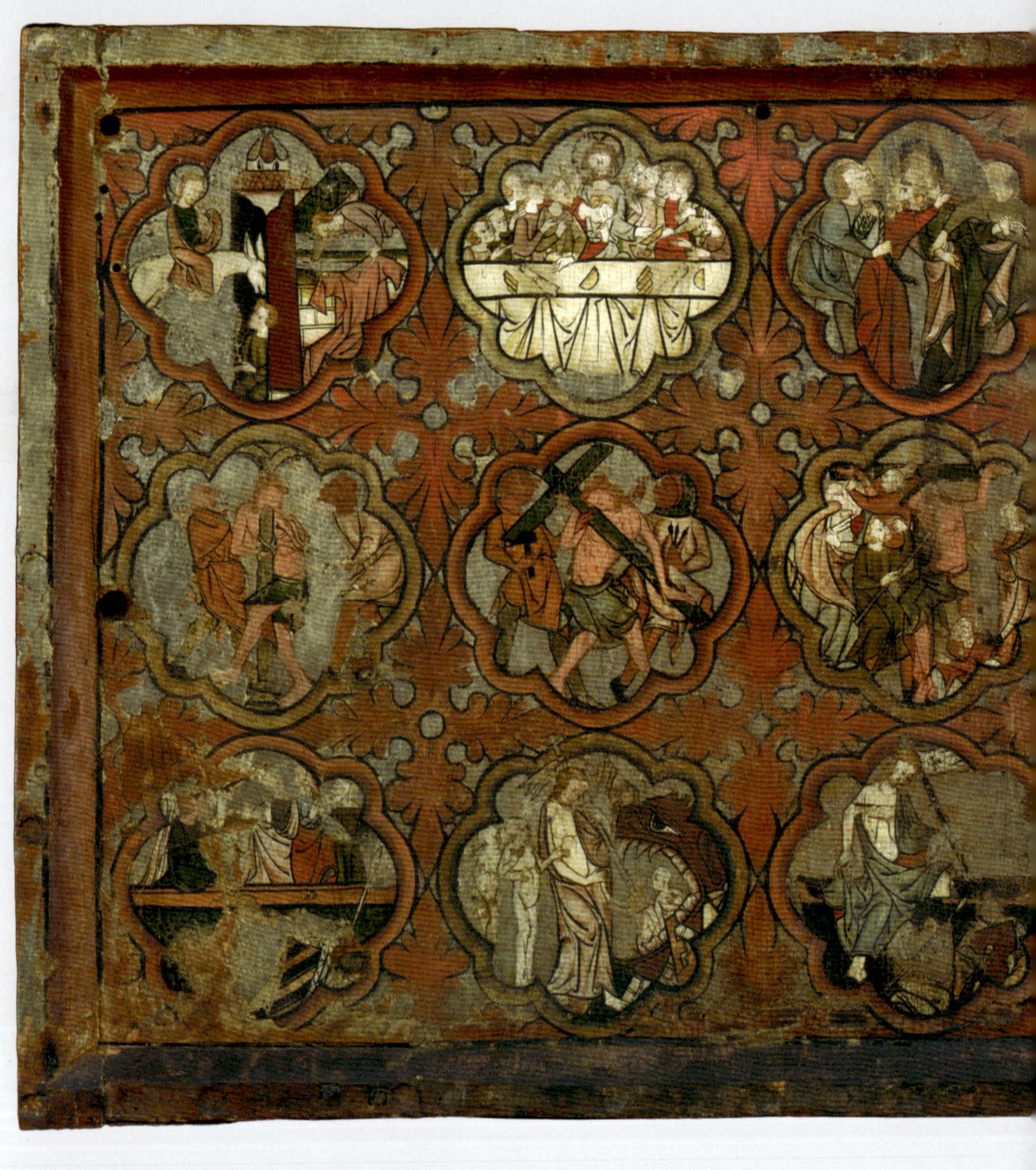

61

ALTERFRONTALE FRA EID

Norge, ca. 1300

Fra Eid i Romsdal, på museet siden 1848

Furutre, malt

H 96 x B 135 x D 4,5 cm

Inv. nr. MA 6

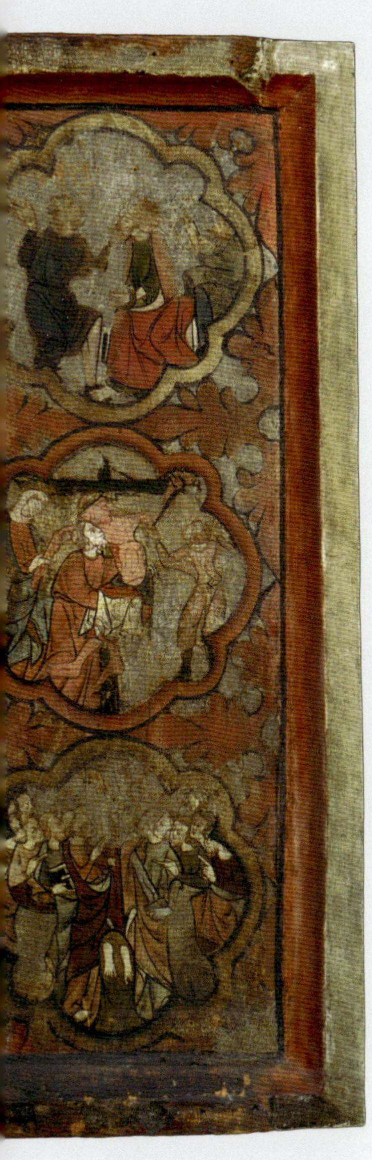

Den fortellende strukturen til dette alterfrontalet fra Eid i Romsdal skiller seg fra de fleste andre norske alterfrontaler fra 1200– og 1300–tallet. Hele overflaten brukes på én narrativsyklus i tolv scener, og en sentral midtscene mangler. Det samme strukturelle særtrekk gjelder det noe yngre frontalet fra Nedstryn, som har åtte scener i sirkler (kat. nr. 65). Hver scene er omgitt av en dekorativ ramme med fire brede og fire smalere blad. Mellomrommene er fylt av røde palmetter på en bakgrunn av imitasjonsgull. Frontalet er omgitt av en rødmalt ramme (fornyet på høyre side) med innskårne dekorasjoner.

Syklusen består av tre horisontale bånd med fire scener i hvert, som er arrangert fra venstre til høyre og fra øverst til nederst. Den øvre rekken viser først inntoget i Jerusalem, etterfulgt av den siste nattverd, og arrestasjonen og spottingen av Kristus. Den midterste rekken viser vidrer piskingen, bæringen av korset, korsfestelsen og nedtagelsen av korset, fulgt av den nederste rekken med de tre Mariaer ved graven, nedstigningen til dødsriket, oppstandelsen og Kristi himmelfart. Scenene er utført som strektegninger, slik at figurenes bevegelser blir forsterket og oppmerksomheten fanget av de framstilte hendelsene. Varmeskader (fra vokslys?) kan tyde på at frontalet sekundært har vært brukt som altertavle.

Bendixen 1896, s. 7–14; von Achen 1996a, s. 48–51; Morgan/Hohler/Wichstrøm/Plahter 2004, bd. 1, s. 97–99

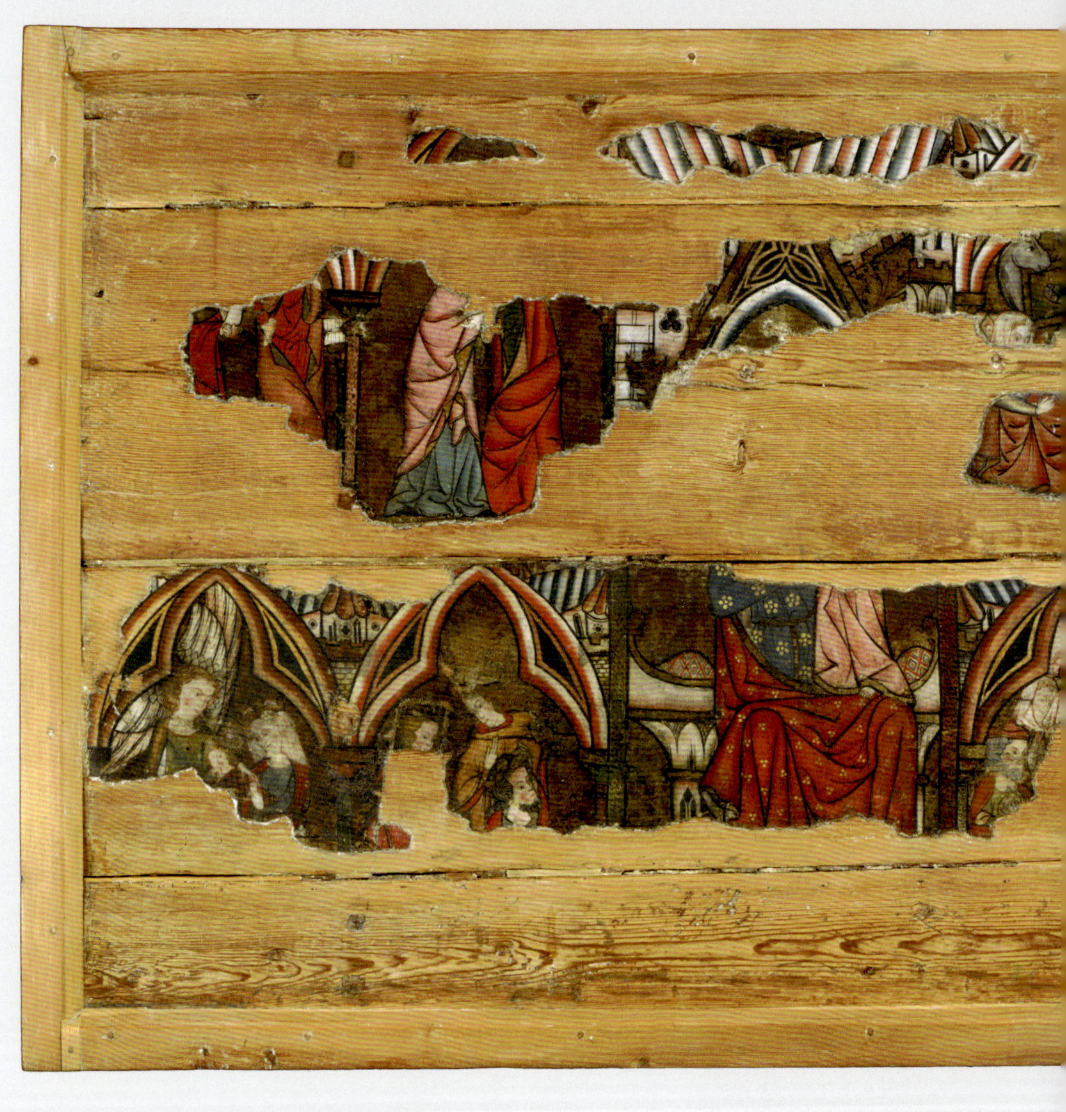

62
ALTERFRONTALE FRA HAMRE

Norge, ca. 1300
Fra Hamre i Nordhordland, på museet siden 1905
Furutre, malt
H 110 x B 167 x D 5,5 cm
Inv. nr. MA 153

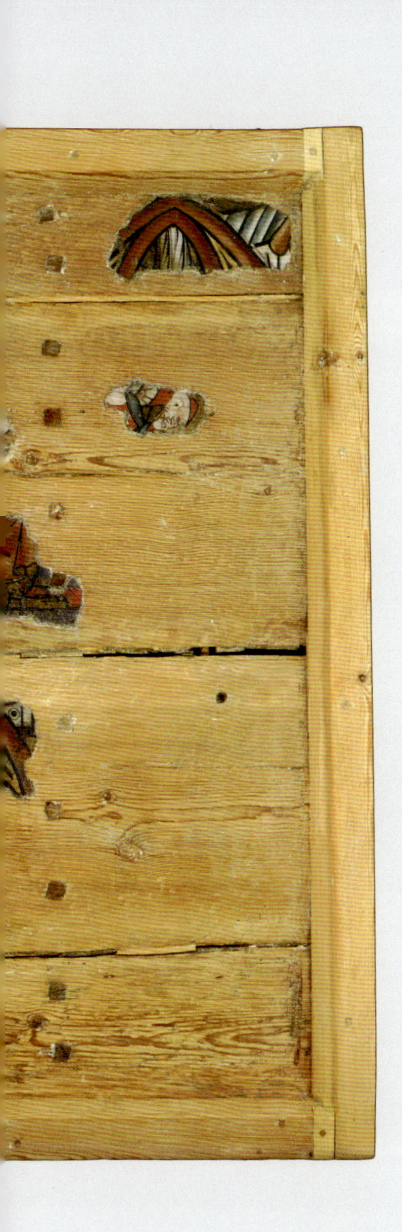

Frontalet fra Hamre kirke på Osterøy i nærheten av Bergen er bare fragmentarisk bevart. Da frontalet ble gjenoppdaget stod det dekket av tekstiler foran det middelalderske høyalteret, som stod bevart i tømmerkirken fra 1600-tallet. Mindre enn halvparten av den malte overflaten er bevart, og trerammen ble først føyd til i 1958. Innholdet kan rekonstrueres med unntak av én scene. I midten sitter jomfru Maria på tronen med Jesusbarnet stående på venstre kne i en arkitektonisk formet struktur med spissgavl og taksider med «dual shading». Ved siden av midtfeltet vises sju scener fra Kristi barndom og ett Maria-mirakel, hver scene innrammet av en spissbue med trepass.

De øverste feltene viser på venstre side Maria bebudelse og besøket hos Elisabeth, fulgt av Kristi fødsel og, lengst til høyre (sannsynligvis) hyrdenes tilbedelse. I de nederste feltene er rekkefølgen forskjellig. Rett til venstre for midten, er de tre kongenes tilbedelse og til høyre Jesu framstilling i tempelet. Scenen ytterst til venstre viser mirakelet med den syndige abbedissen, en episode fra den norrøne *Maríu saga*: En gravid abbedisse ber angrende til jomfru Maria, som deretter stiger ned fra himmelen fulgt av to engler for å forløse barnet, som så blir brakt til en eremitt for oppfostring. Biskopen gir den angrende abbedissen syndsforlatelse og han blir til slutt avløst av sønnen hennes. Scenen nederst til høyre har gått fullstendig tapt.

Bendixen 1905, s. 16–19; von Achen 1996a, s. 52–55; Hohler/Morgan/Wichstrøm/Plahter 2004, bd. 1, s. 100–101

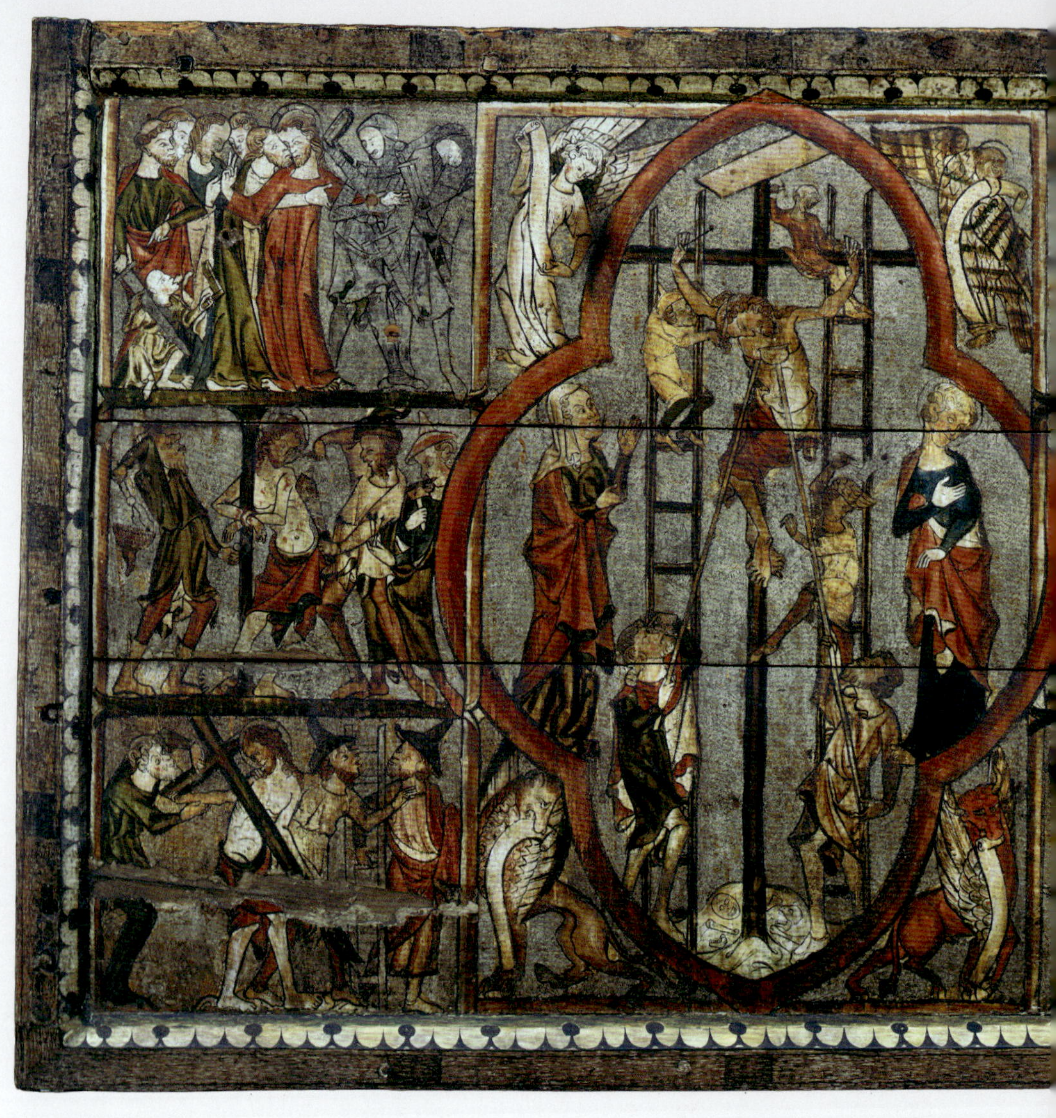

63

ALTERFRONTALE FRA NES (I)

Norge, ca. 1300

Fra Nes i Luster (Sogn), på museet siden 1841

Furutre, malt

H 86 x B 123 x D 4 cm

Inv. nr. MA 2

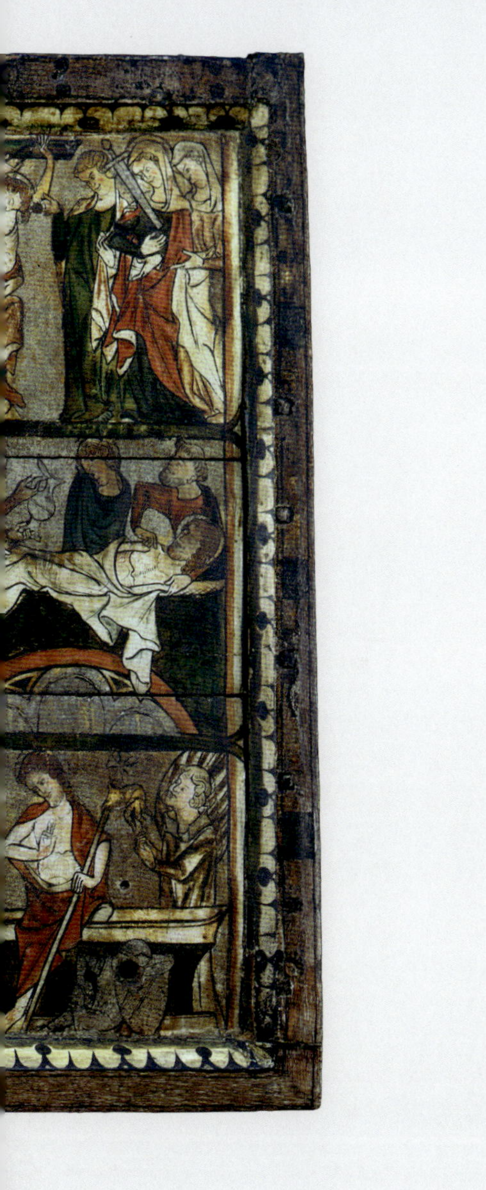

Dette alterfrontalet kom til museet fra stavkirken på Nes i Luster, som ble revet i 1836. Før det fungerte det sammen med et annet alterfrontale fra samme kirke (kat. nr. 64) som altertavle. De to tavlene hadde vært oppstilt over hverandre på alteret. Frontalet forener karakteristiske trekk ved de eldste bevarte norske alterfrontalene med motiver som varsler om senere utviklinger. Et tradisjonelt motiv er mandorlaen, som omgir midtscenen som firpass og er omgitt av evangelistsymboler i hjørnefeltene. Mandorlaen, som pleier å være en ikonografisk del av framstillinger av Kristus på tronen, er her fylt av en korsfestelsesscene med flere figurer. Kristus, som henger i en fordreid positur på korset, blir flankert av Maria og Johannes. Bemerkelsesverdig er den simultane fortellerstilen, som viser Kristus som henger på korset, samtidig som to mindre, mannlige figurer på stiger nagler ham til korset, mens en tredje figur holder tornekronen. Nedenfra gjennomborer Longinus Kristus i siden med et spyd, mens Stefaton rekker ham eddiksvampen. Knokler ved korsets fot viser til Golgata («Hodeskallestedet»).

På sidene vises seks pasjonsscener i tre høyder. På venstre side gjengis Judas' svik i Getsemane sammen med Peter som hugger øret av Malkus, piskingen av Jesus og bæringen av korset med Simon fra Kyrene og to menn som bærer en stige. Til høyre tas Jesus ned fra korset, med Maria, som blir gjennomboret av et sverd i hjertet, Josef fra Arimatea og Nikodemus, som salver Kristi døde legeme i nærvær av Peter (?) og Johannes. Til slutt Kristi oppstandelsen mellom to engler. Alle scenene er dynamisk framstilt foran en bakgrunn i imitasjonsgull.

Bendixen 1897, s. 3–9; Braun 1924a, bd. 2, s. 113; von Achen 1996a, s. 64–67; Morgan/Hohler/Wichstrøm/Plahter 2004, bd. 1, s. 114–116; Stang 2009, s. 41–43

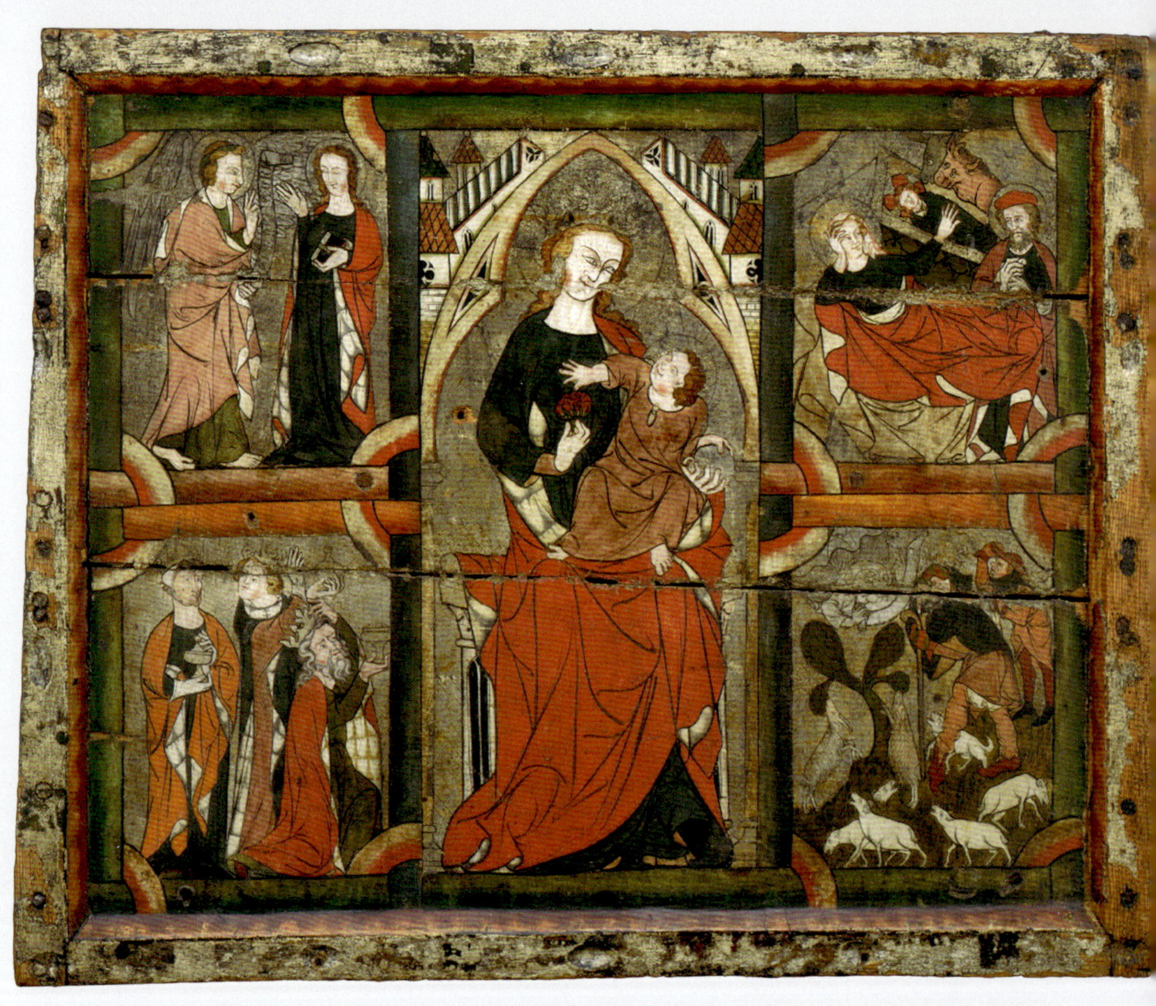

64
ALTERFRONTALE FRA NES (II)

Norge, 1300–1325
Fra Nes i Luster (Sogn), på museet siden 1841
Furutre, malt
H 90 x B 110,5 x D 3,5 cm
Inv. nr. MA 4

Dette alterfrontalet stammer, i likhet med det forrige, fra Nes i Luster. Det er omgitt av en bredt profilert ramme med innsnitt som imiterer edelsteiner. Overflaten er dekket av imitasjonsgull og delt inn i fem felt ved hjelp av et mønster av fargede bånd med halvsirkler i møtepunktene. Midtfeltet fyller hele panelets høyde og viser Maria med krone som sitter på en trone dekorert med vindusmotiver. På fanget har hun det påfallende lubne Jesusbarnet. Barnet ser på moren i en fordreid positur. Maria har en rose i sin høyre hånd og holder en kule i venstre hånd, sammen med Jesusbarnet. Maria og barnet er omgitt av en spissbue med trepass. Over buen ser man fantasiarkitektur med vindu, tak og tårn.

Sidefeltene viser fire scener fra fødselssyklusen, som leses med klokken. Syklusen begynner oppe til venstre med Maria bebudelse, fulgt av Kristi fødsel i Betlehem med okse og asen oppe til høyre. Nede til høyre vises hyrdenes tilbedelse og til slutt de hellige tre konger nede til venstre. De sistnevnte vender seg tilbedende mot den store Madonnaen med barnet i midtfeltet. Man kan se en lignende komposisjon i samtidige helgenskap (kat. nr. 9, 33). Antydningen av et tredimensjonalt helgenskap i midtfeltet forsterkes av den tidligere nevnte arkitektoniske kronen. Stilistisk er figurene nært i slekt med frontalet fra Ådland i Samnanger (kat. nr. 66), og det er blitt foreslått at begge kommer fra samme verksted.

Bendixen 1894–1895, s. 3–6; Braun 1924a, bd. 2, s. 113; von Achen 1996a, s. 72–75; Morgan/Hohler/Wichstrøm/Plahter 2004, bd. 1, s. 116–118

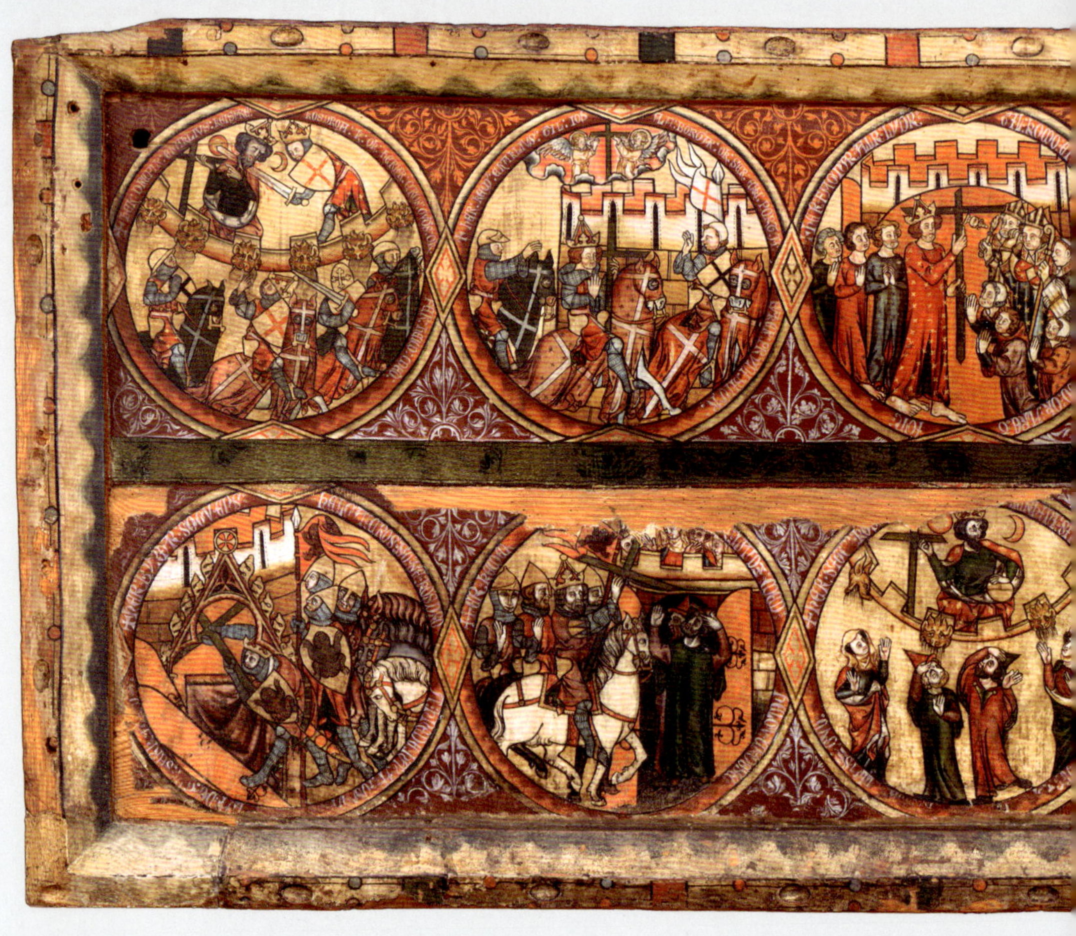

65
ALTERFRONTALE FRA NEDSTRYN

Norge (Bergen?), 1300–1325
Fra Nedstryn i Nordfjord, på museet siden 1826
Furutre, malt
H 98 cm x B 174,5 x D 7,5 cm
Inv. nr. MA 1

Dette malte panelet fra Nedstryn var det første alterfrontalet som ble tatt opp i Bergens Museums samlinger, og det ble utgangspunkt for grunnleggeren Wilhelm Frimann Koren Christies første kunshistoriske forskningsarbeid. Frontalet består av to brede planker satt inn i en ramme med ovale innsnitt. Den samlede bildeflaten består av åtte medaljonger, som gjengir legenden om tyveriet og gjenerobringen av Det hellige

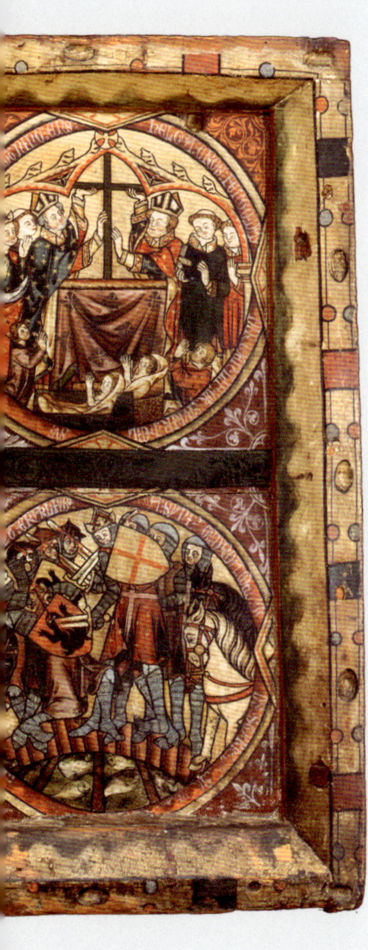

kors i årene 614–629. Syklusen er bemerkelsesverdig omfangsrik, og maleriene er av høy kunstnerisk kvalitet. Rundt kanten av medaljongene står innskrifter på gammelnorsk, som forklarer scenene og antyder at frontalet ble skapt i Norge (Bergen?). De nærmeste stilistiske og kompositoriske parallellene finnes utenfor Norge, for eksempel i engelske og franske glassmalerier og i bokilluminasjoner. En sammenlignbar syklus fins for eksempel i glassmaleriene i Sainte-Chapelle i Paris, som ble innviet i 1248.

Syklusen begynner nede til venstre, med at den persiske kongen Chosroes stjeler korset. De tre neste scenene mot høyre viser at kongen vender tilbake til slottet sitt med korset, deretter hvordan han blir hyllet av folket og hvordan sønnen hans blir beseiret av den bysantinske keiseren Heraklios. Det øverste feltet forteller hvordan kongen så blir drept av keiser Heraklios. Videre hvordan Heraklios vender tilbake til Jerusalem med det gjenerobrede korset, men ikke finner byporten på grunn av sitt hovmod, og til slutt hvordan han går ydmyk og barfottet inn i byen med korset i hendene og setter det tilbake på alteret.

Frontalet kom til museet fra en liten bygdekirke i Nordfjord. Den uvanlige tematikken reiser spørsmålet om det opprinnelig ble laget til denne kirken. I sammenheng med korstogene fikk legenden fra 600-tallet ny aktualitet, for den impliserte en oppfordring til ny kamp for å befri de hellige byene i Palestina, med Heraklios som forbilde. Slik sett er det mer trolig at frontalet opprinnelig har tilhørt en kirke i det politiske maktsenteret Bergen, for eksempel Apostelkirken, kongens kapell i kongsgården. Frontalet kan ha kommet til Nedstryn senere, kanskje etter reformasjonen, da Apostelkirken i Bergen ble revet.

Christie 1837; Bendixen 1892, s. 11–23; Fett 1917, s. 135–141; Braun 1924a, bd. 2, s. 113; von Achen 1996a, s. 68–71; Morgan/Hohler/Wichstrøm/Plahter 2004, bd. 1, s. 111–114; Torp 2006; Stang 2009, s. 177–180; Baert 2012; von Achen 2017, s. 44–47; von Achen 2018, s. 20–23

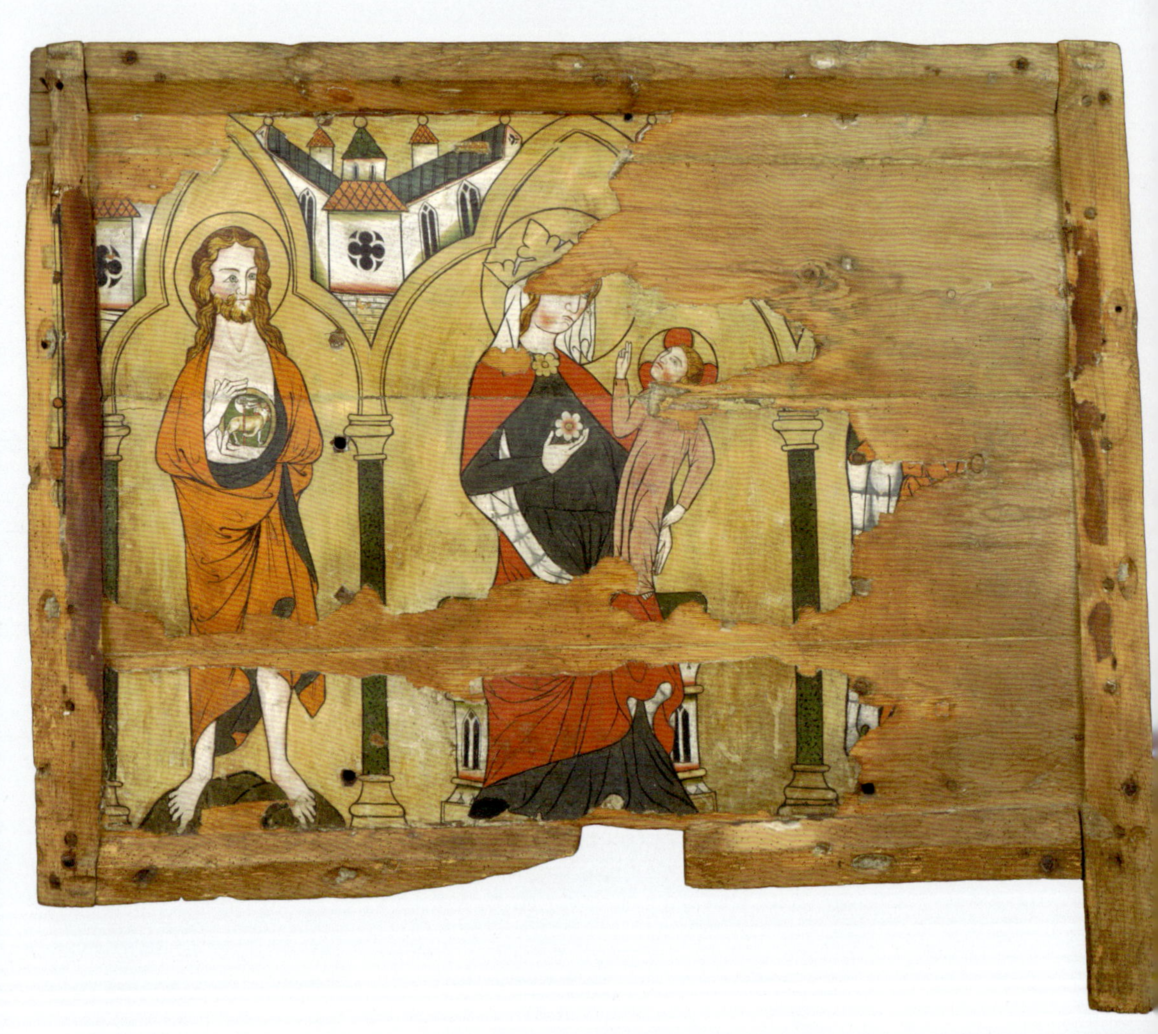

66
ALTERFRONTALE FRA ÅDLAND I SAMNANGER

Norge, 1300–1325
Fra Ådland i Samnanger i Midthordland, på museet siden 1853
Furutre, malt
H 95 x B 127,5 x D 6 cm
Inv. nr. MA 12

Frontalet fra Ådland/Samnanger øst for Bergen består av tre horisontale planker satt inn i en skrå ramme som fortsetter nedover på høyre side. Den tilsvarende forlengelsen på venstre side er sagd av. Lignende «føtter» er også kjent fra flere katalanske frontaler og skulle sannsynligvis beskytte panelet mot fuktskader. Bildestrukturen er delt i tre felt som alle fyller hele panelets høyde, og skiller seg dermed fra alle andre bevarte norske frontaler. Hvert felt er fylt av en helgen under en spissbue med trepass. Buene bæres av ornamenterte søyler i grønn marmorimitasjon. Flaten over spissbuene er fylt av rik fantasiarkitektur med bygninger med svarte vinduer og «dual shading», grønne og røde tak og små tårn. Arkitekturen ligner på den på frontalene fra Nes (II) og Årdal (II) (kat. nr. 64, 67).

Det bredere midtfeltet viser en Madonna med barn på en hvit trone med dual shading og svarte vindusmotiv. Den kronede jomfru Maria har en blågrønn kjole under en rød kappe og holder en hvit rose i høyre hånd. Jesusbarnet har et langt, lyserødt klesplagg og står på hennes venstre kne. Under venstre spissbue står Johannes døperen barføt på en liten haug. Han har langt, bølgete hår og en rød kappe med mørkegrønt fôr. Foran brystet holder han en rund skive som viser Guds lam med en korsfane, en framstilling vi også finner på treskulpturen av Døperen (kat. nr. 42). Figuren under høyre bue kan ikke lenger identifiseres. På grunnlag av fragmenter av malt hermelinfôr antar man at det kan være et portrett av helgenkongen St. Olav.

Bendixen 1897, s. 10–11 (kalt 'Tjugum'); Bendixen 1904–1913, s. 339–340; Fett 1917, s. 135–141; von Achen 1996a, s. 76–79; Morgan/Hohler/Wichstrøm/Plahter 2004, bd. 1, s. 121–122

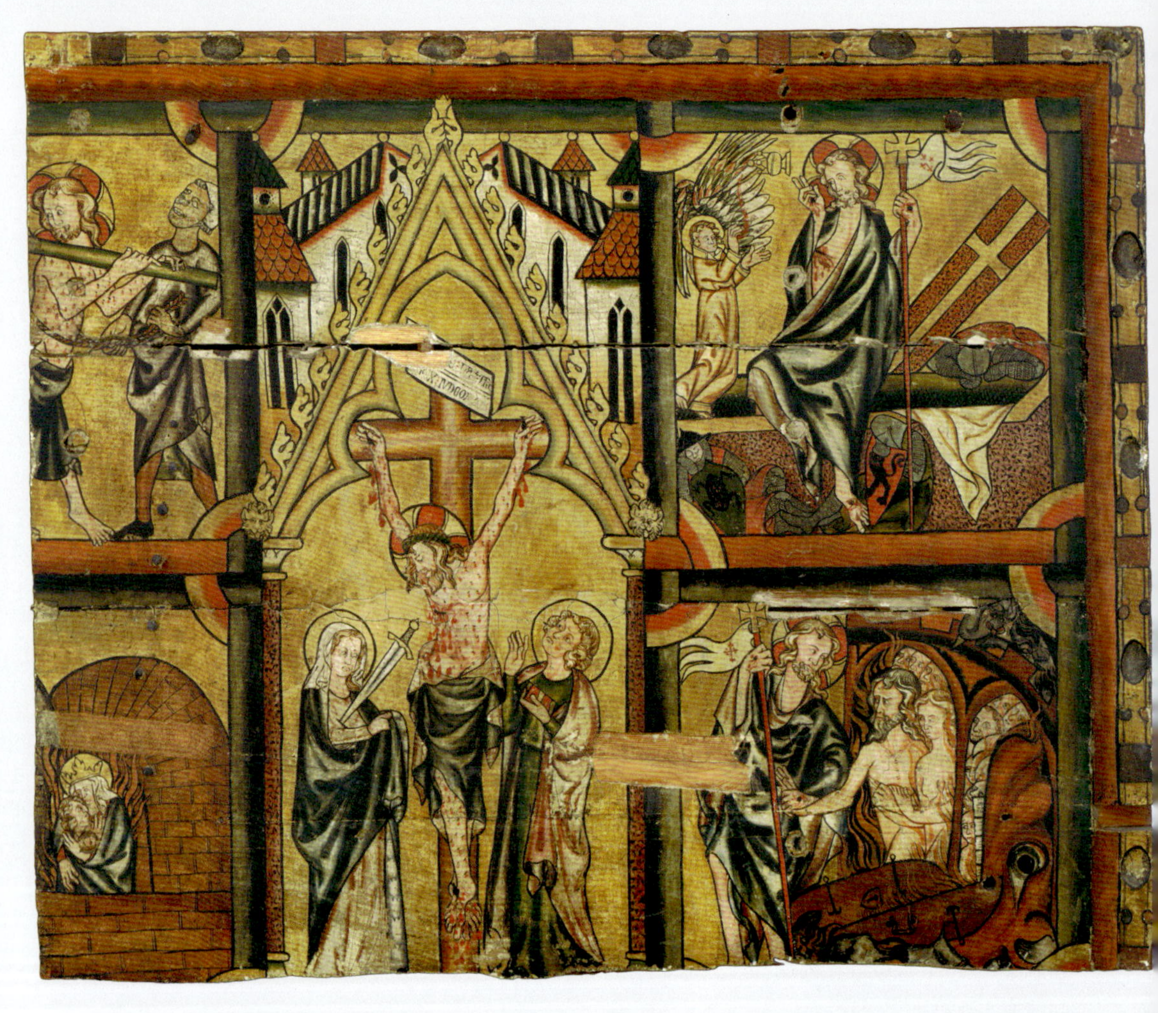

67

ALTERFRONTALE FRA ÅRDAL (II)

Norge, 1300–1325
Fra Årdal i Sogn, på museet siden 1867
Furutre, malt
H 90 x B 107 x D 3 cm
Inv. nr. MA 129

Dette alterfrontalet fra Årdal stavkirke i Sogn er såpass smalt at det trolig opprinnelig tilhørte et sidealter. I etterreformatorisk tid ble det beskåret for å tilpasses som kledning for høyalterets sider etter at sidealtrene var fjernet etter reformasjonen. I midten, under en spissbue med fempass, ser vi korsfestelsen. Kristus henger på korset med armene festet høyt over seg, og blod strømmer nedover kroppen. Maria står som *Mater Dolorosa* under korset med gjennomboret hjerte. Johannes holder en bok og viser med høyre hånd mot Kristus. Korsfestelsesmotivet med den sterke framhevelsen av blodet retter tydelig fokuset mot nattverden som offerhandling og frelsesgjerning.

Fortellende scener omgir midtfeltet. Oppe til venstre gjengis korsbæringen, under den en scene fra legenden om den jødiske gutten som Maria redder fra ilden. Margrethe Stang tenker seg at denne legendens popularitet over hele Europa bygger på antijødiske følelser, men scenen kan også tolkes mer allment som at Guds mor beskytter menneskeheten. Scenen settes i forbindelse med avbildningen av Kristi ferd til dødsriket i bildefeltet nede til høyre: Slik Kristus redder de rettferdige, slik redder Maria den jødiske gutten. Slik forsterkes på visuelt vis den tette tilknytningen mellom Guds mor og Kristus. I nivå over ferden til dødsriket ser vi oppstandelsen. Frontalets ramme er pyntet med imiterte edelsteiner.

Under restaureringsarbeid i 1960 ble det i mellomrommene mellom plankene funnet tre pergamentfragmenter med skrift. Den norrøne teksten tyder på at fragmentene er fra et dokument som ble skrevet i det kongelige kanselliet i Bergen rundt 1300 og brukt sekundært i bildepanelet. Pergamentfunnet viser at maleriet er laget i et norsk verksted, sannsynligvis i Bergen. Sammen med to andre frontaler, en alterbaldakin og et kirkeskap (kat. nr. 43, 52, 68, 73) utgjør dette frontalet en sjeldent komplett samling av en kirkes utsmykning fra høymiddelalderen, ikke bare i Norge men også utenfor landets grenser.

Bendixen 1889, s. 40–48; Lindblom 1916, s. 66–67, 203, 207; Fett 1917, s. 173–174; Braun 1924a, bd. 2, s. 113; Holm-Olsen 1969; Wichstrøm 1981, s. 281, 299, 307; Morgan 1995, s. 18, 23; von Achen 1996a, s. 57–58; Hohler/Morgan/Wichstrøm/Plahter 2004, bd. 1, s. 143–145; Stang 2009, s. 38–41

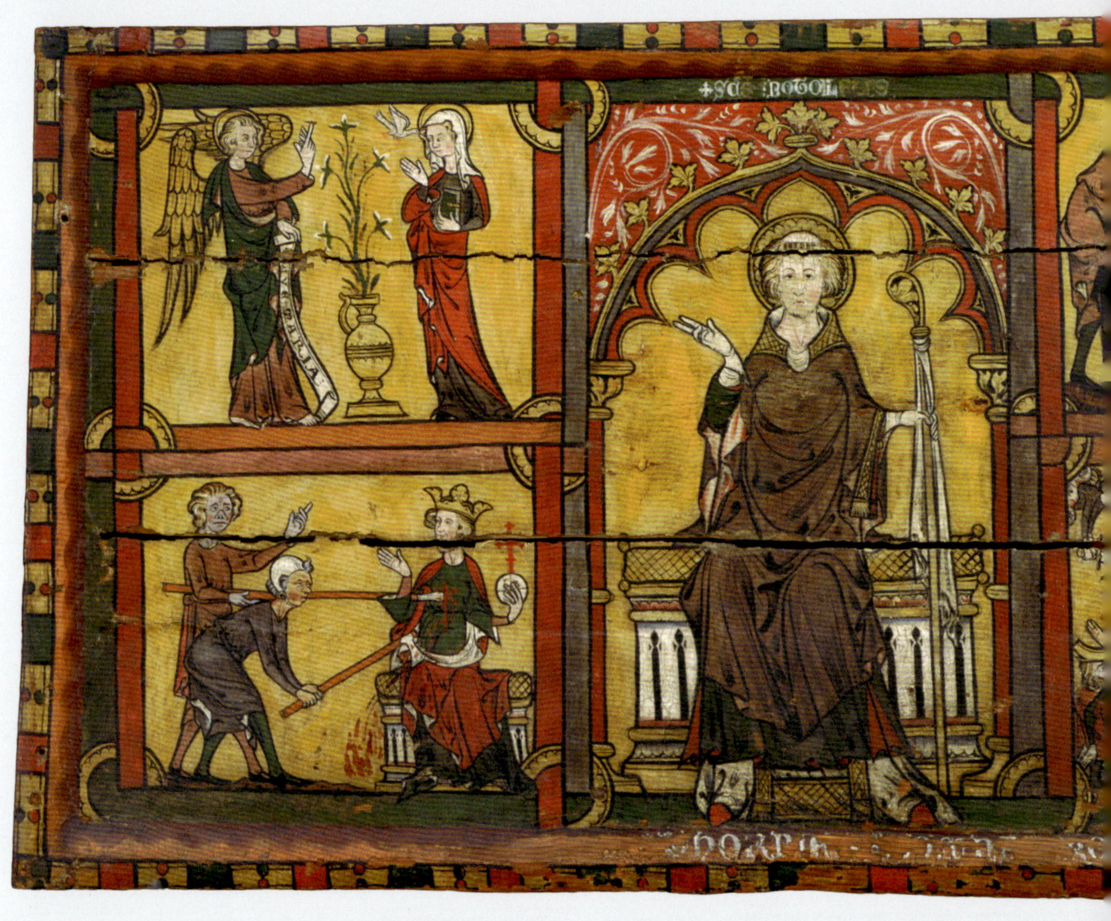

68

ALTERFRONTALE FRA ÅRDAL (I)

Norge, ca. 1325

Fra Årdal i Sogn, på museet siden 1867

Furutre, malt

H 90,5 x B 166 x D 3 cm

Inv. nr. MA 128

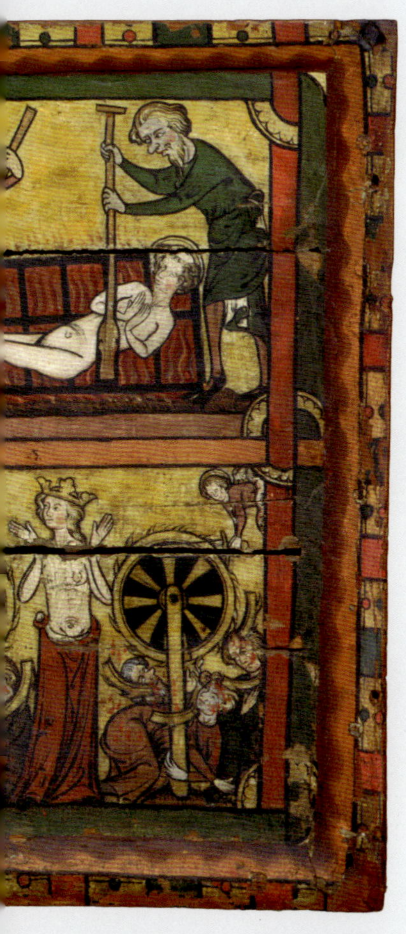

I midtfeltet på dette frontalet vises den hellige abbeden Botolf, som identifiseres ved innskriften SCS: BOTOLFUS over buen med sjupass. I venstre hånd holder han en krokstav, mens han gjør en velsignelsesgest med høyre hånd. Helgenen omgis av fire narrative scener. I Olav den helliges martyriumsscene nede til venstre kombineres to motiver som vanligvis opptrer hver for seg: Olavs død i slaget på Stiklestad i 1030 og kongen på tronen. Feltet oppe til venstre viser Maria bebudelse, fulgt av St. Laurentius' martyrium (oppe til høyre) og St. Katarinas martyrium (nede til høyre). Under midtfeltet står en bare delvis bevart innskrift som kan leses «THORBIG [...] RONA». Ifølge Margrethe Stang kan dette dreie seg om en giver.

Frontalet stod ved middelalderens høyalteret i Årdal stavkirke til denne ble revet og erstattet av en ny kirke i 1867 (fig. s. 11, 19). Sammen med den bevarte trebaldakinen (kat. nr. 43) dannet frontalet en helhetlig alterutsmykning. Framstillingen av Botolf på tronen sannsynliggjør at kirken, og dermed hovedalteret, var viet til denne helgenen. Utvalget av helgener og Maria bebudelsesscene kan vise til bestemte kirkelige høytidsdager, men de kan også tolkes allment i betydningen Kristi etterfølgelse.

Bendixen 1889, s. 31–40; Lindblom 1916, s. 33–34, 155–161; Fett 1917, s. 159; Braun 1924a, bd. 2, s. 113; Blindheim 1968, s. 47; Wichstrøm 1981, s. 261, 307; Morgan 1995, s. 21, 23; von Achen 1996a, s. 81–82; Lidén 1999, s. 176; Hohler/Morgan/Wichstrøm/Plahter 2004, bd. 1, s. 142–143; Stang 2009, s. 112–115

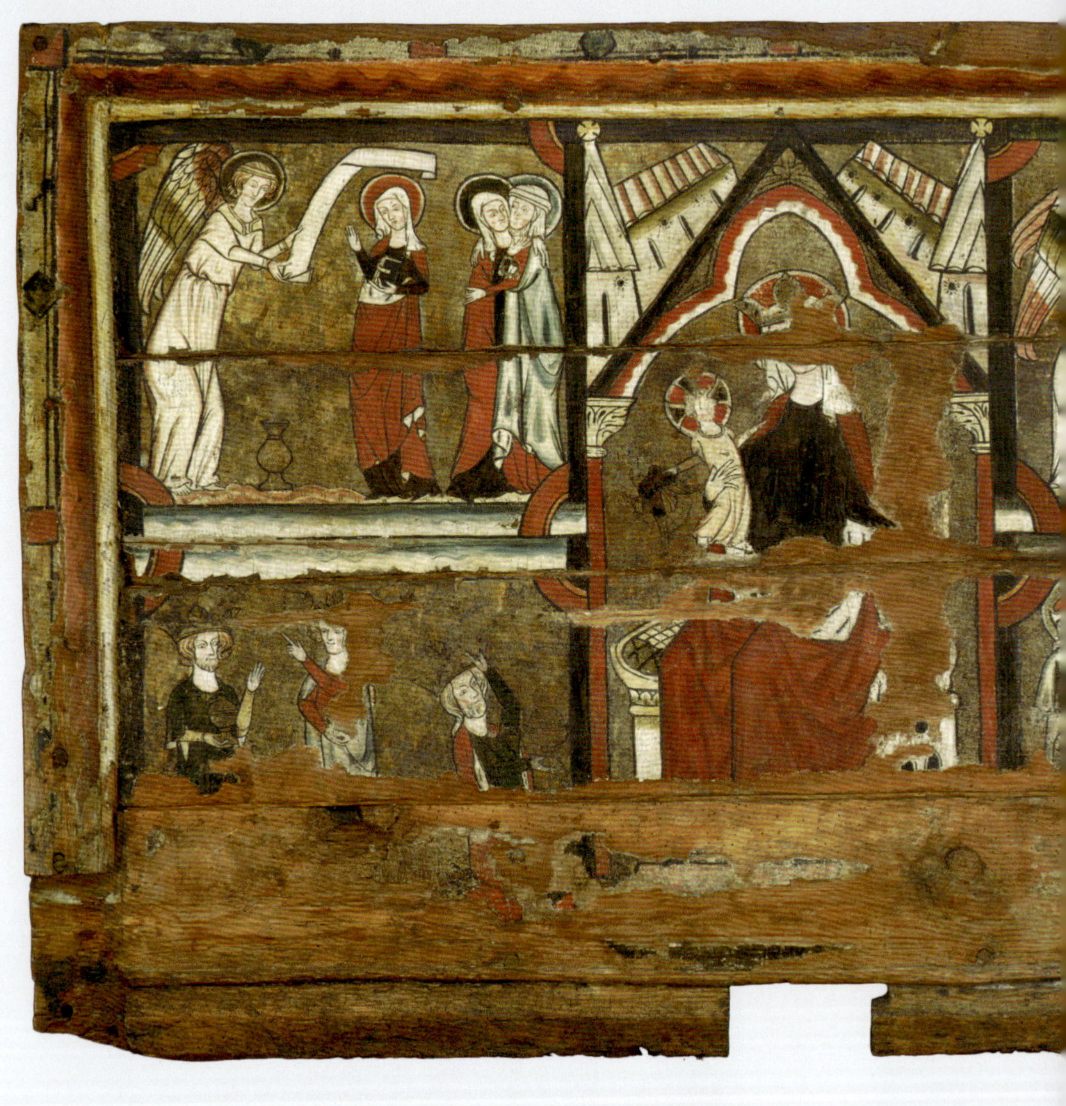

69

ALTERFRONTALE FRA DALE

Norge, ca. 1325

Fra Dale i Luster (Sogn), på museet siden 1860

Furutre, malt

H 98 x B 148,5 x D 4,5 cm

Inv. nr. MA 5

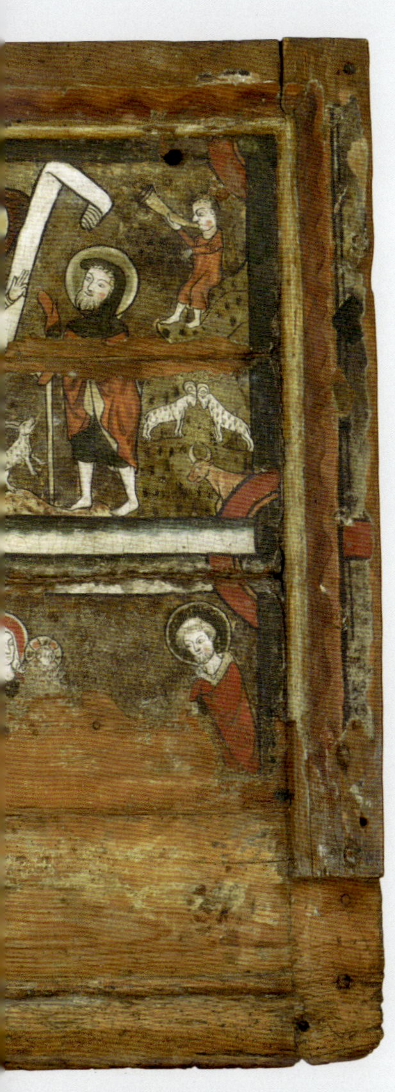

Guds mor sitter på en trone dekorert med vindusmotiver under en gavl formet med tre-pass og kronet arkitektonisk med et saltak, alt mot en bakgrunn av imitasjonsgull. Med høyre hånd omfavner hun det stående Jesusbarnet, som berører Marias skulder med sin venstre hånd og holder en rovfugl i sin høyre. I fire flankerende felt gjengis fødselssyklusen. Oppe til venstre ser vi Marias bebudelse og hennes besøk hos Elisabeth, oppe til høyre kunngjøringen for gjeterne. Nede til venstre ser vi de tre kongene. Kongen til venstre står, den i midten står vendt mot den til venstre, mens kongen til høyre vender seg knelende mot jomfru Maria og barnet i midtfeltet. Nede til høyre gjengis Jesu framstilling i Tempelet.

Panelet ble oppdaget av biskop Jacob Neumann på en visitasjonsreise i 1827. Skadene nederst på polykromien og på rammen kommer av at frontalet ble brukt sekundært som sidepanel på en kirkebenk. Panelet ble tilbudt museet allerede i 1827, men det ble ikke overført til samlingen før i 1860. At panelet ble nevnt i museumsprotokollene både i 1827 og 1860, førte trolig til at et annet frontale feilaktig ble benevnt Dale (II), selv om det opprinnelig kom fra Vanylven kirke på Sunnmøre (kat. nr. 60). Størrelsen på frontalet fra Dale tyder på at det opprinnelig har vært anbrakt på høyalteret, da sidealterne var smalere.

Neumann 1824, s. 424; Bendixen 1896, s. 17–18; Lindblom 1916, s. 67, 155–161; Fett 1917, s. 172; Blindheim 1968, s. 48; Wichstrøm 1981, s. 261, 307; Morgan 1995, s. 23; von Achen 1996a, s. 89–90; Hoff 2000, s. 36–37; Hohler/Morgan/Wichstrøm/Plahter 2004, bd. 1, s. 82–94

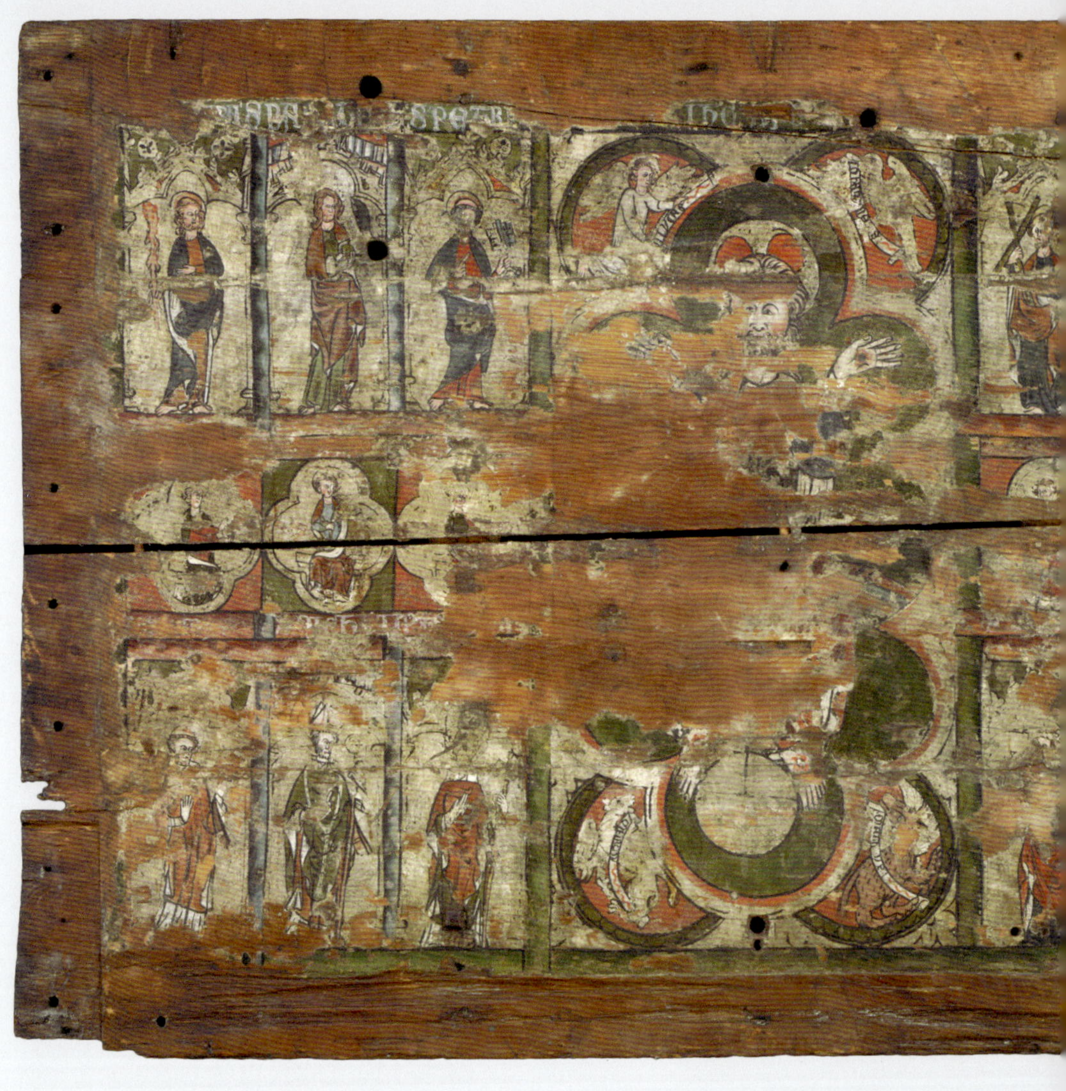

70

ALTERFRONTALE FRA TJUGUM

Norge, ca. 1325

Fra Tjugum i Sogn, på museet siden 1897

Furutre, malt

H 99 x B 144 x D 2 cm

Inv. nr. MA 11

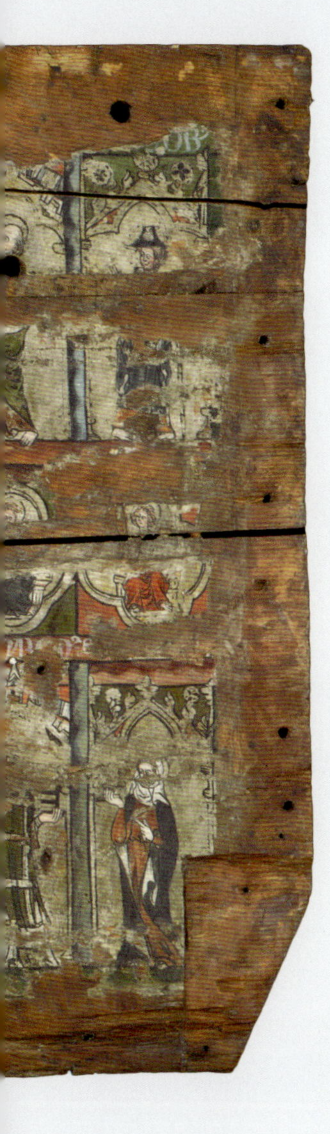

hender, med sårmerker, er hevet til velsignelse. Ved føttene hans ser man en globus som er delt i tre, for de tre kjente verdensdelene. Apostlene og helgenene som står under buer med trepass i de øvre og nedre feltene er vendt mot Kristus. I det smalere midtfeltet fins firpass som omrammer sittende engler som holder musikkinstrumenter. Helgenene kan til dels identifiseres ut fra innskriftene og attributtene: Oppe fra venstre til høyre: Judas Taddeus (?), Bartolomeus, Peter, Andreas, Paulus og Jakob d.e. Nederst en diakon, en biskop, Olav, Laurentius og Maria Magdalena. Den tronende Kristus på dommedag, som viser fram sårmerkene på hender og føtter, viser både til at Kristus skal vende tilbake og til hans reelle nærvær ved alteret under nattverden.

Frontalet er en sen representant for en lang bildetradisjon med den tronende Kristus i en mandorla, omgitt av de fire evangelistsymbolene og flankert av apostler og helgener, slik den kan gjenfinnes på en rekke bevarte romanske antependier fra hele Europa (kat. nr. 35). Disse trekkene er her knyttet til dommermotivet. Frontalet ble oppdaget av museets grunnlegger Wilhelm Frimann Koren Christie i 1827 og lå da som dekkplate på hovedalteret. De tallrike skadene og fraværet av ramme er trolig en følge av denne sekundære bruken. Eldre litteraturs identifisering av frontalet til Samnanger kirke er dokumentert til å være feil.

På dette sterkt skadde alterfrontalet fra Tjugum kirke i Balestrand (Sogn) vises Kristus på dommedag, tronende på en regnbue i en mandorla med åttepass, omgitt av de fire evangelistsymboler med banderoler. Kristi

Bendixen 1897, s. 13–16; Lindblom 1916, s. 270; Fett 1917, s. 168–169; Braun 1924a, bd. 2, s. 113–114; Blindheim 1968, s. 50; Wichstrøm 1981, s. 307; Morgan 1995, s. 2; von Achen 1996a, s. 85–86; Hohler/Morgan/Wichstrøm/Plahter 2004, bd. 1, s. 129–131

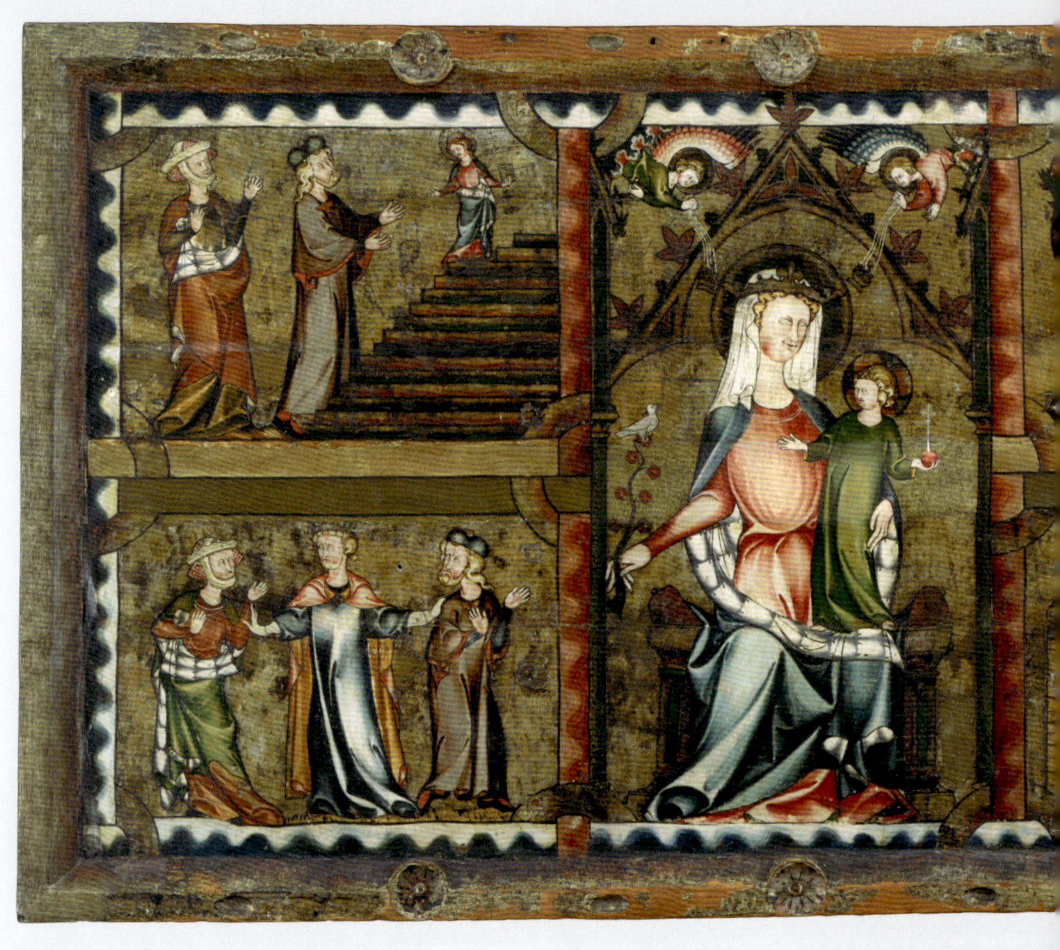

71
ALTERFRONTALE FRA ODDA

Norge, 1325–1350

Fra Odda (Sørfjord, Hardanger), på museet siden 1832

Furutre, malt

H 94 x B 165,5 x D 4,5 cm

Inv. nr. MA 8

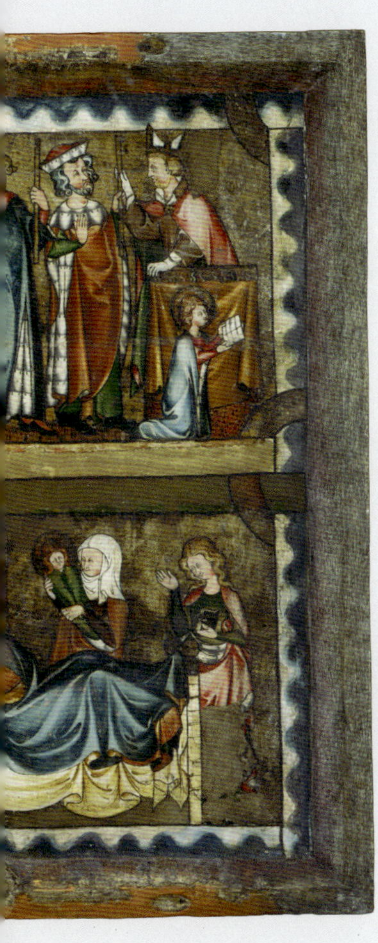

På de fleste alterfrontaler som har Madonna med barnet i midtfeltet, er Maria omgitt av scener fra Kristi fødsel og barndom, men dette eksempelet fra Odda i Hardanger er i sin helhet viet jomfru Maria. Av den nåværende rammen er bare de horisontale delene med utskårne rosetter originale. Panelet er omgitt av en malt kant med bølgemotiv i blågrønt og hvitt. Bildefeltene er skilt fra hverandre med fargelagte bånd og halvsirkler i møtepunktene, et mønster som samsvarer med frontalet fra Nes (II) (kat. nr. 64). Alle scener og figurer er gjengitt mot en bakgrunn av imitasjonsgull.

Midtfeltet, som strekker seg i hele frontalets høyde, viser Maria som sitter med Jesusbarnet på en gyllen trone med rød pute. Jomfruen har krone og rosa kjole med en blå hermelinfôret kappe. I høyre hånd holder hun en buktende rosekvist som en hvit due sitter på. Med venstre hånd støtter hun Jesusbarnet, som står på hennes venstre kne. Hun er innrammet av en gotisk bue med trepass under en prydgavl mellom spir. I de øvre hjørnefeltene viser to engler med røykelseskar seg mellom bølgende skybånd.

De fire scenene i sidefeltene er tatt fra det apokryfe Jakobs protoevangelium. Nede til venstre blir Marias foreldre, Joakim og Anna, stengt ute fra tempelet av en yppersteprest. Nede til høyre gjengis jomfru Marias fødsel. Oppe til venstre ser vi hvordan jomfruen blir viet til tempeltjeneste og jenta går opp trappen med 15 trinn. Oppe til høyre gjengis Maria fordypet i bønn ved et alter, mens tre friere nærmer seg fra venstre. Alle tre bærer stav, men bare hennes vordende ektemann Josefs stav blomstrer.

Bendixen 1894–1895, s. 17–22; Fett 1917, s. 112–118; Braun 1924a, bd. 2, s. 113; von Achen 1996a, s. 96–99; Morgan/Hohler/Wichstrøm/Plahter 2004, bd. 1, s. 118–120

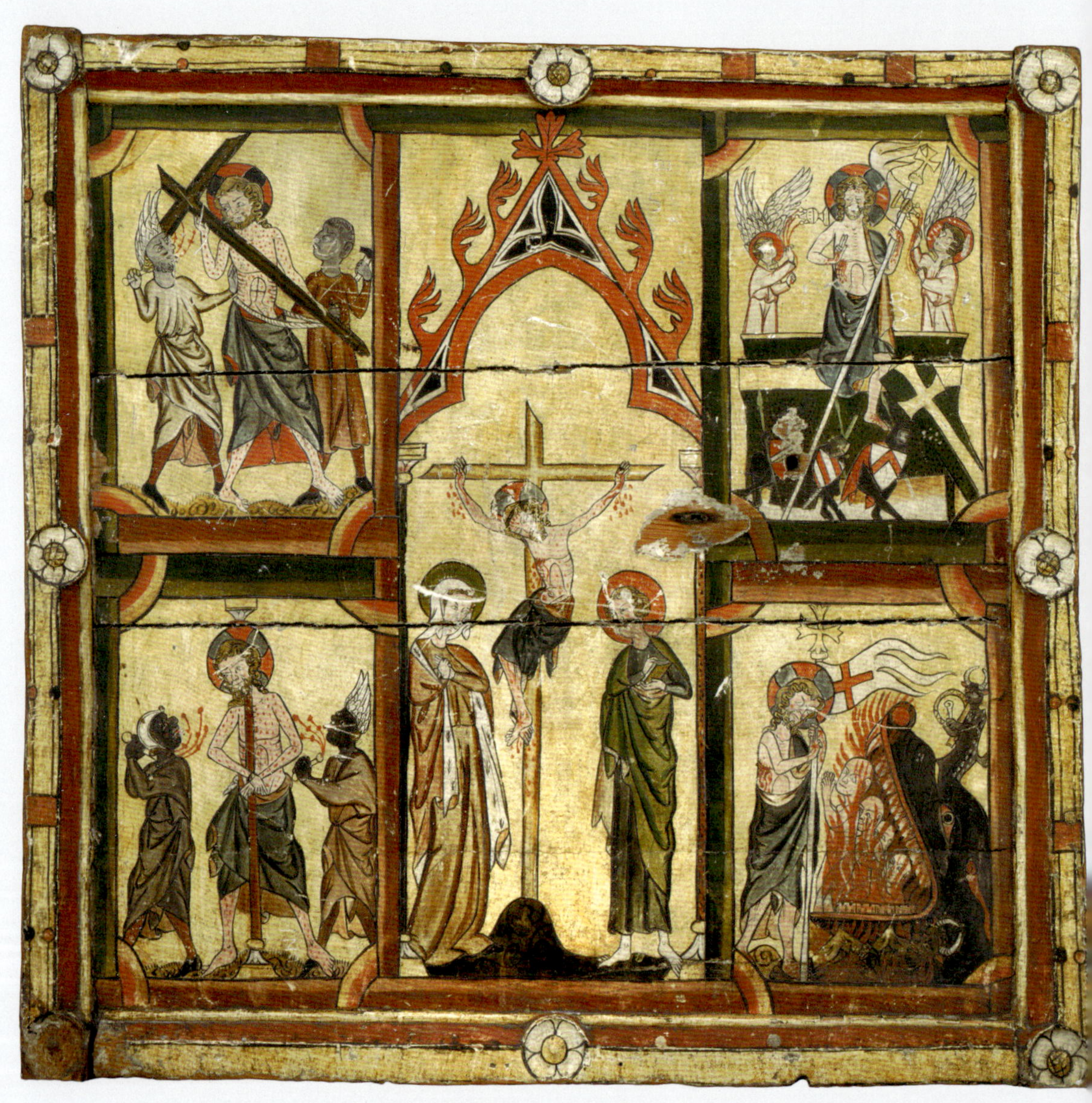

72
ALTERFRONTALE FRA RØLDAL

Norge, 1325–1350
Fra Røldal i Ullensvang, på museet siden 1845
Furutre, malt
H 108 x B 114 x D 4 cm
Inv. nr. MA 7

Den sentrale korsfestelsesscenen befinner seg under en spissbue med trepass med prydgavl og store bladkrabber. Kristus henger på det smale korset i en sterkt sammensunket positur, sårene hans er tydelig framhevet. Ved siden av korset står jomfru Maria og evangelisten Johannes. Korset står på en liten haug som representerer Golgata. Midtfeltet, som fyller hele panelets høyde, er omgitt av fire narrative bildefelt med framstillinger av pasjonen: Nede til venstre ser vi piskingen av Kristus, over den ser vi korsbæringen, til høyre nede er Kristi ferd til dødsriket, over det er oppstandelsen. Stilistiske trekk og den tydelige vektleggingen av sårene og blodet tyder på et opphav på første halvdel av 1300-tallet, da Kristi lidelse ble stadig sterkere framhevet i kunst og åndelig kultur (kat. nr. 59, 61, 63).

Fra 1500-tallet av forteller skriftlige kilder om valfart til Røldal stavkirke der et undergjørende krusifiks begynte å svette hvert år ved sankthans. Denne valfarten hadde sannsynligvis sitt opphav i middelalderen og ble først satt en stopper for i 1835. Krusifiksets framtredende plass på frontalet kan ha sammenheng med denne praksisen. Det er uklart om pilegrimsferden rettet seg mot triumfkrusifikset fra ca. 1250 som fortsatt befinner seg i kirken. Viktige elementer fra kirkens middelalderinteriør er bevart, deriblant tre treskulpturer (kat. nr. 28, 32, 34), deler av et helgenskap (kat. nr. 33), en messehagel (kat. nr. 46) og to vinger fra et lite alterskap fra senmiddelalderen (nå Oslo, Kulturhistorisk museum, inv. nr. C5067).

Bendixen 1893, s. 17–22; Bendixen 1904–1913, s. 556; Lindblom 1916, s. 67; Fett 1917, s. 175, 219–220; Braun 1924a, bd. 2, s. 113; Blindheim 1968, s. 50; Wichstrøm 1981, s. 304; Morgan 1995, s. 23; von Achen 1996a, s. 93–94; Hohler/Morgan/Wichstrøm/Plahter 2004, bd. 1, s. 120–121; Stang 2009, s. 43–45; Laugerud 2018, s. 273–275; von Achen 2018, s. 81, 84

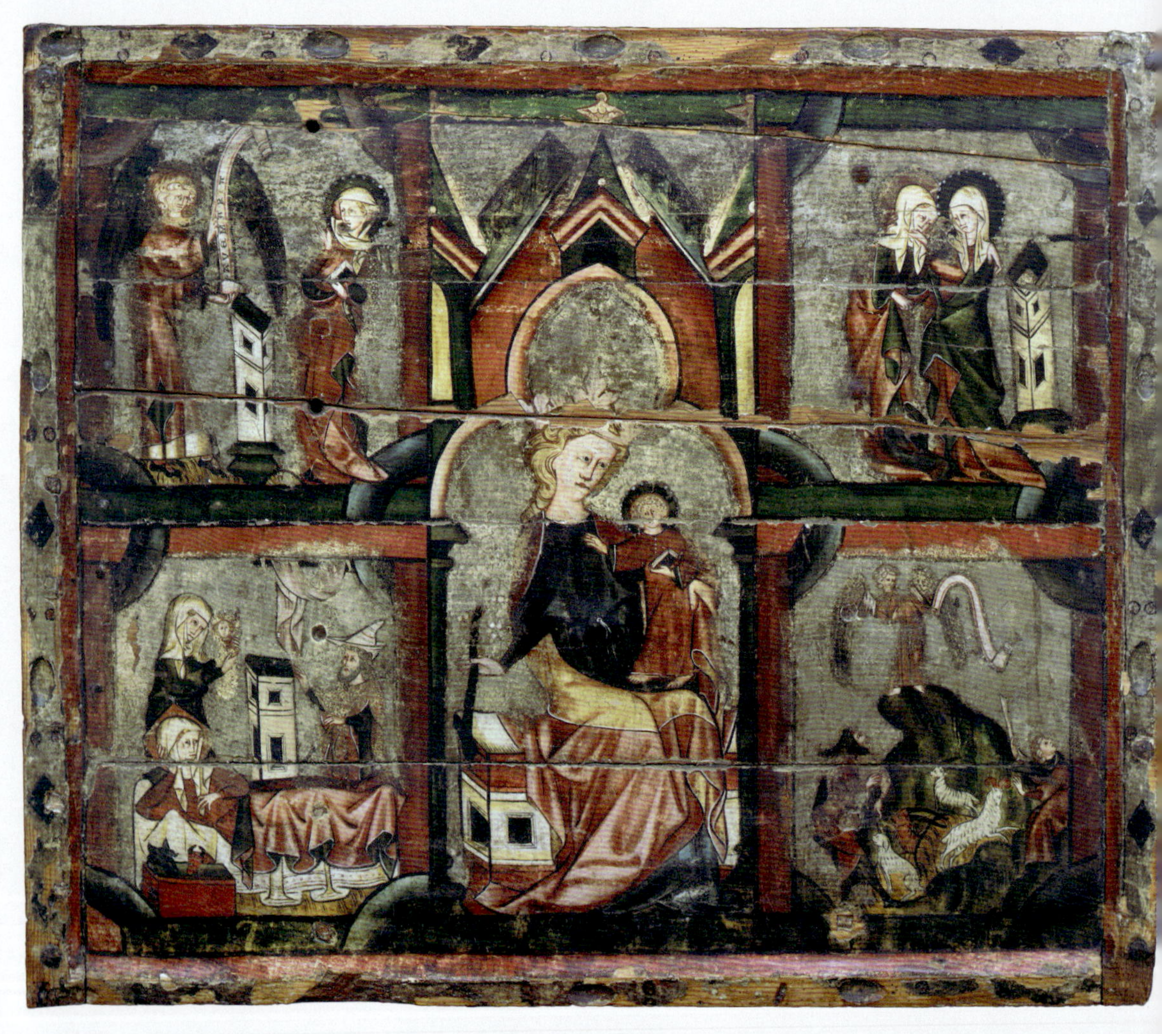

73
ALTERFRONTALE FRA ÅRDAL (III)

Norge, 1330–1350
Fra Årdal i Sogn, på museet siden 1867
Furutre, malt
H 91,5 x B 108,5 x D 3 cm
Inv. nr. MA 130

Maria med barnet sitter på tronen under en arkitektonisk utformet baldakin med trepassbue mot en bakgrunn av imitasjonsgull. På hennes venstre kne står Jesusbarnet, og hun holder et septer i høyre hånd. Barnet støttes av Marias venstre arm og griper etter moren med høyre hånd, mens det holder en bok med venstre hånd. Midtfeltet innrammes av fire narrative scener fra fødselssyklusen: Maria bebudelse oppe til venstre, fulgt av Marias besøk hos Elisabeth oppe til høyre, fødselen nede til venstre og forkynnelsen for hyrdene nede til høyre. Kristi fødsel, med forheng og jordmor, viser likheter med konvensjonelle avbildninger av Marias fødsel. Den påfallende tårnaktige lesepulten dukker opp både i bebudelsesscenen og i to andre scener der den ikke har noen meningsfull funksjon. Dette kan komme av et misforstått forelegg.

Malingsteknisk er frontalet enklere utført enn både frontalet for hovedalteret (kat. nr. 68) og pasjonsfrontalet (kat. nr. 67). Basert på stilistiske trekk kan det dateres til mellom 1330 og 1350 og er dermed det yngste av de tre bevarte frontalene fra Årdal stavkirke. Anne Wichstrøm og Nigel Morgan har gjort oppmerksom på stilistiske likhetstrekk med samtidig malerkunst fra Paris og Köln. Før kirken ble revet ble frontalet brukt som sidekledning på alteret i koret, sammen med det beskårne pasjonsfrontalet (kat. nr. 67). Maria-ikonografien tyder på at det opprinnelig har vært anbrakt på et sidealter viet til jomfru Maria.

Bendixen 1892, s. 3–11; Lindblom 1916, s. 34–35, 162–163; Fett 1917, s. 119–126; Braun 1924a, bd. 2, s. 113; Blindheim 1968, s. 47; Wichstrøm 1981, s. 310; Morgan 1995, s. 22–23; von Achen 1996a, s. 101–102; Hohler/Morgan/Wichstrøm/Plahter 2004, bd. 1, s. 145–147

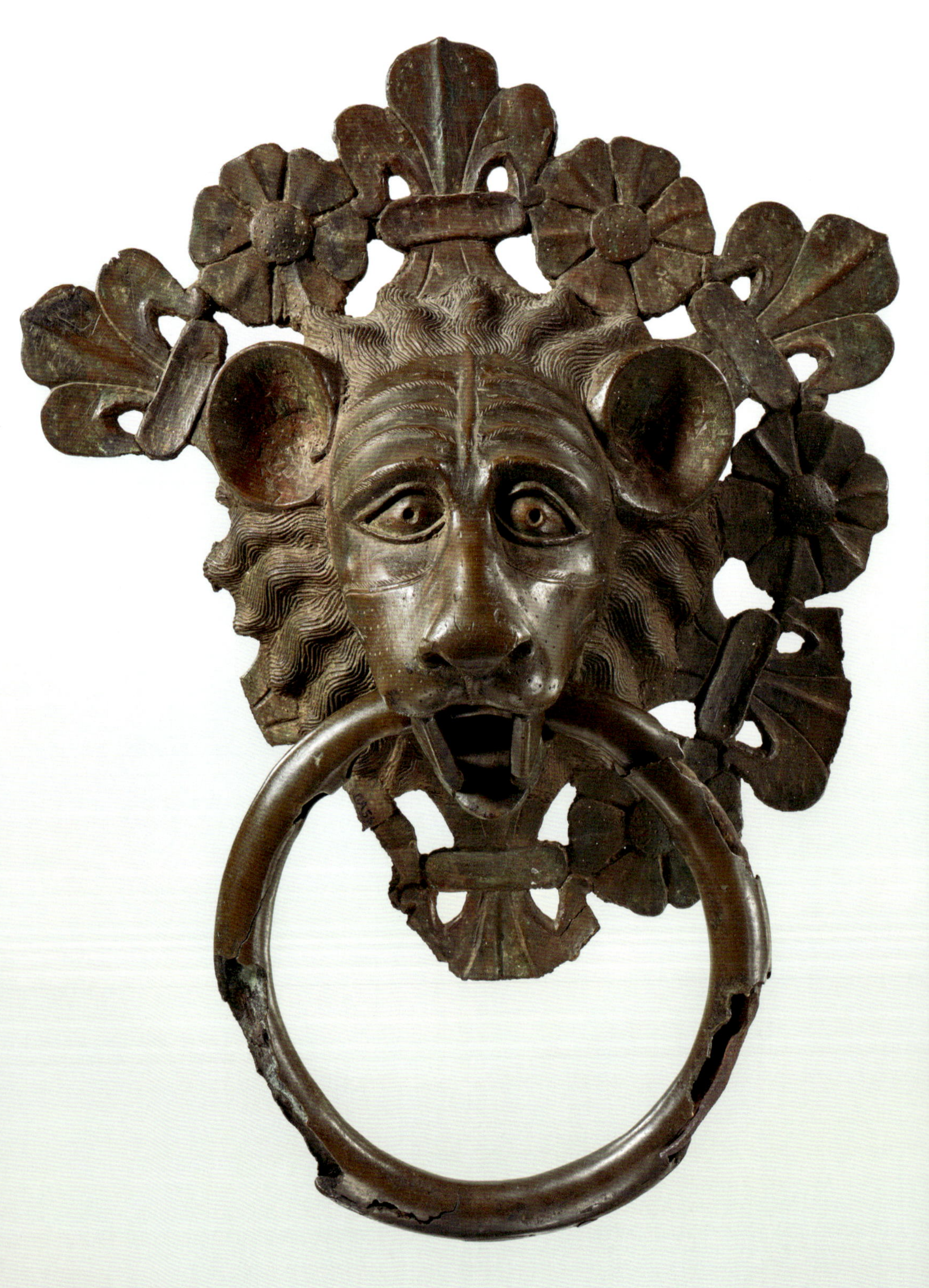

74

DØRRING FRA FANA

Nord-Tyskland (Lübeck?), 1325–1350
Fra Fana (Bergen), på museet siden 1847
Bronse, jern
H 50 x B 40 x D 13 cm
Inv. nr. MA 56

Helt fra antikken har løvehoder med en ring i munnen prydet helligdomsdører. Symbolet avspeiler aspekter som årvåkenhet og beskyttelse mot vonde makter, og slike dørringer ble av og til brukt ved edsavleggelser. Dette uttrykksfulle løvehodet med en (skadet) ring befant seg opprinnelig på døren for skipets sørportalen i Fana kirke, cirka 15 kilometer sør for Bergen sentrum. Løven har store mandelformede øyne og utstående ører. Hodet er omgitt av en krans av blomster og liljer (delvis ødelagt).

Ursula Mende daterte dørringen til andre fjerdedel av 1300–tallet og gikk ut fra en nordtysk opprinnelse, kanskje Lübeck med kretsen rundt mesteren Johannes Apengeter. Sammenlignbare, mindre stiliserte dørringer fra Lübeck er bevart i Rostock og Osnabrück. I tillegg til Lübeck var spesielt Harz-regionen (Hildesheim, Goslar, Braunschweig) et betydelig sentrum for bronsestøperi i middelalderen.

En annen dørring i kirkekunstsamlingen i Bergen kommer sannsynligvis fra sørportalen (hovedportalen) i Mariakirken i Bergen (MA 643). Likheter med dørringene i hovedportalene i domkirkene i Mainz og Essen tyder på et opphav i Rhin-området på slutten av 1200–tallet.

Bendixen 1904–1913, s. 360–361; Mende 1981, s. 80–81, 97–98, 256; Hoff/Lidén/Storsletten 2000, s. 11

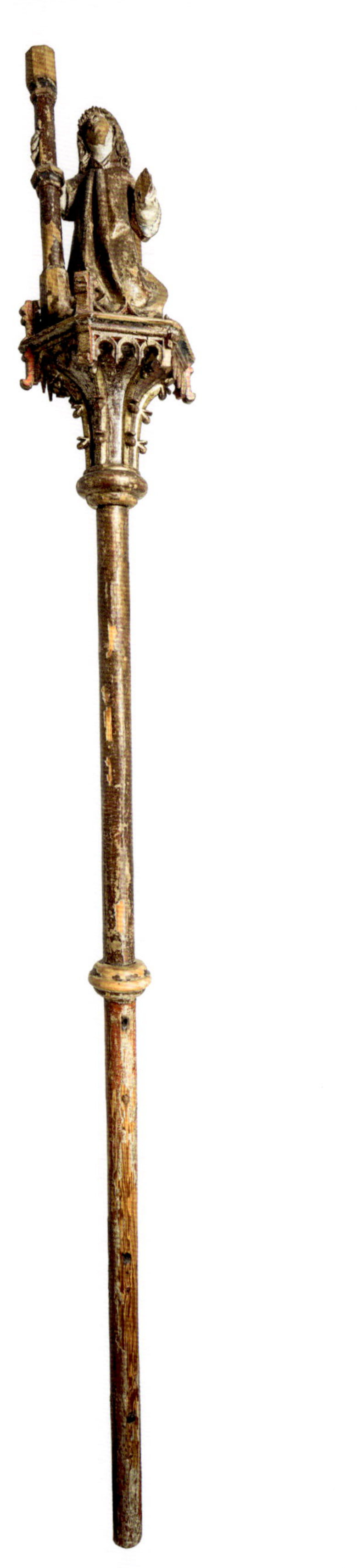
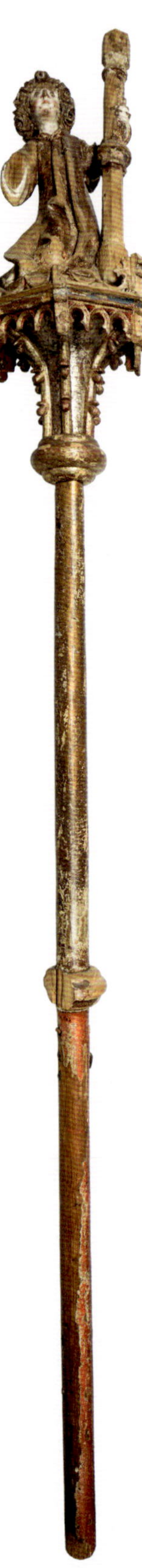

75
FORVANDLINGSLYSESTAKER FRA SÆBØ OG SEIM

Nord-Tyskland (?), 1400–tallet
Fra Sæbø, på museet siden 1869 (MA 150ab),
og Seim i Nordhordland, på museet siden 1879
Eik (figur og utskjæringer), furutre (stav), polykromi
H 250 cm (MA 150ab)
H 297 cm (MA 237a)
H 287 cm (MA 237b)
Inv. nr. MA 150ab, MA 237ab

Disse høye stavene fra Sæbø og Seim nord for Bergen har fra gammelt av blitt tolket som prosesjonslysestaker. Nyere forskning av Vera Henkelmann (Henkelmann 2018) har derimot kastet nytt lys over slike gjenstander og tolker dem som «forvandlingslys», brukt under messen når hostien ved konsekrasjonen ble forvandlet til Kristi legeme; i det øyeblikket ble det holdt høyt oppe (*elevatio*). De består av en tynn stav med en konsoll som er dekorert med sengotiske bladkrabber og små tårn, og på denne står en engel som holder en lysestake. Stakene fra Sæbø (til venstre) har knelende engler kledd med alba og dalmatika, som holder lysestaken med en hånd; den andre hånden til begge englene er tapt. Englene på de to lysestakene fra Seim (under), der begge har mistet en vinge, er fremstilt stående kledd med en alba, en forgylt *cappa* eller *pluviale*, og røde sko. Alle englene bøyer hodet lett mot siden, og klærne deres har livaktige folder.
To andre svært like lysestaker i samlingen i Bergen kommer fra Os (MA 152). Av stilistiske grunner kan man anta at alle disse eksemplarene har sitt opphav i Nord-Tyskland.

Bendixen 1901, s. 6–8; Bendixen 1904–1913, s. 647

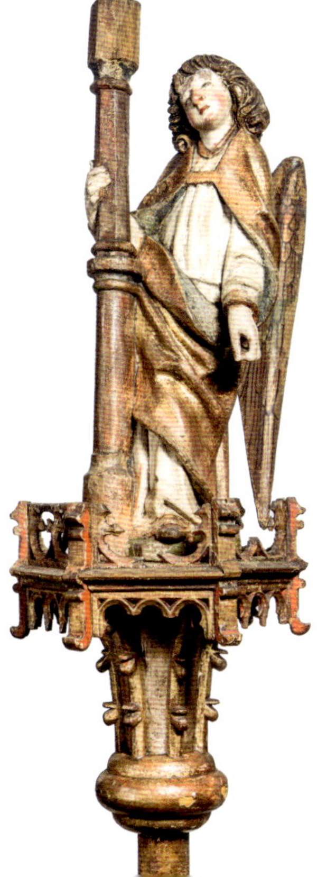

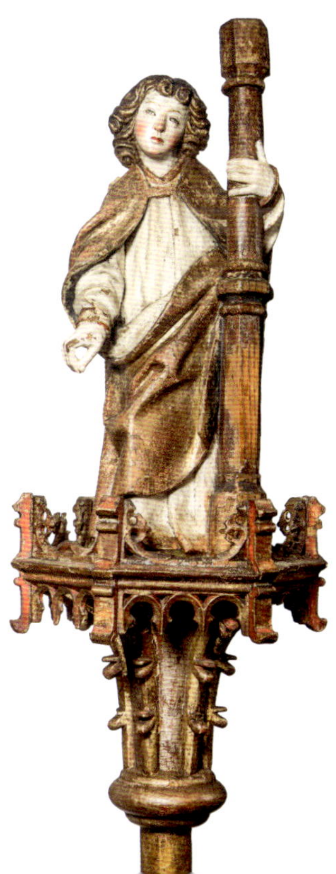

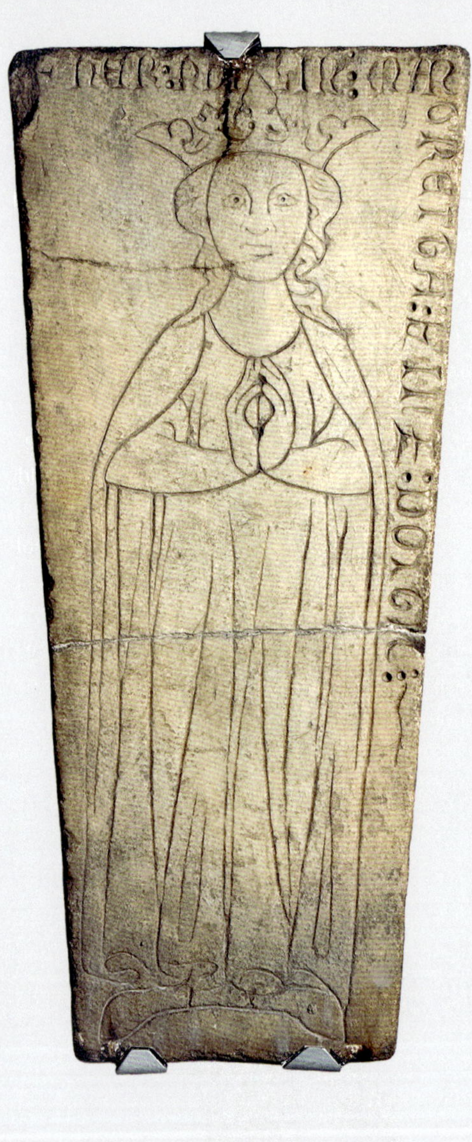

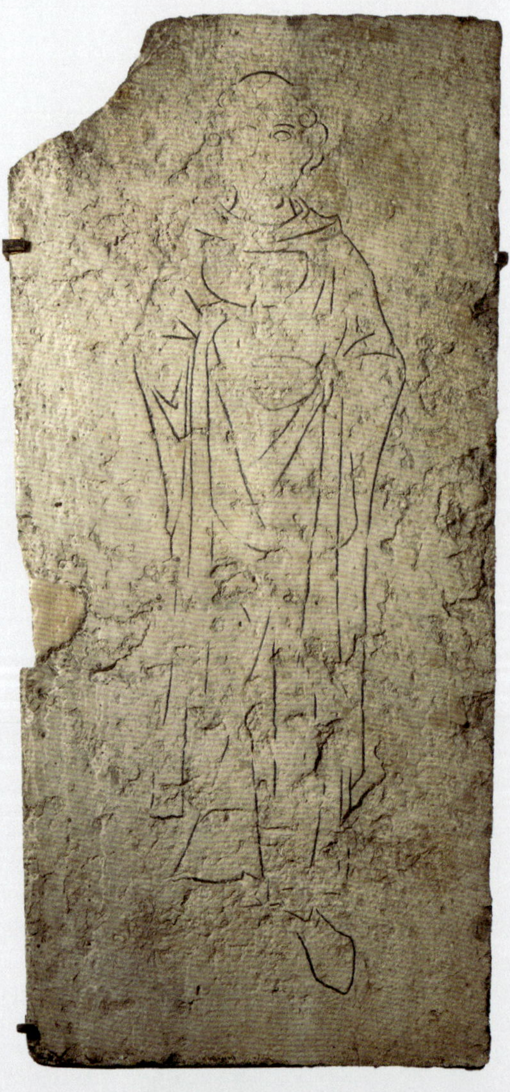

76
GRAVSTEINER FRA HESBY OG TØNJUM

Norge og Gotland (Sverige), sent 1200–tall/første halvdel av 1300–tall
Fra Hesby på Finnøy i Rogaland (MA 169) og Tønjum i Sogn (MA 394), på museet siden 1872 (Hesby) og 1885 (Tønjum)
Marmor (Hesby), kalkstein (Tønjum)
H 85 x B 39,5 x D 4 cm (Hesby)
H 184,5 x B 90,5 x D 11,5 cm (Tønjum)
Inv. nr. MA 169, MA 394

I Norge er det bevart 67 gravsteiner fra tiden mellom 1200 og 1400. På 33 av dem er det avbildet menneskefigurer. Mange av gravsteinene har figurer i strektegning, der klesdrakt eller attributter viser den avdødes sosiale stilling. Den lille marmorplaten fra Hesby kirke på Finnøy nord for Stavanger viser en ung kvinne med krone, som folder hendene foran brystet i bønn. Innskriften navngir den døde: «Her hvilir Margretta Fine doter». Hun kan ha vært datteren til ridderen og riksråden Finn Ogmundsson på Hestbø (nå Hesby), som døde i 1343 og er kjent fra skriftlige kilder. Kronen viser ikke til kongelig avstamning, men til avdødes ugifte (jomfruelige) status.

Kalksteinshellen fra Tønjum stavkirke i Lærdal kommer fra graven til en prest, som avbildes i liturgisk klær mens han med begge hendene holder en kalk av bred, romansk type. Den svært slitte hellen, uten inskripsjoner, var sekundært benyttet som tråkkhelle foran vestportalen til stavkirken, som ble erstattet med ny kirke i 1823. Tradisjonelt lå prestegraver ofte i kirkens kor. Marmor, som gravsteinen fra Hesby er laget av, forekommer i Norge, mens kalksteinshellen i Tønjum kommer fra Gotland. Denne øya i Østersjøen hadde stor eksport av kalkstein til land i regionen, og den importerte gravsteinen vitner om en velstående prest og/eller et velstående lokalsamfunn i Lærdal. I samlingen i Bergen fins stein fra Gotland også i døpefonten fra Sæbø (kat. nr. 19).

Nicolaysen 1862–1866, s. 447; Bendixen 1915–1916, s. 28; Bugge 1926, s. 26; Stige 2014, s. 29–30

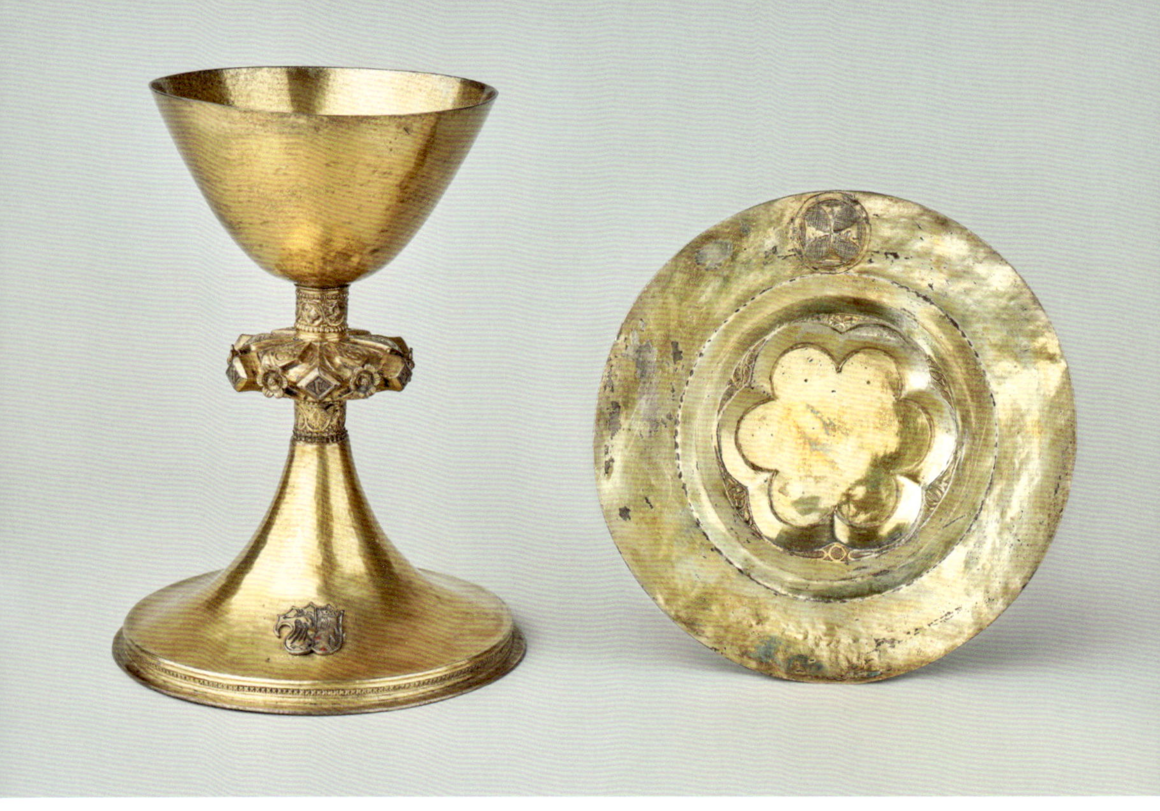

77
TO ALTERKALKER MED PATÉN FRA MARIAKIRKEN I BERGEN

Bergen eller Nord-Tyskland, 1400-tallet
Fra Mariakirken i Bergen, på museet siden 1875
Sølv, forgylt
Kalk H 17 cm, diameter 13 cm, og patén diameter 15 cm (MA 187)
Kalk H 19 cm, diameter 16, og patén diameter 16 cm (MA 218)
Inv. nr. MA 187ab, MA 218ab

Kalk og patén (oblatfat) ble brukt av presten for vinen og brødet under messen. Siden gjenstandene kom i direkte berøring med Kristi legeme og blod, måtte de lages av edle materialer, og innsiden skulle alltid være forgylt. Fra Mariakirken i Bergen er det bevart to kalker fra senmiddelalderen med tilhørende patén av forgylt sølv. Den første kalken (MA 187) er fullstendig forgylt og består av et konisk beger på en konkav rund sokkel. *Nodus* halvveis opp på skaftet er ornamentert med blomster og romber med bokstavene *Ihesus* på. På den ene siden av sokkelen er det et relieff av den korsfestede Kristus og på den andre siden våpenskjoldet til det hanseatiske Kontoret på Bryggen, som viser en halv ørn og en kronet tørrfisk (foto høyre). Paténen har en liten sekspassformet fordypning, omgitt av ornamentering.

Den andre kalken har en sekspassformet sokkel som også har avbildninger av den korsfestede Kristus og våpenskjoldet til det hanseatiske Kontoret. Også på denne kalken står det *Ihesus*, med et lite kors foran. På innsiden av sokkelen står en tekst med gotiske minuskler: «Ich bin dar mi de Kopman hebben well» («Jeg er der hvor kjøpmannen vil ha meg») (foto høyre), noe som kan tyde på at det har dreidd seg om en reisekalk som ble tatt med på reiser mellom Bergen og de nordtyske hansabyene. Den tilhørende paténen har en firpassformet fordypning. Det er kjent at tyske gullsmeder var aktive i Bergen, og det er sannsynlig at disse alterkarene ble framstilt av disse håndverkerne.

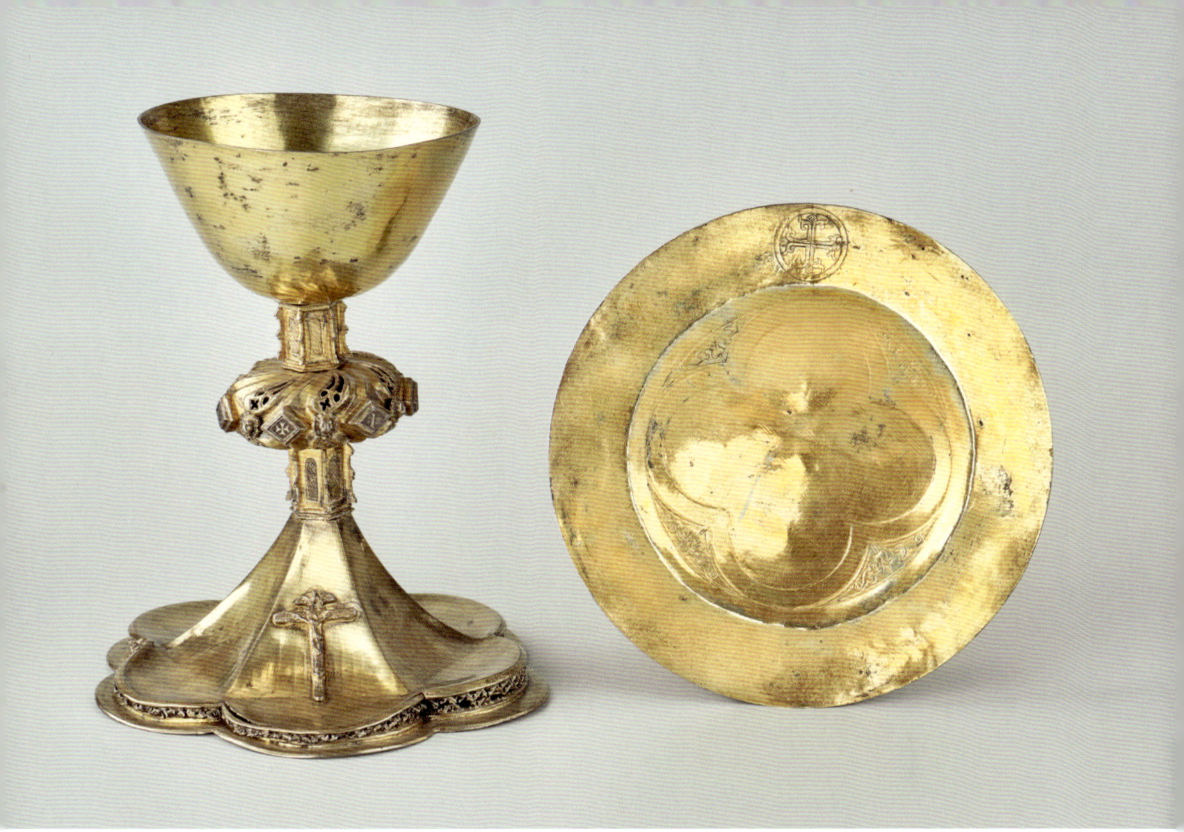

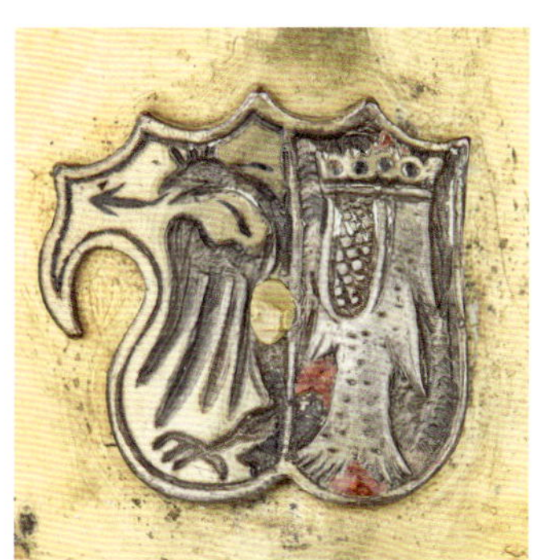

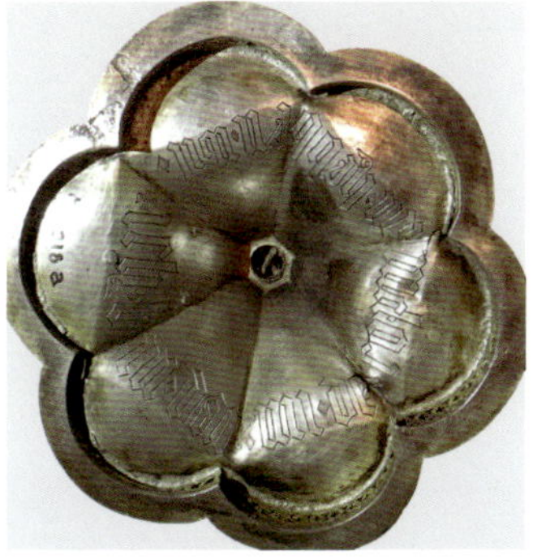

Bendixen 1909, s. 5–8; Kielland 1927, s. 220; von Achen 1994, s. 74–75

78
EN OMARBEIDET MONSTRANS FRA ULVIK

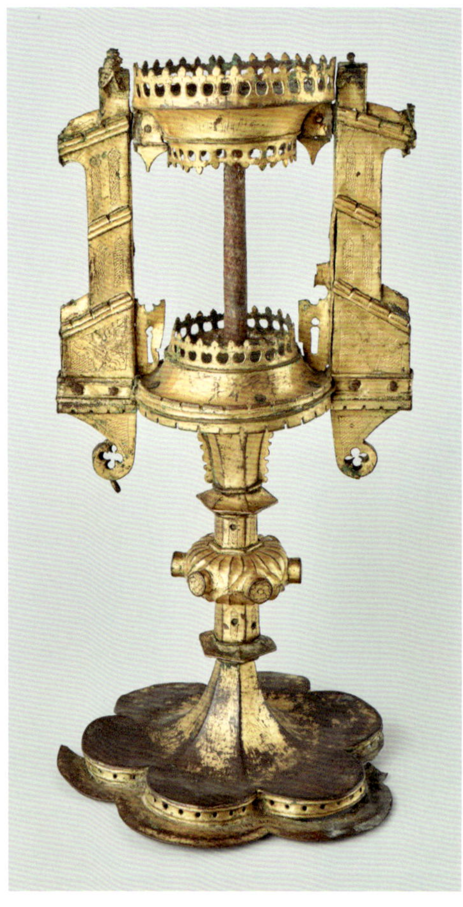

Norge (Bergen?), 1400-tallet
Fra Ulvik i Hardanger, på museet siden 1869
Forgylt kobber
H 32 x B 18 x D 16,5 cm
Inv. nr. MA 149

I løpet av middelalderen gikk den liturgiske forståelsen med utdeling av nattverd til de troende gradvis ut av praksis. Den ble erstattet av «visuell kommunion», der den konsekrerte hostien under den såkalte *elevatio* ble vist fram for de troende av presten ved alteret. Til visse tider i løpet av det liturgiske året ble den konsekrerte hostien satt fram på alteret for tilbedelse i en spesiallaget beholder, monstransen (fra latin *monstrare*=å vise fram). En monstrans består som regel av en sylinder av glass eller bergkrystall som er satt inn i et rammeverk av edelmetall og satt på en sokkel som ligner sokkelen til en alterkalk. Under Kristi legemsfest på andre torsdag etter pinse, stod monstransen med Kristi legeme i fokus og ble båret rundt i høytidelig prosesjon.

Denne praksisen tok slutt med reformasjonen, og derfor er det knapt bevart noen monstranser i Norge. Eksemplaret fra Ulvik i Hardanger er laget av forgylt kobber og står på en sekspassformet sokkel og et skaft med *nodus*. Etter reformasjonen fjernet man spiret på toppen og den gjennomsiktige sylinderen for å kunne ta gjenstanden i bruk som lysestake. En grovt smidd jernstift ble også satt på. Støtter og ringinnfatningen med bladkrabber minner fortsatt om det som en gang var det hellige innholdet. Et fragment av en annen monstrans i samlingen, fra en ukjent kirke, ble gjenbrukt som sokkel for et krusifiks (MA 670). Fra Ulvik har kirkekunstsamlingen i Bergen også bevart et malt alterfrontale (kat. nr. 35) og fragmenter av en kirkeportal (kat. nr. 13).

Bendixen 1904–1913, s. 103; Bendixen 1909, s. 11–12; Kielland 1927, s. 223

79

DORSALALTER MED OLAV DEN HELLIGE FRA AUSTEVOLL

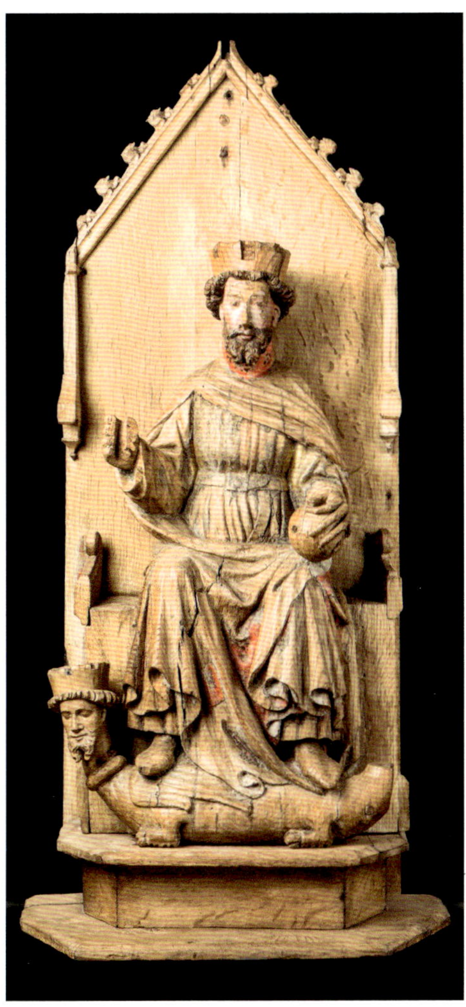

Nord-Tyskland (?), ca. 1425–1450
Fra Austevoll i Sunnhordland, på museet siden 1891
Eik, rester av polykromi
H 132 x B 54 x D 37 cm
Inv. nr. MA 284

Denne fremstillingen av Olav den hellige sittende på tronen foran et ryggstykke (dorsal) med spissgavl kommer fra middelalderkirken som lå på øya Sandtorr i Austevoll, sør for Bergen. Helgenkongen sitter på en tronstol og har de spisse skoene sine plassert på et fabeldyr med avbrukket hale. Dette symbolet på hedenskap har dragekropp og menneskehode med Olavs eget ansikt, der han trakker på sitt «gamle jeg». Olav er kledd i en lang kjortel med belte rundt livet. Han har på seg en kappe som er ligger over skuldrene. I venstre hånd holder han en kule som hviler på hans venstre kne. I høyre hånd, som er delvis brukket av, har han trolig holdt det tradisjonelle attributtet sitt, en øks. Det er bevart røde og brune rester av polykromi, særlig i ansiktet, håret og skjegget.

Skulpturen hviler på en lav, sekskantet kistesokkel. Bakveggen på tronen ender i en trekantgavl, som har hatt krone av korsblader som har gått tapt. Plasseringen av helgenfigurer foran gavlformede dorsaler ble vanlig fra 1100–tallet av i forskjellige deler av Europa. Flere slike «dorsalalter» fins fortsatt i Sverige, spesielt på Gotland. Ut fra stilistisk trekk ser Olav fra Austevoll ut til å komme fra Nord-Tyskland. To nært beslektede Olav-figurer, som ifølge Eivind Engelstad ble laget i Lübeck, fins i Bø kirke i Nordland og Østråt kirke i Trøndelag. Fra Austevoll kommer også en messinglysestake og et sengotisk alterskap, som trolig er importert fra de nordlige Nederlandene (kat. nr. 54, 98).

Bendixen 1911, s. 21–22; Engelstad 1936, s. 228

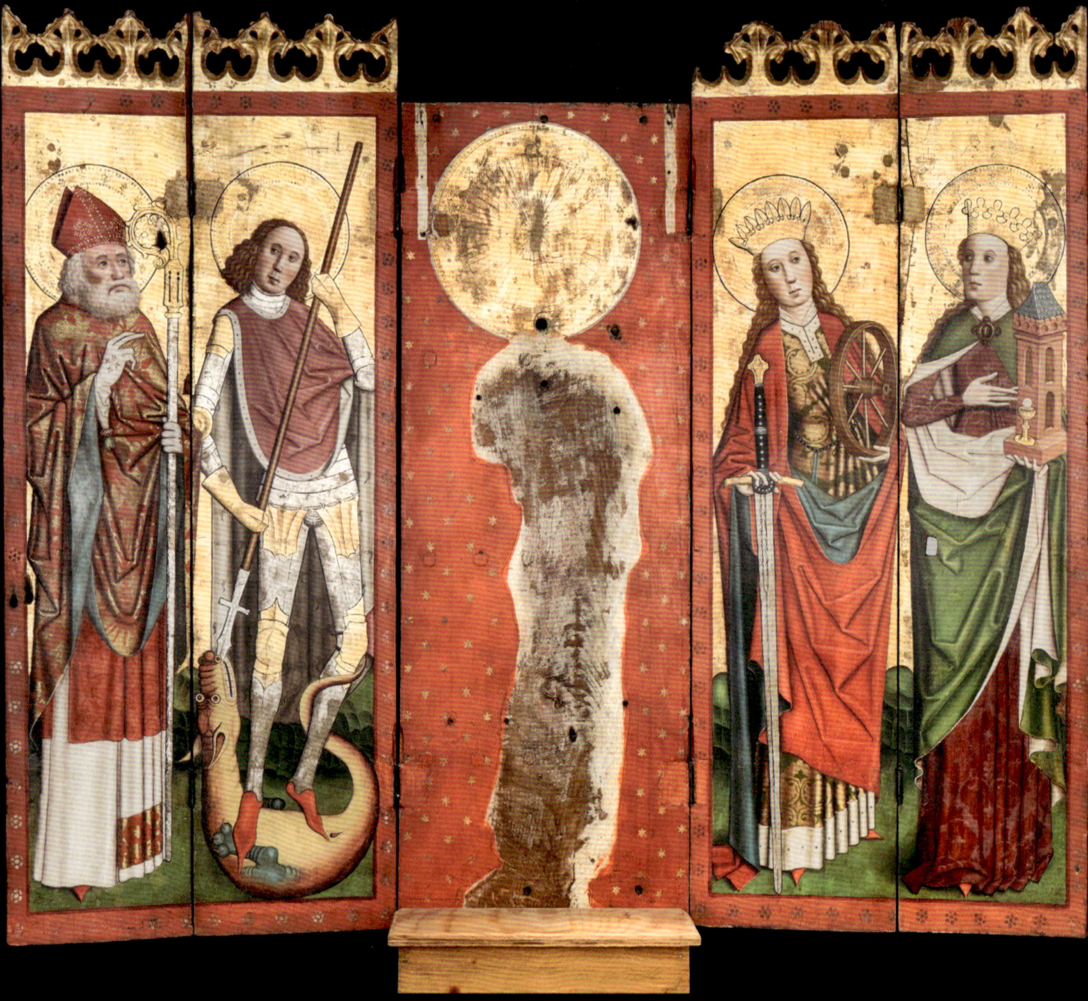

80
DORSALE MED FLØYDØRER FRA GRANVIN

Nord-Tyskland (Lübeck?), 1450–1475
Fra Granvin i Hardanger, på museet siden 1842
Eik, malt
H 116 x B 139,5 cm (åpent)
Inv. nr. MA 43

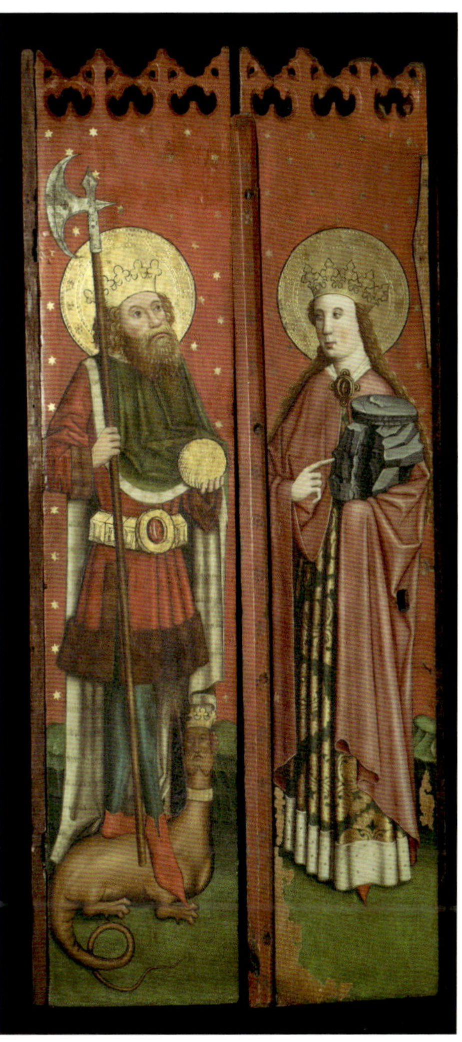

De fire fløydørerne av et helgenskap fra Granvin i Hardanger har godt bevarte malerier av høy kvalitet. Innsidene viser fire stående helgener på rød bakgrunn, fra venstre til høyre en hellig biskop (Augustin?), Georg med dragen, Katarina med hjulet og Barbara med et tårn. På utsidene vises de norske helgenene Olav og Sunniva. Den sistnevnte var Vestlandets skytshelgen, og relikviene hennes ble oppbevart i domkirken i Bergen. Dorsalet er rødt med en gyllen glorie. Stilistiske trekk tyder på at maleriene ble malt i Nord-Tyskland, trolig Lübeck. Et påfallende trekk er rekken med plastisk utførte blader, skåret ut av treet i panelene, som kroner fløyene. De fire fløydørene er av samme bredde som dorsalet, noe som tyder på at skapet har hatt femkantet grunnriss (den nåværende sokkelen er ny). Denne løsningen har ingen kjente paralleller. Fra samme kirke har samlingen også figurer av Maria med barnet (kat. nr. 22), av Johannes døperen og evangelisten Johannes (kat. nr. 81).

Bendixen 1904–1913, s. 467–468; Bendixen 1911, s. 37–41; Engelstad 1936, s. 235–236; Lapaire 1969, s. 188; Hoffmann 2015, s. 59–61, 347–349; Kroesen/Tångeberg 2021, s. 127

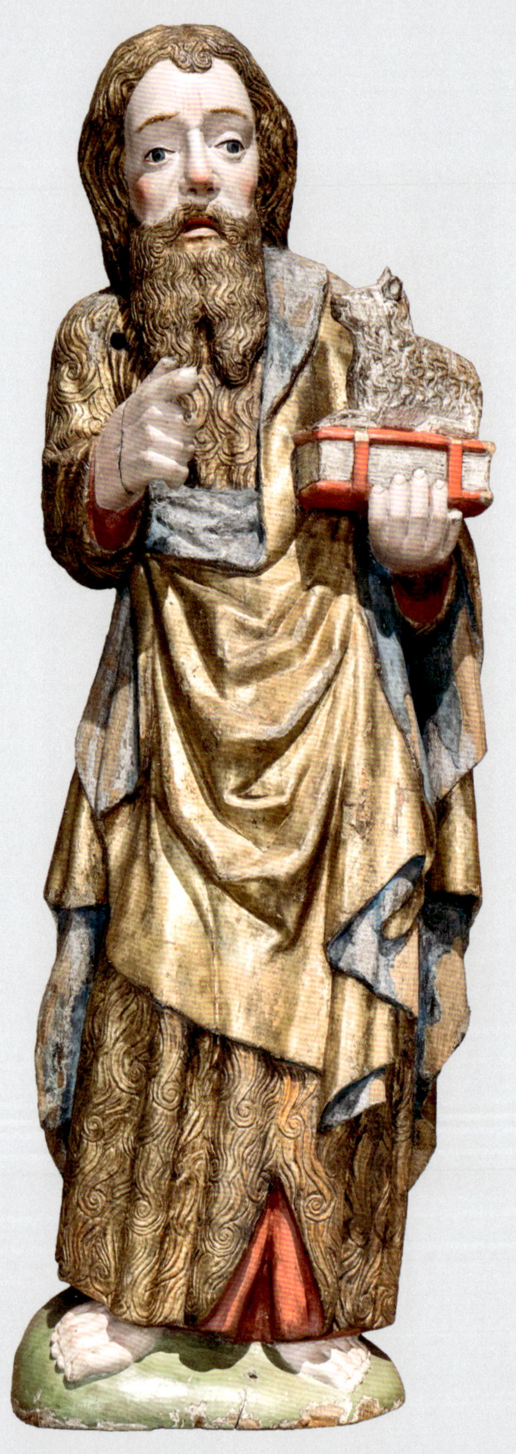

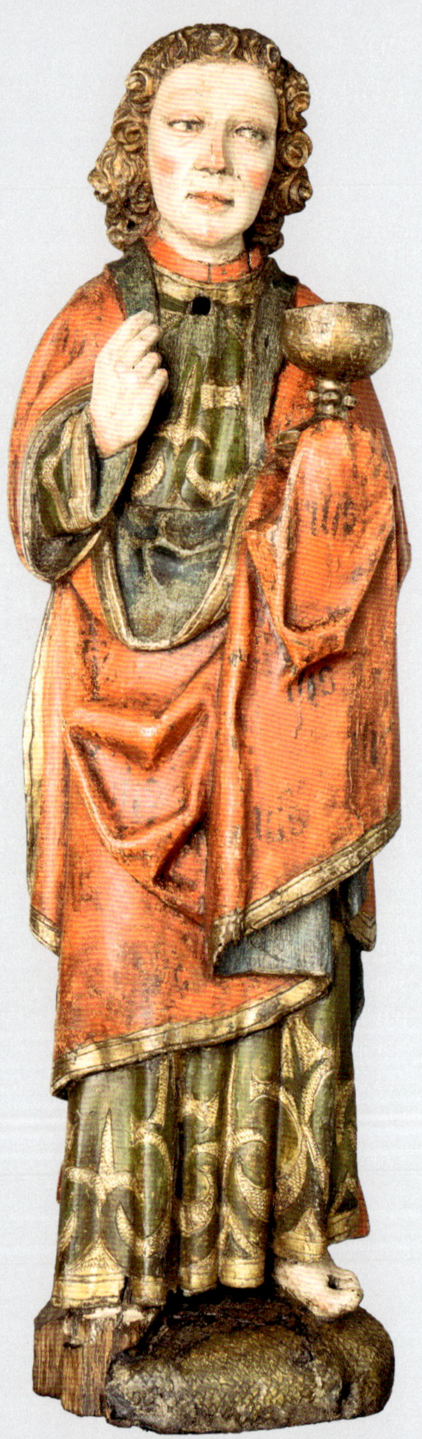

81
JOHANNES DØPEREN OG EVANGELISTEN JOHANNES FRA GRANVIN

Nedre Rhin-området eller de nordlige Nederlandene (?), ca. 1470
Fra Granvin i Hardanger, på museet siden 1842
Eik, polykromert
H 80 x B 25 x D 17,5 cm (MA 31)
H 90 x B 33 x D 23 cm (MA 43)
Inv. nr. MA 31, MA 43

Disse rundskårene skulpturene, som framstiller døperen Johannes og evangelisten Johannes, kommer fra Granvin i Hardanger. Døperen står barføtt på en liten opphøyning ikledd et langt plagg av kamelhår under en gylden kappe. I venstre hånd holder han en lukket bok med jernbeslag, med Guds lam oppå. Med høyre hånd peker han på lammet og viser slik sin rolle som Kristi veirydder. Evangelisten har rød kappe, og under den kan man se en dalmatika i grønn gullbrokade med rød krage. Brokadeeffekten forsterkes av mønster skåret inn i treet. På den røde kappen kan man lese bokstavene I H S (*Ihesus*) i gotiske bokstaver. Med venstre hånd, som er innhyllet i kappen, holder han en stor, gyllen kalk, mens høyre hånd er hevet. Ansiktet er skjeggløst og omgitt av forgylte, krøllede hårlokker. De bare føttene står på en rund sokkel. Omtrent midt på dalmatikaens øvre bord går et hull gjennom figuren. Her kan det opprinnelig ha vært anbrakt en brosje eller et lite relikviegjemme. Ifølge Eivind Engelstad er den rundskårne utførelsen av begge figurene et trekk fra det nordlige Nederlandene eller fra det nedre Rhin-området, noe som kan tyde på et opphav fra disse regionene. Fra Granvin kirke har kirkekunstsamlingen også en dorsale med fløydører fra et helgenskap (kat. nr. 80).

Bendixen 1904–1913, s. 468; Bendixen 1911, s. 14; Engelstad 1936, s. 136, 236, 359

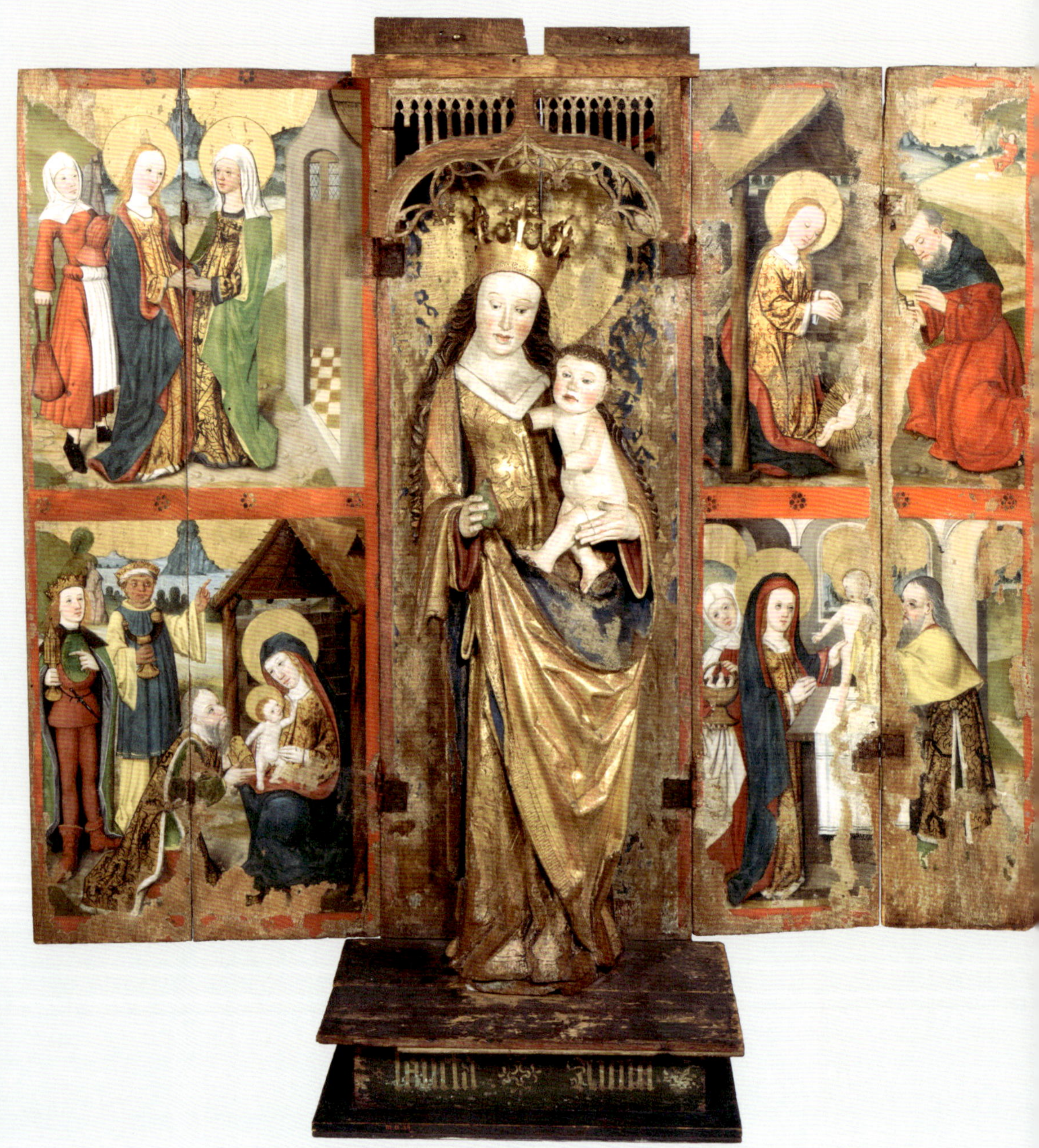

82
MARIASKAP FRA BREKKE

Nord-Tyskland (Lübeck?), ca. 1480
Fra Brekke i Sogn, på museet før 1868
Eik, malt, polykromi
H 144 x B 157 x T 38 cm (åpent), og H 144 x B 56 x T 38 cm (lukket)
Inv. nr. MA 29

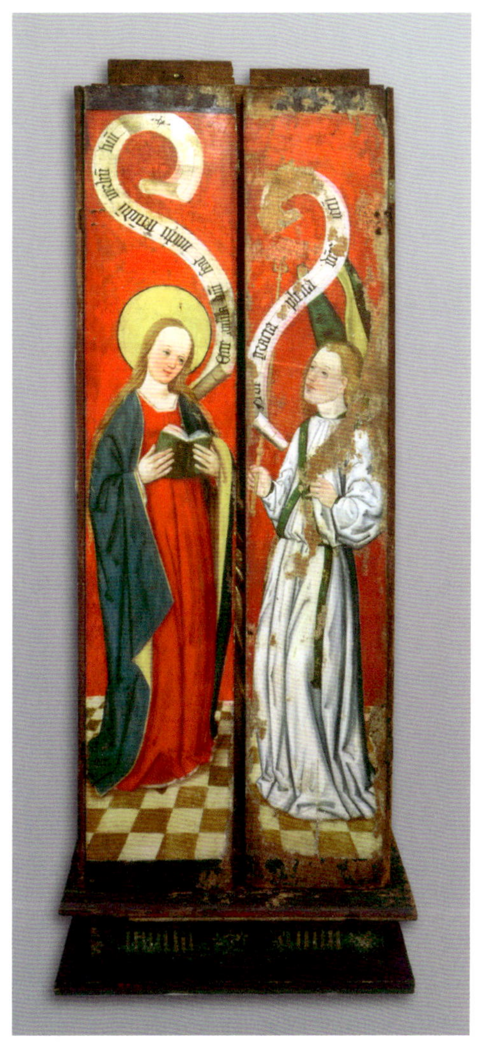

Dette sengotiske helgenskapet fra Brekke i Sogn representerer en type som var utbredt i Mellom- og Nord-Europa i senmiddelalderen. Skapet ble trolig laget i Nord-Tyskland, kanskje i Lübeck. Den stående Maria med barnet har bevart nesten all sin opprinnelige polykromi. Maria har langt, krøllete hår som faller over skuldrene og ryggen fra under kronen. Hun har en lang gyllen kjole og en gyllen kappe. I høyre hånd holder hun en pæreformet frukt, mens hun holder det nakne Jesusbarnet på venstre arm. Dorsalen er ornamentert med imitert gullbrokade og kronet med en flat baldakin med kjølbuer og masverkornamentering. Av ukjente grunner har framsiden av sokkelen innskriften *sancta anna*. Utfra ikonografien er det klart at det opprinnelig fremstiller jomfru Maria.

Innsidene av de fire fløypanelene viser fire Maria-scener i røde rammer. Hver av dem strekker seg over to paneler i bredden. Oppe til venstre ser vi Marias besøk hos Elisabeth i selskap med en tredje, ukjent kvinne, fulgt av Kristi fødsel (oppe til høyre), de hellige tre kongers tilbedelse (nede til venstre) og framstillingen i templet (nede til høyre). Når skapet er lukket, viser framsiden Maria bebudelse, hvilket var vanlig på 1400–tallet. Maria og engelen holder begge banderoler og står på et flislagt golv foran en rød bakgrunn som er utført i perspektiv. En nesten identisk komposisjon fins på et Maria-skap i Risinge (Östergötland, Sverige), som også trolig kommer fra Lübeck.

Bendixen 1911, s. 41–44; Engelstad 1936, s. 239; Lapaire 1969, s. 188; Kroesen/Tångeberg 2021, s. 127–128

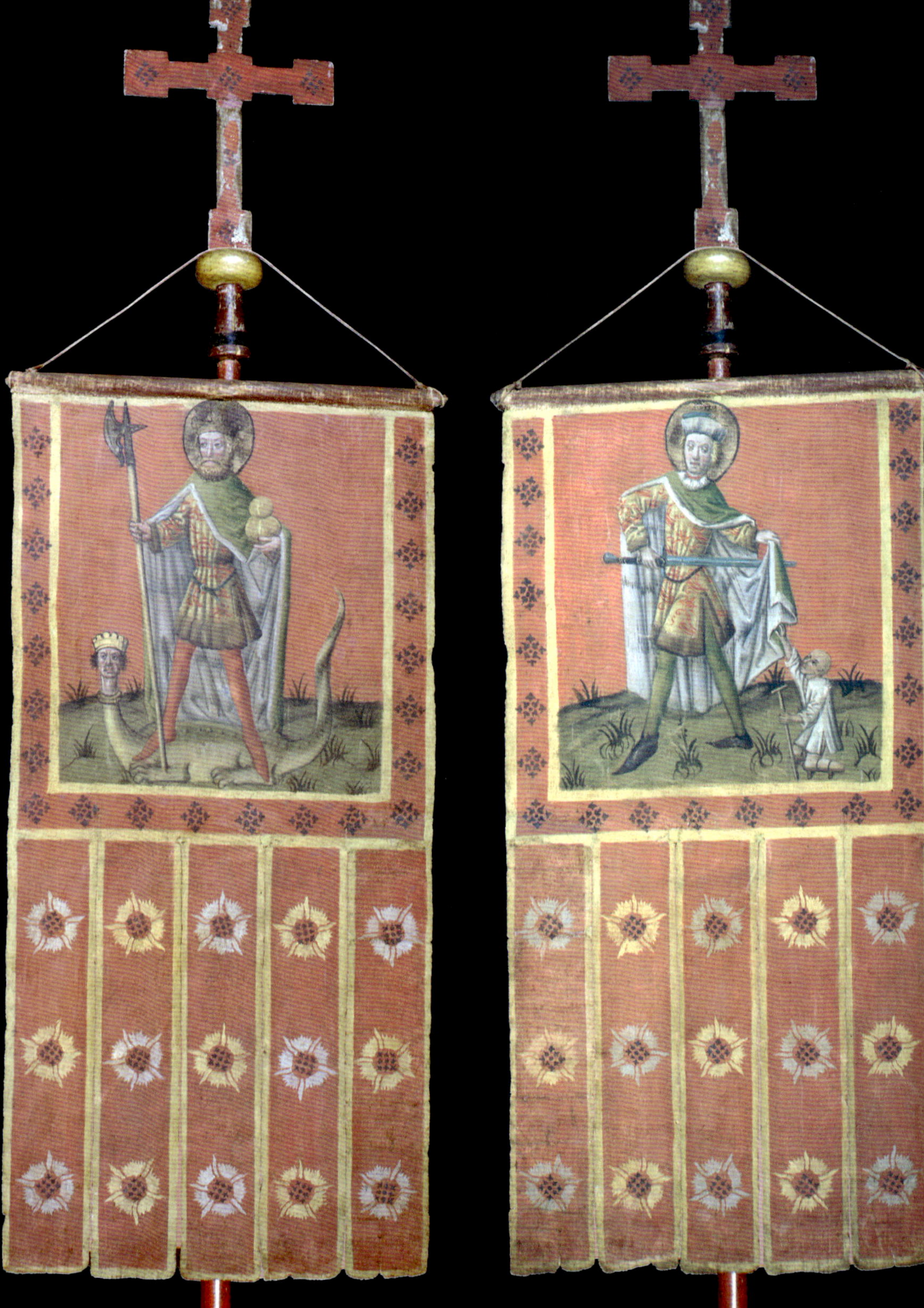

83
MALT KIRKEFANE FRA LAVIK

Nord-Tyskland (?), 1450–1475
Fra Lavik i Sogn, på museet siden 1826
Furutre (stang og tverrstav), lin (fane), malt
H 358 cm (stang), H 110 x B 53 cm (fane)
Inv. nr. MA 16

Denne stangen med fane kom til samlingen fra Lavik i Sogn allerede i 1826. Den rødmalte stangen ender i et kors med kvadrater ornamentert med svarte sjablongrosetter ytterst. Det samme sjablongmønsteret ser vi også på fanen, som henger fra en tverrstang av tre. Nedre halvdel består av fem hengende bånd, ornamentert med stiliserte blomster. Den innrammede bildeflaten over dem viser kong Olav den hellige på den ene siden og St. Martin med tiggeren på den andre siden, begge mot en rød bakgrunn.

Den kronede kong Olav har en kort hermelinkappe og står på et uhyre med menneskehode, et symbol på hedendommen. I den ene hånden holder han attributtet sitt, en øks med langt skaft, og i den andre hånden en uidentifisert gjenstand som består av to kuler. St. Martin framstilles som en velkledd, skjeggløs mann. Han deler kappen sin for å tilby den til tiggeren som kneler ved føttene hans.

På visse dager i kirkeåret, i dette tilfellet på 29. juli (St. Olav) og 11. november (St. Martin), ble kirkefaner båret i prosesjon. Så godt som alle middelalderkirker må ha hatt slike kirkefaner. Et inventarium fra Ylmheim kirke (nå Ølmheim i Sogn) fra 1321 nevner tre faner, to med Maria-bilder og ett som viser evangelisten Johannes. Fordi de er såpass forgjengelige, er slike faner sjelden bevart. Det fins to malte kirkefaner av lin i klosteret Lüne ved Lüneburg (Niedersachsen, Tyskland, ca. 1410–1420). Bendix Bendixen gikk ut fra at Lavik-fanen ble laget i Nord-Tyskland.

Bendixen 1889, s. 4–17; Fett 1909, s. 146–147; Braun 1924b, s. 239; E. Engelstad 1941; H. Engelstad 1941, s. 146; von Achen 1989, s. 11; Liepe 1998, s. 267–269; von Achen 2018, s. 37

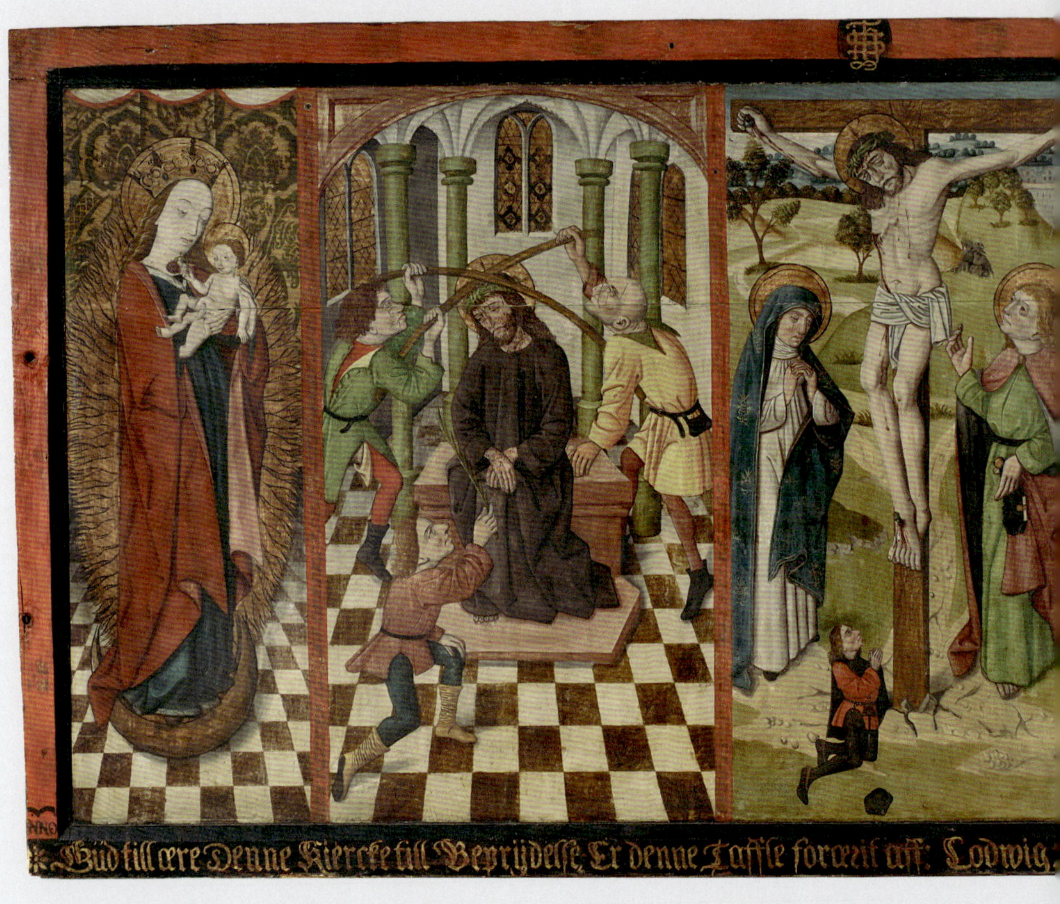

84

PASJONSTAVLE FRA VOLDA

Norge, ca. 1470

Fra Volda på Sunnmøre, på museet siden 1885

Eik, malt

H 110 x B 217 x D 3 cm

Inv. nr. MA 318

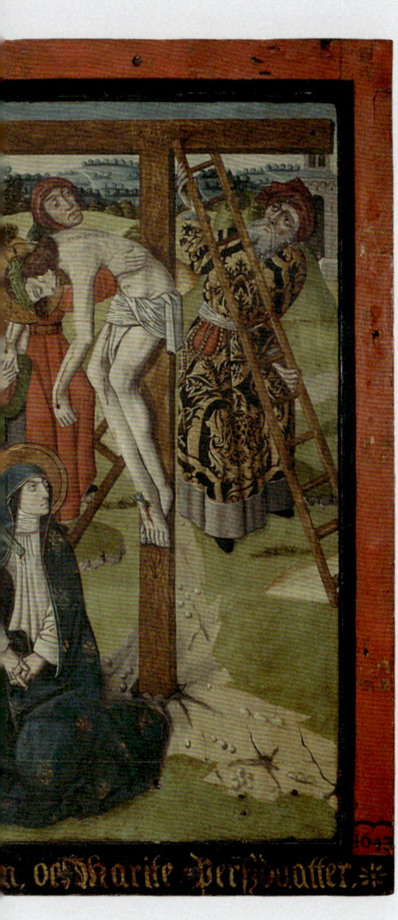

Dette malte panelet fra Volda på Sunnmøre er delt i fire bildefelt av røde, vertikale bånd. Det smalere bildefeltet til venstre viser jomfru Maria som står i stråleglans på en månesigd. I bakgrunnen ser man et veggteppe i gullbrokade, golvet er flislagt med brune og hvite fliser og gjengitt i perspektiv. Det flislagte golvet er også med i den andre scenen, som viser Kristi kroning med tornekrone i et sengotisk kirkebygg. Kristus sitter på en benk formet som et alter, omgitt av tre bødler. Det tredje bildefeltet viser en korsfestelsesgruppe med tre figurer i et grønt bakkelandskap, med giveren som en liten, knelende figur ved foten av korset. Den siste scenen viser at Josef av Arimatea og Nikodemus tar Jesus ned fra korset. Maria sitter i forgrunnen, hjertet hennes gjennombores av et sverd (*Mater Dolorosa*).

I 1643 ble rammen malt over med et merke av sammenflettede initialer og en innskrift som navngir giverne: «Gud till ære, denne kiercke till beprydelse. Er denne taffle foræret aff Lodwig Anderßen och Maritte Perszdatter/1643». Innskriften gjør det klart at panelet må ha tilhørt en annen kirke inntil 1643. Selv om det fra gammelt av har vært regnet som et alterfrontale tyder den avvikende bildestrukturen og ikonografien på en annen funksjon. På grunnlag av bildeprogrammet ser det ut til å dreie seg om en pasjonstavle, som oppdragsgiveren kunne bruke til å uttrykke sin hengivenhet mot den lidende Kristus og jomfru Maria. Ved siden av minnefunksjonen kan også et kateketisk motiv ha spilt en rolle. Som Ruth Slenczka har vist på grunnlag av eksempler fra Tyskland, var slike bildepaneler et utbredt fenomen i senmiddelalderen (Slenczka 1998).

Bendixen 1905, s. 5–8; von Achen 1989, s. 3; von Achen 1996a, s. 104–107; von Achen 2017, s. 47–48; von Achen, 2018, s. 17

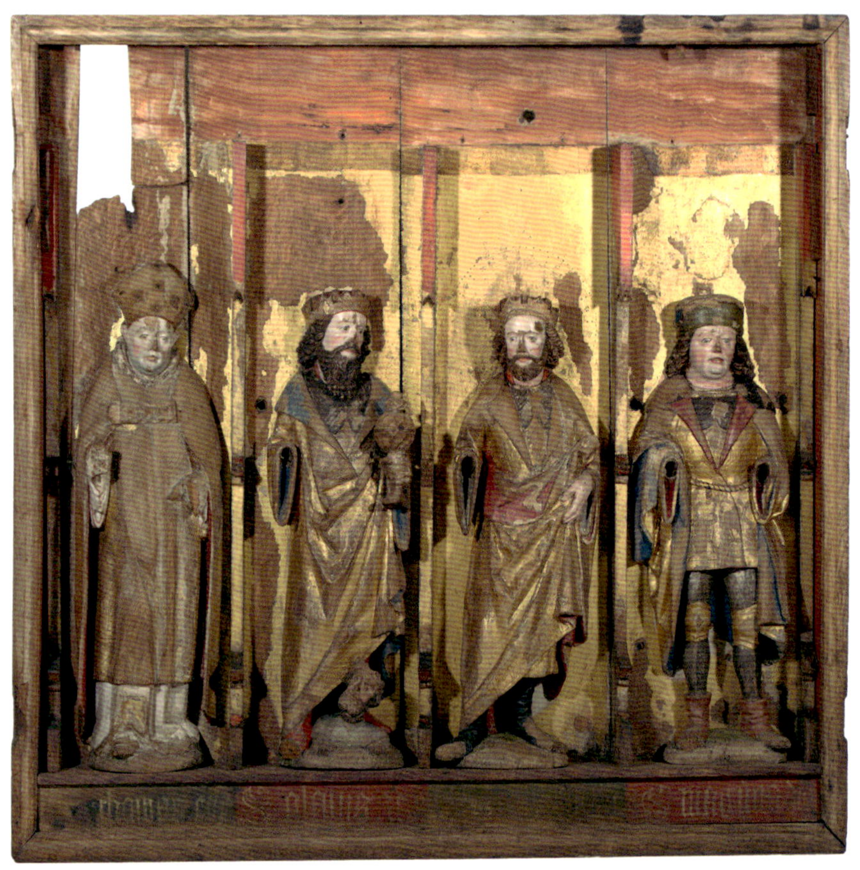

85
ALTERSKAP FRA LURØY OG NESNA

Nord-Tyskland (Lübeck?), 1470–1480
Fra Lurøy i Nordland, på museet siden 1835, og Nesna i Nordland, på museet siden 1865
Eik, polykromert
H 113 x B 119 x D 13 cm (Lurøy)
H 115 x B 100 x D 13 cm (Nesna)
Inv. nr. MA 19 (Nesna), MA 21 (Lurøy)

Midtpanelet fra et alterskap fra Lurøy i Nordland, sør for Bodø, viser fire stående helgener som er navngitt med gylne gotiske minuskler på rammen under nisjene. Fra venstre til høyre ser vi Thomas Becket i bispedrakt, Olav den hellige, St. Edmund og St. Magnus Erlendsson, en lokal helgen på Orknøyene og i Norge. Både baldakinen som sto over helgenene, søylene, spirene og de fleste hendene til helgenene er gått tapt.

Fra Nesna kirke, ikke langt fra Lurøy med båt, er det bevart et lignende midtfelt fra et alterskap. Det viser fra venstre St. Andreas, St. Gregor og St. Olav, navngitt med inn-

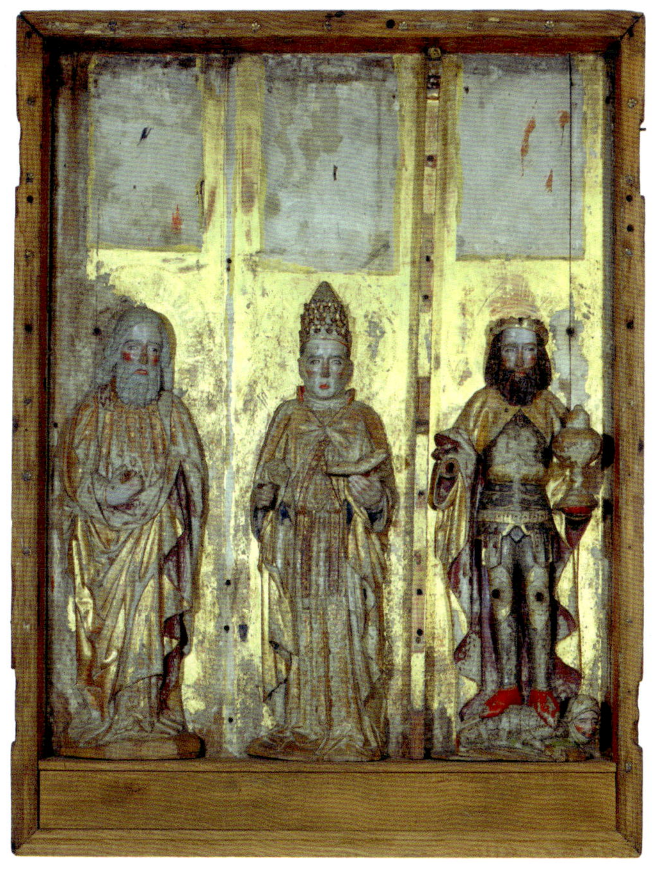

skrifter med gotiske minuskler på gloriene. Også på dette alterskapet er baldakinen gått tapt, og neser og hender mangler. Skadene på begge alterskapene er sammenlignbare, noe som kan tyde på at de er ødelagt med overlegg.

Begge alterskapene har spor av hengsler på begge sider; alle fløyene har gått tapt. Midtpaneler fra alterskap som bare inneholder helgenfigurer er sjeldne. Med tanke på stil og utførelse er det sannsynlig at begge alterskapene kommer fra et nordtysk verksted. Utvalget av helgener på tavlen fra Lurøy tyder på at befolkningen på norskekysten hadde en forkjærlighet for helgener fra Nordsjøområdet, nærmere bestemt fra East Anglia (Edmund) og Orknøyene (Magnus), og at skapet er et bestillingsverk.

Fett 1909, s. 126; Bendixen 1911, s. 29, 34; Fett 1925, s. 236; Engelstad 1936, s. 53–54, 64–65, 274–275, 276–277

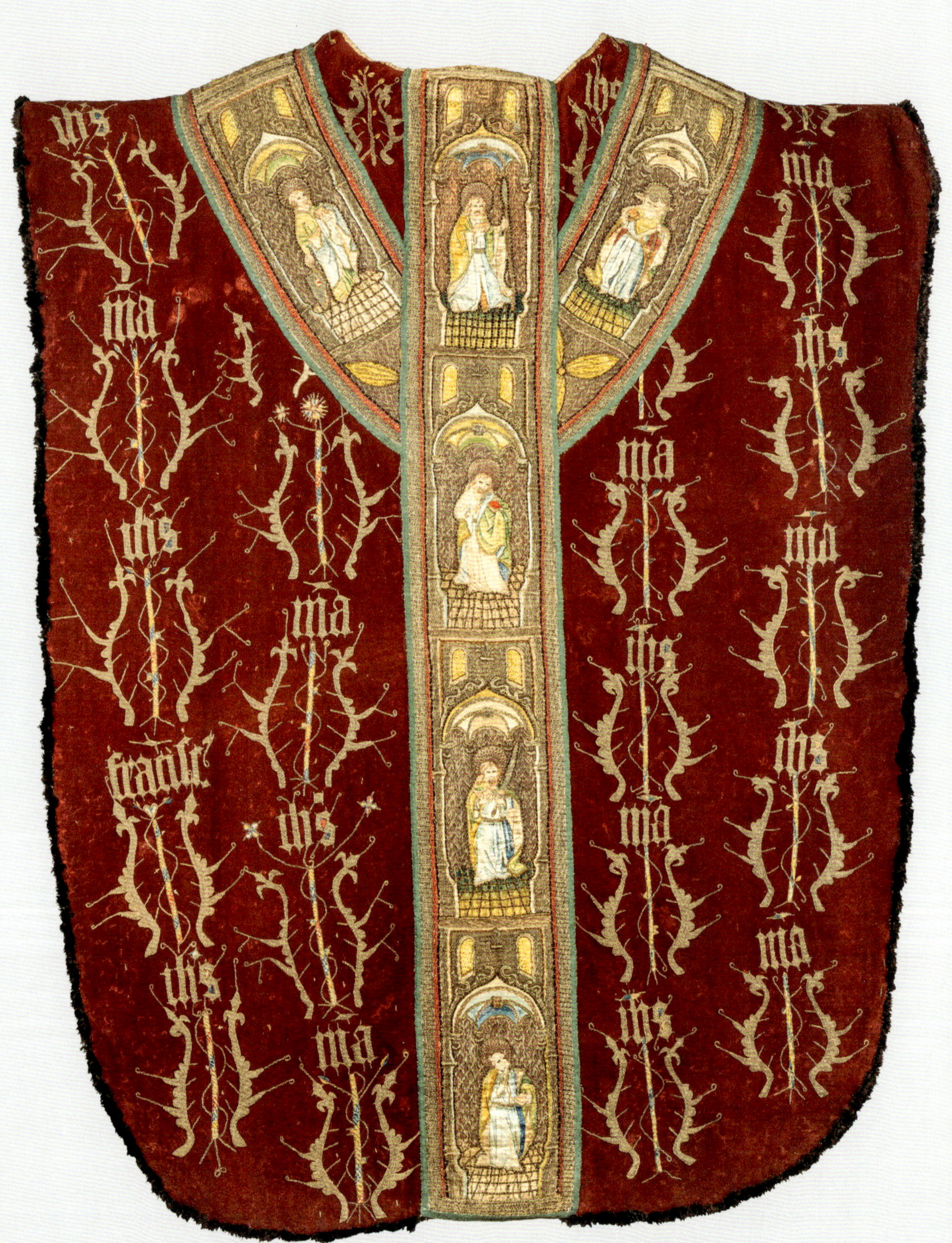

86
MESSEHAGEL FRA VEØY

Norge (bunnstoff, broderier), Nederlandene (?) (border), ca. 1500
Fra Veøy i Romsdal, på museet siden 1866
Farget ull, silkebroderi
H 119 x B 103 cm (messehagel), B 17 cm (border)
Inv. nr. MA 133

Det rødfargede ullstoffet i denne messehagelen har broderte gaffelkors med helgener i arkitektoniske nisjer både på rygg og forstykke. De vertikale bordene har på ryggstykket fire mannlige helgener og har dessuten hatt tre på forstykke. Alle står framfor tepper, som hederstegn, opphengt i kapellignende rom. På hver av korsarmene star én mannlig helgen. Ut fra attributtene kan alle identifiseres som apostler.

Broderiene er utført med delt attersting med gulltråd lagt til med forsting. Figurene er brodert separat og påført borden til slutt. På bunnstoffet er det brodert lyreformet blomsterornamentikk i gulltråd og farget silke, som veksler med gylne *tituli* (navn) i gull: *ma* (Maria), *ihs* (Jesus), *franci* (Frans) og *kat* (Katarina). Stammene til blomsterelementene, som er omslynget av ranker, og mellomrommene mellom bokstavene i Jesu navn, er brodert med farget silke i delt attersting. Rankene i nærheten av Marias navn ender i røde blomster. Messehagelen er omsluttet av en smal kant av pels.

Det kan ikke sies med sikkerhet om figurbordene er utført i Nederlandene, slik Helen Engelstad gikk ut fra, eller i norske verksteder etter nederlandske forelegg. Bordenes slette kvalitet kan ikke bidra til å avgjøre dette, da det også i Nederlandene ble produsert og solgt broderier av alle kvaliteter.

Med broderiene som veksler mellom planteornamentikk og *tituli* følger messehagelen forelegg som på denne tiden spesielt kan finnes i engelske tekstilarbeider. En parallell kan gjenkjennes i korkappen (*pluviale*) fra domkirken i Stavanger (kat. nr. 88). Engelske arbeider ble etterlignet i skandinaviske verksteder og kan blant annet gjenfinnes på en messehagel fra en ukjent kirke i Jämtland, som var norsk område fram til 1645 (i Stockholm, Nordiska museet).

De liturgiske klærne i kirkekunstsamlingen i Bergen gjenspeiler Norges kulturelle og økonomiske nettverk mot Nordsjøområdet i middelalderen: til England (kat. nr. 88), Rhin-området (kat. nr. 87) og Nederlandene (kat. nr. 94).

Bugge/Kielland 1919, s. 49; H. Engelstad 1941, s. 115–116, 131–132

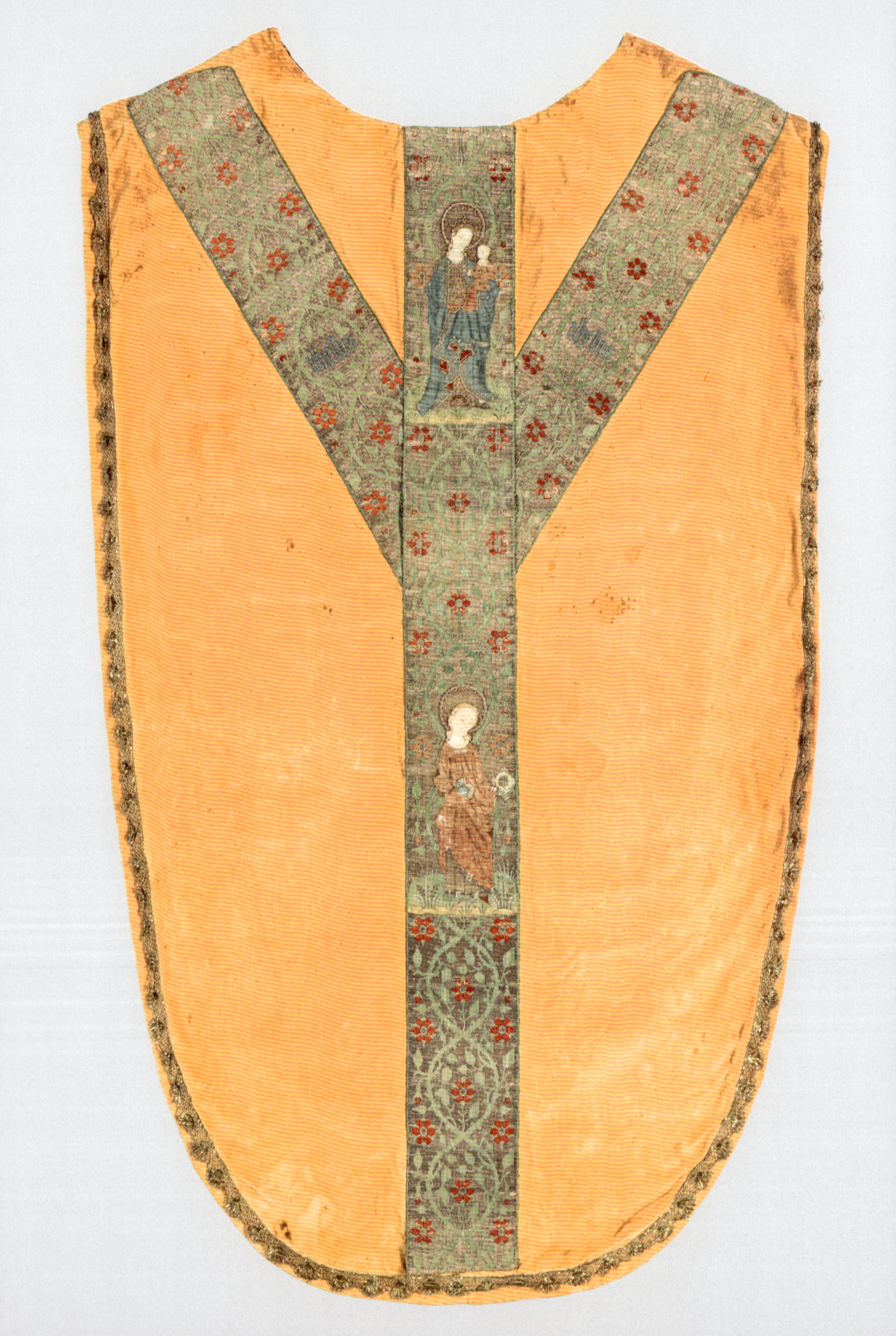

87

MESSEHAGEL FRA BYGSTAD

Köln, 1400–1450 (border); ukjent opphav, 1700–tallet (samitum)
Fra Bygstad i Sunnfjord, på museet siden 1880
Samitum, metall, silke, lin
H 118 x B 76 cm (messehagel), B 11,5 cm (border)
Inv. nr. MA 425ab

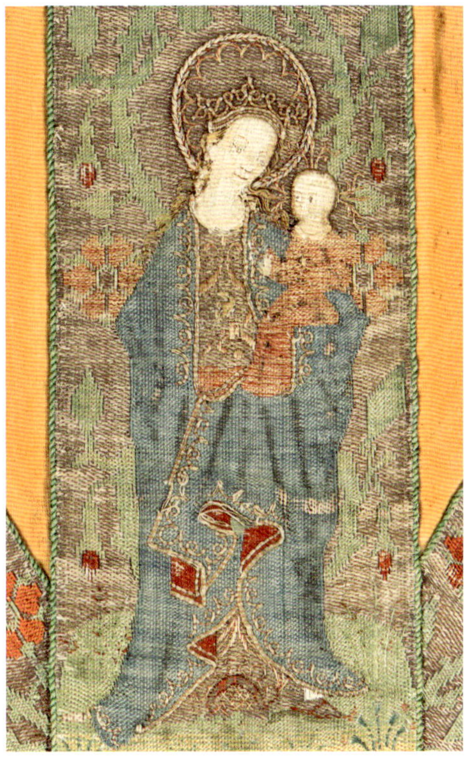

En såkalt «Kölner-bord» utført i halvsilke (samitum) er montert sekundært som gaffelkors på et rødt fløyelsstoff fra 1700–tallet. Dette er kantet med metallkniplinger. Gaffelkorset har mønstre av roseranker på en gyllen bakgrunn (av forgylt membran), og på korsarmene veksler de med teksten *iehus* utført i blå minuskler. Den loddrette stolpen viser Maria med Jesusbarnet og St. Dorothea på gyllen bakgrunn, integrert i de vekslende roserankene. Ansiktene til figurene i bordene er brodert separat med delt attersting og påført borden. Ornamentering på plaggene, gloriene og blomster er utført i forsting og delt attersting; sjatteringer og folder er malt. I tillegg var der på forsiden en Kölner-bord, som nå har løsnet og blir oppbevart separat. Den viser det samme roserankemønsteret og navnene *iehus, maria* og *iohies* (Iohannes).

De vevde bordene ble laget i Köln. Bordene ble solgt som eksportvare og kan påvises som utsmykning på liturgiske klær i mange kirker langt utenfor Rhin-området. Roserankemotivet på Kölner-borden fra Bygstad står i overgangen mellom de eldre stiliserte livstre- og rosettmotivene og de senere mønstrene med «naturalistisk» utførte roseranker. Borden kan dateres til første halvpart av 1400–tallet. Nesten identiske eksemplar er bevart på forsiden av en blå messehagel (inv. nr. N 335) og på et bordefragment (inv. nr. N 148), begge i Museum Schnütgen i Köln. Sammenlignbart er også et kors på en messehagel i Domkammer Münster (inv. nr. DD 40, Bombek/Stracke-Sporbeck 2012, s. 143).

Bugge/Kielland 1919, s. 50; H. Engelstad 1941, s. 63–65, 142

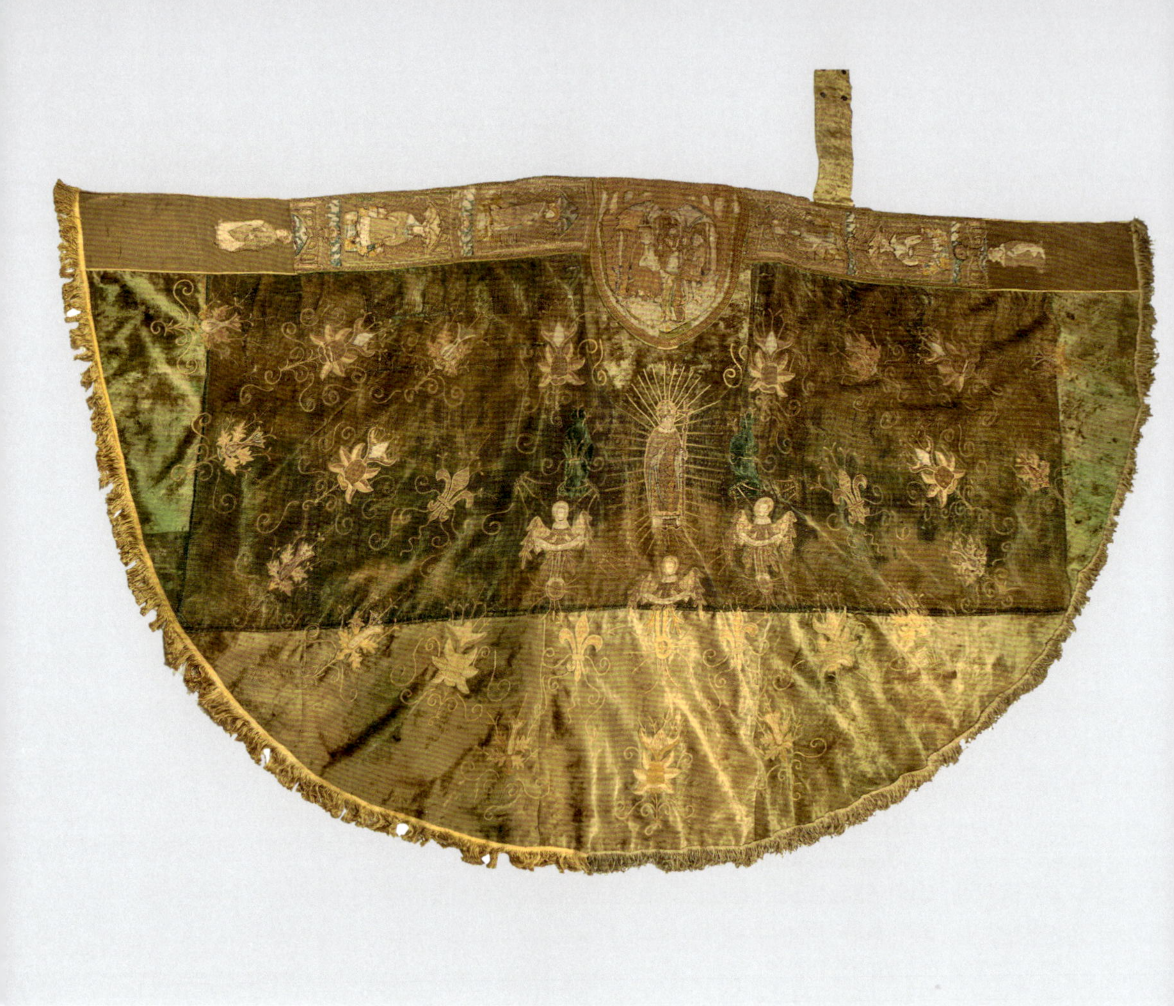

88
KORKÅPE FRA DOMKIRKEN I STAVANGER

England, ca. 1500
Fra Stavanger (Rogaland), på museet siden 1866, på lån til Stavanger Museum siden 1919
Grønn fløyel, lin (bunn); silke, sølv- og gulltråd (broderier)
H 139 x B 277 cm
Inv. nr. MA 50

I 1866 ble et grønt fløyelsstykke med broderier oppdaget på loftet over hvelvene i domkirken i Stavanger. Målene (71,5 cm x 249 cm) og stoffets firkantede form tyder på sekundær bruk som antependium på et alter. Bordene og korkåpeskjoldet (*clipeus*), tyder på at stoffet opprinnelig stammer fra en korkåpe (*pluviale*), et liturgisk plagg som ble brukt av høytstående geistlige på store høytidsdager. Det firkantede tøystykket ble i 1940 omarbeidet til en korkåpe og bordene og ryggskjoldet ble anbrakt på de antatt opprinnelige stedene.

Korkåpeskjoldet viser de hellige tre

kongers tilbedelse av Jesusbarnet, alt i en arkitektonisk ramme. Bordene viser seks mannlige helgener stående framfor tepper, som hederstegn, alle i kapellignende rom. Fire arkitektoniske rammer er bevart, de nederste to helgenene ble tilbakeført under omarbeidingen i 1940. Både helgenene og korkåpeskjoldets figurer er brodert hver for seg og plassert på bakgrunnen. Silketrådene er brodert i delt attersting, gulltrådene i forsting.

Under korkåpeskjoldet står en biskop med mitra og korsstav i en strålekrans, antagelig helgenbiskopen Svithun av Winchester. Domkirken i Stavanger var viet til ham, og et kostbart relikvarium med armen hans var oppbevart der. Biskopen er omgitt av tre kjeruber som holder tomme banderoler og som står på hver sin runde skive med et kors. Den grønne silkeveven er pyntet med broderte rankemønstre og blomster, tistler og liljer i delt attersting. Disse motivene er typiske for liturgiske tekstiler utført i England i senmiddelalderen og etterspurt i hele Europa under navnet *Opus Anglicanum*. Ut fra likheten med engelske senmiddelalderske korkåper, for eksempel en av ukjent opphav i Victoria and Albert Museum i London (inv. nr. 1376–1901), kan også korkåpen fra domkirken i Stavanger tilskrives et engelsk verksted.

Som med dette eksemplaret i Stavanger, ble overflødige middelaldertekstiler i

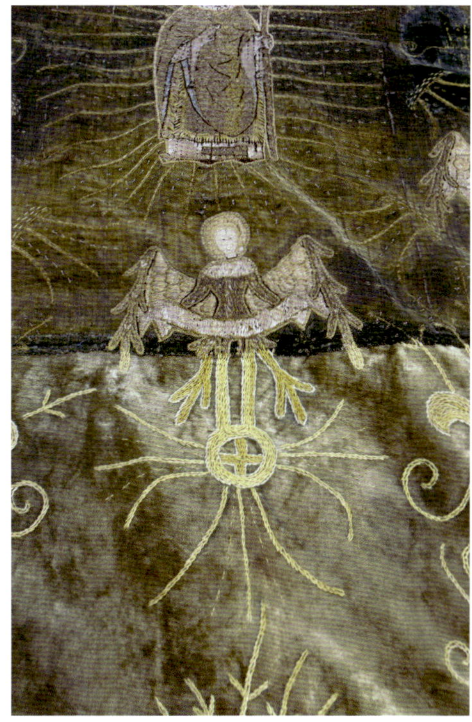

protestantisk tid ofte sydd om eller gitt en ny funksjon i kirkene, for eksempel som antependium eller på prekestoler. Denne endringen kan ha skjedd på 1500– eller 1600–tallet. Eksempler kan finnes i Tangermünde i Nord-Tyskland og i Mariakirken i Rostock (tidligere fra klosterkirken i Bützow).

Kielland 1921, s. 23–36; H. Engelstad 1941, s. 11, 74–76, 137

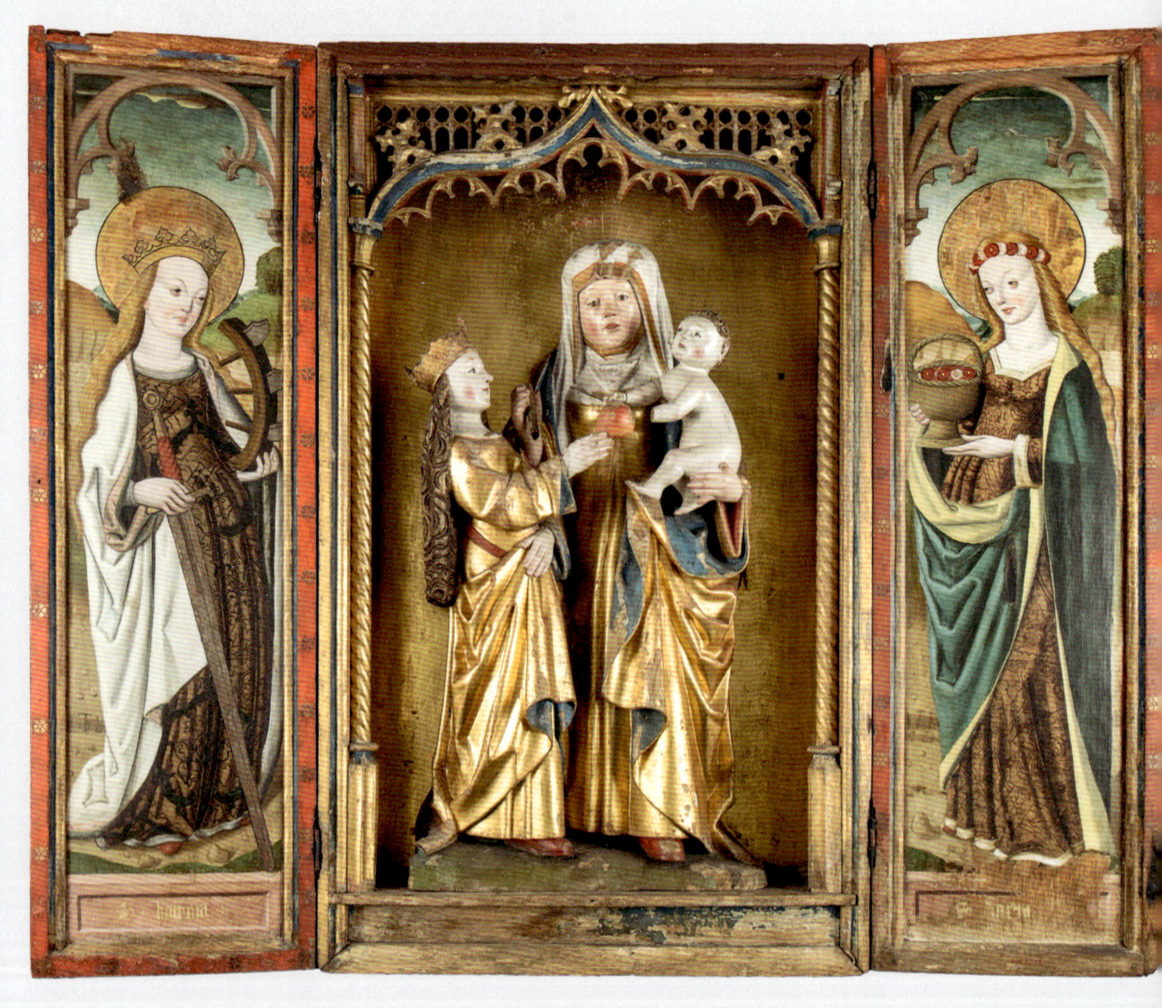

89
HELGENSKAP MED ST. ANNA FRA TRONDENES

Nord-Tyskland (Lübeck?), ca. 1480
Fra Trondenes i Troms, på museet siden 1878
Eik, malt, polykromi
H 112 x B 142 x D 17,5 cm (åpent), B 70 cm (lukket)
Inv. nr. MA 230

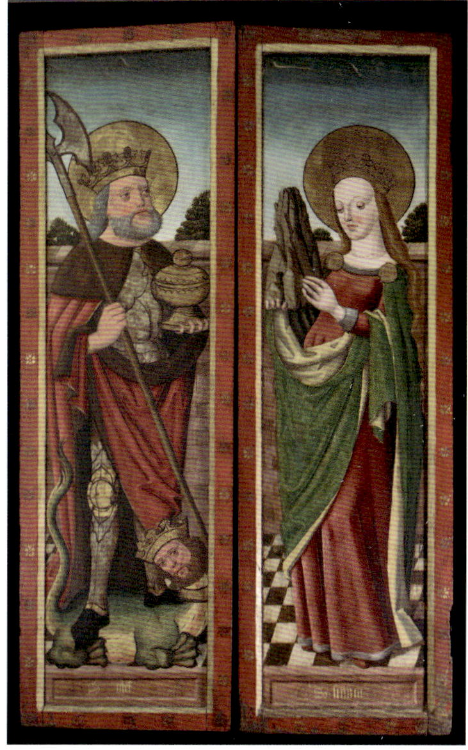

Trondenes kirke nær Harstad er verdens nordligste bevarte middelalderkirke. Dette området var sentrum for torskefisket med tørrfiskeksport via Bergen, som i senmiddelalderen brakte stor rikdom til Nord-Norge. Koret i Trondenes kirke har en enestående samling av tre bevarte alter, utsmykket med alterskap fra henholdsvis Nord-Tyskland, det nedre Rhin-området og Nederlandene. Dette lille triptykonet med en skulptur av jomfru Maria og Jesusbarnet med St. Anna og to andre figurer kommer fra et fjerde alter. På venstre arm bærer Anna barnebarnet sitt, Jesus, som blir rakt et granateple av jomfru Maria på venstre side. Barnet er nakent og Anna og Maria har gylne kapper. Bakveggen er også forgylt, og det samme er masverksbaldakinen i form av en kjølbue. Denne hviler på vridde søyler på hver side.

De malte innsidene av fløyene viser de to helgenene St. Katarina, identifiserbar med sverd og hjul, og St. Dorothea, som bærer en blomsterkorg. Begge står i et bakkelandskap under hver sin malte baldakin. Utsidene av fløyene viser Olav den hellige (til venstre) og St. Sunniva (til høyre). Navnene deres er føyd til under: *s olef / s siniva*. På stilistisk grunnlag kan man anta et opphav i Nord-Tyskland, trolig Lübeck. De to norske helgenene på utsiden av fløyene tyder klart på at det er et bestillingsverk.

Bendixen 1911, s. 45–47; Engelstad, 1936, s. 295–296; von Achen 1996, s. 68; Kausland 2017a, s. 59; Kausland 2020

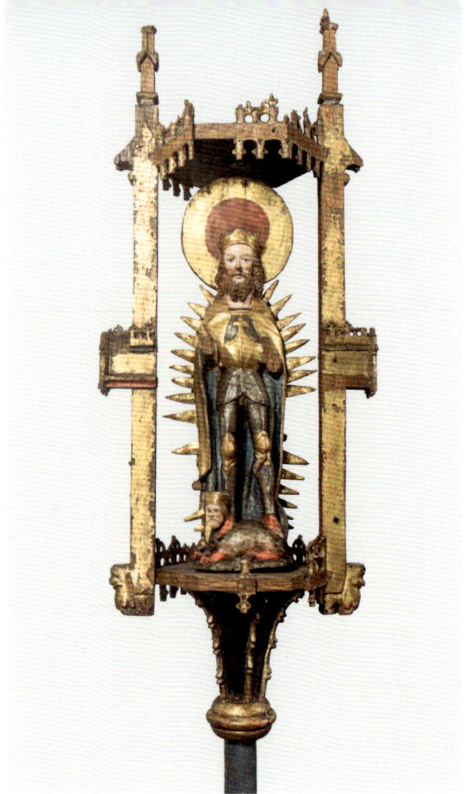

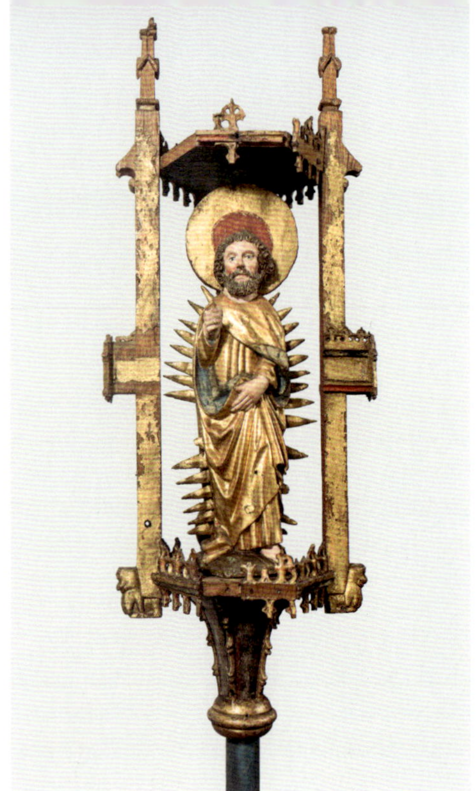

90
PROSESJONSSTAV FRA ØRSKOG

Nord-Tyskland (?), 1450–1500
Fra Ørskog på Sunnmøre, på museet siden 1865
Eik (tabernakel og figurer), furutre (stav), malt
H 279 cm
Inv. nr. MA 41

Denne prosesjonsstaven fra Ørskog på Sunnmøre er kronet med en tosidig utført skulptur plassert i et sekskantet tabernakel. Staven var opprinnelig rødmalt og er nå avkortet nederst. Den ender øverst i et kapitél ornamentert med bladkrabber, som bærer et sekskantet tabernakel, flankert av to pilarer med spir. Pilarene hadde opprinnelig små, flankerende figurer, som nå er tapt; nederst kan man se små dyrefigurer. I tabernaklet befinner det seg to figurer i høyrelieff, som er plassert rygg mot rygg som i et *marianum* og omgitt av en strålekrans. Den ene siden viser kong Olav den hellige som står på et udyr, mens den andre siden trolig skal forestille apostelen Peter. Begge figurene har bevart sin opprinnelige polykromi og forgylling, men Olav den helliges arm er brukket av. Over figurene er et baldakintak hvor det opprinnelig var en metallpigg, som fungerte som lysestake. Slik ble prosesjonene som denne staven ble båret i, iscenesatt med helgenbilder og skinnet fra blafrende vokslys.

Bendixen 1901, s. 11–12; von Achen 1994, s. 64

91

PROSESJONSSTAV FRA UGGDAL

Norge, ca. 1500
Fra Uggdal i Sunnhordland, på museet siden 1876
Eik (krone), furutre (stav), polykromert
H 191
Inv. nr. MA 192

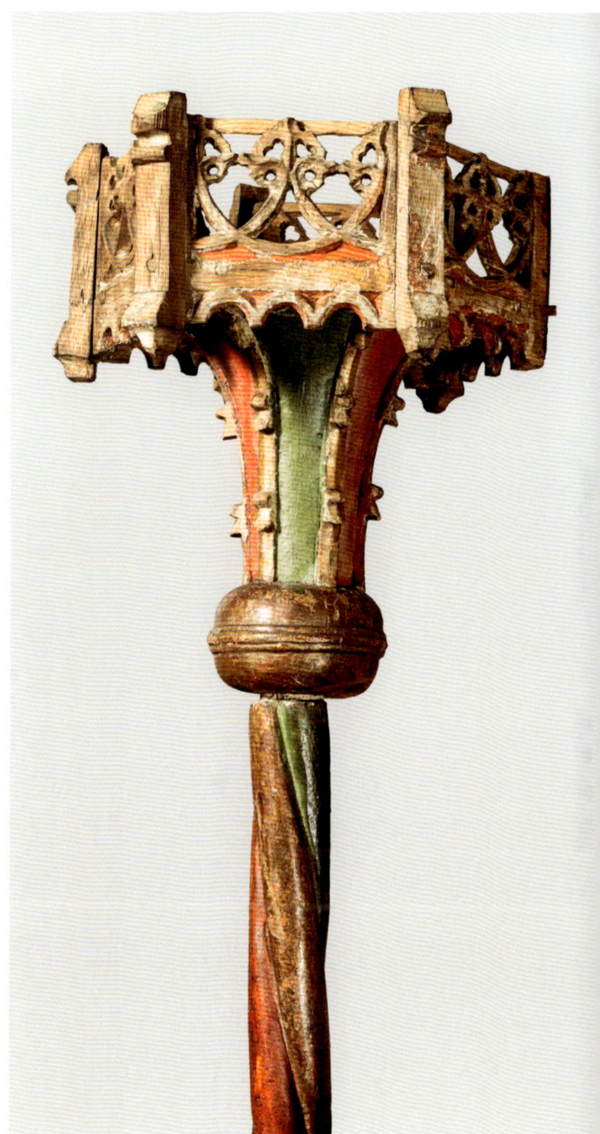

Fra Uggdal kirke på Tysnes sør for Bergen kommer denne staven som ble båret i prosesjoner. Staven har runde kuler på midten og på toppen. Mens nederste halvdel har glatt overflate, har de øverste delen en vridd profil som er malt vekselvis rød og grønn. De to runde kuler er forgylt. Staven ender i et kapitél med seks ribber med bladkrabber, som bærer en sekskantet plattform. Øverst står en lysestake omrammet med gjennombrutt masverk. Dette består av liggende rundbuer som overlapper hverandre og som er skilt av små spir. Selv om slike relativt lette stavene er prosesjonsstaver, er ikke formen vesentlig forskjellig fra de fast installerte stavene som omga høyalteret i mange middelalderkirker og som tjente til opphenging av kleder (alterforheng). I Tyskland er det bevarte flere eksemplarer av metall og stein, for eksempel i St. Viktorkirkene i Xanten og Schwerte, begge i Nordrhein-Westfalen, St. Stephan i Mainz i Rheinland-Pfalz og i Mariakirken i Gelnhausen i Hessen. Fra Uggdal har kirkekunstsamlingen også et sengotisk alterskap (kat. nr. 99).

Bendixen 1901, s. 13

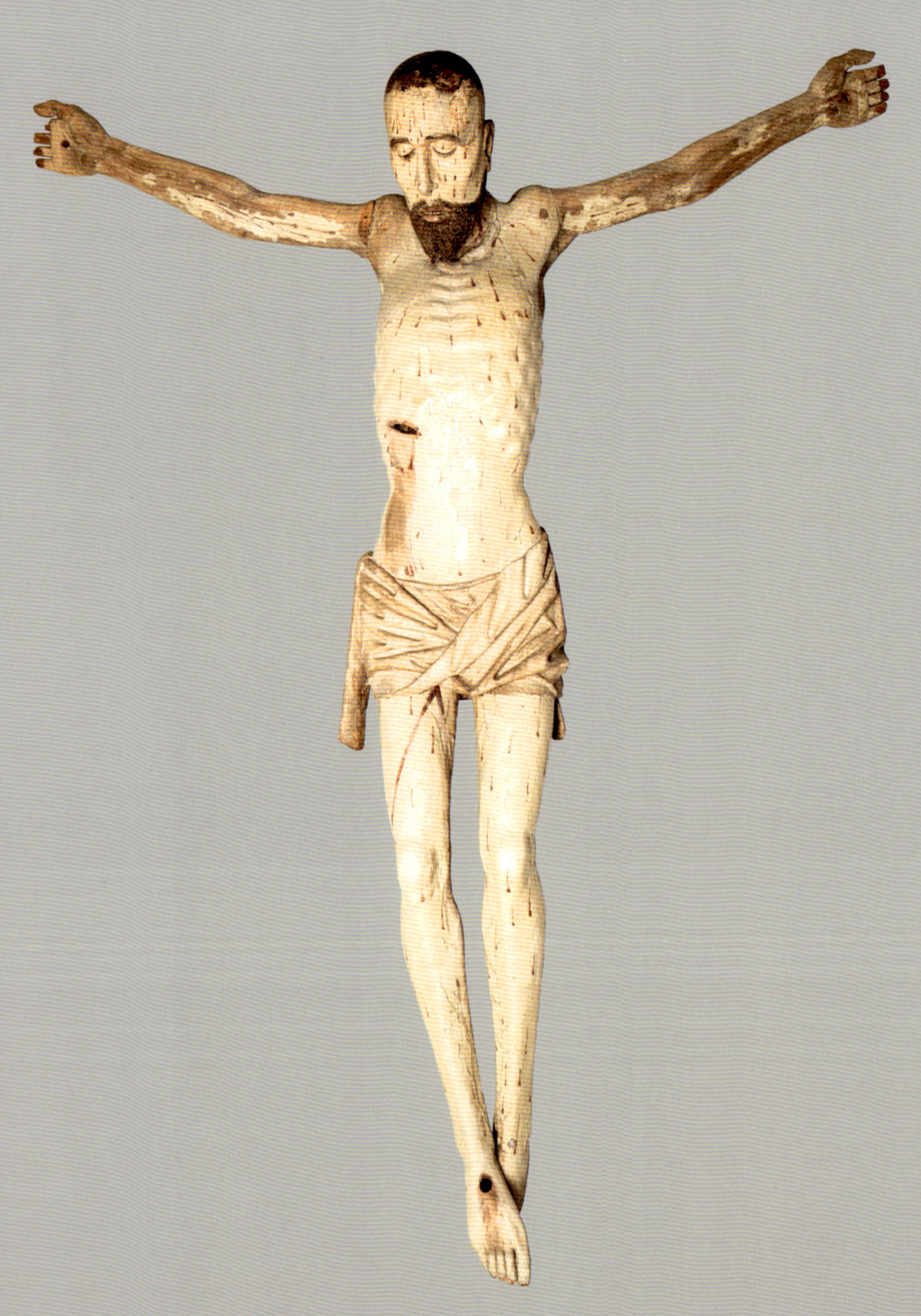

92
KORSFESTET KRISTUS FRA KYRKJEBØ

Skandinavia eller Tyskland, 1500–1510
Fra Kyrkjebø i Sogn, på museet før 1909
Eik, polykromert
H 180 x B 150 x D 37 cm
Inv. nr. MA 666

Kristus gjengis i naturlig størrelse, hengende sammensunket med armene rettet svakt oppover. Korset har gått tapt. Øynene er lukket og hodet med skjegg er lett foroverbøyd. Brystkassen er synlig under den hvite huden og han bærer et hvitt lendeklede. Føttene ligger over hverandre, såret i siden er skåret ut i treet og hele kroppen er dekket av blod.

Fra andre halvdel av 1400–tallet fikk realistiske framstillinger av helgener og spesielt den lidende Kristus stor utbredelse. Man forsøkte å understreke Kristi lidelse og død ved hjelp av livaktig fargelegging av kroppen og de blødende sårene og en realistisk kroppsbygning. Man kunne også bruke andre materialer som effekt. Kristus, som nå er hårløs, har trolig opprinnelig hatt en parykk av ekte hår, som har gått tapt. Kristi hode kan også ha vært kronet av en (ekte) tornekrone. Forelegg kan finnes i hele Sentral-Europa, med en konsentrasjon i de tyskspråklige områdene i tillegg til i Tsjekkia og Polen. I Sverige er det bevart et eksemplar i Mariakirken i Ystad i Skåne.

Henning Laugerud observerte et hulrom i figurens bryst, som kan ha inneholdt (kunstig) blod som dryppet ut gjennom såret i siden. Dette støttes av at det mangler polykromi under såret. Slike måter å animere middelalderskulpturer på var ikke uvanlige i Europa i senmiddelalderen. Det store krusifikset var trolig oppstilt som triumfkors plassert i overgangen mellom skip og kor. Det er uvisst om det over to meter høye krusifikset opprinnelig stammer fra Kyrkjebø, eller om det kom dit etter reformasjonen fra en større kirke.

Bendixen 1909, s. 27; Engelstad 1936, s. 139, 239–240; von Achen 1989, s. 13; von Achen 2017, s. 50–51

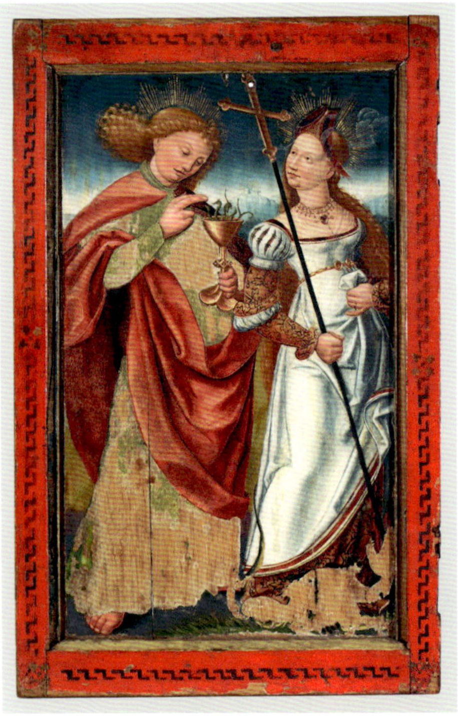

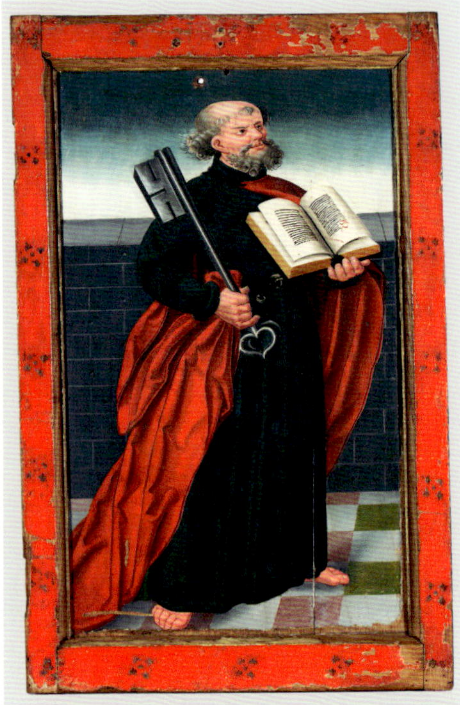

93
FLØYER FRA ET LITE ALTERSKAP FRA HJØRUNDFJORD

Nord-Tyskland (Hamburg?), ca. 1520
Fra Hjørundfjord på Sunnmøre, på museet siden 1864
Eik, oljemaling
H 77 x B 48 x D 4 cm
Inv. nr. MA 249ab

Disse malte panelene fra Hjørundfjord på Sunnmøre var opprinnelig fløyene på et lite alterskap. Begge maleriene har rødmalte rammer med sjablongrosetter. Skapets midtfelt med en utskåret *Pietà* og flankert av en helgenbiskop og Olav den hellige, er fortsatt i kirken og ble i 1702–1704 satt inn i en barokk altertavle.

Innsiden av den ene fløyen viser et fjellandskap med evangelisten Johannes i liturgiske klær som holder en kalk, og en rikt kledd St. Margareta. Utsiden av det samme panelet viser St. Peter som står på et flisgolv foran en murvegg under blå himmel. Apostelen har mørke klær under en rikt foldet rød kappe. I hendene holder han en åpen bok og attributtet sitt, en stor nøkkel. Det

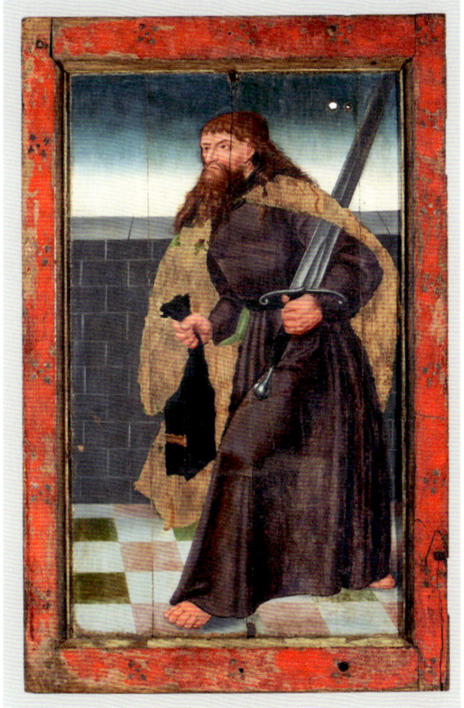

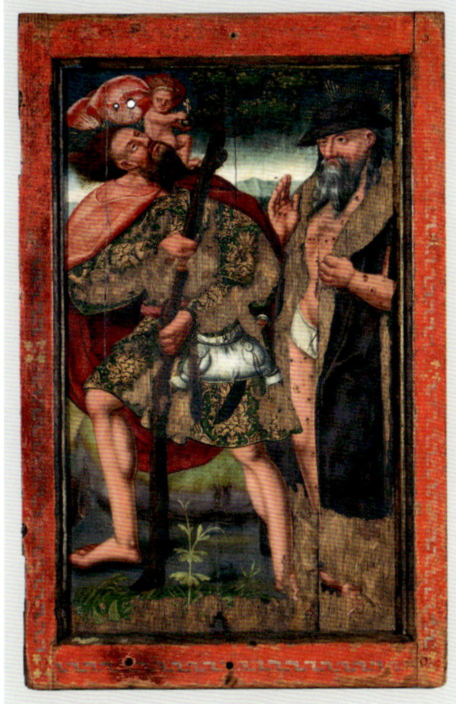

andre panelet viser på utsiden apostelen Paulus, som også har mørkebrune klær på og står foran en lignende bakgrunn. I motsetning til Peter er kappen hans grønn og nesten fullstendig gått tapt. I venstre hånd har han attributtet sitt, sverdet, mens han holder en bokpose i høyre hånd. På baksiden er St. Kristoffer som bærer Jesusbarnet og St. Rochus, begge stående i et landskap.

Ut fra stilen har Kristin Kausland antatt at alteret kan ha blitt ferdigstilt i Hamburg rundt 1520. Fra Hjørundfjord har kirkekunstsamlingen i Bergen også et lite fløyalter, nå uten figurer (kat. nr. 100), og en rikt dekorert messehagel (kat. nr. 94), begge fra tidlig 1500-tall.

Bendixen 1911, s. 67–68; Ekroll/Eide 2012, s. 208, 210; Kausland 2020, s. 9–10

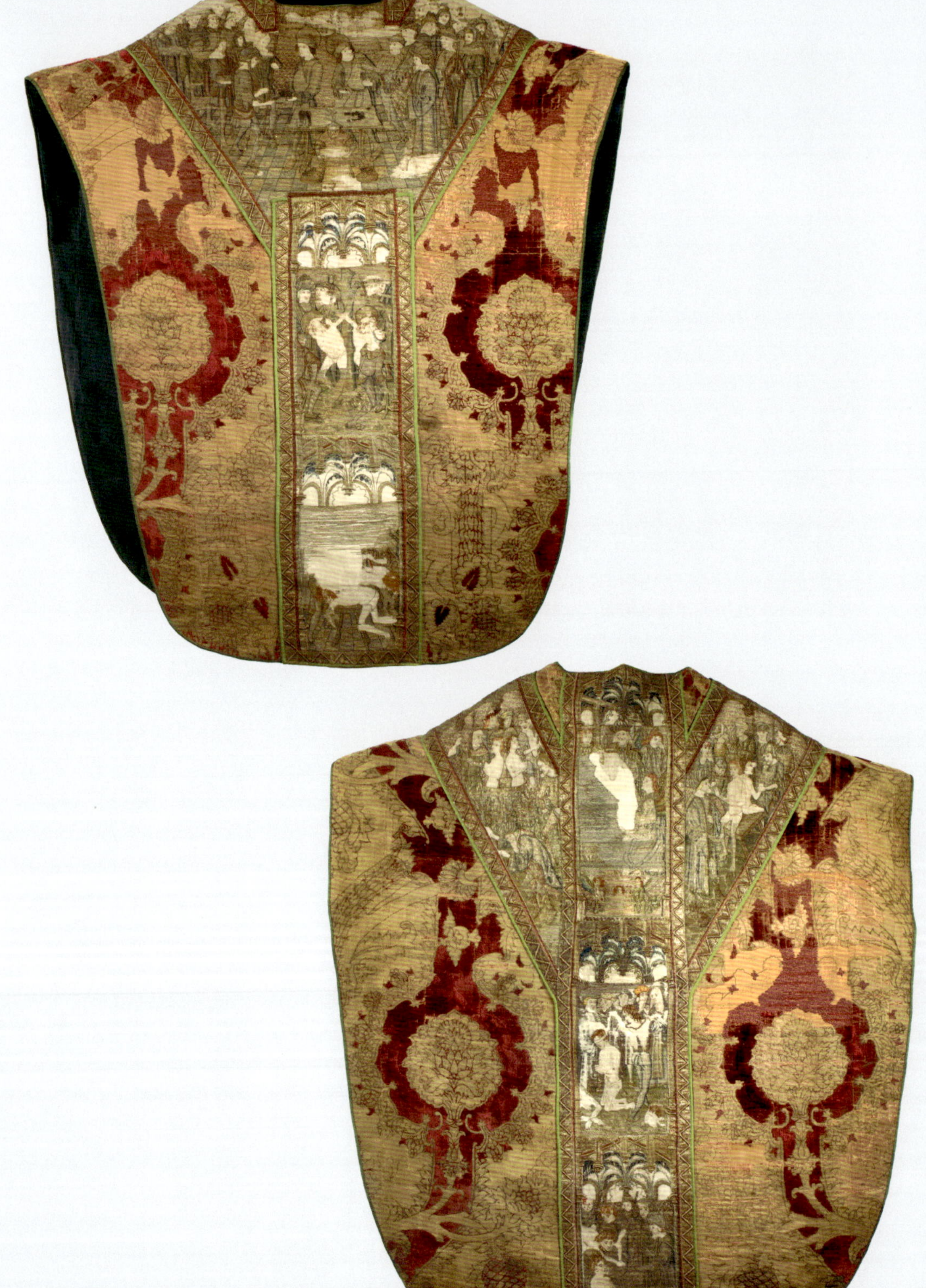

94

MESSEHAGEL (OG MALER AV PAPIR) FRA HJØRUNDFJORD

De nordlige Nederlandene (broderi og komposisjon), Nord-Italia (stoff), 1500–1510
Fra Hjørundfjord på Sunnmøre, på museet siden 1864
Silke, brokade, papir
H 130 x B 117 cm (hagel)
H 39 x B 24 cm (mal)
H 18 x B 12,5 (blomstermotiv)
Inv. nr. MA 51

Messehagelen er av rødgyllent italiensk brokadestoff med granateplemønster. Den er dekorert på for- og baksiden med kostbare, broderte gaffelkors som viser scener fra livet til helgenene Crispin og Crispinian, og dessuten en nådetrone. Brystfeltet på forsiden viser Crispin og Crispinian som skytshelgener for skomakerne og mens de er på verkstedet sitt. På stolpene på for- og baksiden framstilles helgenenes martyrium plassert under arkitektoniske baldakiner. Broderiet er utført med gulltråd i forsting og farget silke i delt attersting. Gjennom broderingsteknikken, figurkomposisjonen og baldakinmotivene kan man tydelig gjenkjenne paralleller til nordnederlandske broderier fra perioden. Produksjonen av slike gjenstander var tidlig på 1500–tallet konsentrert til Utrecht og Amsterdam.

Messehagelen var trolig ikke opprinnelig i kirken i Hjørundfjord. Ikonografien og utvalget av helgener tyder på et bestillingsverk, sannsynligvis fra skomakergildet i Bergen, som hadde et sidealter i Hallvardskirken i byen (revet på 1500–tallet). Etter reformasjonen, på 1560–tallet, ble flere gjenstander fra bykirkene i Bergen sendt til bygdekirker i bispedømmet, og det er trolig slik messehagelen har kommet til Hjørundfjord.

Under restaurering av messehagelen på 1950–tallet ble det oppdaget to mønstertegninger på papir, som var limt på baksiden av broderiet før det ble festet på hagelen. Dette var utslitte perforerte maler for en figurbaldakin og med et rute- og blomstermønster. På broderiverkstedene ble slike overførbare mønstre anvendt for å forenkle produksjonen og gjøre den raskere. Den perforerte malen ble lagt på stoffet og motivet overført ved hjelp av kullstøv som ble gnidd gjennom hullene. Defekte eller utslitte maler kunne brukes som fyllstoff i arbeider.

Bugge/Kielland 1919, s. 59; H. Engelstad 1941, s. 20, 56–57; 98, 136–137; Kielland 1957; von Achen 1996, s. 76–77; von Achen 2017, s. 48–50

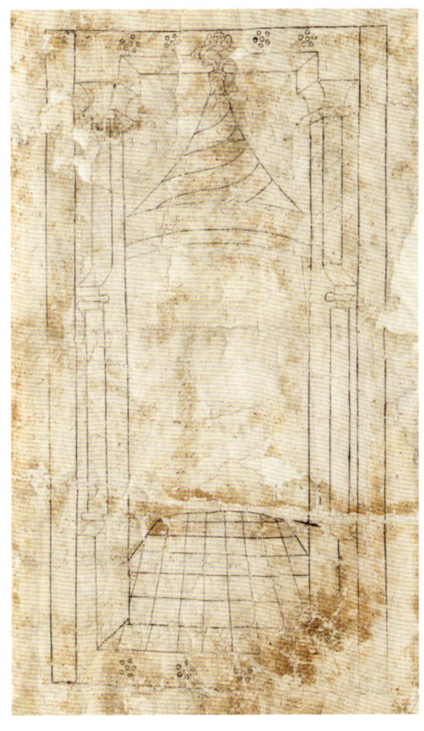

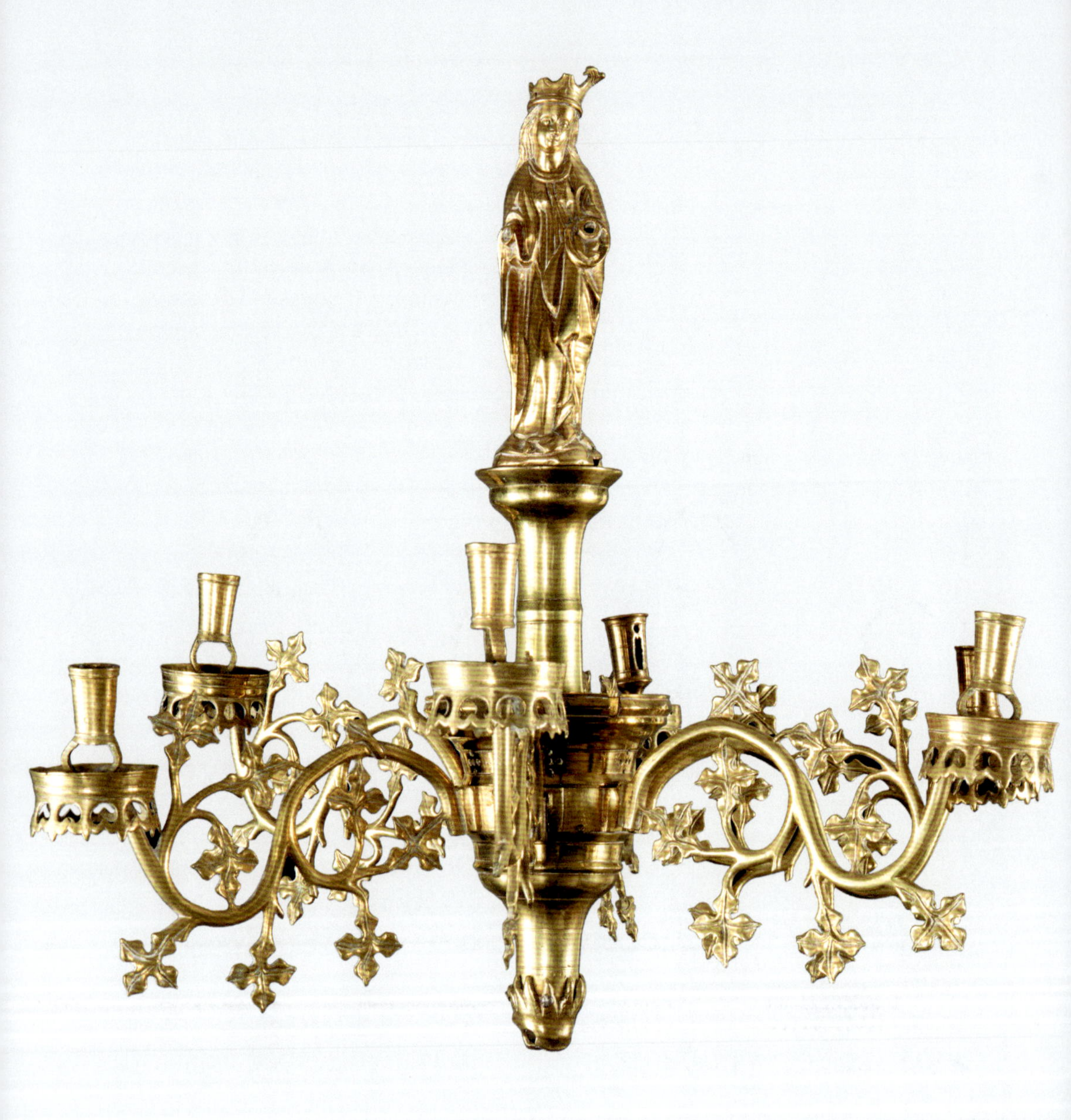

95
MARIA-LYSEKRONE FRA KINSARVIK

Tyskland, ca. 1500
Fra Kinsarvik i Hardanger, på museet siden 1894
Messing
H 58 x B 60 cm
Inv. nr. MA 293

Denne hengende lysekronen av messing fra Kinsarvik i Hardanger består av seks S-formede armer, ornamentert med fine blad som minner om ranker. Armene avsluttes med runde lysholdere som er omgitt av kranser av små trekløverblad. Knappen nederst er formet som et løvehode. Det sentrale elementet er utført i form av en kjegle som smalner nedover og krones av en stående figur av jomfru Maria. Både de separat utformede underarmene og Jesusbarnet mangler, og Marias krone er skadet.

Vera Henkelmann har påvist at de fleste slike Maria-lysekronene ble framstilt i tyskspråklige områder, og der finner man også de fleste bevarte eksemplarene (Henkelmann 2014). Lysekronen fra Kinsarvik har store likhetstrekk med en lysekrone fra Peterskirken i Dortmund i Westfalen, selv om denne har en dobbelkrone av lys. Maria-lysekronen fra Kinsarvik kan stilistisk dateres til ca. 1500 og ble trolig også produsert i Tyskland. Fra den samme kirken har kirkekunstsamlingen i Bergen et malt alterfrontale (kat. nr. 44) og en kirkemodell (kat. nr. 38).

Bendixen 1896, s. 19–20; Bendixen 1904–1913, s. 121

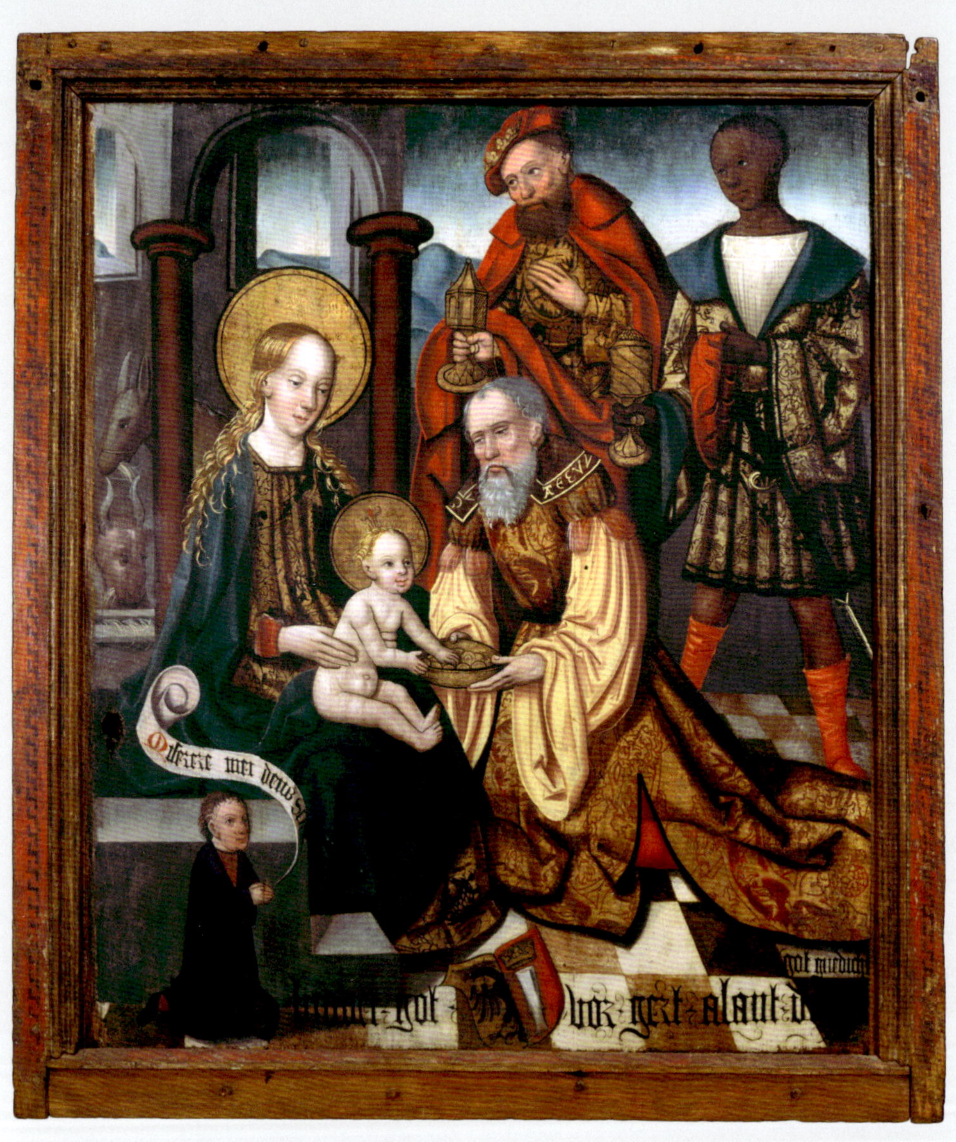

96

EPITAFIUM FOR GERT ALANT

Nord-Tyskland (Lübeck?), 1500–1520
Fra Holmedal i Sunnfjord, på museet siden 1835
Eik, malt
H 97 x B 95,5 x D 3,5 cm
Inv. nr. MA 15

På dette panelet med de hellige tre kongers tilbedelse er jomfru Maria kledd i en kjole av gullbrokade og med en blå kappe, og hun sitter med det nakne Jesusbarnet på fanget. En gråhåret konge ikledd en kostbar kappe av gullbrokade kneler foran henne mens han gir barnet en skål full av gullmynter. Bak ham står den andre kongen, som har barett og rødlig hår og holder et gyllent ciborium. Den tredje og mørkhudede kongen til høyre holder også en kostbar gjenstand, og han har baretten sin i den andre hånden. Scenen finner sted i en halvåpen bygning med rundbuer, der oksen og asenet opptrer i bakgrunnen.

Nederst til venstre kneler en ung mann med svart kappe i bønnepositur og med en banderole der det står *Miserere mei deus se[baot]* («Miskunn deg over meg, Gud Sebaot»). Den nedertyske teksten nederst i bildet oppfordrer leseren til å minnes bestilleren i bønnene sine: «biddet got vor gert alant, dat en got gnedich» («Be til Gud for Gert Alant, at Gud [vil være] ham nådig»). Våpenskjoldet i midten, som viser en halv ørn og en kronet tørrfisk, viser at Alant var en bergenfarer, en kjøpmann fra en av hansabyene.

Øystein Hellesøe Brekke fant i arkivene til Bergenfarerkompaniet i Lübeck navnet Gerdt Alandt nevnt som oldermann på det hanseatiske kontoret på Bryggen i 1511. I 1513 representerte Alandt de hanseatiske kjøpmennene i Bergen ved det danske hoffet. Panelet er ved museet registrert som fra Holmedal i Sunnfjord. Det er usikkert hvorfor en hanseatisk kjøpmans epitafium havnet her, særlig da det var forbudt for hanseatene å handle nord for Bergen.

Bendixen 1901, s. 11–12; von Achen 1996, s. 83; Hoffmann 2015, s. 261–263, 362–363; von Achen 2018, s. 64–66; Kausland 2020, s. 4–5

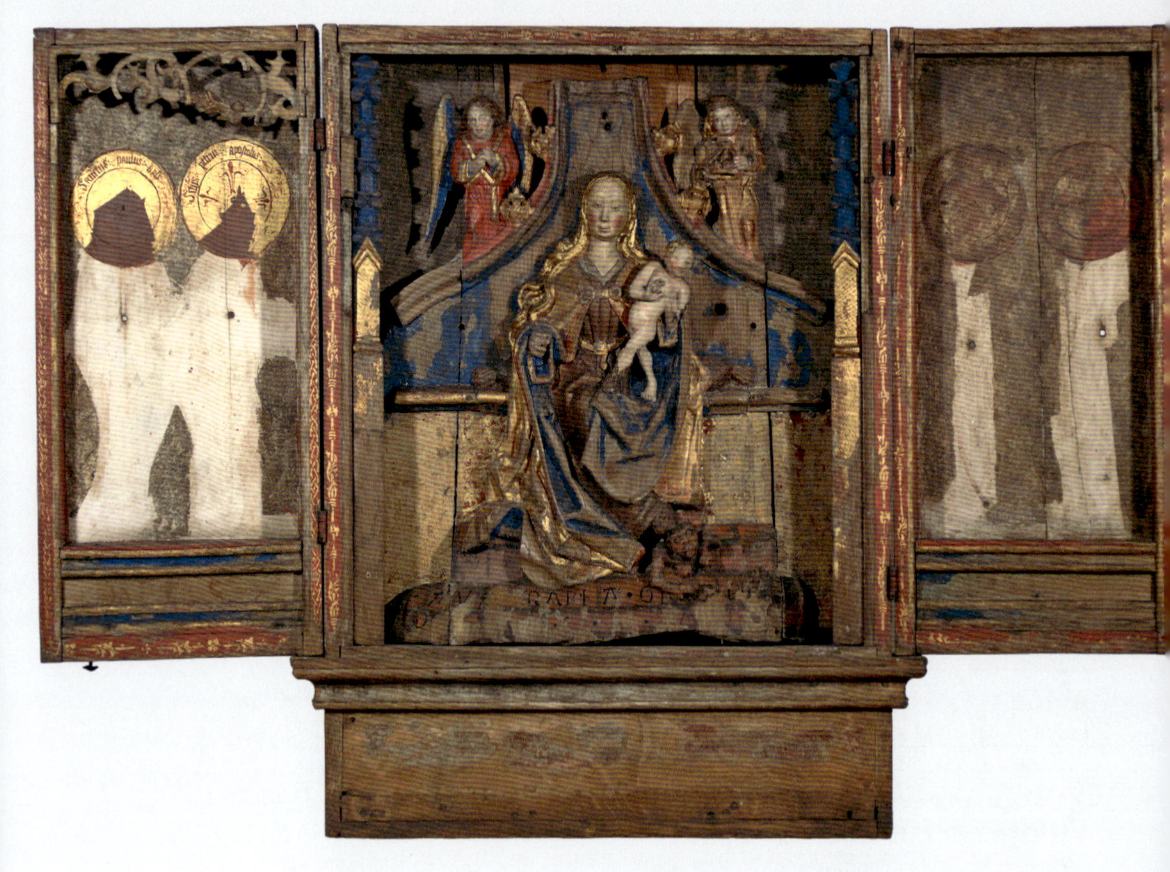

97
ALTERSKAP FRA EKSINGEDALEN

De nordlige Nederlandene (?), 1510–1520
Fra Eksingedalen i Hordaland, på museet siden 1883
Eik, malingsrester
H 98 x B 150 x D 16,5 cm (åpent), B 76 x D 33 cm (lukket)
Inv. nr. MA 608

Dette lille Maria-triptykonet kom til museet i 1883 fra kapellet på Flatekvål i Eksingedalen nordøst for Bergen. I og med at kapellet ikke ble bygget før på 1600-tallet, må alterbildet opprinnelig ha kommet fra en annen kirke. Midtpanelet hviler på en lav predella og viser Maria med Jesusbarnet på tronen plassert på en liten haug, ledsaget av innskriften *Ave maria gracia plene*. Det gylne håret hennes faller over den gylne kappen med rike folder. Med venstre hånd støtter hun det nakne Jesusbarnet, som står på det venstre kneet hennes i en uvanlig fordreid positur. Bak seg har hun en bred kjølbue mellom to spir, i hjørnefeltene er det engler i bønn. Kjølbuen og spirene er blå, i likhet med innsiden av Marias kappe. Hele komposisjonen kan identifiseres som en misforstått fortolkning av et kopperstikk av mesteren ES. Relieffigurene fra innsiden av fløyene er gått tapt, men innskriften på de to gylne helgengloriene på venstre fløy avslører at apostlene Peter og Paulus har stått her under en masverkbaldakin. Det er ikke kjent hvilke to helgener som sto i høyre fløy.

I den kunsthistoriske forskningen om alterskapet har – for eksempel Harry Fett – gått ut fra at skapet kommer fra Lübeck. I nyere tid har derimot Kristin Kausland kunnet vise at konstruksjonen stemmer overens med alterskap fra de nordlige Nederlandene. En rekke sengotiske triptykon i Norge, den såkalte «Leka-gruppen», anses fra 1950-tallet av som import fra de nordlige Nederlandene. Alterskapene i denne gruppen fra Leka i Trøndelag og Røst i Lofoten, som trolig ble laget i Utrecht, viser klare tekniske likheter med triptykonet fra Eksingedalen. Et annet element som skiller seg fra alterskap av nordtysk opphav, er gullbrokadeimitasjonen. Denne er utført ved hjelp av tinnfolie, bladgull og rød sinober som man kan se på bakveggene, og imitasjonen er best bevart på hederskledet bak Maria.

Bendixen 1911, s. 33–36; Engelstad 1936, s. 231–232; von Achen 1985, s. 21; von Achen 2017, s. 64–65; Kausland 2017a, s. 225–234; Kausland 2017b

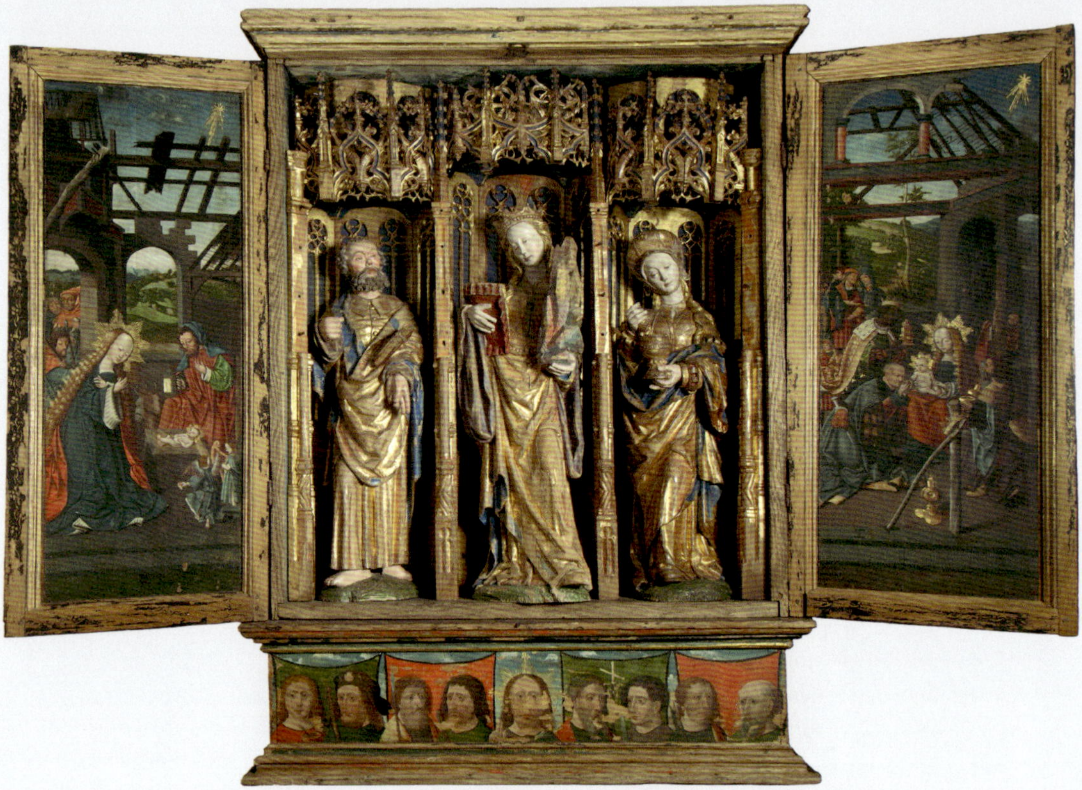

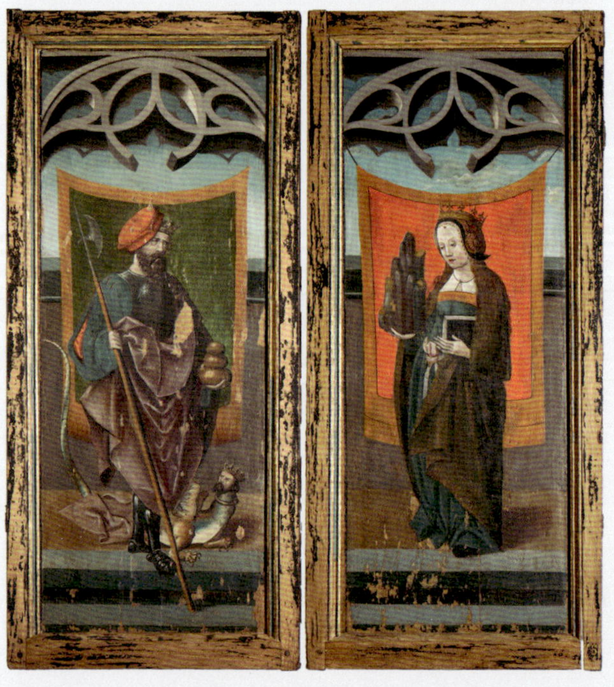

98
ALTERSKAP FRA AUSTEVOLL

De nordlige Nederlandene (Utrecht, Amsterdam?), 1510–1520
Fra Austevoll i Sunnhordland, på museet siden 1891
Eik, polykromi, maling
H 166 x B 223 x D 36 cm (åpent), B 113 cm (lukket)
Inv. nr. MA 283

Dette triptykonet fra middelalderkirken på øya Sandtorr i Austevoll sør for Bergen er et av de best bevarte sengotiske alterskapene i Norge. Midtfeltet har tre kapellaktige nisjer med forseggjorte masverksvegger og intrikate, gjennombrutte baldakiner over plastiske, i stor grad forgylte skulpturer. I midten står St. Sunniva, en irsk dronning som skal ha kommet til Norge på 900-tallet og lidd martyrdøden på øya Selja (fig. på s. 20). Sunnivas relikvier ble oppbevart i domkirken i Bergen fra 1170, og hun ble æret som byens og Vestlandets skytshelgen. Den kronede helgenen holder en bok i høyre hånd og en steinblokk i venstre. Hun er flankert av Peter (venstre), som har mistet nøkkelen sin og av Maria Magdalena (høyre) med sitt attributt, en salvekrukke. De uttrykksfulle ansiktene, de elegante klærne og bevegelsen i de tre figurene, såvel som filigransmasverket holder høy teknisk og kunstnerisk kvalitet.

På innsiden av fløyene finner vi livaktig malte scener fra Kristi fødsel (venstre) og kongenes tilbedelse (høyre). Stallen der hendelsene utspiller seg, er gjengitt som et forfallent bygg i renessansestil. Utsidene av fløyene viser framstillinger av Olav den hellige (venstre) og St. Sunniva (høyre), som begge står foran hengende hederskleder under malt masverk. Maleriene på utsiden er utført i en annen og enkelere stil. Framstillingen på predellaen, som er utført av en tredje hånd, viser Kristi uttrykksfulle ansikt midt mellom de tolv apostlene, alle foran en bakgrunn i forskjellige farger. Interessant nok strekker apostelrekken seg også til predellaens kortsider.

Bendix Bendixen koblet i 1911 stilen til maleriene på innsiden av vingene med de nordlige Nederlandene, spesielt med verket til maleren Jacob Cornelisz van Oostsanen fra Amsterdam (ca. 1470–1533). Eivind Engelstad antok i 1936 at alterbildet ble laget i de nordlige Nederlandene eller i det nedre Rhin-området, og Jaap Leeuwenberg fra Rijksmuseum i Amsterdam avgrenset i 1959 området videre til Utrecht. Dette ble nylig bekreftet av Kristin Kausland, som undersøkte kassens form og oppbygning, som i stor grad stemmer overens med triptykonet fra Eksingedalen (kat. nr. 97). Til tross for helgenenes sentrale posisjon på altertavlen fra Austevoll ble den akseptert av protestantene og til og med overført til den nye kirken, som ble bygget i 1650 på øya Hundvåko.

Bendixen 1904–1913, s. 395–397; Bendixen 1911, s. 47–54; Engelstad 1936, s. 228–229; Leeuwenberg 1959; Kausland, 2017a; Kausland 2017b

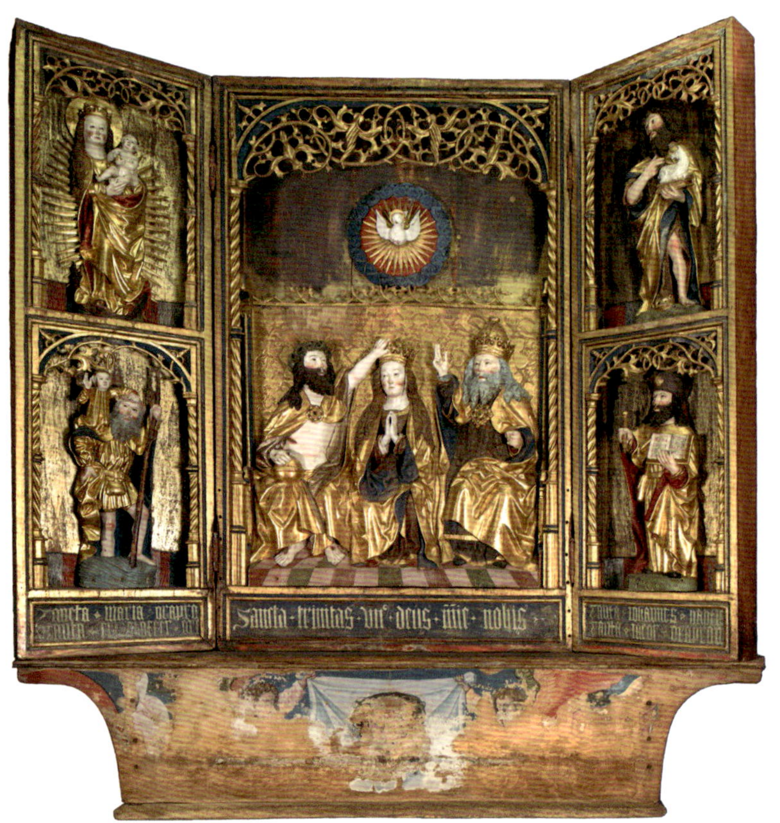

99
ALTERSKAP MED DOBLE FLØYER FRA UGGDAL

Nord-Tyskland, ca. 1520
Fra Uggdal, Tysnes i Sunnhordland, på museet siden 1876
Eik, polykromi, maling
H 192 x B 198 x D 35 cm (åpent), B 198 x D 46 cm (lukket)
Inv. nr. MA 193

I likhet med alterskapet fra Austevoll (kat. nr. 98) er også dette skapet fra Uggdal (tidligere Opdal) på Tysnes fullstendig bevart. Midtseksjonen viser en relieffgruppe der Maria krones av Kristus (til venstre) og Gud Faderen (til høyre), mens Den hellige ånd svever over dem i form av en due. Over gruppen er en masverksbaldakin, og under dem innskriften *Sancta trinitas un*[*us*] *deus mi*[*serer*]*e nobis* («Hellige treenighet, én gud, miskunn deg over oss»). Fløyene har høyrelieff med Madonna i strålekrans og St. Kristoffer til venstre og Johannes døperen og Jakob den eldre til høyre. Bakveggen i midtfeltet og fløyene er dekket med imitasjonsgull.

Når de indre fløyene lukkes, blir det synlig åtte malte helgener som står på grønn grunn foran en steinmur og under en blå himmel. De er fordelt både over utsiden av de indre fløyene og over de faststående ytre fløyene («Standflügel»). De framstiller fra venstre til høyre helgenene Hieronymus, Peter, Paulus og Katarina (?) (øverst) og helgenene Peter martyr, evangelisten Johannes, Georg og

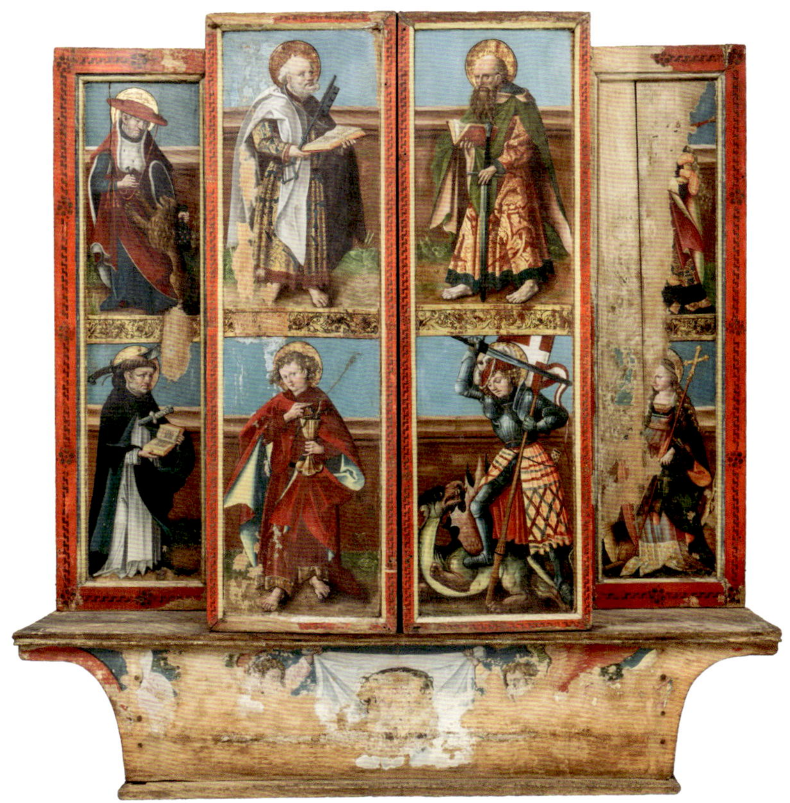

Margareta [nede]. Den malte predellaen viser Veronikas svetteduk, som holdes av to engler.

Alterskapet ble produsert i Nord-Tyskland, muligens i Hamburg eller Lüneburg. Det er bemerkelsesverdig at det ble tatt vare på etter reformasjonen i 1536–1537 i og med at det sentrale bildefeltet viser en ikke-bibelsk scene som ikke er i henhold til den lutherske lære. Avbildningen av så mange helgener var heller ikke i tråd med luthersk tanke, som avviste helgendyrkelsen. Enkelte av framstillingene er eksplisitt katolske, for eksempel Marias glorie, den legendariske kjempen Kristoffer og Jakob kledd i pilegrimsklær. Dessuten er alle figurene ledsaget av innskrifter som påkaller deres forbønn: *ora pro* [*nobis*]. Også tilbedelsen av ansiktet til den lidende Kristus i form av Veronikas svetteduk var uadskillelig forbundet med førreformatorisk religiøs praksis. Alt dette gjør alterskapet fra Uggdal til et godt eksempel på lutheranernes tolerante holdning overfor den materielle arven fra katolsk tro i middelalderen. Denne holdningen er blitt betegnet som «lutherdommens bevarende kraft» [Fritz 1997].

Bendixen 1904–1913, s. 294–296; Bendixen 1911, s. 54–60; Engelstad 1936, s. 225–226; von Achen 1994b, s. 71–73; Kroesen 2017, s. 210–211; Kausland 2017a, s. 58–60, 98–99; Kausland 2020, s. 10

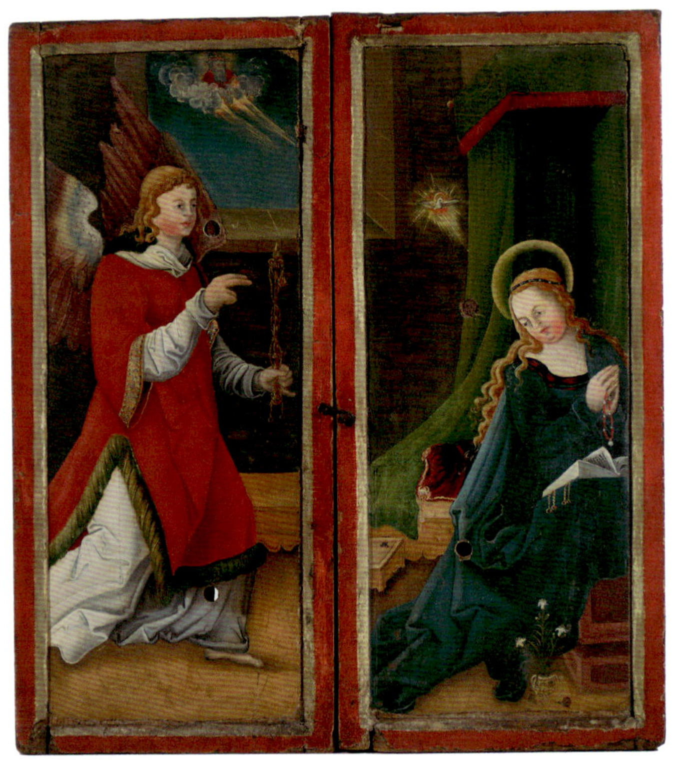

100

TO SMÅ TRIPTYKON FRA ØN OG HJØRUNDFJORD

Nord-Tyskland (?), ca. 1520
Fra Øn i Sogn, på museet siden 1881 (MA 252); Hjørundfjord på Sunnmøre, på museet siden 1881 (MA 249)
Eik, malt
H 67 x B 112 x D 17 cm (åpent), B 56 cm (lukket) (Øn)
H 73 x B 120 x 14,5 cm (åpent), B 60 cm (lukket) (Hjørundfjord)
Inv. nr. MA 252, MA 249

Det lille alterskapet fra Øn i Hyllestad i Sogn har mistet alle figurene på innsiden, som bare har etterlatt seg spor i forgyllingen. Det samme gjelder for innsiden av fløyene, som har hatt ett relieff hver. Utsiden av fløyene viser en elegant malt Maria bebudelse, innrammet i en rød ramme. Høyre fløy viser Maria i et vakkert rom med en himmelseng, benker og en lesepult. Maria kneler foran en oppslått bok som ligger på lesepulten og hun holder en bønnekrans. I forgrunnen står en vase med en blomstrende hvit lilje. På venstre fløy er engelen Gabriel, som er kledd som diakon med hvit alba og rød dalmatika. Han holder høyre hånd hevet til hilsen og holder en stav i venstre hånd. Gjennom vinduet i bakgrunnen kan man se Gud Faderen i en sky, som Den hellige ånds due stiger ned fra. Komposisjonen baserer seg tydeligvis

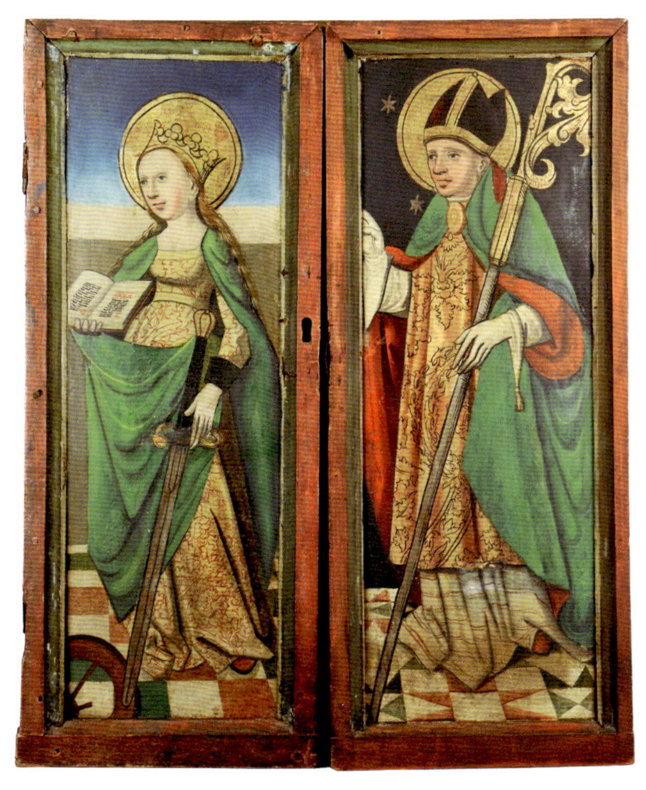

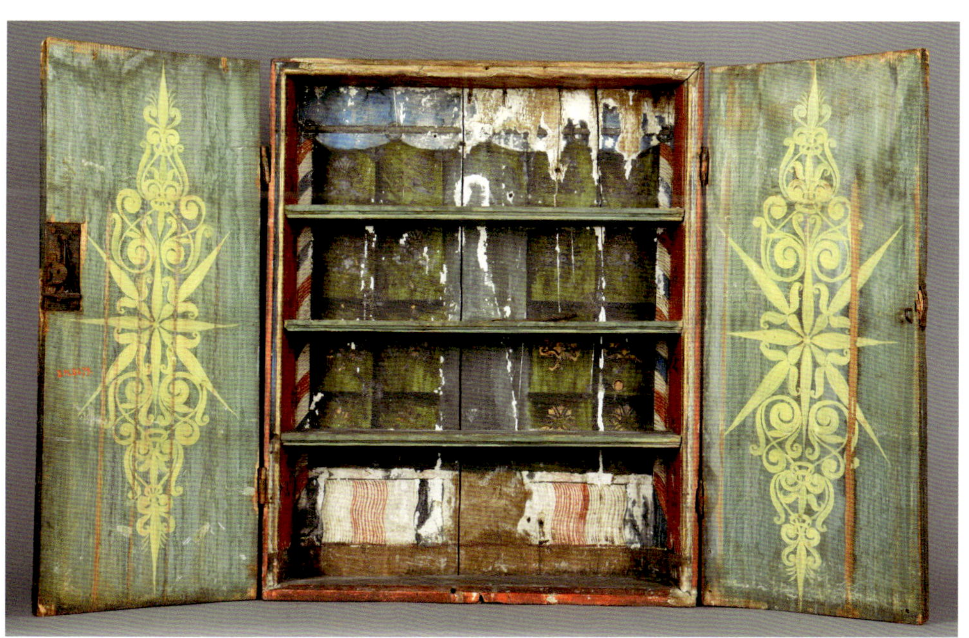

på Albrecht Dürers *Kleine Passion,* en serie tresnitt fra tiden rundt 1510. Det lille alterskapet er sannsynligvis bevart fordi det ble tømt for figurer etter reformasjonen og gitt en ny praktisk bruk.

Det samme kan man anta for et lite triptykon fra Hjørundfjord på Sunnmøre, der kassen og de malte fløyene er bevart. Innsiden av fløyene ble malt over med gule, dekorative motiver på grønn bakgrunn i barokkstil. Når det er lukket, viser alterskapet derimot de originale maleriene av St. Katarina (til venstre) og en uidentifisert helgenbiskop (til høyre), som begge står på et flislagt golv. I sin nye funksjon fikk skapet en jernlås. Midtpartiet hadde en skulptur som har gått tapt, men som man ser omrissene av på den malte bakgrunnen. Skulpturen ble erstattet av tre hyller, slik at alterskapet ble ombygd til et oppbevaringsskap. Slik gjenbruk fjernet alterskapenes religiøse funksjon, men forhindret at de gikk tapt og kan anses som typisk for luthersk behandling av middelaldersk kirkeinventar.

Bendixen 1911, s. 63–65; Engelstad 1936, s. 240, 249; Hoffmann 2015, s. 268–269; Kausland 2016; Kausland 2017a; Kausland 2020, s. 9–10

Altarfrontale aus Nedstryn (Nordfjord) (Kat Nr. 65), Detail ►

BIBLIOGRAFI

Alexander/Binski 1987
Alexander, Jonathan & Paul Binski (red.), *Age of Chivalry. Art in Plantagenet England, 1200–1400* (=utstillingskatalog London, Royal Academy), London 1987

Andersen 2015
Andersen, Elisabeth, «Madonna Tabernacles in Scandinavia *c.* 1150–*c.* 1350», *Journal of the British Archaeological Association*, 168 (2015), s. 165–185

Andersen 2020
Andersen, Elisabeth, «Closing the Tabernacle: European Madonna Tabernacles *c.* 1150–1350», Fernando Gutiérrez Baños, Justin Kroesen & Elisabeth Andersen (red.), *The Saint Enshrined. European Tabernacle-Altarpieces,* c. *1150–1400* (=Medievalia. Revista d'estudis medievals, 23/1), Barcelona 2020, s. 59–100

Andersson 1949
Andersson, Aron, *English Influence in Norwegian and Swedish Figuresculpture in Wood 1220–1270*, Stockholm 1949

Andersson 1968
Andersson, Aron, *L'art scandinave*, bind 2, La Pierre-qui-vire 1968

Anker 1970
Anker, Peter, *The Art of Scandinavia*, bind 1, London 1970

Anker 1978
Anker, Anne, «Den gamle kyrkja i Årdal. Interiør og inventar i mellomalderen og etter Reformasjonen», Dagfinn Krossen (red.), *Bygdebok for Årdal. Kulturbandet*, Årdal 1978, s. 781–819

Anker 1981
Anker, Peter, «Høymiddelalderens skulptur i stein og tre», *Norges kunsthistorie*, bind 2, Oslo 1981, s. 126–151

Anker/Havran 2005
Anker, Leif & Jiri Havran, *The Norwegian Stave Churches*, Oslo 2005

Baert 2012
Baert, Barbara, «The Antependium of Nedstryn and the *Exultation of the Cross*», *IKON. Journal of Iconographic Studies*, 5 (2012), s. 65–83

Bendixen 1889
Bendixen, Bendix, «Aus der mittelalterlichen Sammlung des Museums in Bergen, I» *Bergens Museums Aarbok*, 2 (1889), s. 1–51

Bendixen 1890
Bendixen, Bendix, «Aus der mittelalterlichen Sammlung des Museums in Bergen, II», *Bergens Museums Aarbok*, 4 (1890), s. 1–30

Bendixen 1891
Bendixen, Bendix, «Aus der mittelalterlichen Sammlung des Museums in Bergen, III», *Bergens Museums Aarbok*, 5 (1891), s. 1–17

Bendixen 1892
Bendixen, Bendix, «Aus der mittelalterlichen Sammlung des Museums in Bergen, IV», *Bergens Museums Aarbok*, 9 (1892), s. 1–24

Bendixen 1893
Bendixen, Bendix, «Aus der mittelalterlichen Sammlung des Museums in Bergen, V», *Bergens Museums Aarbok*, 8 (1893), s. 1–22

Bendixen 1894–1895
Bendixen, Bendix, «Aus der mittelalterlichen Sammlung des Museums in Bergen, VI», *Bergens Museums Aarbok*, 8 (1894–1895), s. 1–23

Bendixen 1896
Bendixen, Bendix, «Aus der mittelalterlichen Sammlung des Museums in Bergen, VII», *Bergens Museums Aarbok*, 9 (1896), s. 1–20

Bendixen 1897
Bendixen, Bendix, «Aus der mittelalterlichen Sammlung des Museums in Bergen, IX», *Bergens Museums Aarbok*, 10 (1897), s. 1–20

Bendixen 1901
Bendixen, Bendix, «Aus der mittelalterlichen Sammlung des Museums in Bergen, IX», *Bergens Museums Aarbok*, 13 (1901), s. 1–15

Bendixen 1904–1913
Bendixen, Bendix, *Kirkene i Søndre Bergenhus Amt. Bygninger og inventarium*, Bergen 1904–1913

Bendixen 1905
Bendixen, Bendix, «Aus der mittelalterlichen Sammlung des Museums in Bergen, X», *Bergens Museums Aarbok*, 12 (1905), s. 1–19

Bendixen 1909
Bendixen, Bendix, «Aus der mittelalterlichen Sammlung des Museums in Bergen, XI», *Bergens Museums Aarbok*, 16 (1909), s. 1–47

Bendixen 1911
Bendixen, Bendix, «Aus der mittelalterlichen Sammlung des Museums in Bergen, XII», *Bergens Museums Aarbok*, 12 (1911), s. 1–71

Bendixen 1915–1916
Bendixen, Bendix, «Aus der mittelalterlichen Sammlung des Museums in Bergen, XIII», *Bergens Museums Aarbok* (=Historisk-antikvarisk rekke, 3) (1915–1916), s. 1–38

Berggren 2002
Berggren, Lars, «The Export of Limestone and Limestone Fonts from Gotland during the Thirteenth and Fourteenth Centuries», Lars Berggren, Nils Hybel & Annette Landen (red.), *Cogs, Cargoes and Commerce. Maritime Bulk Trade in Northern Europe, 1150–1400*, Toronto 2002, s. 143–180

Blindheim 1965
Blindheim, Martin, *Norwegian Romanesque Decorated Sculpture*, London 1965

Blindheim 1968
Blindheim, Martin, «De malte antemensaler i Norge», *Årsbok för svenska staten konstsamlingar*, 15 (1968), s. 28–50

Blindheim 1970
Blindheim, Martin, «Triumfkrusifiks fra middelalderen i Bjørgvin bispedømme», Per Juvkam (red.), *Bjørgvin Bispestol. Byen og bispedømme*, Bergen 1970, s. 145–166

Blindheim 1975
Blindheim, Martin, «Scandinavian Art and its Relation to European Art around 1200», *The Year 1200: A Symposium*, New York 1975, s. 429–468

Blindheim 1980
Martin Blindheim, «En gruppe tidlige, romanske krusifikser i Skandinavia og deres genesis», Ulla Haastrup (red.), *Kristusfremstillinger*, København 1980, s. 43–65

Blindheim 1993
Blindheim, Martin, «En romansk alterskapsdør. Et løst identifikasjonsproblem», Susanne Wennigsted-Torgard (red.) *Det ikonografiske blik. Festskrift til Ulla Haastrup*, København 1993, s. 19–26

Blindheim 1997
Blindheim, Martin, «The Cult of Medieval Wooden Sculptures in Post Reformation Norway», *Universitetets Oldsaksamlinger Årbok* (1997), s. 139–151

Blindheim 1998
Blindheim, Martin, *Painted Wooden Sculpture in Norway, c. 1100–1250*, Oslo 1998

Blindheim 2003
Blindheim, Martin, «Scandinavia and Europe. Two Norwegian Crucifixes of Mid Twelfth Century Date», Ebbe Nyborg, Hannemarie Ravn Jensen & Søren Kaspersen (red.), *Romanesque Art in Scandinavia* (=Hafnia. Copenhagen Papers in the History of Art, 12), København 2003, s. 149–159

Blindheim 2004
Blindheim, Martin, *Gothic Painted Wooden Sculpture in Norway 1220–1350*, Oslo 2004

Blix 1895
Blix, Peter, *Nogle undersøgelser i Borgund og Urnæs kirker, med bemerkinger vedkommende Hopperstadkirken*, Kristiania (Oslo) 1895

Bombek/Stracke-Sporbeck 2012
Bombek, Marita & Gudrun Stracke-Sporbeck, *Kölner Bortenweberei im Mittelalter: Corpus Kölner Borten*, Regensburg 2012

Bramer Solhaug 2001
Bramer Solhaug, Mona, *Middelalderens døpefonter i Norge* (=avhandling Universitetet i Oslo), 2 bind, Oslo 2001

Braun 1924a
Braun, Joseph, *Der christliche Altar in seiner geschichtlichen Entwicklung*, 2 bind, München 1924

Braun 1924b
Braun, Joseph, *Die liturgischen Paramente in Gegenwart und Vergangenheit*, Freiburg im Breisgau 1924

Bugge 1926
Bugge, Anders, *Vore gamle gravminder*, Oslo 1926

Bugge 1932
Bugge, Anders, «Kunsten langs leden i nord», *Årsberetning fra foreningen til norske fortidsminnesmerkers bevaring*, 88 (1932), s. 1–52

Bugge 1953
Bugge, Anders, *Norwegian Stave Churches*, Oslo 1953

Bugge/Kielland 1919
Bugge, Anders & Thor Kielland, *Alterskrud og messeklær i Norge* (=utstillingskatalog Oslo, Norsk Folkemuseum), Kristiania (Oslo) 1919

Christie 1837
Christie, Wilhelm Frimann Koren, «Om et Byzantinsk malerie som tilhører det Bergenske Musæum», *Urda*, 1 (1837), s. 105–118

Christie 1842
Christie, Wilhelm Frimann Koren, «Om to reliquie-skrin og en døbefont i Bergens Museum», *Urda* (1842), s. 377–384

Christie 1963
Christie, Håkon, *Kinsarvik kirke. Restaureringen*, Oslo 1963

Christie 1981
Christie, Håkon, «Stavkirkene-arkitektur», Knut Berg (red.), *Norges kunsthistorie*, bind 1, Oslo 1981, s. 139–251

Dalen 2017
Dalen, Knut & Alma Dalen, «Kyrkjesoge», Gaute Losnegård (red.), *Røldal Bygdebok*, bind 1: *Bygdesoge*, Røldal 2017, s. 131–162

Danbolt 1986
Danbolt, Gunnar, «Noen trekk fra alterutsmykningens historie», *Foreningen til norske fortidsminnesmerkers bevaring. Årbok* (1986), s. 13–44

Dietrichson 1892
Dietrichson, Lorentz, *De norske stavkirker. Studier over deres system, oprindelse og historiske udvikling. Et bidrag til Norges middelalderske bygningskunsts historie*, Kristiania [Oslo]/København 1892

Dommasnes/Hommedal 2016
Dommasnes, Liv Helga & Alf Tore Hommedal, «One Thousand Years of Tradition and Change on Two West-Norwegian Farms AD 200–1200», Liv Helga Dommasnes, Doris Gutsmiedl-Schümann & Alf Tore Hommedal (red.), *The Farm as a Social Arena*, Münster/New York 2016, s. 127–170

Drake 2002
Drake, Colin S., *The Romanesque Fonts of Northern Europe and Scandinavia*, Woodbridge 2002

Ekroll 2003
Ekroll, Øystein, «St. Olavs skrin i Nidaros», Steinar Imsen (red.), *Ecclesia Nidarosiensis 1153–1537. Søkelys på Nidaroskirken og Nidarosprovinsen historie*, Trondheim 2003, s. 325–350

Ekroll/Eide 2012
Ekroll, Øystein & Per Eide, *Sunnmørskyrkjene. Historie, kunst og arkitektur*, Larsnes 2012

Ekroll/Stige 2000
Ekroll, Øystein & Morten Stige, *Kirker i Norge*, bind 1: *Middelalder i stein*, Oslo 2000

Eldal 1993
Eldal, Jens Christian, «Christies kirker. Nygotikk i stavkirkeformer i 1860-årene», *Kirkearkeologi og kirkekunst. Studier tilegnet Sigrid og Håkon Christie*, Bergen 1993, s. 227–241

Engelstad 1936
Engelstad, Eivind S., *Senmiddelalderens kunst i Norge ca. 1400–1535*, Oslo 1936

E. Engelstad 1941
Engelstad, Eivind S., «Prosesjonsfanen fra Lavik kirke», *Fortun fra til Sognefest. Festskrift til G. F. Heiberg på 70-årsdagen*, Bergen 1941, s. 55–65

H. Engelstad 1941
Engelstad, Helen, *Messeklær og alterskrud. Middelalderske paramenter i Norge*, Oslo 1941

Fett 1908
Fett, Harry, *Billedhuggerkunsten i Norge under Sverreætten*, Kristiania [Oslo] 1908

Fett 1909
Fett, Harry, *Norges kirker i middelalderen*, Kristiania [Oslo] 1909

Fett 1911
Fett, Harry, «Overgangsformer i unggotikens kunst i Norge», *Foreningen til norske fortidsminnesmerkers bevaring. Årbok*, 67 (1911), s. 1–21

Fett 1917
Fett, Harry, *Norges malerkunst i middelalderen*, Kristiania 1917

Fett 1925
Fett, Harry, «Skulptur og malerkunst i middelalderen», *Norsk kunsthistorie*, bind 1, Oslo 1925, s. 197–238

Fett 1937
Fett, Harry, *Vår Frue Jomfru Maria*, Oslo 1937

Fett 1938
Fett, Harry, *Hellig Olav. Norges evige konge*, Oslo 1938

Frimannslund 1944
Frimannslund, Borghild A., *Votivskip i kirkene på Vestlandet*, Bergen 1944

Fritz 1997
Fritz, Johann Michael (red.), *Die bewahrende Kraft des Luthertums. Mittelalterliche Kunstwerke in evangelischen Kirchen*, Regensburg 1997

Fuglesang 1995
Fuglesang, Signe Horn, »Norwegian Frontals with Tituli: Nedstryn and Kinsarvik«, Magne Malmanger, Laszlo Berczelly & Signe Fuglesang (red.), *Norwegian Medieval Altar Frontals and Related Material. Papers from the Conference in Oslo 16th to 19th December 1989*, Roma 1995, s. 25–30

Gjærder 1952
Gjærder, Per, *Norske pryd-dører fra middelalderen*, Bergen 1952

Gjerløw 1971
Gjerløw, Lilli, «La culte de saint Michel en Norvège» Marcel Baudot (red.), *Millénaire monastique du Mont Saint-Michel*, bind 3: *Culte de Saint Michel et pèlerinages au Mont*, Paris 1971, s. 489–493

Grieg 1973
Grieg, Sigurd, «Seljeantemensalet. De norske relikvieskrin og forholdet til Danmarks gyllne altre», *Konsthistorisk tidskrift*, 42 (1973), s. 14–34

Haga 2014
Haga, Øystein, *Krusifikset frå Jelsa og andre Limoges-krusifiks i Skandinavia*, Jelsa 2014

Hauglid 1939
Hauglid, Roar, *Chartres Trends in the Former Northern Medieval Plastic Art*, Trondheim 1939

Hauglid 1973
Hauglid, Roar, *Norske Stavkirker. Dekor og Utstyr*, Oslo 1973

Hauglid 1976
Hauglid, Roar, *Norske Stavkirker. Bygningshistorisk bakgrunn og utvikling*, Oslo 1976

Hauglid/Grodecki 1955
Hauglid, Roar & Louis Grodecki, *Norway. Paintings from the Stave Churches*, New York 1955

Helle 1980
Helle, Knut, *Kongssete og kjøpstad. Fra opphavet til 1536. Bergen bys historie*, bind 1, Bergen/Oslo/Tromsø 1980

Henkelmann 2014
Henkelmann, Vera, *Spätmittelalterliche Marienleuchter. Formen, Funktionen, Bedeutungen*, Regensburg 2014

Henkelmann 2018
Henkelmann, Vera, «Wandlungskerzen und Engelleuchter des Spätmittelalters. Lichtinszenierungen im Kontext der Wandlung», *Anzeiger des Germanischen Nationalmuseums 2016* (2018), s. 99–118

Heslop 1987
Heslop, Thomas Alexander, «Attitudes to the Visual Arts. The Evidence from Written Sources», Jonathan Alexander & Paul Binski (red), *Age of Chivalry. Art in Plantagenet England 1200–1400* (=utstillingskatalog London, Royal Academy), London 1987, s. 26–32

Hoff 2000
Hoff, Anne Marta, *Dale kyrkje 750 år*, Luster 2000

Hoff/Lidén 2000
Hoff, Anne Marta & Hans-Emil Lidén, *Norges kirker. Hordaland*, bind 2, Oslo 2000

Hoff/Lidén/Storsletten 2000
Hoff, Anne Marte, Hans-Emil Lidén & Ola Storsletten, *Norges kirker. Hordaland*, bind 1, Oslo 2000

Hoffmann 2015
Hoffmann, Miriam J., *Studien zur Lübecker Tafelmalerei von 1450–1520*, Kiel 2015

Hohler 1999
Hohler, Erla B., *Norwegian Stave Church Sculpture*, 2 bind, Oslo 1999

Hohler/Morgan/Wichstrøm/Plahter 2004
Hohler, Erla B., Nigel J. Morgan & Anne Wichstrøm (red.), *Painted Altar Frontals of Norway 1250–1350*, bind 1: *Artists, Styles and Iconography*, London 2004

Holm-Olsen 1969
Holm-Olsen, Ludvig, «Pergamentfragmenter i norske antemensaler», Jakob Benediktsson (red.), *Afmælisriti Jóns Helgasonar 30. júní 1969*, Reykjavik 1969, s. 206–218

Hommedal 2014
Hommedal, Alf Tore, «Monks, Nuns, Canons and Friars in Medieval Bergen», Manfred Gläser & Manfred Schneider (red.), *Kolloquium zur Stadtarchäologie im Hanseraum*, IX: *Die Klöster*, Lübeck 2014, s. 613–628

Hommedal 2018
Hommedal, Alf Tore, «Eit bispedøme for Vestlandet», *Bergens Tidende*, 8 juli 2018

Hommedal 2019
Hommedal, Alf Tore, «St Sunniva, the Seljumenn, and St Alban: The Benedictines and the Sanctuary at Selja, Norway», Edel Bhreathnach, Keith Smith, Małgorzata Krasnodębska-D'Aughton (red.), *Monastic Europe. Medieval Communities, Landscapes, and Settlement*, Turnhout 2019, s. 45–72

Johannessen 1964
Johannessen, Astrid Schjetlein, «Urnesgruppen i Historisk Museum. Et forsøk å å stille den inn i en ny sammenheng», *Årbok for Universitetet i Bergen. Humanistisk Serie*, 2 (1964), s. 3–30

Johnsen 1977
Johnsen, Arne Odd, *De norske cistercienserklostre 1146–1264*, Oslo 1977

Kaland 1973
Kaland, Bjørn, *Baldakin fra Hopperstad, Madonna fra Hove* (=Fortidsminner, 59), Oslo 1973

Karlsson 1988
Karlsson, Lennart, *Medieval Ironwork in Sweden*, 2 bind, Stockholm 1988

Kausland 2016
Kausland, Kristin, «Late Medieval Paintings in Norway: Materials, Techniques, Origins», *Zeitschrift für Kunsttechnologie und Konservierung*, 30/1 (2016), s. 47–66

Kausland 2017a
Kausland, Kristin, *Late Medieval Altarpieces in Norway – Domestic, Imported, or a Mixed Enterprise? An Art Technological Study of Northern German and Norwegian Altarpiece Production in the Period 1460–1530* (=avhandling Universitetet i Oslo), Oslo 2017

Kausland 2017b
Kausland, Kristin, «Nailing it! The Identification of Northern Netherlandish Altarpieces through Common Features in their Methods of Construction», Judith Bridgland (red.), *ICOM-CC 18th Triennial Conference Preprints, Copenhagen, 4–8 September 2017*, Paris 2017, s. 1–7

Kausland 2020
Kausland, Kristin, «Setting the Stage, Framing the Picture. The Gilding and Polychromy of Late Medieval Altarpiece Structures in the North», *CLARA Special Issue 2020/1* (2020), s. 1–21

Kessler 2007
Kessler, Herbert, *Neither God nor Man. Words, Images and the Medieval Anxiety about Art*, Freiburg im Breisgau 2007

Kielland 1904
Kielland, Jens, «Aardals Kirke i Sogn», *Foreningen til Norske Fortidsmindesmærkers Bevaring. Aarsberetning for 1903* (1904), s. 176–177

Kielland 1921
Kielland, Thor, «St. Swithuns kaape», *Stavanger Turistforeningens Årbok* (1921), s. 23–36

Kielland 1927
Kielland, Thor, *Norsk gullsmedkunst i middelalderen*, Oslo 1927

Kielland 1957
Kielland, Thor, *Skomakerens gyldne messehagel. Et nederlandsk-italiensk arbeide fra 1500–årenes begynnelse i Historisk Museum, Universitetet i Bergen*, Bergen 1957

Kloster 1951
Kloster, Robert, «De gamle kirker i Viks presetgjeld. Hoprekstad, Hove og Tenold (Tenål)», Olav Hoprekstad (red.), *Bygdebok for Vik i Sogn*, Bergen 1951, s. 139–226

Kollandsrud 2014
Kaja Kollandsrud, «A Perspective on Medieval Perception in Norwegian Church Art», Noëlle L.W. Streeton & Kaja Kollandsrud (red.), *Paint & Piety. Collected Essays on Medieval Painting and Polychrome Sculpture*, London 2014, s. 51–66

Kollandsrud 2018
Kollandsrud, Kaja, *Evoking the Divine. The Visual Vocabulary of Sacred Polychrome Wooden Sculpture in Norway between 1100 and 1350* (=avhandling Universitetet i Oslo), Oslo 2018

Krogh 2011
Krogh, Knud, *Urnesstilens kirke. Forgængeren for den nuværende kirke på Urnes*, Oslo 2011

Kroesen 2017
Kroesen, Justin, «Mellom Bergen og Bergamo. Lutherdommens bevarende makt», Eldbjørg Haug (red.), *Fra avlatshandel til folkekirke. Reformasjonen gjennom 500 år*, Oslo 2017, s. 209–235

Kroesen 2019a
Kroesen, Justin, «The Diva from the Sognefjord», Justin Kroesen, Micha Leeflang & Marc Sureda (red), *North & South. Medieval Art from Norway and Catalonia 1100–1350* (=utstillingskatalog Utrecht, Museum Catharijneconvent, og Vic, Museu Episcopal de Vic), Zwolle 2019, s. 113–115

Kroesen 2019b
Kroesen, Justin, «Two Ferocious Aquamaniles», Justin Kroesen, Micha Leeflang & Marc Sureda (red.), *North & South. Medieval Art from Norway and Catalonia 1100–1350* (=utstillingskatalog Utrecht, Museum Catharijneconvent, og Vic, Museu Episcopal de Vic), Zwolle 2019, s. 162–163

Kroesen/Kuhn 2020
Kroesen, Justin & Stephan Kuhn, «Relikvieskrinet fra Filefjell», *Universitetsmuseets Årbok* (2020), s. 74–84

Kroesen/Steensma 2012
Kroesen, Justin & Regnerus Steensma, *The Interior of the Medieval Village Church*, Leuven/Paris/Walpole MA 2012

Kroesen/Tångeberg 2014
Kroesen, Justin & Peter Tångeberg, *Die mittelalterliche Sakramentsnische auf Gotland (Schweden). Kunst und Liturgie*, Petersberg 2014

Kroesen/Tångeberg 2020
Kroesen, Justin & Peter Tångeberg, «Tabernacle Shrines (1180–1400) as a European Phenomenon. Types, Spread, Survival», Fernando Gutiérrez Baños, Justin Kroesen & Elisabeth Andersen (red.), *The Saint Enshrined. European Tabernacle-Altarpieces, c. 1150–1400* (=Medievalia. Revista d'estudis medievals, 23/1), Barcelona 2020, s. 17–58

Kroesen/Tångeberg 2021
Kroesen, Justin & Peter Tångeberg, *Helgonskåp. Medieval Tabernacle Shrines in Sweden and Europe*, Petersberg 2021

Krøvel/Tafjord 2017
Krøvel, Harald Johannes & Harald Endre Tafjord, *Soga om Sogn og Fjordane. Folket i fjordriket før 1768*, Bergen 2017

Kuhn 2019a
Kuhn, Stephan, «Connecting Heaven and Earth», Justin Kroesen, Micha Leeflang & Marc Sureda (red.), *North & South. Medieval Art from Norway and Catalonia 1100–1350* (=utstillingskatalog Utrecht, Museum Catharijneconvent, og Vic, Museu Episcopal de Vic), Zwolle 2019, s. 106–107

Kuhn 2019b
Kuhn, Stephan, «Golden House with Dragon Heads», Justin Kroesen, Micha Leeflang & Marc Sureda (red.), *North & South. Medieval Art from Norway and Catalonia, 1100–1350* (=ustillingskatalog Utrecht, Museum Catharijneconvent, og Vic, Museu Episcopal de Vic), Zwolle 2019, s. 152–153

Kuhn 2020
Kuhn, Stephan, «Marian Tabernacles on Main Altars: Norwegian Thirteenth-Century Altar Decorations in their European Context», Fernando Gutiérrez Baños, Justin Kroesen & Elisabeth Andersen (red.), *The Saint Enshrined; European Tabernacle-Altarpieces,* c. *1150–1400* (=Medievalia. Revista d'estudis medievals, 23/1), Barcelona 2020, s. 101–128

Kuhn/Böhme 2019
Kuhn, Stephan & Alexandra Böhme, «A *Vierge à l'Enfant* in Norway», Justin Kroesen, Micha Leeflang & Marc Sureda (red.), *North & South. Medieval Art from Norway and Catalonia 1100–1350* (=utstillingskatalog Utrecht, Museum Catharijneconvent, og Vic, Museu Episcopal de Vic), Zwolle 2019, s. 132–133

Kuhn/Lukešová 2019
Kuhn, Stephan & Hana Lukešová, «A Norwegian Chasuble from Spanish Silk?», Justin Kroesen, Micha Leeflang & Marc Sureda (red.), *North & South. Medieval Art from Norway and Catalonia 1100–1350* (=utstillingskatalog Utrecht, Museum Catharijneconvent, og Vic, Museu Episcopal de Vic), Zwolle 2019, s. 169–170

Kunz 2007
Kunz, Tobias, *Skulptur um 1200. Das Kölner Atelier der Viklau-Madonna auf Gotland und der ästhetische Wandel in der 2. Hälfte des 12. Jahrhunderts*, Petersberg 2007

Kunz 2009
Kunz, Tobias, «Gnadenbildkopie oder Patroziniumsbild? Zum Phänomen der Ähnlichkeit schwedischer Madonnen um 1200», Gerhard Eimer, Ernst Gierlich & Matthias Müller (red.), *Ecclesiae ornatae. Kirchenausstattungen des Mittelalters und der frühen Neuzeit zwischen Denkmalwert und Funktionalität*, Bonn 2009, s. 327–348

Lange 1994
Lange, Bernt C., «Madonnaskap med kirkemodell som baldakinkroning. Med efterskrift av Jan Svanberg», *Foreningen til norske Fortisminnesmerkers bevaring. Årbok*, 148 (1994), s. 23–36

Lapaire 1969
Lapaire, Claude, «Les retables à baldaquin gothiques», *Zeitschrift für schweizerische Archäologie und Kunstgeschichte*, 26 (1969), s. 169–190

Laugerud 2018
Laugerud, Henning, *Reformasjon uten folk. Det katolske Norge i før- og etterreformatorisk tid*, Oslo 2018

Leeflang 2019
Leeflang, Micha, «Surrounded by Apostles», Justin Kroesen, Micha Leeflang & Marc Sureda (red.), *North & South. Medieval Art from Norway and Catalonia 1100–1350* (=utstillingskatalog Utrecht, Museum Catharijneconvent, og Vic, Museu Episcopal de Vic), Zwolle 2019, s. 95–96

Leeuwenberg 1959
Leeuwenberg, Jaap, «Een nieuw facet aan de Utrechtse beeldhouwkunst, II: vijf Utrechtse altaarkasten in Noorwegen», *Oud Holland*, 74 (1959), s. 195–204

Lexow 1931
Lexow, Einar, «Norges kunst i middelalderen», Haakon Shetelig et al. (red.), *Nordisk Kultur*, bind 27: *Kunst*, Stockholm 1931

Lidén 1978
Lidén, Hans-Emil, «Den gamle kyrkja i Årdal», Dagfinn Krossen (red.), *Bygdebok for Årdal. Kulturbandet*, Årdal 1978, s. 745–780

Lidén 1981
Lidén, Hans-Emil, «Middelalderens steinarkitektur i Norge», Hans-Emil Lidén et al. (red.), *Norges kunsthistorie*, bind 2: *Høymiddelalder og Hansa-tid*, Oslo 1981, s. 7–125

Lidén 1997
Lidén, Hans-Emil, «Forsvunne stavkirker i Bergen bispedømme», *Foreningen til Norske Fortidsminnesmerkers bevaring, Årbok* (1997), s. 125–161

Lidén 1999
Lidén, Anne, *Olav den helige i middelalderens bildkonst*, Stockholm 1999

Lidén 2000
Lidén, Hans-Emil, «Forsvunne kirker i Vik», *Vik Historielag, Årbok* (2020), s. 71–86

Lidén 2003
Lidén, Hans-Emil, «From Lund or Directly from Speyer? Import of Rhenish-Lombardic Impulses as Manifested in Some 12th Century Churches in Bergen», Ebbe Nyborg, Hannemarie Ravn Jensen &

Søren Kaspersen (red.), *Romanesque Art in Scandinavia* (=Hafnia. Copenhagen Papers in the History of Art, 12), København 2003, s. 19–27

Lidén 2008
Lidén, Hans-Emil, *Kirkene i Hordaland gjennom tidene*, Bergen 2008

Lidén 2014
Lidén, Hans-Emil, *Lyse kloster*, Bergen 2014

Lidén/Magerøy 1980
Lidén, Hans-Emil & Ellen Marie Magerøy, *Norges kirker. Bergen*, bind 1, Oslo 1980

Lidén/Magerøy 1983
Lidén, Hans-Emil & Ellen Marie Magerøy, *Norges kirker. Bergen*, bind 2, Oslo 1983

Lidén/Magerøy 1990
Lidén, Hans-Emil & Ellen Marie Magerøy, *Norges kirker. Bergen*, bind 3, Oslo 1990

Lidén/Trædal 2003
Lidén, Hans-Emil & Vidar Trædal, *Norges kirker. Hordaland*, bind 3, Oslo 2003

Liepe 1998
Lena Liepe, «Medeltida processionsfanor i Norden», Ingalill Pegelow (red.), *Ting och tanke. Ikonografi på liturgiska föremål*, Stockholm 1998, s. 261–276

Lindblom 1916
Lindblom, Andreas, *La peinture gothique en Suède et en Norvège*, Stockholm 1916

Mende 1981
Mende, Ursula, *Die Türzieher des Mittelalters. Bronzegeräte des Mittelalters*, bind 2, Berlin 1981

Morgan 1988
Morgan, Nigel, *Early Gothic Manuscripts II. 1250–1285*, Oxford 1988

Morgan 1995
Morgan, Nigel, «Western Norwegian Panel Painting 1250–1350: Problems of Dating, Styles and Workshops», Magne Malmanger, Laszlo Berczelly & Signe H. Fuglesang (red.), *Norwegian Medieval Altar Frontals and Related Material. Papers from the Conference in Oslo 16th to 19th December 1989*, Roma 1995, s. 9–23

Morgan 2006
Morgan, Nigel, «The Norwegian and Swedish Crucifixi Dolorosi *c.* 1300–50 in their European Context», Kaja Kollandsrud, Marie Louise Sauerberg & Tine Frøysaker (red.), *Medieval Painting in Northern Europe. Techniques, Analysis, Art History. Studies in Commemoration of the 70th birthday of Unn Plahter*, London 2006, s. 266–278

Neumann 1824
Neumann, Jacob, »Bemærkninger paa en Reise i Sogn og i Søndfjord 1823«, *Budstikken*, 5 (1824)

Neumann 1826
Neumann, Jacob, «Bemærkninger paa en reise i Nordhordlehn, Söndhordlehn, Hardanger og Voss 1825», *Budstikken*, 7 (1826)

Nicolaysen 1862–1866
Nicolaysen, Nicolay, *Norske fornlevninger. En opplysende fortegnelse over Norges fortidslevninger, ældre end reformation og henførte til hver sit sted*, Kristiania [Oslo] 1862–1866

Nicolaysen 1890
Nicolaysen, Nicolay, *Om Lysekloster og dets ruiner*, Kristiania [Oslo] 1890

Nockert 1985
Nockert, Margreta, «Mässhaken från Röldal», *By og Bygd. Festskrift til Marta Hoffmann* [=Norsk Folkemuseums Årbok, 30], Oslo 1985, s. 195–200

Nørlund 1926
Nørlund, Poul, *Gyldne altre. Jysk metalkunst fra Valdemarstiden*, København 1926

Nybø 2000
Nybø, Marit, *Albanuskirken på Selja. Klosterkirke eller bispekirke?*, 2 bind (=avhandling Universitetet i Bergen), Bergen 2000

Nybø 2018
Nybø, Marit, *Lyse kloster. En introduksjon til cistercienseranlegget*, Bergen 2018

Nyborg 1977
Nyborg, Ebbe, «Mikaels-altre», *Hikuin* 3 (1977), s. 157–182

Nyborg 2019
Nyborg, Ebbe, «The Cult of St Michael in Denmark and the Origin of Obits in Parish Church Liturgy»,

Nils Holger Petersen, Mia Münster-Swendsen, Thomas Heebøll-Holm & Martin Wangsgaard-Jürgensen (red.), *Ora pro Nobis. Space, Place and the Practice of Saints' Cults in Medieval and Early-Modern Scandinavia and Beyond*, København 2019, s. 103–117

Olchawa 2019
Olchawa, Joanna, *Aquamanilien: Genese, Verbreitung und Bedeutung in islamischen und christlichen Zeremonien*, Regensburg 2019

Olsen 1954
Olsen, Magnus, *Norges innskrifter med de yngre runer*, bind 3: *Aust-Agder, Vest-Agder, Rogaland*, Oslo 1954

Olsen 1957
Olsen, Magnus, *Norges innskrifter med de yngre runer*, bind 4: *Hordaland Fylke, Sogn og Fjordane, Møre og Romsdal*, Oslo 1957

Park 2002
Park, David, «Crucified Christ», Stacy Boldrick, David Park & Paul Williamson (red.), *Wonder. Painted Sculpture from Medieval England* (=utstillingskatalog Leeds, Henry Moore Institute), Leeds 2002, s. 59

Plahter 2004
Plahter, Unn, *Painted Altar Frontals of Norway 1250–1350*, bind 3: *Illustrations and Drawings*, London 2004

Plahter 2014
Plahter, Unn, «Norwegian Art Technology in the Twelfth and Thirteenth Centuries: Materials and Techniques in a European Context», *Zeitschrift für Kunsttechnologie und Konservierung*, 28/1 (2014), s. 298–332

Plahter/Park 2002
Plahter, Unn & David Park, «Virgin and Child in Tabernacle», Stacy Boldrick, David Park & Paul Williamson (eds), *Wonder. Painted Sculpture from Medieval England* (=utstillingskatalog Henry Moore Institute), Leeds 2002, s. 62–63

Reinle 1988
Reinle, Adolf, *Die Ausstattung deutscher Kirchen im Mittelalter*, Darmstadt 1988

Schröder 2013
Schröder, Kirsten, *Zeitzeugen der Kunst früher Leinwandmalerei: Die Prozessionsfahnen aus dem Kloster Lüne*, Berlin 2013

Slenczka 1998
Slenczka, Ruth, *Lehrhafte Bildtafeln in spätmittelalterlichen Kirchen*, Köln 1998

Stang 1997
Stang, Margrethe, «Olavskulpturer i tre 1200–1350», Signe Horn Fuglesang (red.), *Bilder og bilders bruk i vikingtid og middelalder*, Oslo 1997, s. 9–147

Stang 2009
Stang, Margrethe, *Paintings, Patronage and Popular Piety. Norwegian Altar Frontals and Society, c. 1250–1350* (=avhandling Universitetet i Oslo), Oslo 2009

Stang 2017
Stang, Margrethe, «Luksus i Luster. Høgendeskirken Urnes», *Fortidminnesforeningen Årbok*, 171 (2017), s. 159–178

Stige 2014
Stige, Morten, «Norske gravminner fra høymiddelalderen som kilde til kjønnsidentitet», *Iconographisk Post*, 3 (2014), s. 21–36

Tångeberg 1989
Tångeberg, Peter, *Holzskulptur und Altarschrein. Studien zu Form, Material und Technik*, München 1989

Torp 2006
Torp, Hjalmar, «Un paliotto d'altare norvegese con scene del furto e della restituzione della Vera Croce: Ipotesi sull'origine bizantina dell'iconografia occidentale dell'imperatore Eraclio», Arturo Carlo Quintavalle (red.), *Medioevo: Il tempo degli antichi. Atti del Convegno Internazionale di Studi (Parma, 24–28 September 2003)*, Milano 2006, s. 575–600

Tryti 2006
Tryti, Anna Elisa, «Fra åsatro til reformasjon», Knut Helle (red.), *Vestlandets historie*, bind 3: *Kultur*, Bergen 2006, s. 55–103

Tudor-Craig 1987
Tudor-Craig, Pamela, «Panel Painting», Jonathan Alexander & Paul Binski (red.), *Age of Chivalry. Art*

in Plantagenet England, 1200–1400 (=utstillingskatalog London, Royal Academy), London 1987, s. 131–136

Von Achen 1985
Von Achen, Henrik, *Hanseatenes kunst. Tidsbilder 1400–1550* (=utstillingskatalog Bergen, Bryggens Museum), Bergen 1985

Von Achen 1989
Von Achen, Henrik, *Maleri og skulptur fra senmiddelalderen 1450–1525* (=utstillingskatalog Bergen, Historisk Museum), Bergen 1989

Von Achen 1994a
Von Achen, Henrik, «Der König am Kreuz. Skandinavische Grosskruzifixe bis 1250», Herbert Beck, Kerstin Hengevoss-Dürkop & Georg Kamp (red.), *Studien zur Geschichte der europäischen Skulptur im 12./13. Jahrhundert*, Frankfurt am Main, 1994, s. 699–723

Von Achen 1994b
Von Achen, Henrik, «‹Hanseatic› Art in Late Medieval Bergen: Import or Local production?», Ingvild Øye (red.), *Bergen and the German Hansa*, Bergen 1994, s. 59–85

Von Achen 1996a
Von Achen, Henrik, *Norske frontaler fra middelalderen i Bergen Museum/Norwegian Medieval Altar Frontals in Bergen Museum*, Bergen 1996

Von Achen 1996b
Von Achen, Henrik, «‹Hanseatische› Kunst in Bergen während des Spätmittelalters: Import oder lokale Produktion?», Ingvild Øye (red.), *Bergen und die deutsche Hanse*, Bergen 1996, s. 59–85

Von Achen 2017
Von Achen, Henrik, «Reformasjonen og kirkekunsten i Bergen», Eldbjørg Haug (red.), *Fra avlatshandel til folkekirke. Reformasjonen gjennom 500 år*, Oslo 2017, s. 43–74

Von Achen 2018
Von Achen, Henrik, «The Origins of the University – The Bergens Museum Art Collection», Henrik von Achen, Siri Meyer, Eva Røyrane & Walter Wehus, *Art and Architecture at the University of Bergen*, Bergen 2018, s. 5–118

Von Falke 1913
Von Falke, Otto, *Kunstgeschichte der Seidenweberei*, Berlin 1913

Westermann-Angerhausen 2014
Westermann-Angerhausen, Hiltrud, *Mittelalterliche Weihrauchfässer von 800 bis 1500*, Petersberg 2014

Wichstrøm 1981
Wichstrøm, Anne, «Maleriet i hoymiddelalderen» Hans-Emil Lidén (red.), *Norges kunsthistorie*, bd. 2, Oslo 1981, s. 252–314

Williamson 1995
Williamson, Paul, *Gothic Sculpture 1140–1300*, New Haven/London 1995

Zilmer 2016
Zilmer, Kristel, «Words in Wood and Stone. Uses of Runic Writing in Medieval Norwegian Churches», *Viking and Medieval Scandinavia*, 12 (2016), s. 207–235

TAKK

Oversettelse av alle tekster til bokmål: Øystein Hellesøe Brekke

Følgende personer hjalp på flere måter under forberedelsen til denne boken:

Henrik von Achen
Elisabeth Andersen
Alexandra Böhme
Mona Bramer Solhaug
Anne J. Duggan
Øystein Ekroll
Asbjørn Engevik
Aintzane Erkizia Martikorena
Terje de Groot
Michael Gullick
Fernando Gutiérrez Baños
Tonje Haugland Sørensen
Øystein Hellesøe Brekke
Vera Henkelmann
Adnan Icagić
Carsten Jahnke
Kristin Kausland
Kari Klæboe Årrestad
Kaja Kollandsrud
Henning Laugerud
Åsta Lindemann
Hana Lukešová
Ursula Mende
Daantje Meuwissen
James Morrison
Ebbe Nyborg
Joanna Olchawa
Åslaug Ommundsen
Unn Plahter
Stefan Roller
Victor Schmidt
Tilo Schöfbeck
Meindert Spek
Klazina Staat
Noëlle Streeton
Peter Tångeberg
Matthias Weniger
Hiltrud Westermann-Angerhausen
Kari Wiken Sunde

Et spesielt takk til Alf Tore Hommedal for hans verdifulle kommentarer til de norske oversettelsene.

FOTOKREDITERING

Alle fotos i katalogdelen © Universitetsmuseet i Bergen, fotografer Svein Skare (p. 26, 29 [venstre], 32, 34, 38, 56, 57, 58, 59, 60, 61, 64, 65, 68, 70, 71 [venstre], 74, 78, 79, 80, 86, 87, 89, 90, 92, 94, 96, 98, 100, 102, 103, 104, 106, 108, 110, 111, 113, 114, 128, 131, 134, 136, 138, 140, 142, 144, 146, 148, 150, 152, 154, 156, 158, 160, 166, 176, 177, 178, 180, 182, 183, 196, 197, 198, 202, 204, 206, 208, 210, 213) and Adnan Icagić (p. 29 [høyre], 30, 40, 44, 47, 48, 49, 50, 52, 54, 62, 63, 72, 76, 83, 84, 97, 112, 116, 118, 119, 120, 122, 124, 126, 127, 130, 132, 162, 164, 165, 168, 169, 170, 171, 172, 173, 174, 184, 186, 187, 190, 191, 192, 193, 194, 199, 200, 209), med unntak av bilder på s. 36, 66, 82, 211 (Alexandra Böhme), s. 189 (Anna Helgø), og s. 28, 42, 71 [høyre], 135, 188 (Justin Kroesen).

Bokomslag foran
Maria med Barnet fra Hove (Vik, Sogn), 1230–1240. Foto Micha Leeflang

Bokomslag bak
Det 'kirkerommet' i Universitetsmuseet i Bergen. Foto Adnan Icagić

Kart på innsiden av omslaget
Meindert Spek, Haren in Vorm

Bibliografisk informasjon fra Die Deutsche Nationalbibliothek (Det tyske Nasjonalbibliotek): Die Deutsche Nationalbibliothek registrerer denne publikasjonen i den tyske nasjonalbibliografien; detaljerte biografiske data kan hentes fra http://dnb.dnb.de.

1. Auflage 2022

Utforming av omslag: Anna Braungart, Tübingen
Sats: typegerecht berlin
Trykk: Gutenberg Beuys Feindruckerei GmbH, Langenhagen
ISBN 978-3-7954-3606-3

Videre informasjon om forlaget og forlagets publikasjoner finnes på:
www.schnell-und-steiner.de